MODERN RUSSIAN LITERATURE AND CULTURE

STUDIES AND TEXTS

volume 25

edited by

Lazar Fleishman *Stanford*
Joan Delaney Grossman *Berkeley*
Robert P. Hughes *Berkeley*
Simon Karlinsky *Berkeley*
John E. Malmstad *Harvard*
Olga Raevsky-Hughes *Berkeley*

Berkeley, 1989

Boris Pasternak and His Times

Selected Papers from the

Second International Symposium on Pasternak

Edited by Lazar Fleishman

BERKELEY SLAVIC SPECIALTIES

1989

🦋

Publication of this book was made possible by a grant from the Julia A. Whitney Foundation.

🦋

ISBN 0-933884-56-7 (pbk.)

The present collection of papers were originally delivered at
the international symposium "Boris Pasternak and His Times"
(The Hebrew University at Jerusalem, May 19-24, 1984)
and subsequently revised for publication.

Nikolai Vysheslavtsev

Portrait of Boris Pasternak, 1930

Н. Н. Вышеславцев

Портрет Бориса Пастернака, 1930

Boris Pasternak and His Times

Pasternak and His Western Contemporaries

Henry Gifford   (Bristol)

There is a paradox at the heart of this subject. Boris Pasternak belonged to an outstanding generation of writers, artists and musicians in Russia who when young could communicate more freely with the West, were more watchful of its artistic developments and more skilled to benefit from and even surpass these, than perhaps any generation before. The symbolist poets who preceded them by some twenty years had first revealed a new Western sensibility to their countrymen. But by the year 1910, when Pasternak was twenty, the modernist movement had broken out in Russia as in the West, so that Moscow and St. Petersburg became as much centres of this revolution of the spirit as Berlin, Munich or Paris. The rapid advance of all the arts in Russia was sustained even through world war, political revolution, civil war and famine. It bore up even when many of the most talented artists had chosen or been forced to emigrate. But even though in the 1920s further Russian achievement often dazzled the West, by the end of that decade the impetus had gone. Communication with the outside world virtually ceased. An accommodating author like Ilya Ehrenburg might still know something of the international scene; Mayakovsky had his opportunities to visit Paris and New York, but he went there with eyes mainly on his audience and ears deafened by his own declamation.

This is a familiar story; and familiar too is that of the impressions gathered by Western intellectuals when a few frank interchanges became possible after the Second World War. They were immediately struck by the time-lag. Soviet culture was not only mediocre in its visible forms, but heavily old-fashioned. An early and important witness was Isaiah Berlin, who in the summer of 1945 found himself attached to the British Embassy in Moscow. There he was able to meet a number of writers, and in Leningrad to have that memorable conversation with Anna Akhmatova which she firmly believed to have sprung the cold war. Pasternak told him that "the clock had stopped in Russia . . . in 1928 or so." There was boundless curiosity about the West, though it soon led to the collapse of an illusion about the excellence of contemporary work there. Berlin observes that Akhmatova, Gumilyov and Marina Tsvetaeva (all poets of Pasternak's generation) might be called not unreasonably "the last great voices of the nineteenth century." Pasternak and Mandelstam, each in his own fashion, appeared to occupy "some interspace between the centuries."[1]

Today it seems probable that modernism itself in the West has been somewhat overrated, and the way forward remains difficult to find. "The last great voices of the nineteenth century" begin to sound more contemporary in our ears, now that the anxieties of Western and Eastern Europe look rather more similar. Certainly when we consider Pasternak in relation to his Western contemporaries it must not be in the attempt to enhance his worth by pointing to affinities. Nor should we, as some readers may have been eager to do on the publication of *Doctor Zhivago,* claim him as a Western writer who had been obliged to live on the wrong side of the tracks. Pasternak was proudly Russian. For him Moscow seemed, as it seemed to Zhivago's friends, a "holy City" (XVI, 5), and he knew that the Russian experience must be shared imaginatively by people in the West for the sake of our common future, and also to reinforce our faith in humanity.

So we have to proceed with caution when speaking of Pasternak in this context. Some affinities will be interesting, but often they are no more than affinities—the respect, for instance, that he professed at the end of his life for Faulkner does not indicate any possible debt to this novelist. In other cases, as when he proclaims a constant allegiance to Rilke, we are on firm ground. But something else has to be kept in view. Pasternak always struck his contemporaries, and indeed himself, as being singular. All men of great poetic talent are, of course, unlike most others by that fact; but few even in our age had quite the self-sufficiency of Pasternak. He is unquestionably a prominent member of the modernist school in his own country—a modernist that is to say in Russian terms, which are not entirely those of the West. But although a leading light of the movement, he remained also to a marked degree aloof from it. Before coming to the main question of his place in the broad stream of European or Western culture (with which the Russian tributary is once more beginning to merge) I need to say something about Pasternak's attitude to art, and the nature and origins of his singularity.

His parents had come to Moscow from Odessa, on the fringes of the old Russian empire. The one a leading painter and teacher of art, the other a pianist of exceptional talent who withdrew from public life for the sake of their children, they made Boris essentially what he was. "All I am," he once wrote to them, "I owe to you, in the way of inheritance, in the way of education, in the way of influence."[2] The things he inherited were not only an unusual sensitivity to the arts, a musical besides a poetical talent, but also the right to see himself as a Muscovite. Pasternak was no "foreign guest" like Mandelstam, so described in Marina Tsvetaeva's poem of 1916 in which she presents him with Moscow, her own city "not made with hands."[3] Pasternak's parents had been able to do what a generation or two before no Jewish artists (if indeed such then existed in Russia) would have dreamed of as possible—they assumed their place easily and confidently in the intellectual and artistic life of the former capital. Pasternak's heritage—he had no choice in this—was to be an artist, originally, it had been expected, a composer. He was, by his own account, often disturbed in his childhood, and as a young man wayward; but it would have been hard to devise for him a more favourable start if he was to obey this calling.

The education his parents gave him was also remarkable. In the formal sense he could derive less, one would suspect, from the Moscow Fifth Gymnasium than Mandelstam, a year younger than himself, did from the unique Tenishev School in Petersburg, only to be compared with Pushkin's Lycée a century earlier. But Pasternak grew up with an excellent knowledge of German, with good French and good English, and from all three of these languages he would afterwards translate. More significant yet was the fact of his parents' intimacy with other artists. Leonid was on the friendliest terms with Tolstoy, whose *Resurrection* he had illustrated to Tolstoy's full satisfaction. He also came to know Scriabin well, and Boris was thus caught up at an impressionable age in this last extravagant manifestation of what Keats long before had called the egotistical sublime. Among his father's friends were all the leading Moscow artists of Leonid's generation. Rubinstein, Chaliapin, Heifetz and many others admired his mother's playing. At the same time Leonid had a host of distinguished men to sit for their portraits, and Boris was called in to entertain the Belgian poet Verhaeren and the notable historian of Russia Klyuchevsky.[4]

The influence of his parents showed indelibly in his view of the artist. At the end of 1952 he suffered a serious heart attack. What he experienced as he lay in the hospital corridor, awaiting imminent death, was described by him in a well-known poem, and before that in a letter to his friend Nina Tabidze, widow of a Georgian poet with whom he had felt great sympathy. Pasternak's whole mood had been one of thanksgiving to God "for laying on the colours so thickly and for making life and death such that Thy language is majesty and music, that Thou hast made me an artist, that creating is thy school" . . .[5] To be an artist was—in all but revolutionary times like the summer of 1917—the privilege of very few, "creating"—the term Nadezhda Mandelstam found pretentious[6]—a pledge of immortality in a transient world. It is hard not to register a slight shock when one reads the thoughts, mercifully kept to himself, of Zhivago about his old friends Gordon and Dudorov: "The only bright and living thing about you is that you lived in my time and knew me" (XV, 7). He has been distressed by their "mechanical thinking" of which in a fatuous way they are proud. So his feelings about them are like those of Christ about the fig-tree, in a poem of Yury's, "The Miracle":

> I hunger and thirst, but you are barren,
> And meeting with you is more cheerless than granite.
> Oh how offensive you are and ungifted! (No. 20)

"Talent," he had explained long before to Tonya's mother, "in the highest and broadest sense is the gift of life" (II, 3).

Pasternak's serene, almost naive joy in being an artist is as singular as anything else about him for this age. He had not, to the best of my knowledge, ever read the essay by Edmund Wilson of 1941 called "Philoctetes: The Wound and the Bow."[7] (Wilson's remarks on the symbolism of *Doctor Zhivago* were, however, known to him and disapproved of). In this essay the American critic interprets the fable of the play by Sophocles in the light of a modern adaptation by André Gide. To quote Wilson's summing up of the fable as he sees it:

> The victim of a malodorous disease which renders him abhorrent to society and periodically degrades him and makes him helpless is also the master of a superhuman art which everybody has to respect and which the normal man finds he needs.
>
> (p. 263)

Wilson notes that Sophocles according to tradition was a calm and amiable man. Yet we are not allowed to accept this view. "Somewhere," says Wilson, "even in the fortunate Sophocles there had been a sick and raving Philoctetes."

Gide's view of the artist, as exemplified in this play, is one that others among his contemporaries shared, notably Thomas Mann. It had been anticipated, as Victor Erlich has shown in *The Double Image,* by the Polish poet Krasiński in 1833. Professor Erlich also quotes Flaubert's remark: "The artist is a monstrosity standing outside nature," though Krasiński, he observes, came much nearer to a modern view of art as an alienating and destructive force for its possessor.[8] All this is remote from Pasternak. His father, about whose achievement he wrote to him with filial pride and envy, never gave indication of a "sick and raving Philoctetes" within. He was a fortunate man, whose talent had been recognised quite early in life, and he could dedicate himself without distraction to art. For him, as the innumerable drawings and paintings of his wife and children bear witness, its roots were domestic. The ideal of a sustaining domestic background is very much evident in *Doctor Zhivago*. Even when, as in a poem from a cycle called "The Artist," Boris Pasternak tells of fuelling the blaze of inspiration with the furniture, friendship, reason, conscience, the daily round, he seems to remember his parents in the following stanza. There with the exhalation of his verses he blesses "the children's breathing in their bedroom."[9] The family was the true setting for creative endeavour.

Had Pasternak's eye fallen upon the passage I have quoted from Edmund Wilson, the phrase "master of a superhuman art" might in itself have taken him back to the disputes he had heard in boyhood between his father and Scriabin. The latter was an impassioned advocate of Nietzsche's belief that the artist stood above good and evil, *moralenfrei*. Leonid rejected this claim: it ran counter to the doctrine of Tolstoy, whose spirit, in Boris's words, "permeated our house."[10] The freedom that father and son alike saw as peculiar to the artist—and practised themselves—had nothing to do with the overthrow of morality. But Wilson's further statement about art—that "the normal man finds he needs" it—would have been wholly congenial to them. Tolstoy had invariably made his appeal to the "normal man," uncorrupted by the sophistications of bourgeois society, and he believed that art was a prime necessity for the development of understanding and sympathy between men.

In 1928 Marina Tsvetaeva wrote to Pasternak's parents, by that time settled in Berlin, about the closeness of her outlook to his. "What brings us together," she explained, "is our shared German roots, somewhere deep in childhood, 'O Tannenbaum, O Tannenbaum,' and all that grew from them."[11] The most important thing to flower from those roots was the fervent admiration they both felt for Rilke. Tsvetaeva's claim is supported by a note of Josephine Pasternak's prefacing the letters from Tsvetaeva to her parents. She says the two families were alike in their "atmosphere of love for all that is best in the German people, of their tolerance, of their genuine, unostentatious piety."[12] That a Jewish woman should have written these words in the 1970s may seem magnanimous indeed. But certainly for the aspects of Germany that her brother knew before the First World War they were accurate. In this connection it may be recalled that even as late as 1932 — the year before Hitler came to power — Mandelstam wrote his poem "To the German Language." In this he declares

> Let us learn seriousness and honour
> In the West, from an alien family,

and he maintains that so long as "the god *Nachtigal*" lives he can feel at peace.[13]

Pasternak spoke German more fluently than any other language. Germany was the first foreign land he visited when in 1906 the family spent most of that crisis-torn year in Berlin or on the Baltic coast. As a young man Leonid had studied painting in Munich, and he was on friendly terms with German artists; Rosa in extreme youth had gone to Vienna as the pupil of the great piano teacher Leschetizky. The only other experience abroad that meant so much to Pasternak was a brief excursion to Italy, and Venice in particular, which followed in 1912 after his sojourn at the University of Marburg. He had enrolled as a postgraduate student under Hermann Cohen, and the journey out to Marburg had been almost a homecoming.

For many of his contemporaries in the West, and for some Russians too like Mandelstam, the philosopher who answered best to the new sensibility was Bergson. A year after Pasternak chose Marburg and Neo-Kantianism, George Santayana in an essay that goes on to assail Bergson's ideas conceded him to be "the most representative and remarkable of living philosophers."[14] Guy de Mallac has been able to show some clear affinities between his perceptions and the system of Bergson. They were not necessarily the outcome of direct study, but could have been picked up from encounters with the many Moscow students who admired Bergson, a thinker for whom Cohen felt much contempt. They probably did no more than confirm his own intuitions, as did the ideas of Teilhard de Chardin when very much later he came upon them.[15] Cohen's appeal, Pasternak tells us, lay in the originality of the Marburg school, and the living tradition it upheld as a part of modern consciousness.[16] Although he could not eventually share it, the dedication of Cohen to philosophy, as complete as that of his father to art, was not lost upon him. Pasternak's own account of the seminars given by Cohen shows him to have been in his own way an artist in philosophy, which formed both the drama and sacred obsession of his life. The old man's commitment was no less exalted, even visionary, than that of any romantic poet in the German line that leads up to Rilke.

Josephine Pasternak says that the names of Rilke, Tsvetaeva and her brother are "bound together more inseparably than if they had been members of one family."[17] Their essential likeness, she thought, lay in their refusal to compromise. Pasternak suddenly saw at Marburg that philosophy would be a wrong choice for him. He then made his final and absolute decision to write poetry. It was appropriate that this should have occurred in a city which with its medieval streets, the castle on the hill, the legend of Elizabeth of Hungary, he viewed very much in the way of Rilke, as revealed for instance in "Die Katedrale" from *Neue Gedichte*.

Rilke had come to know Leonid Pasternak on his visits to Russia in 1899 and 1900, and they kept up friendly relations. Some years later Boris chanced upon two books of his verse presented by Rilke to his father. These were *Early Poems* [*Mir zur Feier*] and *The Book of Hours* [*Das Stunden-Buch*]. De Mallac makes the interesting comment that the importance both of Rilke and Tolstoy for Pasternak may have owed something to the "very warm dialogue" of his father with them both.[18] The influence of other artists and writers upon Pasternak — Scriabin and Mayakovsky are further cases in point — always had a personal bond at their base. Such a bond he sought at the very end of Rilke's life with him too, though it was too late. Rilke could be counted a family friend, though not to the same degree as Tolstoy. Pasternak's devotion to his parents and all they stood for is attested by the fact that very largely he held to their own preferences (and rejections) in art. He accepted, one might almost say, the artists they had known and admired as personal gifts to himself.

The *Autobiographical Sketch* of 1956 pays special tribute to Rilke in a chapter which begins with Blok and ends with Tolstoy. All three retained Pasternak's admiration throughout his life.

Blok and Rilke were poets of the same generation (not his own, of course), Blok being the younger by five years. Mandelstam said of Blok that he was a man of the nineteenth century and knew its days were numbered.[19] This may be argued as no less true of the Rilke who engaged Pasternak's attention. It would seem that the great work of Rilke's final years—the *Duino Elegies* and the *Sonnets to Orpheus* —made no particular impression on him. Pasternak, when writing about Rilke in the *Autobiographical Sketch,* translated two poems, both taken from the much earlier *Book of Images* [*Das Buch der Bilder*]. He seems always to have appreciated Rilke for this volume, for its two predecessors given to his father, and for two subsequent works, *New Poems* [*Neue Gedichte*] and the prose *Notebooks of Malte Laurids Brigge.* All these had been published by 1910, Boris's twentieth year. Almost half a century later, on the eve of his death, he could still affirm that he had done no more than "translate or vary" the motifs of Rilke, and that he "swam always in his waters."[20]

These words are to be found in a letter of Pasternak's to Michel Aucouturier, a distinguished member of this Symposium. It worries me, when about to venture some remarks on the relation between Rilke's poetic thinking and Pasternak's, that others here have gone much deeper into such things. Two of my own compatriots, Dr Christopher Barnes and Mrs Angela Livingstone, are far better versed in this matter than I can claim to be. Yet an effect so profound and lasting as that of Rilke upon Pasternak is always open to further comment, and the singularity of Pasternak in his time owes not a little to his abiding interest in this poet.

What is meant by Pasternak's statement that he "swam always" in the waters of Rilke? Here we may recall one of Tsvetaeva's characteristically darting perceptions. In a letter to Pasternak she mentions her dislike of the sea—particularly at night. It is "cold, restive, invisible, unloving, filled with itself, like Rilke." She adds in parenthesis: "With itself or the godhead—it's the same thing."[21] From one who admired Rilke to the pitch of idolatry the comment is curious—but, as so often with Tsvetaeva, it goes to the heart of the matter. What Pasternak appreciated in Rilke was very much what he appreciated in Blok. He defines the quality of Rilke's verse and so of Blok's in these terms: "the insistence of what is said, the absoluteness, absence of frivolity, the direct meaning of the speech."[22] Although he does not refer to it, the first poem in *Neue Gedichte,* Part Two, is an example of these qualities. The poet has been contemplating an archaic torso of Apollo. He ends his sonnet with the "direct meaning" Pasternak had claimed for him: "denn da ist keine Stelle, / die dich nicht sieht. Du musst dein Leben ändern." The statue is watching the beholder: "there is no place / That does not see you. You must change your life." This command in the name of art to begin living anew is "absolute"; it has none of the frivolity, the mannerism and self-regard, that Pasternak in later years accused himself of admitting into his more youthful poetry. And it is quietly insistent, like the voice of a parent who knows he will be obeyed.

One recognises that here Pasternak could find the virtues, as much moral as aesthetic, which he came more and more to esteem in Tolstoy. At a meeting of Soviet writers in 1936 he made a speech "On Modesty and Boldness," contrasting the vacuous rhetoric of official literature with "the storms of Tolstoy's exposures and blunt-nesses."[23] In the same way Rilke impressed by a complete reliance upon his own vision. Just before Rilke's death Pasternak wrote to him an extraordinary letter, elated and almost gasping, in which his gratitude is first poured out in broken phrases: "I am yours in the very ground of my character. In the mode of my spiritual being under obligation to you. They are of your making."[24] He said, of course, the same of his parents, and it was Pasternak's habit to gesture somewhat extravagantly in letters—a feature of that confused utterance so often remarked upon, by himself and others, when his thoughts were released pell-mell in excitement. This act of allegiance to Rilke scarcely contradicts what he also protested to his parents. Pasternak is concerned particularly with his poetry, with the "spiritual being" that is realised through a common poetic approach. Or as he put the case in *A Safe Conduct,* all that he recollected there was a present from Rilke, for nobody, he says, can measure the limits of the subconscious in a genius of that order —it goes on performing its work in the minds of other people, the readers.[25]

Pasternak felt such an affinity with Rilke because they both, in the famous words of one of his own poems, "lived by verse." But their lives as fulfilled in the poetry are not the same. If we may return to Tsvetaeva's definition, Pasternak was not cold or unloving. The poetry that established his fame, *My Sister Life* and *Themes and Variations* — arising from the earliest period of the revolution — may be ostensibly "filled with himself," but this is a self in which the weather, the trees in the garden, the stars over the steppes all participate. Rilke's coldness could easily be attested from the subterfuges he used in order to save himself for poetry, though we should concentrate here on the poetry itself, not the personal life. Critics have complained that his art was so fixedly inward-looking as to be narcissistic. In the Ninth of the *Duino Elegies* it is claimed that the earth longs to become invisible, caught up in the transfiguration of art (Yeats's "artifice of eternity.") "Ist es dein Traum nicht, / einmal unsichtbar zu sein? — Erde! unsichtbar!" Rilke felt utterly alone in his destiny as a poet. "Human kind," Eliot protests in *Little Gidding,* "cannot bear very much reality." Rilke, in a bid to transcend this limitation, confronted in his *Elegies* those "terrible angels" which represent the artist's imagination freed from all human weakness. Pasternak never shared that aspiration, which has been rightly identified by Erich Heller as Nietschzean. Rilke's dread, his creative agony, are not Pasternak's. He does not plant his affirmations on a metaphysical abyss. Nor is he oppressed by the doubts, familiar to Rilke, whether art can justify all the sacrifices that bar off its practitioners from ordinary men. Pasternak's testimony to the value of art is in its modesty more secure. Once he had written (in 1917) the poems of *My Sister Life* he could be confident that he had found his direction. A power, "infinitely greater" than himself, gave him the book.[26] For the rest of his life he would remain in the charge of that power, unquestioning.

The very first poems he tried to complete, before any of his published work, had been imitations of Rilke. When he wrote *A Safe Conduct* in middle life, Rilke, as we know, still presided over the book. But more surprising is the statement he made to his correspondent Renate Schweitzer at the time when he had already finished *Doctor Zhivago.* While acknowledging a general debt to the great novelists his predecessors, Pasternak goes on to say that it was "as though I had lit Malte's candle, which stood cold and unused, and with Rilke's light in hand had stepped out from the house into the darkness, in the yard, on the street, among the ruins." Rilke and Proust too, he contended, had often not been able to make full use of their "marvellous penetration," whereas now there was so much that called for it.[27] In the Epilogue to *Doctor Zhivago* Gordon expresses a similar thought. He refers to an often-quoted line from Blok, "We the children of Russia's terrible years," which for Blok had been merely figurative but was now realised in an apocalyptic form. The "terrors have become terrible indeed — that is the difference."

Malte Laurids Brigge in his journal questions the seriousness of mankind. Have they not been satisfied until now to stay on the surface of things, "in spite of culture, religion and the world's wisdom"? To make amends for this he must set himself the task of writing by day and, as Yury does at Varykino, by night — Lara calls him "her bright candle" — so that the horror of life may be redeemed through the poetic word. Malte recalls how his mother, when he was a child scared by the darkness, would come up to him with her light, saying "It's me, don't be afraid." Then all once more was made simple and reassuring.

On one occasion Malte too stands "among the ruins." It is in Paris, at the end of the Belle Epoque. The interior of a partly demolished tenement lies open to his distraught gaze. He looks at the dirty wallpaper, the rusty sewage pipe, the stain where the gas pipes had been, the lighter patches from behind vanished pictures, looking-glasses or wardrobes. It all inspires in Malte the fascinated revulsion Baudelaire expressed in "La Charogne," a poem that vividly represents a decaying carcass. Rilke can sense the fetid atmosphere that clings to what had once been somebody's home — from the pungency of urine, of sweat from armpits, "the frightened smell of children who go to school, and the swelter from the beds of adolescent boys."[28] Malte's candle, unlike his mother's light, brings no comfort. He confesses at the close of this epiphany that "horror is at home with me."

Pasternak describes a rather similar scene in *Doctor Zhivago* (VII, 16). The train carrying the Gromeko family to the Urals had been held up for three days at a ruined station while the snow was cleared from the track. The passengers came to love these ruins, and the author explains why. One corner of the building had been spared with its window; "there," he says, "everything was preserved: the coffee-coloured wallpaper, the tiled stove . . . and the inventory list in its black frame on the wall." The sun continued, as before the disaster, to lay a brick-like glow on the wallpaper, suspending there, "like a woman's shawl, the shadow of birch-twigs." On the locked door of the waiting room a notice, left over from the first days after the February revolution, explains that the first aid kit has been temporarily put away.

The desolation is far worse than that seen by Malte, since at this time it may have looked irremediable. But Pasternak trusts in life and the still evident link between human society and the natural order. Hope, rather than a nameless dread, is at home with him. This separates him at the deepest level from Rilke, despite the admiration he felt for Rilke's poetic integrity, and despite the closeness of their responses to the natural world—to animals, the landscape, the weather. Malte is spared the inescapable ordeal of Zhivago. There are in his story no terrors but those in his own mind; none of the compulsions upon Zhivago to face human tyranny, to understand his fellow men, to accept the companionship of the boy Vasya, Yury's one disciple, who helps him in the mission of spreading his philosophy. Pasternak himself chafed against the restrictions of lyric verse. He wanted in his novel to bear adequate witness to the time, and having described the "terrible years," still to close on an affirmation of hope. The price of Malte's solitude is that he cannot share his vision—the rapture he seeks from transfiguring horror by means of art. The angels of the *Duino Elegies* are mirrors to themselves: the beauty that streams from them returns into their own faces.[29]

There remains the broad question of modernism and where Pasternak stands in relation to it. He was the contemporary of Eliot, Joyce and Kafka; of Picasso, Tatlin and El Lissitsky; of Stravinsky and Schoenberg. Like other young artists near the beginning of the century he was excited by the fever of innovation. Moscow was the cradle of Russian Futurism; he aligned himself with this movement, but on his own terms. The inventiveness of his art — and Mandelstam pointed to the fact as unique among poets in post-revolutionary Moscow — was offset by memory.[30] Pasternak had no sympathies with Marinetti's "aesthetics of the machine."[31] It is true that he accepted an urban setting for art. He appreciated Verlaine and Blok as poets of the city, and a note found among Zhivago's papers after his death rejects "pastoral simplicity" as being false. But the city for Pasternak always lay open to the surrounding country. Zhivago's poem "Summer in Town" describes a hot night in the street, the shuffling of footsteps as pedestrians seek their homes. Then it attends to the thunder above, the breeze lifting a curtain, the lightning that gropes in the sky; to puddles drying after the downpour, and to the scent and flowering of age-old limetrees. That final image holds the town in continuity with the past.[32]

For all the wealth of startling and novel association in his poetry, the lithe syntax that follows the very movement of feeling, the hospitality of his mind to every impression and of his idiom to the most unlikely combinations of words, Pasternak is not a fully-fledged modernist. His alliance with Mayakovsky's LEF movement, so closely bound up with Constructivist art, was founded on a personal loyalty soon overtried. It is not merely that Pasternak in time grew impatient with the complexities of his earlier verse, to some extent revising them out. He did not share the attitudes that support modernism. For example, when Isaiah Berlin brought him a volume or two of Kafka after the Second World War, they struck no chord of sympathy. He passed them on at once to Akhmatova.[33] Human life never appears in his own writings as absurd and meaningless. Here, of course, the difference of environment tells. Soviet Russia after the Revolution and the Civil War was a ruined country; but the artists who stayed on there did not want for hope. Thus Petrograd, silent and abandoned with grass between its paving stones, or the broken down Moscow to which Yury returned in 1922, did not inspire poetry in the vein of Eliot's *The Waste Land*. No Russian poet still on his native soil in the 1920s would echo that complaint of utter desolation: "On Margate sands. / I can connect / Nothing with nothing." Eliot insisted afterwards that his poem "was only the relief of a personal and wholly insignificant grouse against life," although it had been widely taken as a "criticism of the contemporary world."[34] He may not have understood it so when writing *The Waste Land,* but conditions in the West were such that, as George Seferis said, Eliot gave expression "to the basic feeling of an historical moment, a feeling we all of us recognised . . ."[35]

The fear of vacuity in life, of its senselessness, almost paralyses *The Waste Land.* The verse moves hesitantly from one scene of unreality to another; it speaks with the voices of people shut in their own solitude; and in the final part "stretches lame hands" not of faith, but of a yearning for faith, towards lost certitudes. As the syntax testifies, Eliot's note is one of dislocation. Pasternak, the master in his generation of poetic syntax, knits together the most diverse things. When his poetry "dislocates" (and this term has been used by Pasternak himself to describe the effect of art), the result is to shock the reader into perceiving a new unity in experience.

Pasternak at the time Isaiah Berlin met him had not heard of Sartre and Camus; later he found Sartre's novel *La Nausée* unreadable and obscene. Surrealism, as he encountered it in the work of a Czech poet he was called upon to translate, bored him. Berlin recalls hearing a conversation in which Pasternak and the pianist Neuhaus set "the symbolist painter Vrubel . . . with Nicholas Roerich . . . above all contemporary painters, Picasso and Matisse, Braque and Bonnard, Klee and Mondrian," who "seemed to mean as little" to him "as Kandinsky or Malevich."[36] Here he was in full agreement with his father's estimate. Leonid wrote: "Various extreme tendencies, such as Cubo-futurism, Suprematism and others, reduced art to a total decline and for a long time destroyed all its centres, bringing it to a complete break with popular mass understanding and possession of art."[37] It was in the hope of his own art becoming accessible to a mass public that Pasternak made his vision more explicit in *Doctor Zhivago,* where prose has to sort out the wealth of a poetic imagination.

For the last thirty years of his life Pasternak earned a living by assiduous translation. This was not for him the unwelcome chore that it was for Akhmatova, or for Mandelstam drudging away at hack work. Nearly all the poets he had to render were congenial, particularly the Germans and the English. Gerd Ruge, after a visit in 1958, reported that he "spoke of Goethe and Shakespeare as though they were his contemporaries."[38] It can be said that in the period he worked as a translator Pasternak's true contemporaries —those that challenged his mind and sensibility—came from the past.

His translations of seven plays from Shakespeare and of Goethe's *Faust* in both parts have been recognised as classics. Olga Freidenberg, the poet's cousin, marvelled at the style of what she felt to be really "the first Russian Goethe." "The language," she wrote to him, "is excellent—alive, natural, exact, concise."[39] Ariadna Efron, Tsvetaeva's daughter and finely responsive to both her mother's and Pasternak's poetry, also considered that Goethe had now come alive for the Russian people. Some of the English poets he translated are no longer in fashion—I have in mind Swinburne (from his early years) and, though not to the same degree, Shelley. Swinburne had attracted Russians, as did Keats, because in his view the enchantment they could feel behind the poetry was really the presence of Shakespeare, just as Shelley gained substance once they could hear in this poet's "addresses to the clouds and the wind . . . the future voices of Blok, Verhaeren and Rilke."[40] In all Pasternak's translations there is the sense of contemporaneity noted by Ruge.

When what he held to be his crowning work, *Doctor Zhivago,* came out in the West, Russia seemed once again to have entered the main stream of European culture. Comparisons were made with Thomas Mann's *Doctor Faustus*—another large-scale prose fiction dealing with the artist and national disaster. Pasternak admired the achievement of Proust, Mann and Joyce but told Ruge that in their work he found "something missing." Yet those three writers can be taken as each one representative of the complex sensibilities formed by the modern age in the West. Pasternak approved of the novel as a medium for representing the full range of experience in the artist's time. To be only a lyrical poet seemed to him, as it had to Blok, a failure to encompass modern realities. "Prose," he explained to Olga Carlisle, the grand-daughter of Leonid Andreev, "is today's medium, elaborate, rich prose like Faulkner's." And then again: "It is the density of style that counts. I admire Hemingway but I prefer what I know of Faulkner."[41]

Although French literature seemed in his judgment to have drawn much closer to Russian, he said to Olga Carlisle that the manner of the French writers' commitment to a political cause was "particularly unattractive." "They fancy they must be absolutists like Robespierre or Saint-Just."[42] Pasternak himself had written soon after the revolution a dramatic sketch about Saint-Just and Robespierre. What is meant by their absolutism he later illustrated in the career of Pasha Antipov, once a lively student, who ends up like Vronsky after the suicide of Anna Karenina—good for nothing except as a weapon of destruction.

When *Doctor Zhivago* appeared, the zeal of a narrow commitment was beginning to make itself felt also in the West, and the pattern of Robespierre and Saint-Just to become once more discernible. In common with Proust, Mann, and Joyce Pasternak there surveyed the immediate past. They were concerned with a particular society they had known—Proust unflinchingly recorded the disintegration and debasement of an aristocratic world that had pleased his sensibilities; Mann tried to account for the perdition of the Germany he had known; Joyce in exile sought to recover the total experience—the voices, smells, chance encounters, the multifarious goings on—of Dublin on a June day in 1904. There is something of all their preoccupations in *Doctor Zhivago*; but Pasternak looks to the future as none of these others do.

He considered Faulkner's *Light in August* to be "a marvellous book." "The character of the little pregnant woman," he said, "is unforgettable. As she walks from Alabama to Tennessee something of the immensity of the South of the United States, of its essence, is captured for us who have never been there."[43] Those who know this novel may remember what the furniture dealer who gave her a lift in his truck over the state border had to say about the expression on Lena's face. It seemed to be "already fixed and waiting to be surprised"; evidently "she knew that when the surprise come, she was going to enjoy it."[44] Faulkner in Tennessee, Pasternak in the rural seclusion of Peredelkino, were closer to forest and field and the rolling seasons than their urban contemporaries could be. The havoc in Russia that Pasternak's novel describes is capable of being repaired because, as Zhivago notices on his slow journey footing it back to Moscow, nature has kept faith with the human past. I do not say that these writers are identical, or even nearly so. But theirs is a more primitive vision, patient in the face of tragedy. Their value for the mid-century, when they had become familiar to many, a value that has not diminished, was that both could understand the imperturbable faith of Lena, who was ready for surprise and "knew that when the surprise come, she was going to enjoy it."

NOTES

1. Isaiah Berlin, "Meetings with Russian Writers in 1945 and 1956," *Personal Impressions* (Oxford, 1982), pp. 156-210.

2. Quoted by Lydia Pasternak Slater, *Poems of Boris Pasternak* (London, 1984), p. 17.

3. "Stikhi o Moskve" 2, *Izbrannye proizvedeniya* (Moscow-Leningrad, 1965), p. 79.

4. *Sochineniya* (Michigan, 1961), II, 20.

5. Letter to N. A. Tabidze, 17.1.1953, "Kray stavshiy mne vtoroy rodinoy," *Voprosy literatury,* Jan. 1966, p. 194.

6. *Vtoraya kniga* (Paris, 1972), p. 373.

7. *The Wound and the Bow: Seven Studies in Literature* (London, 1961).

8. *The Double Image: Concepts of the Poet in Slavic Literatures* (Baltimore, 1964), pp. 56-7.

9. *Soch.,* III, 6.

10. *Soch.,* II, 4.

11. Marina Tsvetaeva, *Neizdannye pis'ma* (Paris, 1972), p. 256.

12. Op. cit., p. 250.

13. O. Mandel'shtam, *Stikhotvoreniya* (Leningrad, 1973), pp. 169-170.

14. "The Philosophy of M. Henri Bergson," *Selected Critical Writings of George Santayana* ed. N. Henfry (Cambridge, 1968), II, 122.

15. Guy de Mallac, *Boris Pasternak: His Life and Art* (London, 1983), pp. 55, 65, 290, 341.

16. *Soch.,* II, 224-5.

17. Op. cit., p. 249.

18. Op. cit., p. 30.

19. "Barsuch'ya nora," *Sobranie sochineniy* (New York, 1971), II, 72.

20. Letter dated 12.4.26, q. Christopher Barnes, "Boris Pasternak and Rainer Maria Rilke: Some Missing Links," *Forum* 8, January 1972, p. 65.

21. *Neizd. pis'ma,* p. 302.

22. *Soch.,* II, 19.

23. *Soch.,* III, 219.

24. Barnes, op. cit., p. 67.

25. *Soch.,* II, 213.

26. Op. cit., p. 282.

27. Renate Schweitzer, *Freundshaft mit Boris Pasternak* (Vienna-Munich-Basle, 1963), pp. 49-50.

28. The clauses in quotation marks are taken with one word changed from the translation by Eudo C. Mason, in *Rilke* (Edinburgh, 1963), p. 66.

29. *Second Elegy.*

30. "Literaturnaya Moskva," *Sobr. soch.,* II, 330.

31. De Mallac, op. cit., p. 340.

32. *Doktor Zhivago,* XVII, No. 7.

33. Op. cit., p. 178.

34. *The Waste Land: A Facsimile . . . of the Original Drafts,* ed. Valerie Eliot (London, 1971), p. 1.

35. Giorgos Seferis, *Dokimes. Protos tomos* (Athens, 1981), p. 30.

36. Op. cit., pp. 174, 180.

37. L. O. Pasternak, *Zapiski raznykh let* (Moscow, 1975), p. 239.

38. *Encounter* 10, March 1958.

39. Boris Pasternak, *Perepiska s Ol'goy Freydenberg,* pod redaktsiey i s kommentariyami Elliotta Mossmana (New York and London, 1981), p. 308.

40. *Soch.,* III, 184-5.

41. Olga Carlisle, "Three Visits with Boris Pasternak," *The Paris Review* 24 (Summer-Fall, 1960), pp. 59, 67; republished in *Voices in the Snow: Encounters with Russian Writers* (New York, 1962).

42. Op. cit., pp. 68-9.

43. Op. cit., pp. 67-8.

44. *Light in August,* ch. 21.

Boris Pasternak and Russian Poetic Culture
of His Time

Victor Erlich (Yale University)

To attempt to locate Boris Pasternak within the compass of a reasonable size paper, vis-à-vis the successive literary crosscurrents of the half-century encompassed by his poetic career, is a precarious, if not a foolhardy, undertaking. Since the scope of my subject is vast, its treatment here will have to be sketchy, occasionally to the point of being nearly cryptic. As I'll be traversing much familiar ground I'll verge now and then on the nearly obvious. My main excuse is that some of the issues touched upon en route are far from settled.

At the time that Boris Pasternak was growing up the Russian cultural scene was dominated by Symbolism. As he was to recall many years later, when still a schoolboy, "he raved about Andrey Bely, Hamsun, Przybyszewski." Elsewhere he identifies the force which at the beginning of the century propelled restless young men down the blizzard-swept Moscow boulevards as "the young art of Skryabin, Blok, Kommisarzhevskaya, Bely—forward-looking, compelling, original."

Pasternak's admiration for Aleksandr Blok, as well as his more ambivalent fascination with Andrey Bely, persisted until the end of his life. In his second autobiography, *I remember* (1956), he paid an eloquent tribute to the Symbolist spellbinder in words which could have been easily applied to his own achievement: "Blok had everything that goes to make a great poet—fire, tenderness, emotion, his own image of the world, his own special gift

32

for transforming everything he touched, and his own restrained, self-contained destiny." In a lyrical tetraptych "The Wind" contained in his last poetic cycle, *When the Weather Clears*, he hailed the restless visionary as his generation's vital, indispensable companion.

Yet enduring affection for Blok—an affection which may have derived additional intensity from having lived through the literal fulfillment of Blok's apocalyptic prophecies—is one thing; demonstrable indebtedness to Symbolist poetics is quite another. The only body of Pasternak's verse that bears an unmistakable imprint of Symbolist rhetoric is his admittedly derivative and immature—or, as Pasternak was to insist later, premature—debut *A Twin in the Clouds*. In *I Remember* Pasternak deplores this title as a "stupidly pretentious . . . limitation of cosmological profundities which marked the titles of Symbolist collections and the names of their publishing houses." Though the verdict is excessively, if not uncharacteristically, harsh, it is not altogether unwarranted. In retrospect, *A Twin in the Clouds,* where individual lines of indubitable originality and freshness are often weighed down by portentous Symbolist clichés, appears as a prelude to, rather than a launching of, the Pasternak we know.

The fact of the matter is that by the time Pasternak was ready to commit himself to "life by verses," (жизнь стихом) the movement which presided dazzlingly over the renascence of Russian lyric poetry was in the throes of an acute crisis. Symbolism was being dislodged by the twin challenges of Acmeism and Futurism.

Pasternak's initial choice of allegiance was unequivocal. Henry Gifford has put it succinctly: "Eventually, it would be Mandelstam and Akhmatova whose purgatorial journey Pasternak would find himself sharing. But in 1913 there was everything to draw him toward Futurism: its novelty, its daring, its expansive freedom, everything except its eagerness to jettison the past."

As I shall argue below, the latter qualification is not a trifling matter. Futurism's loudly proclaimed scorn for the past would be eventually perceived as a crippling flaw: in 1928 in writing to Meyerkhold Pasternak averred that the only brand of Futurism he could accept was "Futurism with a genealogy." But let us not get ahead of our story. It is an incontrovertible fact that Pasternak began his actual poetic career under the aegis of Cubo-Futurism, to be exact, of one of its rival factions "Centrifuga," and that at least for several years he was more than willing to identify himself in public as a Futurist. His dense and somewhat cryptic theoretical essays "The Black Cup" and "The Wasserman Reaction," written during the "Centrifuga" period, are, or purport to be, Futurist documents. (I'm hedging as I cannot help but feel that such formulas as "transformation of the temporal into eternal" are more characteristic of Pasternak than of any known variety of Futurism.) Moreover, Lazar Fleishman's researches in the history of "Centrifuga" clearly indicate that Pasternak played a more active part in the factional strife within Russian Futurism than one might have expected from an avowed non-joiner who in 1930 professed to have been baffled by Mayakovsky's apparent need for a "retinue of innovators," by his excessive loyalty to the "movement." By the same token, there is some merit to V. Markov's assertion that in Pasternak's 1914-16 verse found in the collection *Over the Barriers* "the abundance of violence and anti-estheticism in imagery would suffice to put him next to Kruchenykh and David Burlyuk." In a word, on both the organizational and the substantive grounds, it is entirely legitimate to speak of Pasternak's Futurist period.

Yet the precise scope of this period remains an open issue. I for one would question very seriously the applicability of the Futurist label to the volumes which in the impetuous boldness of imagery, the idiosyncratic use of syntax and proclivity for "semantic shifts," for juxtaposing and interweaving disparate spheres of experience, are among the highpoints of Russian avant-garde poetry, *My Sister Life* and *Themes and Variations*.

Let me make my position clear. I have some difficulty with the tendency evidenced in the most authoritative and influential discussions of modern Russian poetry—from Roman Jakobson to Vladimir Markov—to nearly equate Russian Futurism with the post-Symbolist poetic avant-garde or, to put it differently, to describe the former in terms applicable to the entire range of the Russian modernistic enterprise. (In one of the earliest important statements on Futurism Jakobson invoked qualities endemic in all of modern art, for example, "multiplicity of the points of view," creative deformation or displacement, "overcoming of statics" and the "discarding of the absolute"). It is my contention that Futurism is a major and perhaps the most seminal yet a distinctive strain within the Russian literary avant-garde. Furthermore, if there is any merit to the notion, which I once offered in haste, that each school of poetry can be seen as a cluster of verbal devices and moral gestures, in seeking the *differentia* of Russian Futurism some attention should be paid to what might be legitimately construed as its characteristic ethos, temper or ambience.

Any "ism" viewed at close range turns out to be a complex phenomenon, an uneasy alliance of disparate personalities. Futurism is certainly no exception. The most intelligent Futurist memoir-writer, B. Livshits, rather aptly described it as "a confluence of heterogeneous and multipurpose wills held together first and foremost by shared negative aims." Yet at the cost of considerable simplification, and with an inevitably heavy reliance on the successive self-definitions which emerged from the Futurist movement, most notably, the notorious manifesto "A Slap in the Face of Public Taste," it should be possible to reconstruct the cluster of attitudes which informed the Futurist offensive.

The salient ingredients of the syndrome include, I believe, an "outrageousness" of manner designed to shock and alienate the Philistines yet at the same time indicative of a deep-seated need to ground one's identity in a sense of being hounded by a hostile and uncomprehending crowd. ("Standing on the block of the word 'we' amid the sea of boos and indignations.") There is further an avowedly negativistic thrust of the Futurist challenge attested to by B. Livshits, a total repudiation of all extant beliefs, authorities and traditions, a "tireless, ruthless hatred of our yesterday and today" (S. Tretyakov), and concomitantly an idolatry of the New, a fetishism of Time. ("Only we are the face of our time! We are the people of the new life." "We clad in the mantle of uninterrupted victories set out to build a union of the young with the sail around the axis of Time.") Last but not least, there is the "eager anticipation of one's tomorrow," a utopian leap into a future whose utterly implausible radiance is vouchsafed, indeed made imperative, by the utter unacceptability of the present.

Vladimir Mayakovsky's frenzied commitment to a specific political blueprint of a mythicized future has been amply documented. So has the human cost of his engagement fueled and finally exploded by the immensity of his personal anguish, creeping disenchantment and frustration—амортизация сердца и души — as the rise of Soviet neo-Philistinism and neo-bureaucratism seemed to make mockery of the sacrifices made en route to the ever receding utopia. Hence, the anti-utopian strain in his bitter satirical play "The Bedbug" and the note of exasperation with the millennium that exacts so heavy a toll in "A Conversation with a Tax Collector about Poetry" (1927): "И когда это солнце разжиревшим боровом / Взойдет над будущим без нищих и калек, / Я уже сгнию умерший под забором вместе с десятком моих коллег".

How about the other major figure associated with the Russian Futurist movement—though, as Yu. Tynyanov correctly argues, scarcely encompassed by it—Velimir Khlebnikov? Surely, the vision of this maverick of genius was too idiosyncratic to become a handmaiden of political propaganda. Yet the leading Khlebnikov scholars are quite justified in speaking of his "utopianism." He dreamed of the City of the Future, a "Platonic society consisting of the best men living on this earth." His 1919 poem "Ladomir" articulates a vision of a cosmic upheaval which engenders a new world order. A bizarre alliance of Stenka Razin, Lenin and Lobachevsky is projected here through a bewildering, if singularly effective mixture of violent revolutionary phraseology, references to non-Euclidian geometry and a whiff of pastoral egalitariarism (Я вижу конские свободы и равноправие коров). Characteristically, "la lutte finale" envisioned in "Ladomir" ushers in the displacement of the traditional ruling class (дворяне) by "creators" (творяне), a power shift which, no less characteristically, is a purely linguistic operation: "Это шествуют творяне / Заменивши д на т / Ладомира соборяне / с трудомиром на шесте."

One may remonstrate that outside of a few blatantly propagandistic ventures during the early Soviet period the most consistent representative of the verbalistic, Dadaist strain in Russian Futurism, the tireless champion of *zaum* Aleksey Kruchenykh remained throughout single-mindedly committed to the gospel of the self-valuable word. But his very uncompromising, indeed, as Pasternak put it in a warm but somewhat hedged tribute, "fanatical" fidelity to verbal exploration and discovery, the relentlessness of his recoil from the cognitive and the referential now towards pure euphony, now toward pure expressiveness, places this bizarre and historically important figure, in Pasternak's words, at the very "edge" of art, at the outer limit of poetic discourse, and offers another instance of Russian Futurism's essentially extremist temper.

It is the conspicuous absence in Pasternak's makeup of a proclivity for ideational extremism that accounts in large measure for my reluctance to affix the Futurist label to any significant body of his verse, to treat his association with the Futurist movement as more than an important episode in a far-flung creative evolution. There is sufficient evidence, as already mentioned, that as a budding poet Pasternak was not altogether immune to the lures of group allegiance or, for that matter, of intergroup squabbling. But there is no indication that he was ever drawn to the stridently Bohemian posturing of his fellow Futurists, that he ever shared their need for an embattled group identity, for an adversary stance vis-à-vis "the public."

In his invaluable study *Пастернак в двадцатые годы* Lazar Fleishman properly cautions against construing Pasternak's position during the first post-revolutionary decade as either "above the fray" or "middle-of-the-road." He calls attention to a statement made by Pasternak in 1925: "I'm convinced that art must be the excess (крайность) of an era rather than its median (равнодействующая)." Yet, as Fleishman's own research clearly suggests, the kind of poetic "excess" which Pasternak was apt to applaud has less in common with the neo-Futurist drumbeat for "revolutionary art" than with the innovative boldness and the emotional intensity (безмерность) of his maverick soulmate Marina Tsvetaeva, incidentally the only master of modern Russian poetry to steer clear of any and all doctrinal and organizational entanglements (As the Tsvetaeva afficionados will realize, I'm referring to her famous lament: "Что же мне делать, певцу и первенцу, в мире, где и наичернейший сер, Где вдохновение хранят как в термосе, с этой безмерностью в мире мер?").

Perhaps, even more germane to our discussion is the relative status of the temporal vs. the eternal in Pasternak's poetic universe. To be sure, the much cited moment of unworldly absent-mindedness, "Какое, милые, у нас тысячелетье на дворе?" — this in a poem written in 1917! — is not a fair measure of Pasternak's responsiveness to the "body and pressure" of the revolutionary era. The sense of renewal and turmoil which pervades *My Sister Life* partakes obliquely yet tellingly of the historic events that swept Russia in that fateful year. As Tsvetaeva put it, in the summer of 1917 "he walked alongside the Revolution and listened to it raptly." A few years later, in "1905" and "Lieutenant Schmidt" he made a genuine if not an entirely successful attempt to come to grips with the meaning of the Revolution by recreating its immediate antecedents. But this congenital yea-sayer was moved to lyrical excitement and euphoria by the timeless themes of love and nature, by the affectionate, ever-recurring encounter with "his sister life" rather than by a vision, institutionalized or otherwise, of a totally new era or, for that matter, a totally overhauled language. Doubtless, one should beware of reading into the early and the middle Pasternak the hard-earned insights of his *Doctor Zhivago* period. Not until after the ordeal of "Russia's terrible years," which brought home the appalling human cost of at least one brand of political utopianism, did Pasternak espouse an explicitly anti-utopian position and scorned the moral presumptuousness, indeed the moral vulgarity, of the professional revolutionaries and their rhetoric of "reshaping man." Yet even if he was not averse to talking hopefully about "даль социализма" or getting misty-eyed as late as 1933 about "the yet unnamed truth emerging everywhere," he was too beholden to the rich cultural tradition which nurtured him to succumb to the heady temptations of revolutionary millenarianism, to give credence to the fantasy about a brand-new breed of man.

Parenthetically, the above effusions had less to do with an eagerness to jettison the "past" than with the poet's abiding emotional need for an affirmative stance toward the world around him. Pasternak's unpublished letter to Nikolay Chukovsky which heaps fulsome praise on a little-known member of *Lef* V. Sillov contains a significant disclaimer: "Among the *Lef* people this was the only honest, live, reproachfully noble example of that moral newness (моральная новизна) which I never pursued because of its total unattainability and its total alienness to my makeup (склад)." It is fair to assume that in spite of his enduring regard and affection for Nikolay Aseev, Pasternak would find "equally alien to his make-up" Aseev's futurological short story "Tomorrow" (1923) whose hero dreams of a "total transformation of people's lives and total desolation of human psyche."

To be sure, the early literary friendships and allegiances were not easily discarded. Thus, when in 1923, Vladimir Mayakovsky, Nikolay Aseev and Osip Brik joined hands with the *engagé* critic-playwright Sergey Tretyakov and the bumptious Marxist publicist N. Chuzhak to launch *Lef* (an abbreviation for the *Left Front of the Arts*), Pasternak found himself among the contributors to the journal which spoke for the embattled faction. Yet this association proved short-lived. Pasternak was out of sympathy with *Lef*'s strenuous attempt to combine a spirited defense of the avant-garde values with blatant political instrumentalism. He became increasingly wary of *Lef*'s insistent advocacy of *Literatura fakta*, a slogan which owed its popularity in the *Lef* precincts as much to V. Shklovsky's bias in favor of hybrid — semi-fictional, semi-documentary-genres as to S. Tretyakov's or N. Chuzhak's doctrinaire commitment to immediate social utility. The other *Lef* watchword "social command" was yet to acquire the ominous implication of Party control over literature. But the threat to the autonomy of imaginative writing presented by spontaneous cultural vigilantism clearly was not lost on Pasternak.

It was this concern that must have informed what Fleishman correctly calls one of the most important Pasternak documents, a 1927 letter to the moderate editor of *Novy Mir*, V. Polonsky, who was at the time engaged in a vehement exchange with the *Lef* spokesmen. Having disagreed emphatically with Polonsky's "absurdly dismissive" treatment of the early Mayakovsky, Pasternak associated himself, in no uncertain terms, with the main thrust of his polemic. He saw Polonsky's warning against excessive politicalization of culture as "defense of all literature," including such works as Mayakovsky's own masterpiece, "A Cloud in Trousers" for which, he claimed, the current *Lef* ideology left little room. A year later in an unpublished answer to a questionnaire Pasternak made his position still clearer as he scorned *Lef*'s "excessive Sovietism (советскость), its predilection for officially sanctioned rowdyism."

Some students of the Russian literary life in the 1920's may find it surprising that Pasternak should have sided with Polonsky rather than with his recent associates: an eclectic and essentially unimaginative critic, Polonsky lacked the incisiveness of an Osip Brik, the sophistication of a Viktor Shklovsky. My own feeling is that Pasternak's choice was guided by a keen sense of what was at stake in that strident confrontation or, more broadly, by a shrewd assessment of the Russian literary situation in the late twenties.

I am reminded at this juncture of a pointedly topical rationale which Boris Eikhenbaum was offering at about the same time for his current scholarly agenda, with its emphasis on "литературный быт" on the social conditions for writing. Today, he declared, the central question facing the Russian writer is not "how to write," but "how to be a writer" or, if one is allowed to interpolate, how to remain a writer in the face of mounting pressures toward political regimentation of literature. If Pasternak concurred with this diagnosis, as I believe he did, it would not have been unnatural for him to align himself with the relatively broad-minded editor-critics such as V. Polonsky or A. Voronsky rather than with the unquestionably more inventive and high-spirited *Lef* zealots.

By 1930 all this was history. Mayakovsky's suicide spelled an end of an era; it signalized the collapse of the increasingly precarious alliance between the bulk of the Russian artistic avant-garde and the regime ushered in by the Revolution. During the grim decade that followed the problem facing the Russian literary masters was not so much "how to remain a writer" but how, having been a writer, to survive at all. Doubtless, the salient aspect of the Pasternak story during the Stalin Ice Age was the much commented on but still not fully explained fact of his physical and moral survival. Though he made a few half-hearted attempts at adaptation and enjoyed during the early thirties a measure of official recognition, he was increasingly "out of step with his times" (несозвучие эпохе). Predictably, he thought little of the newly promulgated esthetic doctrine; he once described Socialist Realism as masking "everything that is pompous, pretentious, rhetorical, without substance, useless in human terms, and morally suspect." The inevitable cost to Pasternak of his "internal emigration" was protracted lyrical silence, with the bulk of his creative energies channeled into the art of translation.

When Pasternak's own poetic voice was heard again the time was 1943, the theme was a shared national ordeal. The manner of his wartime lyrics was a far cry from the verbal density of *My Sister Life* and *Themes and Variations* or, for that matter, from the intricacy of some of the poems contained in that remarkable transitional collection, *A Second Birth* (1932). In their directness and spareness the poems gathered in the slight volume *On Early Trains* seem an attempt at implementing the ideal of "unheard-of simplicity" first enunciated in 1932: "В родстве со всем, что есть, уверясь / И знаясь с будущим в быту, / Нельзя не впасть к концу, как в ересь, / В неслыханную простоту."

Was Pasternak's new style an unwitting concession to the *Zeitgeist*? His most recent biographer comes uncomfortably close to saying just that: "In cultivating intelligibility," writes Ronald Hingley, "Pasternak happened to be fulfilling one of the obligations placed on the writer by political authority that literature should be understood by the average reader. This was just what he now wanted. He had, in other words, arrived by his own independent route at the point where he was eager to do just what the authorities wanted him to do." One would like to believe that this latter sentence was not intended to sound as snide as it actually does. Be that as it may, it is wide off the mark. It is scarcely necessary to insist on the crucial difference between "accessibility" (доходчивость) as an iron-clad requirement of what Orwell called "literature of edification," a literature purveying accredited, ready-made verities, and hard-earned "simplicity," distilled from poignant, indeed traumatic, personal experience. Moreover, it soon was to become clear that in the late Pasternak the striving for maximal directness of communication was inextricably bound with a newly found determination to bear witness, a new eagerness to convey a message to his countrymen and to the world, if necessary, at considerable personal risk. Need I press the obvious, notably that the thrust of this message, especially as embodied in *Doctor Zhivago,* was precisely the reverse of "what the authorities wanted," profoundly subversive as it was of the Soviet hierarchy of values?

Yet in art moral urgency has its pitfalls. It has been argued, not without justice, that the very qualities which enhance the spiritual resonance and the historical significance of *Doctor Zhivago* may well be responsible for some of the novel's much rehearsed flaws — its intermittent didacticism and overexplicitness, its tendency to treat fictional protagonists as authorial mouthpieces. More broadly, some Pasternakians found in both the prose and the verse of Pasternak's late years an excessive proclivity for the hortatory and the merely declarative, a demonstrable pull toward what the American New Critics dubbed somewhat disparagingly "the poetry of statement."

Now this is clearly not the place for reopening what is probably the most controversial single issue in Pasternak studies, that of the relative literary importance and worth of what might be called the Doctor Zhivago period. Let me instead in the few minutes that remain at my disposal, query the notion that Pasternak's esthetics underwent a fundamental change after 1940. To put it differently, how meaningful it is to speak of a total break on the part of the late Pasternak with the poetics which informed his earlier triumphs?

This question does not admit of a simple answer if only because Pasternak's post-factum disavowals are more emphatic than consistent. Time and again he would chide his younger self for having been overly swayed by false values or dominant literary fashions, overimpressed by mere "brilliance," novelty or "extraneous cleverness." No less frequently, whether speaking directly of himself or of his alter ego Yury Andreevich Zhivago, he would insist that "all of his life" he pursued the same esthetic goal that he aspired all along, as he put it in 1947 to a young playwright, A. Gladkov, to an "unnoticeable style where there would be no distance between idea and representation." His constant concern, Pasternak repeatedly assures us in *I Remember*, was not with poetic technique but with "content." In describing the intent of two early poems, he maintains: "There was nothing I demanded from myself, from my reader or from the theory of art; all I wanted was that one poem should contain the city of Venice and the other the Brest . . . railway station."

To be sure, such retrospective statements should not be taken literally; nor can they be safely ignored. As we look back on Pasternak of 1917-32 we can sense the presence in his poetic universe of two disparate, if not altogether incompatible tendencies only one of which can be termed characteristically "modern." There is the much commented on verbal dynamism—the spendthrift profusion of images, the energy of the sound which time and again appears to acquire a momentum and a generative power all its own as the poem speeds on its way: "Мигая, моргая, но спят где-то сладко / И фатаморганой любимая спит / Там часом как сердце, плеща по площадкам, / Вагонными дверцами сыплет в степи."

Yet this process never becomes self-reflexive, self-referential or, as the late Roland Barthes would have said, "intransitive." For in Pasternak verbal élan seems to coexist with a passionate commitment to a lyrical "truth" (истина)—that is, utmost accuracy in rendering a personal vision of reality, indeed with an urge to break the barrier between words and things, so as to actually incorporate ("contain") in the text the object depicted, and thus achieve the unattainable goal of unmediated representation.

It may be a matter of some moment that the section of *I Remember* which deals with the author's coming of age culminates in the celebration of Rilke and Tolstoy. Those inclined to attribute the unusual juxtaposition to the esthetic code of the later Pasternak might be reminded that Tolstoy's name is a major landmark in one of Pasternak's first sorties into artistic prose, *Letters from Tula* (1918). The hero of the story, a young poet stranded in Tula, is in the throes of what we would call today an identity crisis. In a

letter to a woman friend he gives vent to an acute sense of embarrassment at the sight of the clowning of third-rate actors who came
to Tula to take part in a historical film. Apparently, he ruefully
recognizes in the tawdry self-display of the troupe some of his own
failings and temptations. Significantly, this moment of truth, this
recoil from false human and esthetic values occurs on what the narrator calls "the territory of conscience." We are, the story insists,
in the Tolstoy country. Whatever the overall implications of the
hero's soul-searching, the great writer's fierce quest for authenticity
seems to acquire here the status of an esthetic and moral guidepost.

If Pasternak of *My Sister Life* could be termed a sui generis
"modernist," it is equally arguable that the stance adopted by the
poet toward the end of his life was not a consistent repudiation of
avant-garde poetics, a throwback to a pre-modern literary code.
Pasternak's esthetics has often been described as essentially romantic. One could adduce quotations from the entire range of his
oeuvre to bolster this proposition. The "poems of Yury Zhivago"
echo and reinforce the exuberant eulogy of the "wonder-working
might" of the creative genius found in Pasternak's early lyrics. To
Pasternak poetry is more than mimesis, an imitation or recreation
of the given; nor is it primarily invention, craft, "making" of arti-
facts. It is rather discovery, revelation of the essence of things,
or, in V. Frank's apt phrase, a "catalyst of reality," a co-creator
of existence. For, as Pasternak urged as early as 1917, without the
transforming and articulating power of poetry the universe would
have been a "dumb place" (Ан вселенная — место глухое).

All this is quite compatible with the romantic code. Yet here, I
submit, is a romanticism with a difference, a romanticism which
cares less about self-expression or self-dramatization than about
self-transcendence, that sets less store by the myth of the poet
than the ineluctable reality of the poem. It is, finally and more
relevantly, a romanticism modified or mediated by the "modern"
sensibility: when the aging poet invokes the suprapersonal force
that propels the creative process, the accent is ultimately on language rather than on inspiration. Many of us will recall the much-
quoted passage from *Doctor Zhivago*: "After two or three stanzas
and several images by which he [Zhivago] was himself astonished

his work took possession of him and he experienced the approach of what is called inspiration. At such moments the correlation of the force controlling the artist is, as it were, stood on its head. The ascendancy is no longer with the artist or the state of mind which he is trying to express but with language, his instrument of expression. Language, the home and dwelling of beauty and meaning, itself begins to think and speak for man and turns wholly into music . . ."

Need I insist that centrality or, if one will, primacy of language is one of the chief tenets of twentieth century poetics?

Let me conclude. As any vital artist Pasternak was indelibly marked and demonstrably energized by the creative ferment of his formative years. As any poet of genius, he at once epitomized and transcended the major poetic thrust of his age. When the times turned brutal and hostile to all creative impulse, he refused to knuckle under. He lived to tell the tale, to proclaim, indeed to exemplify, the resilience of the poetic imagination. A "hostage to eternity," he sprang the bonds of time.

Пастернак, Пушкин и океан
в поэме Марины Цветаевой «С моря»

Семен Карлинский (University of California, Berkeley)

I

Дети, растущие в интеллигентных или полу-интеллигентных русских семьях, знакомятся с поэзией Александра Пушкина в раннем возрасте. В последние десятилетия 19-го века это знакомство обычно происходило через хрестоматию *Родное слово,* составленную педагогом Константином Ушинским и выдержавшую в течение первых двух десятилетий после своего появления в 1864 г. свыше пятидесяти изданий. Такое хрестоматийное введение в поэзию было связано с национальным культом Пушкина, культ, который Марина Цветаева резюмировала фразой «хрестоматии, колы, экзамены, бюсты, маски»[1] и т.д. Впрочем, колами и экзаменами дело не всегда ограничивалось. В более культурных семьях могло иметь место бестактное унижение ребенка за недостаточное или чересчур индивидуальное понимание пушкинского текста (примеры встречаются в статье Цветаевой «Мой Пушкин»[2]). В менее культурных семьях, если верить известному рассказу А. П. Чехова «Не в духе» (1884 г.), доходило до порки за Пушкина.

Маленькой девочкой Марина Цветаева встретилась с тем же отрывком из *Евгения Онегина* (вторая строфа пятой главы), который зубрит бедный Ваня Прачкин по хрестоматии

Ушинского в рассказе Чехова. Правда, для маленькой Марины «Зима, крестьянин торжествуя» явилось как «не краденный, а дарённый, не тайный, а явный»[3] Пушкин. До этого было секретное и запретное чтение «Цыган» в возрасте пятишести лет в комнате сводной сестры Валерии. Комната Валерии — заповедный район в мифологии цветаевского детства. Это — враждебная территория, именно своей враждебностью притягательная. Это — место освобождения от материнских запретов и место встречи с воображаемым и любимым чортом, описанным в очерке «Чорт».[4] Образ чорта в воспоминаниях Цветаевой о ее детстве персонифицирует символический мятеж (в первую очередь, против матери), эротику, а заодно, и русскую литературу с Пушкиным во главе, литературу, с которой маленькая Марина, воспитанная на немецкой, знакомилась за спиной матери и в атмосфере запрета и опасности.

Не следует, я знаю, смешивать жизнь с литературой и вымышленных персонажей с действительно жившими людьми (хотя сама Цветатева, как увидим, и любила это делать). Все же, удивительна эта параллельная тема родительского наказания за чтение Пушкина в крохотном рассказике Чехова и в мемуарном очерке Цветаевой «Мой Пушкин». В конце чеховского рассказа отец сечет мальчика — не только за Пушкина, но и из-за досады на самого себя за карточный проигрыш. Культурнейшая Мария Александровна Цветаева, урожденная Мейн, свою дочь Марину конечно не секла. И все же, какую-то взрывчатую силу она в Пушкине чуяла, потому что девочка за Пушкина наказывалась: за слишком ранний интерес, по мнению матери, к Онегину и Татьяне, за незнание кто был упомянутый Пушкиным Бонапарт, за неуместное пользование вычитанными у Пушкина новыми словами.

Тем не менее, любовь к Пушкину маленькая Марина пронесла сквозь запреты и насмешки в детстве и Пушкин остался для нее на всю жизнь центром русской литературы. Никто из русских поэтов и прозаиков 19-го века не был ей так дорог. Цветаева могла отзываться с восхищением об отдельных стихотворениях Баратынского, Лермонтова или Фета, ей были близки *Соборяне* Лескова и *Семейная хроника* Аксакова, но она не знала их творчества во всем объеме, как она знала творчество Пушкина и своих любимых немецких поэтов: Гёте, Гейне и Рильке. Только среди ее старших современников и ровесников появились русские поэты, которых она изучила и оценила на том же уровне, как и Пушкина: Блок, Белый, Кузмин, Ахматова и, в первую и главную очередь, Борис Пастернак.

Прохождение Пушкина маленькой Цветаевой имело три начальные стадии: полу-младенческое, запретное чтение «Цыган» и *Капитанской дочки*, с очень приблизительным пониманием смысла, но с полным доверием к поэтическому чародейству; затем, дозволенное, хрестоматийное чтение отрывков из *Онегина* и «Полтавы», мелких стихотворений вроде «Утопленника», а также чтение матерью вслух сказок Пушкина; и, наконец, в десятилетнем возрасте увлечение стихотворением казалось бы мало доступным для детского понимания: «К морю». Вся заключительная часть очерка «Мой Пушкин» посвящена описанию замутненного, но не искаженного восприятия маленькой Мариной пушкинского послания к морю. Знаменательно, что девочка, не понявшая многих слов и реалий в тексте, истолковала содержание стихотворения как любовный роман — расставание между двумя влюбленными, поэтом и морем.

Эта ситуация, пожалуй, наиболее необычная среди полиморфно-андрогинных романов в поэтическом мире Цветаевой, где часто не принимаются в расчет ограничения пола и возраста или сбыточность встречи.[5] Можно указать на такие смежные примеры как «любовный заговор» между Гриневым и Пугачевым, усмотренный Цветаевой в *Капитанской дочке;*[6] или, в мемуарном очерке «Мои службы», гипотеза о желательности женитьбы Пушкина не на Наталии Гончаровой, а на Наташе Ростовой из *Войны и мира*. Упреки Наташе Ростовой за то, что она вышла замуж за Пьера, не дождавшись Пушкина,[7] игнорируют не только их существование в двух несоизмеримых мирах, но и нечто более существенное с точки зрения той эпохи: неподходящий возраст предлагаемой невесты.

Наташе Ростовой, которой при ее первом появлении в *Войне и мире* в 1805 г. было тринадцать лет, ко времени женитьбы тридцатилетнего Пушкина на шестнадцатилетней Гончаровой было бы почти под сорок. Романтическая встреча между Психеей-Наташей и вдохновенным арапом, воображенная в «Моих службах», перечеркивается столь зрелым возрастом толстовской героини. Однако в поэтическом мире Марины Цветаевой такие практические препятствия не учитывались.

Судьба дала десятилетней Марине возможность реальной проверки захватившей ее величественной картины: прощание поэта с влюбленным в него океаном, с участием на заднем плане угасавшего на скале Наполеона и мчащегося по небу гения по имени Байрон, «с головой из лучей, с телом из тучи».[8] Из-за болезни ее матери, вся семья поехала в Италию «к морю» как раз осенью 1902 года, во время ее максимального увлечения стихотворением «К морю». Но море оказалось Генуэзским заливом, бухтой или курортным пляжем в Нерви, что никак не вязалось с могущественным и любящим океаном в стихотворении Пушкина. Цветаева в статье «Мой Пушкин» и, следуя за этим текстом, ее сестра Анастасия в своих воспоминаниях описывают разочарование Марины, что море не оказалось таким, как у Пушкина:

> Моря я с той первой встречи никогда не полюбила, я постепенно, как все, научилась им пользоваться и играть в него: собирать камешки и в нем плескаться — точь-в-точь как юноша, мечтающий о большой любви, постепенно научается пользоваться случаем.[9]

Двойственное отношение к морю — нелюбовь к конкретному морю и некоторое признание ценности моря как традиционной литературной темы — проходит через все поэтическое и эпистолярное наследие Цветаевой. Окончательно отречься от моря она не могла, хотя бы уже из-за своего имени, морскую этимологию которого она понимала и ценила.[10] На этой этимологии, Марина-морская, построены два стихотворения в раннем сборнике Цветаевой *Волшебный фонарь*: «Молитва морю» и «Душа и имя».[11] В последнем поэт утверждает, что не только ее имя, но и мечты и душа — морские, хотя, по-видимому, тут скорее вопрос парономазии чем, внутреннего убеждения. Все же, упоминания о своей связи с морем встречаются и в лирике зрелой Цветаевой, например «Кто создан из камня» (1920 г.) и «Наяда» (1928 г.).[12] На морском же берегу, в Гурзуфе, Цветаева изобразила воображаемую встречу с Пушкиным в на мой взгляд не вполне удавшемся, несколько салонном стихотворении 1913 года, где она предвосхитила место действия пастернакской «Темы с вариациями».[13]

Однако, если перейти от стихов Цветаевой к ее письмам, то появляется частый лейтмотив нелюбви к морю. Это особенно часто встречается в период эмиграции Цветаевой, когда она ради детей с большими трудностями несколько раз собирает средства для летней поездки нá море, чтобы потом его ругать в письмах к друзьям. Из многочисленных примеров можно упомянуть письмо к Анне Тесковой от 8 июня 1926 г. («Океан. Сознаю величие, но не люблю (никогда не любила моря, только раз, в первый раз — в детстве, под знаком пушкинского «Прощай, свободная стихия!») Она свободная, а я на ней — связанная»);[14] или письмо к уехавшей в Америку Раисе Ломоносовой от 1 февраля 1930 г. («Нá море — самом простом, почти семейном ⟨…⟩ — томлюсь, не знаю, что делать. ⟨…⟩ Сколько раз пыталась полюбить!»).[15] Наиболее значительная из этих попыток полюбить море не только в поэтическом, но и в житейском смысле была предпринята в конце мая 1926 г. с целью углубления контакта Цветаевой с ее самым любимым поэтом-современником, Борисом Пастернаком. Эта попытка вылилась в написание обращенной к Пастернаку поэмы «С моря».

II

Начало изучения взаимоотношений Марины Цветаевой и Бориса Пастернака было положено в статье Ольги Раевской-Хьюз, опубликованной в 1971 г.[16] С тех пор эти отношения были освещены в ряде работ, наиболее полно в книге Лазаря Флейшмана *Борис Пастернак в двадцатые годы* и во вступительной статье к составленному Константином Азадовским и Еленой и Евгением Пастернак собрании писем Рильке, Цветаевой и Пастернака.[17] Для интересующей нас темы следует только отметить, что во время начала переписки двух поэтов и написания статьи Цветаевой о Пастернаке «Световой ливень», т.е., в 1922 г., она была знакома только с его книгой *Сестра моя жизнь*, которую она считала единственной опубликованной. В начале 1923 г. она ознакомилась со сборником *Темы и вариации*, о котором она писала Пастернаку в письме от 11 февраля 1923 г.[18] Содержавшийся в этом сборнике цикл «Тема с вариациями» перекликался кое в чем, как уже было упомянуто, со стихотворением Цветаевой «Встреча с Пушкиным». Темой для вариационного цикла Пастернака послужила, как известно, картина Айвазовского и Репина, изображающая Пушкина на крымских скалах над прибоем. Цветаевское стихотворение вписывает ее самоё с Пушкиным в тот же самый пейзаж. Однако, если «Тема с вариациями» по справедливости считается одним из высочайших поэтических взлетов Пастернака, цветаевская «Встреча с Пушкиным», с ее обращенной юной поэтессой (именно поэтессой, а еще не поэтом) речью к Пушкину, написанною в стиле любимого тогда Цветаевой Эдмонда Ростана, Пушкина не поэтизирует, а, говоря откровенно, опошляет.

Трудно сказать, заметила ли Цветаева при чтении сборника *Темы и вариации* столь невыгодный для себя контраст в трактовке темы «Пушкин в Крыму». В письме к Пастернаку об этом сборнике она не упомянула его пушкинский цикл. Но впоследствии она его по крайней мере три раза процитировала: в первом стихотворении ее цикла «Стихи к Пушкину», где имеются слова из четвертого стихотворения пастернаковского цикла, «Лбы голубей олив»; в статье «Мой Пушкин», где Цветаева привела строки

> Стихия свободной стихии
> С свободной стихией стиха

и в поэме «С моря», где строки

> Лучше волны гложу
> Останев на пустынном спуске

являются амальгамой пастернаковской строчки «В осатаненьи льющееся пиво» и процитированного далее Пастернаком
пушкинского «На берегу пустынных волн». Эти три цитаты
дают право думать, что, к моменту написания «С моря», для
Цветаевой не только Пушкин, но и Пастернак были связаны
с морской темой.

Наибольшей интенсивности эта тройственная ассоциация
— Пушкин, Пастернак и море — достигла для Цветаевой в
мае 1926 года, когда она жила на берегу Атлантического океана в рыбачьем поселке St. Gilles-sur-Vie. Это было время
яростных нападок на Цветаеву в эмигрантской периодике за
ее статью «Поэт о критике», нападок, предвещавших возможность разрыва с ней части зарубежной литературной общественности.[19] В то же время, именно май 1926 г. — кульминационный пункт тройственной переписки Цветаевой с Пастернаком и Рильке. В течение четырех дней, с воскресения до
среды, 23-го по 26-ое мая, Цветаева пишет Пастернаку пространное письмо, в котором, как указали составители тома
переписки Рильке, Цветаевой и Пастернака, содержится ценный комментарий к поэме «С моря». В частности, 26-го Цветаева пишет:

> Борис, я не живу назад, я никому не навязываю ни своих
> шести, ни своих шестнадцати лет, — почему меня тянет в *твое*
> детство, почему меня тянет — тянуть тебя в свое? ⟨...⟩ Я с то
> бой сейчас, в Вандее мая 26 года непрерывно играю в какую-то
> игру, что в игру — в игры! — разбираю с тобой ракушки ⟨...⟩

Далее Цветаева подробно и поэтично излагает причины
своей нелюбви к морю, после чего цитирует первые строки
главы «Морской мятеж» из поэмы Пастернака «Девятьсот
пятый год» (глава была опубликована в *Новом мире* за три
месяца до этого письма). Начало «Морского мятежа» по-
своему трактует некоторые из основных мотивов пушкин-

ского «К морю», особенно тему контраста между тихим и бурным морем. Цветаева пишет, что она ехала на Атлантический океан в надежде наконец увидеть море глазами Пушкина и Пастернака и что ей опять — в который уже раз — не удалось:

> То, с чем ехала и за чем: *твой стих*, т.е. преображение вещи. Дура я, что надеялась увидеть *воочию твое* море — заочное, надъочное, вне-очное. «Прощай, свободная стихия» (мне 10 лет) и «Приедается все» (мои тридцать) — вот мое море.

Это сопоставление начальных строк из «К морю» и из «Морского мятежа»

> Приедается все.
> Лишь тебе не дано примелькаться

лишний раз подтверждает, что поэма «С моря» — умышленная антитеза морским пейзажам Пушкина и Пастернака. На то же указывает и само заглавие «С моря», противоположное пушкинскому «К морю». Через два дня, 25-го, Цветаева описывает свою новую попытку все-таки полюбить море и пишет, что море пыталось отвечать ей взаимностью: «когда я сейчас ходила по пляжу, волны явно подлизывались».

В приведенных цитатах заключаются некоторые основные темы поэмы «С моря»: 1. Посещение друг друга через вневременное путешествие в детство; 2. Игры на берегу моря с ракушками и прочими выброшенными морем предметами; и 3. Встреча на морском берегу, но не тихом, бурном или яростном, как у Пушкина и в «Темах и вариациях» и «Морском мятеже» Пастернака, а уютном и «подлизывающемся». Удивительно, что для поэтической встречи с Пастернаком, Цветаевой, лишенной доступа к пушкинско-наполеоновско-байроновскому океану «Морского мятежа», пришлось прибегнуть к морскому побережью даже не своего детства, а детства своей младшей сестры Анастасии. Согласно статье «Мой Пушкин», «у Аси, кроме камешков и ракушек, в резерве морской мечты ничего не было. Иногда я ее, за эти ракушки, била».[20] И вот на этот-то детский пляж вызывается дух Бориса Пастернака.

Метод вызывания его духа — начальная тема поэмы — был для Цветаевой излюбленным средством транспорта в запретные или недоступные районы: взаимно согласованная встреча во сне. Уже в первом сборнике Цветаевой, *Вечерний альбом*, опубликованном в 1910 г., имелось стихотворение «Связь через сны», обращенное к Владимиру Нилендеру, в которого Цветаева была тогда влюблена. Содержание стихотворения — продолжение встреч, запрещенных наяву, путем взаимных снов.[21] При самом начале переписки с Пастернаком, Цветаева писала ему в письме от 19 ноября 1922 г.:

> Мой любимый вид общения — потусторонний: сон: видеть во сне. А второе — переписка. Письмо, как некий вид потустороннего общения, менее совершенного нежели сон, но законы те же.[22]

Эта же идея легла в основу поэмы Цветаевой «Попытка комнаты», обращенной к Рильке и написанной сразу вслед за поэмой «С моря». О том же Цветаева много лет спустя писала Анатолию Штейгеру:

> Я хочу с Вами только этого, только такого, никак не называющегося, не: сна наяву, сна — во сне, войти вместе с Вами в сон — и там жить.[23]

Поэма «С моря» — скрещение всех этих тем и мыслей. Ради встречи с Пастернаком, Цветаева проникает в запретную для нее область — советскую Москву, совершенно так же, как в детстве она ходила в другую запретную область, комнату сестры Валерии (и царство чорта) ради встречи с Пушкиным. С самого начала поэма «С моря» утверждает невозможное и немыслимое как действительность и норму:

> С Северо-Южным
> Знаю: неможным!
> Можным — коль нужным!

Несуществующий в природе северо-южный ветер переносит спящую Цветаеву с запада на восток, с Атлантического берега во Франции в Москву, из своего сна в сон Бориса Пастернака и одновременно в его и в свое детство. По логике сна, действие происходит одновременно в спальне Пастернака в Москве и на берегу моря во Франции. По той же сонной логике, собеседники — и играющие на пляже дети, и взрослые поэты, обсуждающие литературу и политику. Морские игрушки, предлагаемые вниманию детской ипостаси Пастернака — ракушки, камешки, пемза — несут в то же время вполне взрослую поэтическую нагрузку, являясь аллегорическими изображениями тоски, любви, совести, поэзии, славы, ревности и зависти.

Эти выброшенные морем предметы из цветаевской поэмы Пастернак потом вспомнит в размышлениях Юрия Живаго о том, как ему изобразить Лару в своей поэзии в главе «Снова в Варыкине» романа *Доктор Живаго*: «Ломанной извилистой линией накидывает море пемзу, пробку, ракушки, водоросли, самое легкое и невесомое, что оно могло поднять со дна. Это бесконечно тянущаяся вдаль береговая граница самого высокого прибоя. Так прибило тебя бурей жизни ко мне, гордость моя. Так я изображу тебя».[24] Лирический тон поэмы переходит в сатирический при упоминании советской цензуры и напостовцев — сотрудников журнала *На посту*, которые осенью 1923 г. сделали выговор Госиздату за напечатанье контрреволюционной Цветаевой, а в мае 1924 г. характеризовали поэзию Пастернака как «чудовищные капризы барчука, получившего возможность свой досужий блокнот отпечатать и размножить в общее пользование» (из статьи Перцова «Вымышленная фигура»).[25]

Последняя из найденных на побережье морских игрушек, морская звезда, подвергается серии семантических метаморфоз: из морской, звезда становится Вифлеемской, а затем красной, символом государства СССР. Тут Цветаева чуть ли не единственный раз напоминает Пастернаку о возможном различии в их политической позиции, различии, о котором она более открыто писала Райнеру Марии Рильке («und Boris glaubt ein Sozialist zu sein! Glaubst *Du's*)»[26]). Атлантическая морская звезда предлагается, как она пишет, «республиканцу — рукой шуана». Цветаева писала поэму «С моря» в Вандее, местности, связанной с контр-революционным, роялистским восстанием крестьян-шуанов во время Французской Революции в XVIII столетии. Вандея с самого начала Октябрьской Революции стала для Цветаевой синонимом сопротивления. Она упоминается в таком контексте в стихотворениях сборника *Лебединый стан* и в драме *Фортуна*.

Но политика для Цветаевой всегда могла раствориться в поэзии: вспомним ее безоговорочное восхищение Маяковским, целиком игнорировавшее его политические взгляды и деятельность. После иронической просьбы Пастернаку «доложить властям»,

> Что на корме корабля Россия
> Весь корабельный крах:
> Вещь о пяти концах

(т.е., красная звезда), наступает финал поэмы, успокоенный и просветленный. Сущность двух поэтов как бы взаимопроникает — духовно и даже эротически, но при полном отсутствии физического контакта: цветаевские «выходы из зримости». Ради такой максимальной близости с ее любимым поэтом-современником, Цветаева погрузила поэму в чужую ей, но близкую Пастернаку стихию — море. Но в то же время она это море перенесла (так же как Пушкин переносил море «в леса, в пустыни молчаливы») в свои цветаевские области: сновидений и детства.[27]

ПРИМЕЧАНИЯ

1. Марина Цветаева, «Поэт о критике», *Избранная проза в двух томах* (ИП), Нью Йорк, 1979, т. 1, стр. 234.

2. Марина Цветаева, «Мой Пушкин», ИП, т. 2, стр. 260-61, 266 и 272.

3. Там же, стр. 263.

4. ИП, т. 2, стр. 151-66.

5. «Боже мой! Как человек теряет с обретением пола...» ИП, т. 2. стр. 274. См. также «Наталия Гончарова», ИП, т. 1, стр. 312.

6. «Пушкин и Пугачев», ИП, т. 2, стр. 286.

7. «Мои службы», ИП, т. 1, стр. 56.

8. «Мой Пушкин», стр. 274.

9. Там же, стр. 278. См. также Анастасия Цветаева, *Воспоминания,* Москва, 1983, стр. 95-96.

10. См. диалог на эту тему между Цветаевой и Асей Тургеневой в мемуарном очерке «Пленный дух», ИП, т. 2, стр. 83

11. Марина Цветаева, *Стихотворения и поэмы* (СиП), т. 1, Нью Йорк, 1980, стр. 121 и 122.

12. СиП, т. 2 (1982), стр. 286, и т. 3 (1983), стр. 139-41.

13. СиП, т. 1, стр. 147-48. Ср. Борис Пастернак, «Темы с вариациями», *Стихи и поэмы 1912 – 1932,* Анн Арбор, 1961, стр. 63-69.

14. Марина Цветаева, *Письма к Анне Тесковой,* Прага, 1969, стр. 39.

15. Письмо к Раисе Ломоносовой из Архива Лидского университета было любезно сообщено Ричардом Дэйвисом.

16. Ольга Раевская-Хьюз, «Борис Пастернак и Марина Цветаева. К истории дружбы», *Вестник Р.С.Х.Д.,* № 100, 1971.

17. В сокращенном виде, *Вопросы литературы,* № 4, 1978. Полностью, сборник издан на немецком, французском и итальянском языках. Английский перевод подготовлен и должен вскоре выйти. Русский текст цитируется в настоящей работе с неизданной машинописи, любезно предоставленной автору Сереной Витале и Анджелой Ливингстон.

18. Марина Цветаева, *Неизданные письма* (НП), под редакцией Г. Струве и Н. Струве, Париж, 1972, стр. 279 (перечисляются несколько стихотворений из сборника *Темы и вариации*).

19. Об этом см. Ирма Кудрова, «Полгода в Париже», *Wiener slawistischer Almanach,* Sonderband 3, 1981.

20. «Мой Пушкин», стр. 275.

21. СиП, т. 1, стр. 36.

22. НП, стр. 271.

23. «Письма Анатолию Штейгеру», *Опыты,* 1955 г., № 5, стр. 59-60.

24. Борис Пастернак, *Доктор Живаго,* Анн Арбор, 1959 г., стр. 464.

25. См. С. Родов, раздел «Грешница на исповеди у Госиздата» в статье «Оригинальная поэзия Госиздата», *На посту,* № 2-3, 1923, стр. 148-50; и В. Перцов, «Вымышленная фигура», *На посту,* № 1 (5), 1924, стр. 221.

26. Rainer Maria Rilke, Marina Zwetajewa, Boris Pasternak. Briefwechsel. Frankfurt am Main, 1983, стр. 120.

27. Интересный и подробный разбор поэмы Цветаевой «С моря» был сделан Иевой Витинс в ее диссертации: Ieva Vitins, *Escape from Earth: A Study of the Four Elements and Their Associations in Marina Tsvetaeva's Work* (University of California, Berkeley, 1974), а также в ее докладе на цветаевском съезде в Лозанне летом 1982 г.

Cvetaeva and Pasternak 1922-1924.

R. D. B. Thomson (University of Toronto)

In 1971 Ol'ga Raevskaja-Hughes published an account of the friendship between Cvetaeva and Pasternak.[1] Her article concentrated primarily on Pasternak's side of the relationship and the reflections of it to be found in his works. It may be argued, however, that the affair was even more significant for Cvetaeva. Accordingly, in this paper an attempt will be made to examine the relationship and particularly its first years, 1922-24, from Cvetaeva's point of view and to suggest some of its consequences for her artistic and psychological development.

Dr. Hughes pointed out that Cvetaeva wrote "no less than eighteen poems and a *poema*"[2] that are directly concerned with Pasternak, but in fact there are many more than that. They may be recognized partly by remarks in Cvetaeva's correspondence of the period, but chiefly by their imagery, above all that taken from classical Greek mythology; in view of Cvetaeva's tendency to endow each of her love-cycles with its own tonality this feature may be taken, with all due caution, as the distinguishing mark of this particular cycle. A peculiarity of this episode in her life is the fact that it was interrupted by two other love-affairs in the second half of 1923. It is suggested here that these two affairs, which are reflected in the poetry in much the same imagery and tonality, may be seen as examples of "transference" of Cvetaeva's feelings for Pasternak to other men. When in 1924 Cvetaeva's thoughts and emotions returned to Pasternak they were enriched and reinterpreted in the light of the experience that had intervened and so helped Cvetaeva to move out of the impasse in which these three love-affairs seemed to have trapped her.

The correspondence between the two poets was initiated by Pasternak in the spring of 1922 when Cvetaeva, who had only just emigrated from Soviet Russia, was staying in Berlin. He had just read *Versty*, and he sent her an enthusiastic letter of appreciation. Cvetaeva replied on 29 June, enclosing copies of *Stixi k Bloku* and *Razluka*, and promising to send *Remeslo* as soon as it appeared. In her letter Cvetaeva speaks of their previous meetings and near meetings and of her ecstatic impressions of the "five or six" poems of his that she knew;[3] for, despite the admiration of her good friend Erenburg for Pasternak's poetry, she does not appear to have made much effort actually to read him. She now made the effort, however, and acquired a copy of *Sestra moja žizn'* on 1 July. The overwhelming impression that the book made on her is, of course, now a matter of literary history. On 4 July she began her article "Svetovoj liven' " and completed it within just four days. It was published later the same year[4] and dedicated to Erenburg; presumably she sent a copy to Pasternak as well.

At this stage Cvetaeva's interest in Pasternak was uncomplicated: she recognized him as a major poet and she found proof of this in her sense that Pasternak, like herself, was somehow not quite of this world.

> А с Вами — удивительная вещь: я не мыслю себе Вашего дня. ⟨...⟩ Вы у меня в жизни не умещаетесь, очевидно — простите за смелость! — Вы в ней не живете. Вас нужно искать, следитеь где-то еще. И не потому, что Вы — поэт и «ирреальны», и Белый поэт, и Белый «ирреален», — нет: не перекликается ли это с тем, что Вы пишете о дельтах, о прерывности Вашего бытия. Это, очевидно, настолько сильно, что я, не зная, перенесла это на быт. Вы точно вместо себя посылаете в жизнь свою тень, давая ей все полномочия.[5]

In the same way Cvetaeva believed that the poet's true existence lay outside time and that he (or rather she) should refuse to submit to its demands. As she wrote in a poem of 10 May, 1923, "Xvala vremeni":

Ибо *мимо* родилась
Времени! Вотще и всуе
Ратуешь! Калиф на час:
Время! Я тебя миную.[6]

Because of this conviction of the otherworldly nature of art Cvetaeva always saw the poet as essentially solitary. As she wrote in the poem "Beregis' " of 8 August, 1922, when her feelings for Pasternak were still only latent:

— Ты и путь и цель,
Ты и след и дом,
Никаких земель
Не открыть вдвоем.   (200)

Perhaps even here Cvetaeva is debating with herself, for in her letters to Pasternak she seems to have felt that as kindred spirits the two poets could support and help one another. She was aware of her own need for companionship, especially since her move from Germany to Czechoslovakia in July 1922 had cut her off from the intellectual and artistic life that she had become accustomed to,[7] and, assuming that Pasternak felt the same, she believed that she could provide it. If Pasternak regarded life as his "sister" then Cvetaeva instinctively regarded him as a "brother" and this word recurs frequently throughout the letters and poems addressed to him.

Only in October 1922 does the poetry begin to show some premonition of a change in her outlook. In two poems, "Rassvet na rel'sax" and "V sirom vozduxe zagrobnom..." (12 and 28 October, respectively) we find the first signs of homesickness for Russia, expressed in the imagery of the railway (e.g., *špaly, polotna, rel'sy, dal', vagony, linii, provoloki, rejs*) that is to play an important part in the poems later addressed to Pasternak, and, in particular, in the cycle "Provoda."

On 19 November Cvetaeva received a letter from Pasternak, apparently the first for some time, for which he seems to have apologized rather guiltily. He had arrived in Berlin at the end of August and would be staying until the following spring.[8] Presumably he also expressed the hope of meeting Cvetaeva during his visit. Cvetaeva's reply is somewhat effusive with its compliments on his "Prekras-nyj, značitel'nyj, mužestvennyj počerk."[9] She speaks of her preference for "potustoronnee obščenie," either by means of dreams or letters, over meetings face-to-face, but then, in view of their special circumstances, goes straight on to plan for such a meeting:

> Я не люблю встреч в жизни: сшибаются лбом. Две стены. Так не проникнешь. Встреча должна быть аркой: тогда встреча — над — Закинутые лбы.
>
> Но сейчас расстаются на слишком долго, поэтому хочу — ясно и трезво: насколько приехали, когда едете. Не скрою, что рада была бы посидеть с Вами где-нибудь в Богом забытом (вспомянутом) захудалом кафе...[10]

There then ensues another period of silence or, at least, one that is poorly documented. Cvetaeva was working hard on her *poema*, *Molodec* (finally completed on Christmas Eve, 1922).[11] In December she sent Roman Gul' in Berlin a copy of her recently published *Car'-Devica* and asked him to forward it to Pasternak. (The fact that she did not send it directly would seem to indicate that she had heard nothing from him in the meantime.) On 9 February, however, she told Gul' that she had received a copy of *Temy i variacii* from the poet:

> Прочла раз и пока перечитывать не буду, иначе напишу, и Вам придется помещать.[12]

She wrote a long letter to Pasternak the next day,[13] and seems to have received a postcard from him shortly after posting it. She answered it later the same evening, remarking:

> Письма просто встретились (разминулись).[14]

This casual introduction of the concept of *vstreča-razminovenie* hardly prepares one for the immense significance that it is to acquire in the following letters and poems. Nonetheless, the reading of *Temy i variacii* and the renewal of the correspondence with Pasternak initiated a new and fateful phase in her feelings for him.

In retrospect Cvetaeva was inclined to associate everything that she had written in the second half of 1922 and early 1923 with Pasternak. Thus in March 1923 she writes to him:

> Одной моей вещи Вы еще не знаете, «Молодца». Жила ею от Вас (осени) до Вас же (февраля). Прочтя ее, Вы, может быть, многое уясните. Это лютая вещь, никак не могла расстаться.[15]

The allusion to *Molodec* is particularly revealing. Karlinsky has claimed that the *poema* demonstrate "the close association in the poet's mind between the notions of artistic creativity and of total union or fusion with another being or possibly with the universe."[16] The work is certainly closely related to many of the poems of the Pasternak cycle; it was in fact dedicated to him when it was published in 1924. Although Cvetaeva was to write many years later that Sonečka Gollidej provided the inspiration for the heroine,[17] there can hardly be any doubt that she was thinking of herself in the first instance (see her comment: "do čego o sebe"[18]). Her heroine Marusja (cf. Marina) is reborn as a flower (*cvetok*; cf. Cvetaeva) and is finally redeemed by her demon-lover for a higher existence:

> Домой
> В синь огнь.[19]

There may be an echo here of the first lines of "Pamjati Demona," the first poem in *Sestra moja žizn'*:

> Приходил по ночам
> В синеве ледника от Тамары[20]

but the fusion of blue and red is peculiar to Cvetaeva and can be found earlier than this, for example in the final lines of *Na krasnom kone* (January, 1921):

> Доколе меня
> Не умчит в лазурь
> На красном коне —
> Мой Гений.   (442)

These colours with their implications of the extremes of hot and cold are to play an important part in the poems of this period.

Another indication of Cvetaeva's feelings at the time is her admission to Pasternak in a letter of 9 March, 1923:

> Пастернак, если Вам вдруг станет трудно — или не нужно, ни о чем не прошу, а этого требую: прервите. Тогда загоню вглубь, прерву, чтобы под землей тлело, — как тогда, в феврале, стихи.[21]

The first of these February poems is "Net, pravdy ne osparivaj..." (8 February) which is written in a meter (iambic trimeter with alternating dactylic and masculine rhymes in each quatrain) that is extremely rare in Cvetaeva's work.[22] There are some eight lines in it in *Car'-Devica* and some stanzas in "Babuška" (1919), but this seems to be the only instance in her work where it is used for an entire poem. On the other hand, it occurs in three poems of *Sestra moja žizn'*: "Ty v vetre, vetku probujuščem..."; "Dožd' " ("Ona so mnoj. Naigryvaj..."); and "Obrazec."[23] These three poems were among Cvetaeva's favourites in Pasternak's book; she called the first of them "očarovatel'na,"[24] took lines from the second of them:

> И вдруг пахнуло выпиской
> Из тысячи больниц.

as the last word for her essay "Svetovoj liven' ",[25] and quoted the final two lines of the third:

> Но мы умрем со спертостью
> Тех розысков в груди.

as an expression of the "главная трагедия всей пастернаковской породы: невозможность тратить: приход трагически превышает расход.[26]

It is not surprising, then, that Cvetaeva's own poem in this meter should recall Pasternak, and indeed it is probably addressed to him as well.[27]

Нет, правды не оспаривай,
Меж кафедральных Альп
То бьется о розариум
Неоперенный альт.

Девичий и мальчишеский:
На самом рубеже.
Единственный из тысячи —
И сорванный уже.

В самом истоке суженный:
Растворены вотще
Сто и одна жемчужина
В голосовом луче.

⟨...⟩

Клянусь дарами Божьими:
Своей душой живой! —
Что всех высот дороже мне
Твой срыв голосовой!   (217-18)

Pasternakian features in these lines are: the use of participles and gerunds (six in 28 lines—there are six in the twenty lines of "Ty v vetre vetku probujuščem..."); of imperatives (four here; there are eleven in the twenty lines of "Dožd' "); the fondness for technical vocabulary and macaronic rhymes, e.g., osparivaj / rozarium and Al'p / al't (cf. Pasternak's naigryvaj / epigrafom and egipetskoj / vypiskoj). The enjambments and word-order and the resulting "intonational gestures" are often similar too. Compare:

Pasternak's:	Намокшая воробышком Сиреневая ветвь[28]
with Cvetaeva's	Кантатой Метастазовой Растерзанная грудь! (218)
and Pasternak's	Обрызганный, закапанный Мильоном синих слез.[29]
with Cvetaeva's	Снопом лучей рассыпавшись О гробовой покров. (218)

These parallels of meter, style, syntax and intonation thus help to create a rhythmical similarity that is otherwise only rarely felt in

Cvetaeva and may be taken as an indication of her absorption in Pasternak at the time.

The most revealing indications of her feelings, however, are to be found in the imagery of these poems and, in particular, in the tendency to interpret her experiences in the light of the heroes and heroines of the remote past, taken sometimes from the Bible (e.g., the story of Saul and David, as in "Ljutnja," 14 February, 1923), but chiefly from classical Greek mythology.[30] The first of these heroines is Phaedra, to whom two lyrics of 7 and 11 March are devoted. Cvetaeva had already introduced the theme of a woman's love for her stepson in *Car'-Devica*, but there it is condemned as unnatural and is the chief cause of the *razminovenie* between the Carevič and the *Car'-Devica*. In the new series of poems it becomes rather more complex and seems to have developed out of the image of Ophelia (See "Ofelija—Gamletu" and "Ofelija—v zaščitu korolevy," both dated 28 February, 1923). Indeed the second of these poems moves from Ophelia's to Gertrude's feelings for Hamlet and actually mentions Phaedra.[31] Thus Ophelia's charge:

> Девственник! Женоненавистник! Вздорную
> Нежить предпочедший!..   (222)

could have been put into the mouth of Phaedra and indeed several of the keywords in these poems reappear soon afterwards readdressed to Hippolytus.

Both Ophelia and Phaedra fall in love with a virginal and bookish man—here one may detect Cvetaeva's suspicion that Pasternak was deliberately delaying his answers to her letters; certainly he made little attempt to tell her of his plans. Even so, the self-identification with Phaedra carries inevitable associations of guilt; it is partly an extension of the potentially incestuous brother-sister imagery that Cvetaeva regularly associated with Pasternak, partly too of the obsessive curiosity that Cvetaeva began to show in Pasternak's wife, e.g., "Я бы хотела знать, какая у Пастернака жена"[32]; but above all, it enriches the poems with new complexities and paradoxes.

This can be seen, first of all, in the shift from Ophelia to Gertrude to Phaedra, with its implications of an older woman, though in fact Cvetaeva was two years younger than Pasternak. The defenselessness of the young girl becomes the superior power of the mother, and the man is increasingly seen as weak, both physically and emotionally (cf. the earlier admiration for Pasternak's "manly" handwriting and poetry). The images of pain (*bol'*) and suffering (*rana*) become almost indistinguishable from expressions of power and even aggression. Thus in the poem "Ippolit! Ippolit! bolit!..." the *žarkij ključ* of the woman's breast sounds very similar to the predatory *kljuv* of sexual desire:

> Это в перси, в мой ключ жаркий
> Ипполитова вза-мен
> Лепесткового — клюв Гарпий!   (224)

and in some of the later poems this identification becomes still clearer.

The development of these images has an aesthetic logic about it. What is extraordinary is the rapidity with which it takes place. It was to some extent accelerated by events, for by the time Cvetaeva wrote the second of her Phaedra poems her dreams of meeting Pasternak had collapsed. In February and March she had been working on a book of prose pieces (to be entitled "Zemnye primety") on life in Russia between 1917 and 1919, that she was hoping to finish at the end of April. Her plan was to come to Berlin in May to negotiate with a publisher and to meet Pasternak at the same time. These hopes were shattered, however, when she discovered from the Erenburgs that Pasternak intended to return to Russia on 18 March (actually he left on the 23rd), and she had no hope of obtaining a visa that quickly. Understandably she could not refrain from reproaching him:

> Если бы Вы написали раньше, и если бы я знала, что Вы так скоро едете.[33]

With this new turn in events Cvetaeva's love and anguish became even more intense, and the next four months mark the climax of her obsession with Pasternak.

On the eve of his supposed departure she began the cycle of ten poems, "Provoda," the first eight of which were written in ten days (17-27 March); the two last followed on 5 and 11 April.[34] The title contains a double meaning, referring both to the send-off (*provody*) and to the telegraph wires that stretch alongside the rails accompanying the poet back to Russia, e.g.:

> Это — прóводами стальных
> Проводов..   (226).

and in a draft stanza for the third poem Cvetaeva links these wires with the "strings" of a musical instrument and her veins (see 706), thus emphasizing the centrality of this experience to her life and art. It also relates this cycle to the Saul and David imagery of "Ljutnja." The imagery is further expanded by phonetic variations: thus the word *dal'* brings with it *dol'nego, vdol'* and *dlit'* (extending the concept from space to time), *žal', bol'* and *bol'nic*. Here one may see a reference to the hospital images that Cvetaeva singled out in Pasternak's poetry; but where in his work they are symbols of vitality and renewal, in hers they are dominated by the *bol'* root and evoke incurable disease and poverty:

> Обернись!.. Даровых больниц
> Заунывное: нé выйду![35]   (226)

In the first two poems Cvetaeva is presented as the archetypal woman-as-victim: her cry of agony becomes the cry of Phaedra for Hippolytus, of Ariadne at Theseus's desertion, and of Eurydice whom the poet Orpheus fails to rescue from the underworld. But it is noticeable that the male figures involved are weak, like Hamlet and Hippolytus in the earlier Ophelia and Phaedra poems. As a result the sex-roles are gradually reversed, and it is the woman that becomes dominant.

Thus in the eighth poem of the cycle Cvetaeva describes her patient waiting for her lover in terms of "waiting for death," "prolonging an ecstasy," but also of "nurturing revenge"; and in the complex image of

> Так Монархини ждет наложник   (230)

in which she takes the male role, albeit a subservient one, for herself and invites him

> И домой
> В неземной
> Да мой.   (230)

in an image that recalls the end of *Molodec*. But if the association of *Molodec* with Pasternak had originally seemed to suggest that Cvetaeva was prepared to abandon her conventional obligations to family and society for his sake, now it appears that the roles have been reversed: she is the demon-lover that he must follow.

This psychological development goes beyond the earlier Phaedra poems and leads Cvetaeva into new images of "binding," "catching," and "entrapping" her absent lover:

> Столь явственно и повсеместно
> И длительно тебя вяжу.[36]   (227)

In the fifth poem this reshaping of the myth becomes primary, as she depicts herself as the Witch of Endor, calling Samuel back from the dead:

> Где бы ты ни был — настигну,
> Выстрадаю — и верну назад
>
> ⟨...⟩
>
> Как прозорливица — Самуила.
> Выморочу — и вернусь одна,
>
> Ибо другая с тобой, и в судный
> День не тягаются...   (228)

Cvetaeva is no longer content to wait like Eurydice in the underworld for her lover; instead she identifies herself with a woman who is capable of summoning up the dead for herself. Her former sense of "death" without Pasternak has become the "death-in-life" of *his* conventional marriage (*drugaja s toboj*), from which he hardly deserves to be rescued. In the last poem of the "Provoda" cycle this motif becomes even stronger, as Pasternak's "other woman'' (or even more contemptuously "women") is linked with time as one of the forces hostile to Cvetaeva:

> С другими — в розовые груды
> Грудей... В гадательные дроби
> Недель...[37]

Pasternak himself is no longer seen as a real person, but as a focus for Cvetaeva's fantasies and jealousies. Her earlier comments on Pasternak's true existence "outside life" have acquired a new and disturbing twist.

In the first and fifth poems of the "Provoda" cycle one may trace the evolution of the image of Eurydice into that of the Witch of Endor. On 23 March (coincidentally the day on which Pasternak actually left Berlin for Russia) Cvetaeva returned to the Greek myth, but with a new interpretation. Once again she identifies herself with Eurydice, but now Orpheus has "exceeded his mandate" in descending to Hell in the first place:

> Не надо Орфею сходить к Евридике
> И братьям тревожить сестер.   (231)

and Eurydice disdainfully rejects the chance of returning with him:

> Ибо в призрачном доме
> сем — призрак *ты*, сущий, а явь —
> Я, мертвая... Что же скажу тебе, кроме:
> «Ты это забудь и оставь!»
>
> Ведь не растревожишь же! Не повлекуся!   (231)

At first Eurydice had waited for her rescuer; then she herself became the rescuer; but now her sense of superiority is such that she spurns any idea of rescue at all. Her death has released her into a higher world (rather than the original "underworld") which she refuses to leave. *Her* existence is the authentic one, his the mirage. Her former desire to see him has been converted into his desire to be reunited with her, an offer which she rejects. The focus has shifted from her defeat to her triumph.

Three years later in a letter to Pasternak Cvetaeva gave this poem yet another interpretation, though one that is no less characteristic of her, and indeed it is not inconsistent with this reading:

> (Я бы Орфею сумела внушить: не оглядывайся). Оборот Орфея — дело рук Эвридики. ⟨...⟩ Оборот Орфея — либо слепость ее любви, невладение ею (скорей, скорей!), либо — о Борис, это страшно — помнишь 1923 год, март, гору, строки:
>
> > Не надо Орфею сходить к Евридике,
> > И братьям тревожить сестер.
>
> либо приказ обернуться — и потерять. Все, что в ней еще любило — последняя память, тень тела, какой-то мысок сердца, еще не тронутый ядом бессмертья ⟨...⟩ все, что еще отзывалось в ней на ее женское имя — шло за ним, она не могла не идти, хотя, может быть, уже не хотела идти.[38]

She goes on to draw a parallel between Orpheus and Eurydice and her own creations, the *Molodec* and Marusja, and finally with herself:

> Орфей за ней пришел — *жить*, тот за моей — не жить. Оттого она (я) так рванулась. Будь я Эвридикой, мне было бы... стыдно — назад![39]

The motif of the rejection of all opportunities for worldly success and happiness had occurred sporadically in Cvetaeva's earlier work, but it now enters it firmly and remains there for the rest of her life. Socially and psychologically she now identifies herself with the poor and the wretched,[40] but in this stance there is the same overweening pride that can be observed in these poems to Pasternak.

The most extraordinary of these poems is, undoubtedly, "Rasščelina" (17 June, 1923):[41]

РАСЩЕЛИНА

> Чем окончился этот случай —
> Не узнать ни любви, ни дружбе.
> С каждым днем отвечаешь глуше,
> С каждым днем пропадаешь глубже.

Так ничем уже не волнуем, —
Только дерево ветви зыблет, —
Как в расщелину ледяную —
В грудь, что *так* о тебя расшиблась!

Из сокровищницы подобий
Вот тебе — наугад — гаданье:
Ты во мне, как в хрустальном гробе
Спишь — во мне, как в глубокой ране

Спишь, — тесна ледяная прорезь!
Льды к своим мертвецам ревнивы:
Перстень — панцирь — печать — и пояс...
Без возврата и без отзыва.

Зря Елену клянете, вдовы!
Не Елениной красной Трои
Огнь! Расщелины ледниковой
Синь, на дне опочиешь коей...

Сочетавшись с тобой, как Этна
С эмпедоклом... Усни, сновидец,
А домашним скажи, что тщетно:
Грудь своих мертвецов не выдаст.   (241-2)

The poem is built on an image that Cvetaeva had used in the second
of the Phaedra poems:

Итак с высоты грудей
С рокового двухолмия — в пропасть твоей груди.   (225)

but it is now identified not with him, but with her. The *propast'*
has become a *rasščelina*, though it still survives through a subliminal pun in the world "propadaeš'."[42] The identification of the
sexually suggestive "crevasse" with the breasts similarly recalls
the *žarkij ključ* (or *kljuv*) of the first Phaedra poem, but the "hot
spring" has here been replaced by ice. On hearing of Pasternak's
imminent departure for Russia Cvetaeva had written to him:

А теперь просто: Я живой человек и мне очень больно. Где-
то на высотах себя — лед (*отрешение*!), в глубине, в сердце-
вине — боль.[43]

The transformation of the pain of love into the ice of detachment and the combination of the images of height and depth is revealing not only for the interpretation of "Rasščelina," but also for the psychological processes at work within Cvetaeva.

These reminiscences of Cvetaeva's Phaedra poems, however, are overlaid with even more powerful associations of the Eurydice legend. In 1911 Vološin had taken her to see the "glubokuju grud' skaly",[44] through which, according to legend, Orpheus had descended to the underworld in search of Eurydice:

> И каждый раз, будь то в собственных стихах, или на Орфея Глюка, или просто слово Орфей — десятисаженная щель в скале...[45]

Cvetaeva adds that she had left Moscow and her "first love," a translator of the Orphic hymns, and had come to Koktebel':

> не «любить другого», а не любить этого. И уже перестрадав, отбыв — вдруг этот вход в Аид, не с ним.[46]

So, in this poem the crevasse in the cliff is associated with release from a lover and the transformation of suffering into power. The Orpheus figure has not entered the crevasse to rescue, or even to be rescued by, the heroine, but to remain there as a captive, or rather as a corpse, forever. The "vo mne" is a fantasy not of sexual union but of revenge. The predatory imagery of "binding," "catching" and "entrapping" of the earlier poems has here come to its logical conclusion.

The same process may be seen at work in the reinterpretation of the "blue fire" imagery from the end of *Molodec*. Where in the *poema* the two words had fused to evoke an intense and other-worldly purity, here they are placed in opposition to one another. Cvetaeva rejects the "red" with its associations of heat and vitality and arrays herself with "blueness," the colour of ice and sterility. Where the love of Marusja (and Helen of Troy) had been hot and public, the poet's is cold and secret. Where at the end of *Molodec* the "blue fire" had pointed upwards into total freedom, in "Rasščelina" the movement is downwards into captivity and death. The sexuality inherent in the image of the crevasse is revealed as barren and sterile like the "sandy desert" of the sister poem, "Saxara," begun on the same day (though not completed until 3 July).

Besides Phaedra and Eurydice there is one more classical heroine involved in this poem. Helen of Troy is one of the most complex of all Cvetaeva's classical images. On the one hand she shares the heroic associations of Ariadne, Phaedra, and Eurydice, and in this sense she serves as a self-image for Cvetaeva; on the other hand, she represents the delusory, superficial beauty of this world. On the whole it is the latter sense that is the more common:

> ...Ведь тела (вкусовые пристрастия наши) бесчеловечны. Психею (невидимую!) мы любим вечно, потому-что *заочное* в нас любит — только душа! Психею мы любим Психеей, Елену Спартанскую мы любим глазами (простите за «мы», но я тоже люблю Елену!) чуть ли не руками.[47]

and in August she wrote that Helen was a mere

> никто. Просто — дала себя похитить.[48]

Such empty beauty is particularly dangerous for the artist, and in an article of 1929 Cvetaeva drew a series of parallels between Helen and Puškin's wife, Natal'ja Nikolaevna:

> Наталья Гончарова *просто* роковая женщина, то пустое место, к которому стягиваются, вокруг которого сталкиваются все силы и страсти. Смертоносное место. (Пушкинский гроб под розами!) Как Елена Троянская — повод, а не причина Троянской войны (которая сама не что иное, как повод к смерти Ахиллеса), так и Гончарова — не причина, а повод смерти Пушкина, с колыбели предначертанной.[49]

I suspect that in Cvetaeva's mind the image of Pasternak's wife, Evgenija, lurks behind this comment on Gončarova, and indeed the article, "Natal'ja Gončarova" ends with words that would otherwise have little connection with her:

> Приказ Пушкина 1829 года нам, людям 1929 года, только контр-пушкинский. Лучший пример — «Темы и вариации»

Пастернака, дань любви Пушкину и полной свободы от него.
Исполнение пушкинского желания.[50]

"Rasščelina" is the most complex and the most revealing of the
first series of poems to pasternak. The poems of the next few weeks
for the most part explore the same range of images, but in less
extreme forms; the temperature becomes warm, and even hot, once
more, and their thrust is focussed upwards again, as is usual in
Cvetaeva. The images of pain and the wound (associated with the
figure of Phaedra, who appears briefly in "Zanaves," 23 June)
lead into the theme of suicide, and even suttee,[51] as in "Svidan'e"
(18 June), "Rano ešče—ne byt' " (19 June; here there is a play
on the homophones *rano* and *rana*) and "Luna—lunatiku" (20
June). The poems "Stroitel'nica strun—pristrunju . . ." (3 July)
and "Rel'sy" (10 July) return to the imagery of the "Provoda"
cycle, while the references in the variants to *sokrovišča* and Em-
pedocles recall "Rasščelina" though without the bitterness and
possessiveness of that poem.

In the last poem of this series, "Brat" (13 July) the addressee is
depicted as both brother and lover. The imagery of wounds, suttee
and demonic possession recalls earlier poems in the cycle. In the
final lines one may detect an echo of Pasternak's "Pamjati Demona" and the familiar reversal of roles: it is the woman who is
represented by Caesar and the addressee as Lucretia:

> Снова прошепчется
>
> Где-то вдоль звезд и шпал
> — Настежь без третьего! —
> Что по ночам шептал
> Цезарь — Лукреции.

So ends the first cycle of Cvetaeva's poems to Pasternak. It has
covered an immense emotional range, from passionate declarations
of love to hostility, from total self-abasement to an icy, loveless
possessiveness, from a sense of a new purpose in life to thoughts of
suicide. The course of these conflicting emotions, however, was
abruptly sidetracked by a new turn of events. There are no poems
addressed directly to Pasternak for almost a year.

On 9 June Cvetaeva had written to a young critic in Berlin,

Aleksandr Baxrax, to compliment him on his review of *Remeslo* and *Car'-Devica*. The letter led into a correspondence and within a short time the feelings of disinterested friendship became, as earlier with Pasternak, rather stronger. Baxrax was 20 and Cvetaeva 30 when the correspondence began and her tone is at first maternal.[53] For example, in a letter of 20 July she speaks of the difference between erotic (viz. Helen of Sparta) and maternal love, giving clear preference to the latter.

> В любовной стихии — чудо, в материнской — естествен-
> ность. Но материнство, это вопрос без ответа, верней — ответ
> без вопроса, сплошной ответ! В материнстве одно лицо: мать,
> одно отношенье: ее, иначе мы опять попадаем в стихию Эроса,
> хотя и скрытого.[54]

But within a few days this attitude had changed. In her next letter (25 July) she is already making arrangements to come to Berlin and visit him, while expressing doubts that any man would be capable of responding adequately to her selflessness in love:

> ... по полной чести, самые лучшие, самые тонкие, самые неж-
> ные так теряют в близкой любви, так упрощаются, так грубе-
> ют, так уподобляются один другому и другой третьему, что
> — руки опускаются, не узнаешь: Вы-ли? В вплотную-любви
> в пять секунд узнаешь человека, он явен и — слишком явен!
> ⟨...⟩ Я убедилась в том, что именно в любви другому нет до
> меня дела, ему дело до себя, он так упоительно забывает меня,
> что очнувшись — почти не узнает. А моя роль? Роль отсут-
> ствующей в присутствии? О, с меня в конце концов этого хва-
> тило, я предпочла быть в отсутствии присутствующей.[55]

As with Pasternak the respectful friendship for a man whom she did not know and who lived in a distant city had given way first to a feeling of kinship and then to a desperate and demanding love. As Baxrax failed to answer her letters as promptly as she did his, the intensity of her feelings became unbearable, as can be seen from such poems as "Pis'mo" (11 August) and her note of 17 August:

> Если мои письма дошли — всякие объяснения Вашего мол-
> чания излишни, равно как всякие Ваши дальнейшие заботы о
> моих земных делах, с благодарностью, отклонены.

Письмо, оставшееся без ответа, это рука, не встретившая руки. Вы просто не подали мне руки. Не мое дело — осведомиться о причинах, и не Ваше — о моих чувствах.[56]

The agony of love is at times indistinguishable from hatred. As she wrote on 25 August:

Я устала думать о Вас: в Вас: к Вам. Я перед Вами ни в чем не виновата, зла Вам не сделала ни делом, ни помыслом. Обычная история...

На днях уезжаю, для Вас мой след потерян, а для меня — Ваш во мне. ⟨...⟩ В Прагу Вас с собой не беру. ⟨...⟩ А когда Бог на Страшном Суде меня спросит: «Откуда такая ненависть?» я отвечу: «Должно-быть — уж очень хорошо любила».[57]

The similarity of the situation, a profound spiritual accord frustrated by the accidents of time and space, naturally leads to a similarity of subject-matter. The concept of *razminovenie* appears twice in a letter of 1 August and again in the poem ''Zaočnost' '' (4 August); it is linked with the theme of time as the artist's enemy in the poem ''Minuta'' (12 August):

О, как я рвусь тот мир оставить,
Где маятники душу рвут,
Где вечностью моею правит
Разминовение минут.   (253)

The resemblances extend even to the imagery. In the short cycle of three poems ''Čas duši'' that opens the series of poems to Baxrax, Cvetaeva refers to the Titan Atlas[58] and David playing the harp before Saul, images that had already appeared in some of the poems addressed to Pasternak. The bitter ''Vaš [sled poterjan] vo mne'' of the letter to Baxrax recalls the theme of ''Rasščelina.'' Indeed, so striking are these parallels that it seems almost beyond doubt that Baxrax was serving her as some kind of surrogate for the even more inaccessible Pasternak.

This similarity is perhaps easiest to see in the poem ''Klinok'' (18 August). Here the sharp two-edged sword between the lovers serves as a paradoxical metaphor of the distance that separates her

from Baxrax, like the rails and wires of "Provoda." The theme
of the love of brother and sister:

> Но бывают — страстные сестры!
> Но бывает — братская страсть![59]

had hitherto been reserved for her feelings for Pasternak (see
"Sestra" and "Brat"). It is now set in the context of heroic (here
Wagnerian) mythology and is later made explicit in one of the
poems to Pasternak of 1924. Finally, the association of cold steel
and blood brings back the red-blue fusion from the end of *Molo-dec*:

> Двусторонний клинок, синим
> ЛившYou, красным пойдет...[60]

But for all the similarities there is one significant difference.
Cvetaeva's feelings for Pasternak had from the first tended to be
solipsistic with the distant lover functioning less as an individual in
his own right than as a prop for her fantasies. The same tendency
can be observed at times in Cvetaeva's relationship with Baxrax:

> Боль уже перестала быть событием, она стала состоянием.
> Что Вы *были* — я уже не верю. Вы — это моя боль.[61]

But on the whole she manages to resist these tendencies. Thus in
the poem "Rakovina" (31 July), in many ways a variation on
"Rasščelina," she depicts herself as concealing her lover within
her shell, as a protection against the leper-colony of the outer world
and the "insolence of beauties" (Helen of Troy?). As in the earlier
poem the sexual imagery of the central image is powerfully suggestive, but it is now less predatory, though this renunciation is at
first difficult to achieve. In "Brat" (13 July) Cvetaeva had written
to Pasternak:

> Брат, без других сестер:
> На-прочь присвоенный![62]

Now, however, in "Rakovina" she assures Baxrax that her love is not possessive, and then immediately betrays her real motive, namely that this is the surest way to possess him;

> Никаких красавиц
> Спесь, сокровений твоих касаясь,
>
> Так не присвоит себе, как тот
> Раковинный сокровенный свод
>
> Рук неприсваивающих...[63]

But she now tries to keep this tendency under control, and by the end of the poem her acceptance of his freedom is convincingly achieved. Unlike the crevasse which closes round the body of the loved one, here the breast (maternal now rather than erotic) of the oyster-shell opens to release the pearl:

> О чай! О зрей!
> Жемчугом выйдешь из бездны сей.
>
> Выйдешь! По первому слову: будь!
> Выстрадавшая раздастся грудь
>
> Раковинная. — О, настежь створы! —
> Матери каждая пытка впору,
>
> В меру... Лишь ты бы, расторгнув плен,
> Целое море хлебнул взамен![64]

The *razminovenie* with Baxrax proved to have a prosaic explanation. Some of his letters had simply been delayed in the mail. Cvetaeva celebrated the news in the poem "S etoj gory, kak s kry-ši..." (30 August) in which she compares herself, rather ominously to King Priam and the gods overlooking the Trojan War, and then relapses into the imagery of "Rasščelina" once again:

> Друг, я люблю тебя свыше
> Мер — и чувств.
>
> От очевидцев скрою
> В тучу! С золою съем.   (254)

After this crisis, however, her feelings for Baxrax began to subside. She still talks of meeting him and of wanting to know his judgments on her poetry but less urgently. She had already entered upon the third and most traumatic of her loves of 1923. In early September she had met Konstantin Rodzevič: he is first mentioned in a letter of 10 September, and he is probably the subject of the poem written that day ("Dno—ovraga...").

She broke the news to Baxrax in a letter of 20 September:

> Соберите все свое мужество в две руки и выслушайте меня: что-то кончено.
>
> Теперь самое тяжелое сделано, слушайте дальше.
>
> Я люблю другого — проще, грубее и правдивее не скажешь.
>
> Перестала я Вас любить? Нет. Вы не изменились и не изменилась — я. Изменилось одно: моя болевая сосредоточенность на Вас. Вы не перестали существовать для меня, я перестала существовать в Вас. Мой час с Вами кончен, остается моя вечность с Вами. О, на этом помедлите! Есть, кроме страстей, еще и просторы. В просторах сейчас наша встреча с Вами.
>
> О, тепло не ушло. Перестав быть моей бедой, Вы не перестали быть моей заботой...[65]

Not only does Cvetaeva here withdraw her earlier "you in me"; she also withdraws her "I in you." Baxrax was evidently wounded by the news, for in her next letter (25 September) she accuses him of not having read her words attentively and of having failed to appreciate the depth of her sympathy for him. He should not take this as a loss but as an acquisition and, by one of her typical sex reversals, she refers him to one of her classical heroines:

> Но у Вас есть нечто, что и у меня есть: взгляд ввысь: в звезды: там, где и брошенная Ариадна и бросившая — кто из героинь бросал? Или только брошенные попадают на небо?[66]

The affair with Rodzevič is less well documented. As the two lived in the same city there was no need for letters and there are fewer poems. Nonetheless the similarities in imagery between these poems and those written to Pasternak and Baxrax are striking. Thus in "Nikogda ne uznaeš', čto žgu, čto traču..." (11 September) we find a reference to Saul slaying his thousands and David his ten thousands; in "Axill na valu" (13 September) Cvetaeva compares Rodzevič, who had fought in the Civil War, to Achilles, and herself to Polyxena. By a pun on the word *val* she moves from the ramparts of Troy to the breakers of the Atlantic Ocean, recalling the Atlas imagery of the cycles connected with Pasternak and Baxrax. The dream of an ideal love is expressed in almost the same terms as in the previous affairs:

> Он хочет во мне быть, я хочу в нем пропасть.[67]

The imagery of pain (e.g., *ljubov'-živodernja* in "Krik stancij") and the motif of suicide (see the same poem, "Pražskij rycar'," "Poezd" and "Pobeg") recur with similar frequency and intensity.

Some time in December the affair with Rodzevič came to its traumatic conclusion. She told Baxrax the news in a letter of 10 January, 1924:

> Милый друг, я очень несчастна. Я рассталась с тем, любя и любимая, в полный разгар любви, не рассталась — оторвалась! В полный разгар любви, без надежды на встречу. Разбив и его и свою жизнь. ⟨...⟩ Ничего не хочу, кроме него, а его никогда не будет. Это такое первое расставание за жизнь, потому что, любя, захотел всего: жизни: простой совместной жизни, то, о чем никогда не «догадывался» никто из меня любивших. ⟨...⟩ Такого не встречала. С ним я была бы счастлива. (Никогда об этом не думала!) От него бы я хотела сына...
>
> Этого сына я (боясь!) желала страстно, и если Бог мне его не посылал, то, очевидно, потому что лучше знает. Я желала этого до последнего часа. И не одного ребенка с этого часа не вижу без дикой растравы.[68]

The end of the affair was commemorated in *Poema gory* and *Poema konca* and, less directly, in the first of her classical dramas, *Ariadna*. These major works occupied Cvetaeva almost entirely until the summer of 1924, when she began to turn once more to Pasternak. She wrote to him on 29 June, and this letter leads into the final poems of the cycle.

Shattering though the affair with Rodzevič had proved to be, it was at least in conjunction with a man whom she had met in the flesh and not a chimerical affair conducted through letters, poems, and dreams. If in the cycles addressed to Pasternak and Baxrax Cvetaeva had moved from a sense of friendship and kinship to a desperate love that swung between the extremes of self-abasement and domination the affair with Rodzevič liberated her from this vicious circle. In the opening sections of *Poema konca* (February-June, 1924) a similar struggle between the lovers for some kind of advantage, whether moral or emotional, takes place. Towards the end of the poem, however, the lovers see themselves as "brother and sister":

> Брат стоим с сестрой   (470)

and in the final lines they are brought to a realization of their equality in love:

> Союз
>
> Сей более тесен,
> Чем влечься и лечь.
> Самой Песней Песен
> Уступлена речь
>
> Нам, птицам безвестным,
> Челом Соломон
> Бьет, — ибо совместный
> Плач — больше, чем сон!
>
> И в полые волны
> Мглы — сгорблен и равн —
> Бесследно — безмолвно —
> Как тонет корабль.   (473)

This new sense of equality enables Cvetaeva to return to Pasternak on a more level footing. If, in April, 1924 she could still feel jealous of Pasternak's wife (on 6 April she sent Gul' a letter to be transmitted to Pasternak without his wife's knowledge:

> Иначе у П. жизнь будет испорчена на месяц — зачем[69])

by the end of June she had recovered her poise. This can be seen in the group of three poems, "Dvoe" of 30 June and 3 July,

addressed to Pasternak just two years after her first reading of
Sestra moja žizn'.

Here Cvetaeva returns once again to the classical imagery she
had from the first associated with Pasternak. The first poem is
built on yet another interpretation of the figures of Achilles (Pasternak) and Helen (with whom she now identifies herself).[70] These
two legendary figures from the opposing camps were made for
one another, but fated never to realize this ideal:

> Елена. Ахиллес.
> Звук назови созвучней.
>
> 〈...〉
>
> ... Ахеи лучший муж!
> Сладостнейшая Спарты!
>
> 〈...〉
>
> Елена: Ахиллес:
> Разрозненная пара.   (256)

In the second poem Cvetaeva follows up this theme:

> Не суждено, чтобы сильный с сильным
> Соединились бы в мире сем.   (259)

Siegfried and Brunnhilde, Achilles and Penthesilea are natural
pairs[71]—but they meet too late and are inexorably drawn into
opposing camps. Cvetaeva goes on to draw the parallel with herself
and Pasternak:

> Поздно и порознь — вот наш брак!
>
> 〈...〉
>
> Не суждено, чтобы равный — с равным...
> . . . .
> Так разминовываемся — мы.   (259)

In the third of the poems Cvetaeva returns to the idea of equality and, as at the end of *Poema konca*, juxtaposes it with the
word *sgorblen*. The word denotes for her the humiliation of the

poet in the material world concealing the splendour of his inner resources:[72]

> В мире, где всяк
> Сгорблен и взмылен,
> Знаю — один
> Мне равносилен.
>
> В мире, где столь
> Многого хощем,
> Знаю — один
> Мне равномощен.
>
> В мире, где все —
> Плесень и плющ,
> Знаю — один
> Ты — равносущ
>
> Мне.   (259-260)

Here the massive overflow of rhythm into the final *Mne* serves to confirm the equality of the two, and so counterbalance the natural tendency of the syntax and word-order to suggest that one is more equal than the other. The cult of misery and humiliation that so often dominates Cvetaeva's poetry here appears without any of the *nadryv* that sometimes disfigures it.

With these poems Cvetaeva's obsession with Pasternak effectively comes to an end, and, with the exception of a brief flurry of letters and poems in 1925-6, it settles down to a more even and equable course. The episode, however, is of interest not just as an illustration of the eccentricities of Cvetaeva's character, but as a crucial turning-point in her development. Her love for Pasternak may have been displaced on to Baxrax and Rodzevič for a few months, but it returned to him deepened and enriched. As she had foreseen (see her first letter of 10 February 1923), the book *Posle Rossii* is addressed primarily to him.

In one of the first letters of the correspondence Cvetaeva had predicted:

> Мой Пастернак, я может быть вправду когда-нибудь сделаюсь большим поэтом, — благодаря Вам![73]

This enrichment seems to me to lie, above all, in Cvetaeva's awareness of tragedy. In "Svetovoj liven' " she had written:

> Главная трагедия всей пастернаковской породы: невозможность тратить: приход трагически превышает расход.[74]

The sentiment is perhaps even more applicable to Cvetaeva herself and it is exemplified above all in her three loves of 1923. If the sense of tragedy that looms over each of them is at first evoked by constant reminders of the heroes and heroines of classical mythology rather than by the events themselves, by the time of *Poema konca* these classical references become rarer and the tragic nature of love in Cvetaeva's understanding of it, *razminovenie* in space and time, can be left to speak for itself. In a letter of 2 November 1924 Cvetaeva spoke rather deprecatingly of her recently completed drama; *Ariadna*:

> Драматическая вещь, может быть и трагедия. (Никогда не решусь на такой подзаголовок, ибо я женщина, а женщина не может написать трагедии.)[75]

but when the work was finally published in 1927 she nonetheless gave it the subtitle of "tragedy."

If, in the poems of the "Provoda" cycle, Cvetaeva was protesting against the cosmic injustice of her separation from Pasternak, in a later poem of 24 March 1925 that returns to the same images, she comes to accept it as inevitable and indeed as proof of their elect status:

> Рас-стояние: версты, дали...
> Нас расклеили, распаяли,
> В две руки, развели, распяв,
> И не знали, что это сплав
>
> Вдохновений и сухожилий...   (274)

Armed with this assurance Cvetaeva could regard even the separation from Pasternak as trivial beside the loss of Rilke. On 9 February she wrote to Pasternak:

Для тебя его смерть не в порядке вещей, для меня его жизнь
— не в порядке, в порядке ином, иной порядок.

Да, главное. Как случилось, что ты средоточием письма
взял частность твоего со мной — на час, год, десятилетие —
разминовение, а не наше с ним — на всю жизнь, на всю землю
— расставание. ⟨...⟩ Борис, разве ты не видишь, что то разминовение, всякое, пока живы, частность, уже уничтоженная.[76]

For the epigraph to "Provoda," the cycle of poems that effectively initiated the peripeteia of 1923, Cvetaeva chose the following
lines from Holderlin:

Des Herzens Woge schäumte nicht so schön empor und würde
Geist, wenn nicht der alte stumme Fels, das Schicksal, ihr entgegen-
stände.

If at times in 1923 she sometimes failed to live up to this insight,
by early 1924 it had become central to her perception of her art
and herself and was to remain so for the rest of her life.

NOTES

1. O. Raevskaja-X'juz, "Boris Pasternak i Marina Cvetaeva," *Vestnik
russkogo studenčeskogo xristianskogo dviženija,* no. 100 (1971), pp. 281-
305.
2. Ibid., p. 281. The third volume of Marina Cvetaeva, *Stixotvorenija
i poemy v pjati tomax* (New York, 1983) identifies several more of the
poems of this period as addressed to Pasternak.
3. Marina Cvetaeva, *Neizdannye pis'ma* (Paris, 1972), p. 270. Hereafter
this edition will be abbreviated to *NP*. The editors of it say that Erenburg
had tried in vain to bring the two poets to one another's notice (see p. 328).
4. See *Epopeja,* 1922, no. 2, pp. 10-33.
5. *NP*, pp. 272-73. Compare this with what Cvetaeva was to write of
herself in February 1923: Я сама собиратель, сама не от себя, сама всю
жизнь от себя (рвусь!) и успокаиваюсь только, когда уж ни одной зги
моей — во мне." (*NP*, p. 277)
6. Marina Cvetaeva, *Izbrannye proizvedenija* (Moscow-Leningrad,
1965), p. 240. All subsequent quotations from this edition will be indicated
by page-numbers in the text.
7. Cvetaeva moved into her Mokropsy address on 1 August 1922. See
Mosty, 5 (1960), p. 312.

8. See Lazar' Fleishman, *Pasternak v dvadcatye gody* (Munich, 1981), pp. 12-26) for this period in Pasternak's life.

9. *NP*, p. 272. Compare the subtitle of "Svetovoj liven' " — "поэзия вечной мужественности."

10. *NP*, p. 272.

11. *Novyj žurnal*, 58 (1959), p. 170.

12. Ibid., p. 174. In his notes Gul' says that the book was *Sestra moja žizn'*, but this is clearly not the case. She had received this book the previous July and her response to it, "Svetovoj liven'," had already been published by that time.

13. See *Vestnik russkogo xristianskogo dviženija*, no. 128 (1979). Here she wrote:

> Так, спокойно и вне пафоса, просто знаю: следующая книга не может быть не Вам.   (p. 173)

14. *NP*, p. 276. Cvetaeva herself emphasized the importance of the *razminovenie* theme in *Car'-Devica* in a letter of 1923:

> Прочтите *Царь-Девицу*... Где суть? Да, в ней, да в нем, да в мачехе, да в трагедии разминовений: ведь всё любови мимо... ⟨Царевич⟩ никого не любит... Он любит гусли, он брат молодому Давиду и еще больше — Ипполиту.   (765)

The references to David and Hippolytus show how Cvetaeva tended to reread her earlier works in the light of her later development.

15. *NP*, p. 289. See also:

> Пастернак, это началось с «Сестры», я Вам писала. Но тогда, летом, я остановила, перерубила отъездом в другую страну, в другую жизнь, а теперь моя жизнь — Вы, и мне некуда уехать.   (Ibid., p. 285)

16. Simon Karlinsky, *Marina Cvetaeva: Her Life and Art* (Berkeley, 1968), p. 228.

17. See "Povest' o Sonečke" in *Russkie zapiski*, 3 (1938), p. 61.

18. *NP*, p. 314.

19. M. I. Cvetaeva, *Ausgewählte Werke* (Munich, 1971), p. 381.

20. Boris Pasternak, *Stixotvorenija i poemy* (Moscow-Leningrad, 1965), p. 110.

21. For more on this imagery in the poems of 1919-1922 see Karlinsky, *Marina Cvetaeva*, p. 228. Cf. also Cvetaeva's remark to Gul' that her corresondence with Pasternak was "ins Blaue" (*Novyj žurnal*, 58, p. 178).

22. *NP*, p. 286. In her later poetry this meter occurs in *Poema gory* (1924), section 4; "Magdalina" ("Mež nami — desjat' zapovedej...", 1924); ten quatrains of *Perekop* (1928-29), eight in the first section, "Val'", and two in the tenth section, "Čaj"; the first part of "Ici-haut" (1934); and at the beginning and end of "Sibir' " (1936). In Cvetaeva's and Pasternak's poems in this meter there are some hyperdactylic clausulae, but

these are not significantly different in their rhythmic effect and usually rhyme with dactylic clausulae.

23. Pasternak, *Stixotvorenija i poemy*, pp. 115, 116, and 121, respectively. Other uses of this meter in Pasternak are three stanzas of "Ballada" (1916); the last three stanzas of "Aseevu" (1924); and the late poems "Duša" and "Pervyj sneg" (both 1956). It does not occur in a single one of the poems of *Temy i variacii*.

24. Marina Cvetaeva, *Proza* (New York, 1953), p. 366. See also *Ausgewählte Werke*, p. 654.

25. Cvetaeva, *Proza*, p. 371.

26. Ibid., p. 369.

27. The use of he word *osparivat'* in Cvetaeva's letter to Pasternak of 11 February, 1923, suggests that the poem may have been provoked by his disparagement of the poems in the second part of *Temy i variacii:*

> Вы вторую часть называете «второразрядной». — Дружочек, в людях я загораюсь и от шестого сорта, здесь я не судья, но — стихи! «Я их мог позабыть» — ведь это вторая часть!
>
> Я знаю, что можно не любить, ненавидеть книгу — неповинно, как человека. За то, что написано *тогда-то*, средь *техто, там-то*. За то, что *это* написано, а не то. — В полной чистоте сердца, не осмеливаясь оспаривать, не могу принять. В этой книге несколько вечных стихов: она на глазах выписывается, как змея выпрастывается из всех семи кож. Может быть, за это Вы ее и не любите. (*NP*, pp. 279-80)

28. Pasternak, *Stixotvorenija i poemy*, p. 115.

29. Ibid., p. 116.

30. The appearance of Greek mythology in Cvetaeva's poetry at this time may spring from her reading of the bowdlerized versions of these myths in Gustav Schwab, *Die schönsten Sagen des klassischen Altertums*, which led to the creation of her plays *Ariadna* (October, 1924) and *Fedra* (1927) (see Simon Karlinsky, *Marina Cvetaeva*, pp. 258-60). It is, of course, also possible that the turn to classical imagery in the lyric poetry led Cvetaeva to Schwab. She was the daughter of a professor of Classical Greek and she was well-read enough not to depend on Schwab for her knowledge of these stories.

31. This has already been pointed out by Karlinsky, *Marina Cvetaeva*, p. 263.

32. *Novyj žurnal*, 58, p. 178.

33. *NP*, p. 283.

34. In 1926 Cvetaeva told Prince Šaxovskoj, the editor of *Blagonamerennyj*, where the poems were published, that there were thirteen poems containing 256 lines in all in the cycle (*NP*, pp. 367-68). As the cycle stands in *Posle Rossii* there are only ten poems containing 218 lines, leaving another three poems and 38 lines to be accounted for. The most obvious

candidates would be the two poems "Ariadna" (14 and 21 April, containing 21 lines), the group of three short poems "Slova i smysly" (23 April, 16 lines in all), and the poem "Ladon'" (27 April, 20 lines), but none of these quite fits the figures given by Cvetaeva.

35. Compare Pasternak's

И вдруг пахнуло выпиской
Из тысячи больниц   (*Stixotvorenija i poemy*, p, 117)

Где воздух синь, как узелок с бельем
У выписавшегося из больницы   (Ibid., p. 187)

36. In another stanza later omitted Cvetaeva makes the point even more strongly:

Я эти строки посылаю,
Чтоб вырвавшийся — связан был.   (706)

The final lines of her poem

Весною стоков водосточных
И проволокою пространств   (228)

are somewhat Pasternakian in their orchestration and may recall Pasternak's

Где с предвкушеньем водостоков
Восток шаманил машинально   (*Stixotvorenija i poemy*, p. 157)

37. *Posle Rossii*, p. 73.

38. *NP*, pp. 293-94.

39. *NP*, p. 294. This reinterpretation of the Eurydice story leads in turn to a reinterpretation of Ariadne. In the two poems entitled "Ariadna" (14 and 21 April) the loss of an earthly lover becomes the mark of a spiritual election

Оставленной быть — это втравленной быть
В грудь...
⟨...⟩
Уступленной быть — это длится и слыть
Как губы и трубы пророчеств   (*Posle Rossii*, p. 74)

The use of *eto* with an infinitive seems characteristic of Pasternak's syntax. Cf.

Это ведь значит — пепел сиреневый,
Роскошь крошеной ромашки в росе,
Губы и губы на звезды выменивать!   (*Stixotvorenija i poemy*, p. 123)

40. A similar theme had appeared in an earlier poem, "Zavodskie" (23 September 1922), which also identifies the poet with the oppressed workers, but there the significance is not so much social or psychological as apocalyptic.

41. This poem is not identified as one addressed to Pasternak in the New York edition.

42. The pun on *propast'* had been anticipated in a poem of 3 May:

... Так влюбливаются в любовь:
Впадываются в пропасть.   (237)

43. *NP*, p. 286.
44. Cvetaeva, *Proza*, p. 171.
45. Ibid., p. 172.
46. Ibid. Compare the remark to Ivask in a letter of 1934: Есть (мне и всем подобным: они есть) только щель: в глубь, из времени, щель ведущая в сталактитовые пещеры до-истории: в подземное царство Персефоны и Миноса — туда, где Орфей прощался, — в А-и-д. *Russkij literaturnyj arxiv* (Ed. Dmitry Chizhevsky and Michael Karpovich, New York, 1956), p. 214.

47. *Mosty*, 5 (1960), p. 310.
48. *Mosty*, 6 (1961), p. 322.
49. Marina Cvetaeva, *Moj Puškin* (Moscow, 1967), p. 204,
50. Ibid., p. 218. Perhaps Cvetaeva's tendency to identify Pasternak's wife Evgenija with Helen springs from his poem "Elene" in *Sestra moja žizn'*.

51. The reference to suttee is found also in the poems "Okno" (5 May) and "Sestra" (11 May 1923). In the latter of these the "sister" claims the right of an Indian wife to be cremated with the deceased. As in the Eurydice poems, "his" life is a "life-in-death," her death is a breakthrough into a higher form of life, which "he" may or may not be invited to share.

52. *Posle Rossii*, p. 102. This poem is dated 13 June in *Posle Rossii*. In view of its position among the other poems of July, however, I take *ijunja* to be a mistake for *ijulja*.

53. *Mosty*, 6, p. 323. Cf. the poem "Materinskoe — skvoz' son — uxo..." (28 July).

54. *Mosty*, 5, p. 310.
55. Ibid., p. 315.
56. Ibid., p. 318.
57. *Mosty*, 6, p. 327.
58. This image had earlier been used in the first poem of the "Provoda" cycle.

59. *Posle Rossii*, p. 111. Strictly speaking, Siegfried and Brunnhilde, who sleep with a sword between them in Act I of *Götterdämmerung*, are not brother and sister; the image has been contaminated by a memory of Siegfried's parents, Siegmund and Sieglinde, who are.

60. Ibid.
61. *Mosty*, 6, p. 325.
62. *Posle Rossii*, p. 111.

63. In a draft for the fifth poem of "Provoda" Cvetaeva and played with a similar paradox of escape and entrapment:

Чтоб вырвавшийся — связан был   (706)

64. In the fifth poem of "Provoda" the verb *vystradaju* had been used as a motif of power:

Где бы ты ни был — настигну,

Выстрадаю — и верну назад   (228)

Here it is a gesture of genuine release and renunciation.

65. *Mosty*, 6, p. 332.

66. Ibid., p. 334.

67. Ibid., p. 337.

68. Ibid., pp. 339-40. It was rumoured that Cvetaeva's son Georgij (born 1 February 1925) was fathered by Rodzevič. If this is so, then the fact that Cvetaeva at first wanted to call the baby Boris (after Pasternak) helps to confirm the theory of transference.

69. *Novyj žurnal*, 58, p. 183.

70. On the other hand the figure of Helen is used contempuously again later for Rodzevič's fiancée, "Tak — tol'ko Elena gljadit nad krovlja-mi..." (11 November 1924), though Cvetaeva also claimed to have assisted their engagement (*Novyj mir*, 1966, no. 2, p. 123).

71. Cf. Cvetaeva's words in her article on Natal'ja Gončarova (1929): Есть пары — тоже, но разрозненные, почти разорванные. Зигфрид, не узнавший Брунгильды, Пенфезилея, не узнавшая Ахилла, где рок — в недоразумении, хотя бы роковом. (*Moj Puškin*, p. 205)

72. The idea of *gorb* is also important in *Poema gory*:

Та гора была, как горб

Атласа, титана стонущего.

Той горою будет горд

Город...   (447)

a poem which also ends with an affirmation of equality:

Я не помню тебя отдельно

От любви. Равенства знак.   (450)

For a similar association (and rhyme) between *gorb* and *gord* see "Rolandov rog" (1920):

Солдат — полком, бес — легионом горд,

За вором — сброд, а за шутом — все горб.   (168)

73. *NP*, p. 287.

74. Cvetaeva, *Proza*, p. 369.

75. *NP*, p. 75.

76. *NP*, p. 326.

Binary Oppositions:
The Case of Xodasevič and Pasternak

John E. Malmstad (Harvard University)

Меня страшатся потому,
Что зол я, холоден и весел,
Что не служу я никому,
Что жизнь и честь мою я взвесил,
На пушкинских весах, и честь
Осмеливаюсь предпочесть.

«Неоконченный отрывок» (1931)
Владимир Набоков

When Vladislav Xodasevič stepped off the train in Berlin at
8 A.M. on Friday, June 30, 1922, he found himself in the cultural
and intellectual center of "Russia outside Russia." It was not yet
divided irrevocably into "émigré" and "pro-Bolshevik" camps. Of
course attitudes about Soviet Russia differed sharply. There were
many actual émigrés, people who had cut all ties with their former
homeland until such time as the Bolshevik state fell, and their
number would soon swell when the Soviet government arrested and
exiled a large number of intellectuals in August, 1922. (Xodasevič
himself would learn in 1925 that he had been on the list of the pro-
scribed.)[1] But many others, like Xodasevič himself, had left Russia
legally and were in Berlin, with Soviet passports, for "health cures,"
real and imaginary, and a variety of other reasons. Political foes
might wage war on the pages of the Berlin dailies like *Rul', Golos
Rossii* and *Nakanune,* but the cultural elite, men and women of all
shades of political and literary opinion, met in the newly founded
Dom Iskusstv, the Klub pisatelej, and those many cafés and res-
taurants where Russians congregated.

We must be careful not to paint too rosy a picture. Old animosities had not been left behind, and harsh ideological notes already sounded in the press. No sooner had Xodasevič arrived in Berlin than he received a letter from Gor'kij (July 3, 1922) warning him against participating in *Nakanune* because of its "smena vex" orientation.[2] Many bitter quarrels swirled around the newspaper and Aleksej Tolstoj, who headed its literary department. But this did not prevent Xodasevič from seeing Tolstoj often during his first few months in Berlin. Likewise he met frequently, both in public and private, with people like Šklovskij, Èrenburg, and Osorgin, with whom he would later quarrel bitterly for ideological reasons. They collaborated in the various Russian cultural agencies in Berlin and worked to keep channels open between Soviet Russia and "Russia abroad," as the founding of the journal *Beseda* testifies.

Our evidence for this and for the story of Xodasevič's relations with Pasternak in the emigration is the "daily log" that Xodasevič began the day of his arrival in Berlin and kept until only a few days before his death in 1939. (The last entry is for June 11; he died on June 14.) This remarkable document, which Xodasevič jokingly called his "kamerfur'erskij žurnal," is invaluable both for the biographer of Xodasevič and for chroniclers of the emigration, in which Xodasevič played a leading role.[3] For in it Xodasevič jotted down every day's activities — encounters and meetings with various persons, as well as visits to publishers, editorial offices, and theater, cinema, bank, shops, cafés, etc.

Xodasevič and Pasternak had known each other in Moscow,[4] but not so well that Pasternak made any attempt to contact Xodasevič immediately upon his arrival in August, 1922. In any event, Xodasevič had spent much of that month at the seaside resort of Misdroy. They ran into each other for the first time in Berlin by chance (much as in Moscow) on September 1 at one of the regular Friday gatherings of the Russian literary community in the Café Landgraf at Kurfürstenstrasse 75. As Xodasevič noted in the "log," Pasternak was in the company of Šklovskij, Modest Gofman "and others." They met again one week later in the same premises, this time in the company of Ocup, Minskij and Abraam Višnjak (the publisher of "Gelikon"). During the following seven months of

Pasternak's stay in Germany, hundreds of entries note Xodasevič's meetings with people like Gor'kij, Belyj, Muratov, Zajcev, and Baxrax, to name some of the most frequent. Against this background the paucity of references to Pasternak is particularly striking. Thus, there is no support for the statement by one of Pasternak's biographers that he "spent a great deal of the fall of 1922 in the company" of Xodasevič.[5]

Here are the encounters (after September 8) which Xodasevič recorded in the "log." The two writers probably attended the same gathering on other occasions, but if so, Xodasevič did not consider them of enough importance to note. On the evening of September 24 they met in the company of Èrenburg and Višnjak at the Prager Diele, a favorite haunt for Russians — understandably so, given its location on the Pragerplatz in one of the largest "Russian districts" of the city.[6] The next day they met again, this time at the offices of their mutual publisher, Zinovij Gržebin, who published Pasternak's *Sestra moja žizn'* and was to issue Xodasevič's *Tjaželaja lira* at the end of the year.[7] Belyj was present too, but Pasternak did not accompany him and Xodasevič when they later went to a restaurant. As usual Belyj spent much of the next day (September 26) with Xodasevič; and the entry of the "log" suggests that Pasternak came to call on Xodasevič and spent the afternoon with his fellow Muscovites, unlike the previous occasions when they had been together only in large groups at cafés. That evening Xodasevič and Belyj attended a performance of Arthur Schnitzler's pantomime "Pierrette's Veil" and afterwards went to a beer hall. If Pasternak was with them Xodasevič does not mention it. The September 27 entry notes only "Več[erom] v kafè. P[rager] D[iele] (Èrenb[urg], Pasternak, Kaplun, Višnjak)."[8]

On Sunday, October 1, the Dom Iskusstv honored Gor'kij's thirtieth anniversary as a writer at a special evening where Minskij, Belyj and and Xodasevič spoke; it had been planned on September 18 at a meeting at Gržebin's offices.[9] Pasternak may have been present, but the "log" does not mention him. On Saturday, October 7, Pasternak and Xodasevič passed the evening at the Prager Diele in the company of Kaplun, Pozner (Solomon Vladimirovič) and Èrenburg, as they did again on the 17th (with Èrenburg, Lidin,

Belyj, Vera Lur'e, Pozner and Baxrax) and the 18th too, with a real crowd: Èrenburg, Kaplun, Belickij, the "Višnjaki," Pozner, Odoevceva, Belyj, Al'tman and — a potentially explosive addition — Majakovskij.[10] They did not see each other again until November 11, when Belyj was also present.[11]

On November 17, Xodasevič and Berberova moved to Saarow where Gor'kij was staying. They had visited him there often before, but they now settled in the resort town until June 11, 1923, when they returned to Berlin. Saarow was an easy hour-and-a-half by train from Berlin, and throughout his stay there Xodasevič made numerous trips to the capital on business. On one such occasion (December 11) he arrived in Berlin late in the evening and went straight to the Prager Diele, where he saw Šklovskij, Višnjak, Èrenburg, and Pasternak.[12] It is the last entry in the "log" that mentions meeting Pasternak.[13]

Two letters of Pasternak throw some light on why his name disappeared from the "log." In the fourth issue of *Krasnaja Nov'* for 1922, Pasternak's friend Nikolaj Aseev had published a snide, even patronizing review of the first edition of *Tjaželaja lira*. Xodasevič, who despised Aseev's verse, was nonetheless offended by the review, and made sarcastic reference to it in one of his own articles.[14] Majakovskij's ill-mannered conduct during his visit to Berlin in the autumn, especially the "scandal" he created at the Gor'kij jubilee evening, had confirmed Xodasevič's opinion of him and Futurism in general. Now the Aseev review offered yet another sign of their enmity to him and his art. Judging by a letter of Pasternak to Sergej Bobrov (whom Xodasevič likewise detested) dated January 17, 1923, Xodasevič expressed his views both about the review and Aseev's poetry in general to Pasternak. Pasternak failed to respond as Xodasevič would have liked, and even went so far as to defend Aseev's verse (if not the review; nothing in the letter implies that):

⟨...⟩ но Ходасевич, спервоначала подарив меня проницательностью «равного», вдруг, по прочтении Колина ⟨Ник. Асеева⟩ отзыва в «Нови», стал непроницаемою для меня стеной с той самой минуты, как на вопрос об Асееве я ему ответил в том единственном духе, в каком я и ты привыкли говорить об этом поэте.[15]

Pasternak touched on the matter again, at the end of 1929, in a letter to Vladimir Pozner, who had sent him his critical study of contemporary Russian literature. In a letter now lost, Pozner must have alluded to the personal relations between Xodasevič and Pasternak, whom Xodasevič had by this time sharply attacked in his literary columns (about which later), for Pasternak responded:

Вы думаете, не обязывал меня некогда Ходасевич, когда *уступал*, когда *допускал* меня, когда... тема родства пробегала (творческая же любовь — есть *ответная* любовь)? И вот, выходит, — я его обманул. Он прогадал, оказывается; он передал мне в доверьи, и я не оправдал его. Вы думаете, я не бросился бы его оправдывать? Простите, — я так устроен. Тут тот же секрет, что и в моем непониманьи стихов. Но Ходасевичево «но» в отношеньи меня разрослось в оговорку, ничего от меня не оставляющую. *Этого* романа не поправить. К тому же до Ходасевича и далеко. Свободой, взятой в отношеньи меня, он меня освобождает: вина перед ним с меня снимается.[16]

Both letters make clear that Pasternak's reaction to the Aseev review had led Xodasevič to conclude that he would never weaken Pasternak's ties with the Futurist milieu. For Xodasevič, Futurism had long represented everything he loathed in modern Russian literature and which he now tended to see as a kind of literary counterpart to Bolshevism. If he had hoped to "convert" Pasternak to his view of Futurism and art, he realized that he had failed. Pasternak's continuing connections with it must have seemed to him a kind of betrayal of trust, after which personal relationships were pointless. And so the two simply stopped seeing each other on those occasions when both were in Berlin.

In mid-March, 1923, Pasternak left Germany for Moscow. As we learn from Gor'kij's letters to Xodasevič, he wanted to take part in the journal *Beseda* (edited by Gor'kij and Xodasevič), but nothing came of it.[17] By the late summer of 1923, "Russian Berlin" was breaking up. On November 4, Xodasevič left, never to return, for Prague (with him was the address of Cvetaeva, which Pasternak had given him).[18] For a year and a half he wandered about Western Europe, pausing only for a long stay with Gor'kij in Sorrento (October, 1924-April, 1925); finally he settled in Paris on April 22,

1925. During all that time he wrote to Pasternak twice.[19] But there is no evidence of any other kind of contact between the two after 1924.

This is really all we now know of the personal relationship between the two poets. Nothing in this record suggests intimacy. Any chance for that was spoiled by the "Aseev affair," which demonstrated for Xodasevič the existence of an irreconcilable and fundamental difference between himself and Pasternak. They had too little in common from a literary point of view—crucial for Xodasevič—ever to become close. If Pasternak, unlike Majakovskij, never became an outright "enemy," he was also, clearly, never a close friend. And the matter of his "Futurism" was something Xodasevič could never really ignore or forgive.

Ariadna Èfron reports in her memoirs that Pasternak, like Cvetaeva, "thought highly" (*vysoko cenil*) of Xodasevič's art.[20] That is the only evidence we have of what Pasternak thought of Xodasevič. But Xodasevič's opinions of Pasternak are abundantly documented. He never devoted a special review to any of Pasternak's major works, either in verse or prose; but on several occasions, in his critical writings, Pasternak took the full force of his scourge. I want now first to survey what may be called Xodasevič's "indirect" comments on Pasternak, and then those he made directly, under his own name.

At the beginning of 1927, the Paris daily newspaper *Vozroždenie* named Xodasevič its chief critic (not its literary editor, as Xodasevič pointed out repeatedly when pleading with authors not to send their manuscripts to him). He held the post until his death. He was expected to write a substantial weekly article and to keep a kind of chronicle ("literaturnaja letopis" ') of Russian literary life in and outside Russia, the latter signed "Gulliver" after January 5, 1928. Nina Berberova has written that she, not Xodasevič, really put this column together, although Xodasevič "edited" it and "sometimes" added something of his own.[21] The file of the "Gulliver" clippings which Berberova over the years pasted into nine notebooks (now in the archives of the Hoover Institution) puts the matter somewhat differently: there Berberova wrote "joint authorship of Nina Berberova and V. Khodasevich." I would suggest that this is much closer to the truth, at least in the first years, when Xodasevič's regular signed columns show that far from being unable to read Soviet journals (the reason why Berberova said she kept the column), he was following them closely. Indeed, this is the only way to explain the frequent coincidence of opinion about works mentioned in the "Gulliver" chronicle and reviewed at length under Xodasevič's name in his weekly articles, the extensive commentary made by "Gulliver" on Soviet Puškin scholarship (in which Xodasevič, not Berberova, was both interested and competent), or the fact that on occasion Xodasevič in his signed articles later referred directly to something that appeared in "Gulliver" in 1927 and 1928 as his own or vice versa.[22] I think it fair, therefore, to cite the remarks about Pasternak made by "Gulliver" in 1927 and 1928. They all complement statements of the same period (and earlier) which appeared under Xodasevič's own name in his column for *Vozroždenie* (and before that for *Dni* and *Poslednie Novosti*).

"Gulliver's" comments about Pasternak are uniformly negative in the first years. On March 31, 1927, he wrote of the "very weak fragments" from "Lejtenant Šmidt" published in the second issue of *Novyj Mir* for 1927, and added:

Обычное нагромождение устрашающих метафор, бессмыслие отдельных строф и бессмыслие вещи в целом, полная невозможность понять о чем, о ком идет речь, где что происходит и т.д.

He continued his comments on the work as more of it appeared in *Novyj Mir.* On April 21 he wrote:

Среди стихов [в третьем номере «Нового Мира»] на первом месте невнятица Б. Пастернака под названием «Лейтенант Шмидт». Если ее дать прочесть человеку не знающему, кто был Шмидт, можно быть уверенным, что он так этого и не узнает за многими словами и громкими метафорами «поэмы».

and on May 5 he noted that the work ended in the fourth issue of *Novyj Mir,* adding:

Среди стихов — конец «Лейтенанта Шмидта» Б. Пастернака, вещи на редкость неудачной. В настоящее время «ученики и последователи» Пастернака уже пишут гораздо лучше его самого, более блестяще, остроумно и вразумительно. Он же сам переживает какое-то безусловное падение.

Months later, on November 17, "Gulliver" noted the large number of poems in the ninth issue of *Zvezda* and remarked that the poems of Xlebnikov published therein were "rather interesting," while those of Pasternak were "very colorless"; when taken "side by side" with Xlebnikov, Pasternak was "boring and vapid" ("skučen i presen"). On January 26, 1928 "Gulliver" cited stanzas from Pasternak's "K Oktjabr'skoj godovščine" that had appeared in the eleventh issue of *Zvezda*:

Стихи в номере на сей раз попросту утомительны. Н. Браун — под Н. Тихонова, Н. Тихонов — под Б. Пастернака и, наконец, сам Пастернак. Конечно, при таком соседстве, его стихи в номере — лучше, хотя они, при обычной виртуозности и словесной сложности бедны смыслом:

> Редчал разговор оживленный,
> Шинель становилась в черед.
> Растягивались в эшелоны
> Телятники маршевых рот.
>
> . . . .
>
> Передний отряд перелесков
> Одет был в солдатский брезент.
> То был образец королевский
> Он быстро грубел, обрусев.
>
> . . . .
>
> То были престранные ночи,
> И род вечеров в серебре,
> Что требовали полномочий
> Обширней еще, чем допрежь.

И дальше:

> Костры. Пикеты. Мгла. Поэты
> Уже печатают тюки.
> Стихов, потомкам на пакеты
> И нам под кету и пайки.

On February 2 the "Letopis' " noted the republication of two books of Pasternak's verse (the unnamed *Dve knigi* of 1927), but "Gulliver's" remarks concentrated on the reactions of Soviet critics to them. On February 23 "Gulliver" mentioned in passing the verse of Pasternak "sdelannye iz odnoj metafory" in *Novyj Mir*'s first issue for 1928,[23] and a week later, on March 1, he made his first comment on "Spektorskij," part of which had appeared in No. 1 of *Krasnaja Nov'* for 1928:

> Продолжение романа в стихах Б. Пастернака «Спекторский» (начато печатанием в 1925 г.) невыносимо своей совершенно пустой сложностью. Есть несколько случайно удачных строк, но в целом это просто безмерно скучно, с потугами на глубокомыслие.

He returned to the work at length on August 23 (chapters six and seven of "Spektorskij" had been published in issue number seven of *Krasnaja Nov'*), and used the occasion to make a general condemnation of the language of Soviet verse:

> Ныне окончательно выявился «вкус» советского любителя поэзии: стихи должны быть не только не «поэтичны» (этот лозунг был брошен еще десять официальных лет тому назад), они должны быть не только прозаичны — (это полумера!) — они должны быть ближе всего к *газетному языку*, к языку *политического фельетона*, к статье из *вчерашнего* номера «Правды» или «Известий». Может быть, это звучит парадоксом, но на примерах ясно, что иная поэзия обречена сейчас в России на полное и окончательное вымирание. Если тот или иной смысл стихотворения только желателен (о внешней политике и Чемберлэне, или о хозяйственном строительстве), то форма поэзии уже обязательна: это должна быть *риторика*. ⟨...⟩ В этих строчках [из «Спекторского»] как нельзя яснее слышится «дыханье века» — поворот поэзии к образцам творчества Бухарина и Кольцова (редактора и фельетониста «Правды»).

Almost a year later, on June 27, 1929, "Gulliver" could summon up a touch of sympathy for four poems of Pasternak in the fifth issue of *Krasnaja Nov'*, calling them "a bit better than what the poet has been writing in the recent past."[24] And at the end of the year, on December 26, he made his first comments on both Pasternak's prose and translations:

> В шестом номере «Нового Мира» напечатана повесть Б. Пастернака, под скромным названием «Повесть». Вещь написана не без мастерства, даже с несомненным блеском, однако, она оставляет нас холодными. Чего-то нехватает Пастернаку, и, кажется, весьма существенного, чтобы стать хорошим прозаиком. Но мы должны сознаться, что проза его, тем не менее, гораздо лучше его стихов, особенно последних.
>
> Пастернака нам за последнее время пришлось читать довольно много: после большого перерыва им напечатаны «Повесть», «Охранная грамота» (в «Звезде»), кое-какие стихи (в той же «Звезде») и несколько переводов из недавно умершего поэта Рейнер-Мария Рильке. Стихи его мало отличаются от прежних; что касается переводов, они косноязычны и очень однообразны. Рильке, которого никак нельзя упрекнуть в однообразии, в переводе Пастернака кажется очень бледным и очень скучным. «Охранная грамота» — род воспоминаний, очень лирических и субъективных, но талантливых. Из них мы узнаем, что с детства Пастернак жил в двух стихиях — философии и музыке. О той и о другой пишет он восторженно и многословно.

Mentions of Pasternak by "Gulliver" continue after this date, but they are rare and Xodasevič's hand is, I think, very far from certain in them. The references can best be relegated to a note.[25].

Certain constants mark the comments of "Gulliver" about Pasternak's verse: the overuse of metaphor, incomprehensibility, excessive complexity (for its own sake), and deliberate obscurity masking a fundamental emptiness. Xodasevič makes the same characterizations (or accusations) in the articles he signed with his own name, to which we must now turn, backtracking in time.

Xodasevič first mentioned Pasternak in an important article ("Tam ili zdes'?") written in 1925 about the possibility of literature in emigration: he is included in a list of writers who published "there," but who in no way had been formed by the Soviet period.[26] He is not commented on at all, either favorably or unfavorably. At the end of 1925, the Paris journal *Zveno* announced a poetry competition. A jury consisting of Gippius, Adamovič, and

Močul'skij culled ten finalists from 322 submissions. The first five poems appeared (with no names) on Sunday, January 31, 1926, in issue No. 157, and the remaining five a week later (No. 158, February 7). Readers were invited to vote on the poems by sending in special ballots printed in *Zveno*. A first prize of two hundred francs was to go to the poem that received the most votes, and one hundred to the runner-up. The results were announced on March 7 in issue No. 162: A poem by Daniil Reznikov entitled "O ljubvi" ("Ljubov', ty locman korablja, kotoryj . . . ") took first prize, with 108 of 233 votes received, and Aleksandr Ginger's "O nexorošem gore nesuraznom" second place, with 73 votes.

A week later, on March 14, Xodasevič devoted his column in *Dni* to the competition ("Zametki o stixax. II. Konkurs 'Zvena' "). He questioned the usefulness of such contests in general, especially when judged by the reading public at large ("čitatel'skaja massa"), which is always likely to prefer the ordinary and expected. He noted, too, the ease with which any individual, or in this instance his friends, could have "bought" the contest by the simple expedient of purchasing enough issues of the journal, clipping out the ballots and sending them in. He cited the winning poem in full and found nothing favorable to say about it:

> Все это *перегружено метафорами* и аллегориями, не сведенными *ни к какому логическому единству*. Здесь «концы с концами» не сходятся, и, вопреки золотому правилу Пушкина, *воображение не проверено рассудком.* ⟨...⟩ В общем пьеса — *мыслью не глубока*, а *словами запутана и кудрява* ⟨my italics — J.M.⟩

The resemblance to "Gulliver's" remarks about Pasternak in 1927 is striking (and the mention of Puškin as the "standard of measure" significant). After pointing out that the metaphors in Reznikov's poem were not only too elaborate, but often mixed, Xodasevič placed the poem in a "literary tradition" traceable to "the least successful works of Marina Cvetaeva and, therefore, to Pasternak." He pronounced Ginger's poem "far better" than that of Reznikov, but thought that it too was "zagromoždena metaforami: èto sejčas edva-li ne poval'naja poètičeskaja moda (uže, vpročem, otživajuščaja svoj vek)."

Adamovič's reply a week later on the pages of *Zveno* (No. 164)
was extremely moderate in tone: "almost all" of Xodasevič's views,
he wrote, "seemed correct." While he defended the way in which
the competition had been run, and argued that at least in this case it
had been "useful" to learn something about the taste of the public,
he called Reznikov's poem unsuccessful, but added that he liked
it nonetheless. In speaking of the "rather sloppy" ("dovol'no ne-
rjašlivo") formal aspect of the poem, Adamovič identified it as
characteristic of "advanced 'left' art," like that of Pasternak. This
was the only mention he made of Pasternak (in contrast to his
March 14 column for *Zveno*, where he had sharply criticized his
new verse). There seemed to be no disagreement between himself
and Xodasevič on Pasternak's verse. The "Adamovič-Xodasevič
polemic" can hardly be said to date from this mild exchange.

A few months later, on June 13, 1926, Xodasevič reviewed
Konstantin Vaginov's 1926 *Stixotvorenija* in his "Parižskij al'bom"
column in *Dni* (No. 1027). In the process, he made his sharpest
signed attack on Pasternak's verse to date. He regretted the amount
of time lost in the "deciphering" ("rasšivrovka") of a Vaginov poem
when the result was "mysl' ne složnaja, ne bol'šaja." He went on
to generalize about "complexity" in verse, using Pasternak as his
example, and drew a kind of lesson about the duties of reader and
critic alike:

> Недавно один критик негодовал на тех, кому досадна невнят-
> ность пастернаковой лирики. Критик отчасти, в исходном
> пункте был прав: поэзия *требует* от воспринимающего из-
> вестных усилий. Он должен уметь соучаствовать в творчестве
> поэта: уметь со-чувствовать: иначе никакое поэтическое про-
> изведение до него не дойдет. Но одно дело — со-чувствовать,
> со-существовать с поэтом, другое — решать крестословицы,
> чтобы убедиться, после трудной работы, что время и усилия
> потрачены даром, что короткий *и* бедный смысл не вознагра-
> ждает нас за ненужную возню с расшифрованием. Кому охота
> колоть твердые, но пустые орехи? Расколов пяток, мы с лег-
> ким сердцем выбрасываем все прочие за окно. Однажды мы
> с Андреем Белым часа три трудились над Пастернаком. Но
> мы были в благодушном настроении, и лишь весело смеялись,
> когда после многих усилий вскрывали под бесчисленными

капустными одежками пастернаковых метафор и метонимий — крошечную кочерыжку смысла.[27]

«Есть два рода бессмыслицы», говорит Пушкин: «одна происходит от недостатка чувств и мыслей, заменяемого словами; другая — от полноты чувств и мыслей и недостатка слов для их выражения».[28]

Позволительно думать, что мы умеем разбираться в этих «родах бессмыслицы» и отличать первый род от второго. Мы с радостью трудимся над бессмыслицей, проистекающей от недостатка слов для выражения чувств и мыслей. В этом случае труд наш вознагражден. Но когда убеждаемся, что бессмыслица оказалась *первого* рода, мы с полным правом откладываем книгу в сторону.

It is clear enough from the context that Pasternak's verse for Xodasevič was "nonsense" of the first kind, but even the second variety had its limits (presuming he would grant that Pasternak at times wrote such "nonsense"):

Скажу больше того: даже из «хороших» бессмыслиц творчество поэта не должно состоять все целиком и сплошь. Дело поэта — именно находить слова для выражения самых сложных и тонких вещей. Мы охотно прощаем ему те отдельные случаи, когда он бессилен выйти победителем «в бореньях с трудностью». Но поэт, который *всегда и сплошь* оказывается побежден, который *никогда* не находит нужных и подходящих слов, — явно берется не за свое дело. К нему можно применить знаменитую остроту Тютчева: это — Ахиллес, у которого всюду — пятка.

Xodasevič leaves no doubt here as to his opinion of Pasternak's verse. After this sarcastic peroration, with its allusion to Puškin ("v boren'jax s trudnost'ju")[29] and its citation of Tjutčev (both representing a tradition which Xodasevič revered and which he saw as the basis of his own art), little else seemed left for him to say.

Two weeks later, however, Xodasevič again mentioned Pasternak. He used a review of two books of verse—one by Nikolaj Ocup, the other by Jurij Terapiano—to discuss a broader question, which touched on some of the issues he had raised in the earlier review. While critical of some of the poems, Xodasevič found these volumes rare but happy exceptions to a disturbing rule in contemporary Russian verse:

> Ныне поэзия русская переживает тяжелое испытание. Я бы сказал — испытание глупостью. ⟨...⟩ интеллектуальный и моральный уровень поэзии русской резко и угрожающе понижен. ⟨...⟩ Пора же сказать откровенно и попросту, что поэзия русская, в ее виднейших нынешних представителях — отчетливо поглупела.[30]

As his main evidence, Xodasevič offered Majakovskij ("talanlivaja, no vpolne bazarnaja poèzija"), "all proletarian poetry" ("èta pesn' toržestvujuščego (ili unyvajuščego) sapoga"), and Pasternak: "Čto, kak ne poglupenie, — èto zaxlebyvajuščeesja slovoizvergatel'stvo, bessil'noe lopotanie, v kotoroe provalivaetsja Pasternak so svoimi podražateljami?" He saw some hope for the future in the two books under review, and, in language reminiscent of his verse attack on Futurism and related movements (the poem "Živ Bog! Umen, a ne zaumen. . ."), he predicted that the day would come when: "Poèzija russkaja vnov' osoznaet sebja vysokim projavleniem čelovečeskogo duxa i dostojnym, čelovečeskim, ne zaumnym i ne nedoumnym, jazykom vnov' zagovorit o Boge, mire i čeloveke."

Xodasevič offered no explanation of how this situation had developed, and no suggestions as to how Russian verse was to surmount its present crisis. He saw the roots of this crisis in a general decline of culture, symptomatic of which was an ignorance of Puškin that he deemed inexcusable in the intelligentsia and the young writers in Russia and emigration. He had pointed this out five years earlier, in his 1921 "Puškin speech," the famous "Koleblemyj trenožnik," and he touched on the issue of ignorance again in his "Parižskij al'bom. V" in *Dni* (No. 1045) on July 4, 1926. In his eyes, then, the so-called poetic avant-garde had to assume much of the blame.

Xodasevič's view of the present state of Russian verse and his hope for its future become much clearer if we look at an article he wrote about Esenin a few weeks before his attacks on Pasternak:

"Parižskij al'bom. I" in *Dni* (No. 1019, May 30, 1926). With enormous sympathy (and a silent reproach to Majakovskij's reaction to Esenin's death) he traced the career of a poet whose style, like that of any "genuine" ("podlinnyj") writer, was a "reliable barometer of [his] spiritual life" ("vernyj barometr [ego] duševnoj žizni"):

> Его стрелка колеблется не над случайными влияниями литературных мод, но под давлением внутренней необходимости. Явление глубоко поучительное и объективно обнаруживающее в Есенине ту правдивость, ту честность перед самим собой, без которой нет подлинного художника. Сказанному вовсе не противоречит то обстоятельство, что Есенин никогда не искал совершенно личных, лишь ему свойственных, обособленных путей в поэзии. ⟨...⟩ Есенин (опять таки, как всякий подлинный художник) прежде всего не был и не стремился быть революционером в искусстве. Сохраняя свою творческую личность, он в то же время весьма и весьма пользовался приемами и навыками, отнюдь не им созданными.

Perhaps, Xodasevič continued, he had not added enough of his own to the "tradition," but in his early verse he at least had been true to himself, not to poetic fashion. His self-betrayal began when he decided to become a "poet of the Revolution" and allied himself with Imagism—"èto upadočnoe detišče futurizma (degeneracija degeneracii)." Then he had cut himself off from those traditions which sustained his early art and his volatile personality, and had fallen victim to a fatal temptation. For Imagism was: "po suščestvu [. . .] tak že reakcionen poètičeski, kak političeski reakcionen bol'ševizm. On tak že bezideen, bezprincipen i tak že sostoit iz 'otstuplenij' i 'lavirovanij'." As his disillusionment with the Revolution grew, Esenin had turned to the "tavern," with inevitable results for his art: "on nadryvno p'janstvuet v žizni i nadryvno skvernoslovit v stixax. *Čudoviščnyj metaforizm* (my italics) ego p'janyx stixov sootvetstvuet alkogoličeskomu tumanu v ego biografii."

Near the end, however, with no illusions left, he had been brought face to face with himself and his own conscience:

И в соответствии с этими правдивыми раздумиями — начинает в его стихах звучать новое для Есенина, но бесконечно родное нам: «в смысле формального развития теперь меня тянет все больше к Пушкину», признается он в 1925 году. ⟨...⟩ Перед правдивостью его новых стихов — с них сползает наносная метафорическая муть. Внутренно порвав с советской Россией, Есенин порвал и с литературными формами, в ней господствующими. Можно бы сказать, что перед смертью он душевно «эмигрировал к Пушкину».

Nothing is said here about either Majakovskij, Futurism or Pasternak, but any reader mindful of phrases like "čudoviščnyj metaforizm" or "metaforičeskaja mut' " and the invocation of Puškin (with the psychologically telling formulation "he emigrated to Puškin") can see that this article is the indispensable link between the piece on the *Zveno* competition and the June, 1926 attacks on Pasternak.

Furthermore, the Esenin article (complemented by an even longer piece in *Sovremennye Zapiski,* No. XXVII, 1926) puts into sharpest focus the major concerns raised by the reviews: Xodasevič's perception of a crisis in Russian verse, as exemplified by Futurism, more specifically the excessively metaphorical and "nonsensical" verse of Pasternak; the importance of tradition, in particular that stemming from and embodied in Puškin; the future course of Russian verse, perilously poised between these two poles, one of which would destroy it, the other of which offered hope for a recovery of its unshakable integrity. In these articles Xodasevič warned of the dangers inherent in Russian poetry's shift toward Futurism and related movements, with which he associated Pasternak. The fading of the "collective memory" of pre-Revolutionary culture was in itself cause for alarm, but worst of all, some were deliberately turning their backs on that tradition, thus wittingly or unwittingly allying themselves with the Bolsheviks who, Xodasevič believed, were deliberately attempting to sever all ties with that tradition, even to destroy it.

With this essential context established, we can now better understand Xodasevič's sharpest attack on Pasternak, made during the polemic which erupted in 1927 between him and the man who had become his chief critical adversary in the emigration, Georgij Adamovič. Others have dealt with this polemic elsewhere;[31] here I want to touch on only those aspects which involved Pasternak.

Adamovič had previously had some harsh things to say about Pasternak's verse.[32] Xodasevič's opinion of it had worsened since 1926, as the following remark from "O formalizme i formalistax" (*Vozroždenie,* No. 646, March 10, 1927) demonstrates:

> Что касается Маяковского, Пастернака, Асеева — то это, разумеется, предатели футуризма, можно сказать — футур-соглашатели: доброе, честное *отсутствие* содержания они предательски подменили его убожеством, грубостью, иногда пошлостью.[33]

In his "Literaturnye besedy" column in *Zveno* (No. 218), on April 3, 1927, Adamovič showed little enthusiasm for a fragment from "Lejtenant Šmidt" published in the émigré journal *Volja Rossii:*

> Стихи довольно замечательны, — но скорей в плоскости «интересного», чем в плоскости «прекрасного». Как почти всегда у Пастернака, они кажутся написанными на-черно. Черновик — все творчество Пастернака. Оговорив это, следует добавить, что на «ниве русской словесности» он — работник выдающийся. Но психологически непонятно: как при своем несомненном, очень значительном, очень живом, очень доброкачественном даровании, Пастернак довольствуется удобрением поэтических полей для будущих поколений, чисткой Авгиевых конюшен, вообще самоотверженно выполняет роль чернорабочего и так редко благоволит быть поэтом. ⟨...⟩ С гораздо меньшими силами, победнее, попроще, помельче его, Есенин все таки поэтом стал.

Xodasevič would hardly have felt it necessary to comment on such faint praise, and likewise would have found little to dispute in Adamovič's conclusion:

> Слишком задержался Пастернак на своих черновиках ⟨...⟩ Импрессионизм свой он довел до крайности, — пора бы запечатлеть жизнь менее рассеянно. Звуковым ассоциациям и сцеплениям он предавался до полной потери чувств, пора бы овла-

деть ими ⟨...⟩ Вообще пора бы понять, что в искусстве, гоняясь за средствами, можно потерять или пропустить цель. Средства же — слова и все словесное, цель — ум, душа, человек, сердце.

When it came to slighting remarks about the vitality and validity of the Puškin tradition, however, Xodasevič could never be silent.

In *Zveno* Adamovič had written:

Пастернак явно не довольствуется в поэзии пушкинскими горизонтами, которых хватает Ахматовой и которыми с удовлетворением ограничил себя Ходасевич. Пастернаку по-видимому кажутся чуть-чуть олеографичными пушкинообразные описания природы, чуть-чуть поверхностной пушкинообразная отчетливость в анализе чувств, в ходе мыслей. Некоторая правда в этом его ощущении, на мой взгляд, есть. Кажется, мир, действительно, сложнее и богаче, чем представлялось Пушкину. И, кажется, можно достигнуть пушкинского словесного совершенства при более углубленном, дальше и глубже проникающем взгляде на мир ⟨...⟩ Не надо преувеличивать цену ясности, в которой не вся мировая муть прояснена. От заветов Пушкина Пастернак отказался.

If Adamovič intended to stir controversy and create friction, he succeeded. For what Xodasevič called Adamovič's "magnanimous condescension" ("velikodušnaja snisxoditel'nost' ") toward Puškin provoked fury and outrage. (Let us also recall that 1927 was a "Puškin jubilee" year, marking the ninetieth anniversary of his death; this certainly made Adamovič's remarks all the more offensive to Xodasevič, who clearly perceived them as a personal challenge and affront.)

Xodasevič ignored the implied slight to his own verse (he wrote that he found Adamovič's remark "extremely flattering") and addressed Pasternak only in the conclusion of his reply, which appeared in *Vozroždenie* (No. 678) on April 11 under the provocative title "Besy." He devoted most of it to the "real Puškin" ("velikij i mudryj, beskonečno složnyj, často tainstvennyj i 'temnyj' ") and to an exposure of Adamovič's superficial knowledge of the poet (thereby turning Adamovič's charge about Puškin's "superficiality" on its head). Adamovič, in his view, did not differ

from generations of "obyvateli": "Net [. . .] ne 'mir složnee i bogače, čem predstavljalos' Puškinu,' a Puškin kuda složnee i bogače,
čem predstavljaetsja Adamoviču."

But the sarcasm contained in the little that Xodasevič did write
of Pasternak provoked Cvetaeva to write "podlec" in the margin
of the article when she sent it to Pasternak in Moscow[34] (I would
guess, too, that it was this article that Pozner asked Pasternak
about in 1929, when he raised the question of the relations between
the two poets):

> «От заветов Пушкина Пастернак отказался ⟨...⟩» говорит
> Адамович. Значит, по Адамовичу, как будто выходит даже
> так, что Пастернак видит и знает «уже» побольше и поглубже
> Пушкина, а потому и явно «не довольствуется в поэзии пуш-
> кинскими горизонтами», пушкинской поэтикой, слишком при-
> митивной для такого титана мысли ⟨...⟩ Разумеется, я не буду
> всерьез «сравнивать» Пастернака с Пушкиным: это было бы
> дешевой демагогией и слишком легкой забавой ⟨...⟩ Сравни-
> вать Пастернака, каков он есть, с Пушкиным — невозможно,
> смешно. Но эпохи позволительно сравнивать. Тысячи (бук-
> вально) нынешних Пастернаков, состоящих членами «Всерос-
> сийского союза поэтов», во всей своей совокупности не равны
> Пушкину, хоть их помножить еще на квадриллионы. Не равны
> качественно. Но показательностью для своей эпохи — равны.
> Вот природную их враждебность Пушкину, враждебность эпох
> и выразителей Адамович ощутил ясно; но, к сожалению, не
> о ней он заговорил.
>
> ⟨...⟩ Как Петр, как Екатерина, как Державин, он ⟨Пушкин⟩
> был силою собирающей, устрояющей, центростремительной.
> И остался выразителем этих начал.
>
> Ныне, с концом или перерывом петровского периода, до
> крайности истончился, почти прервался уже, пушкинский пе-
> риод русской литературы. Развалу, распаду, центробежным
> силам нынешней России соответствуют такие же силы и тен-
> денции в ее литературе. Наряду с еще сопротивляющимися —
> существуют (и слышны громче их) разворачивающие, лома-
> ющие: пастернаки. Великие мещане по духу, они в мещанском
> большевизме услышали его хулиганскую разудалость — и су-
> мели стать «созвучны эпохе». Они разворачивают пушкинский
> язык и пушкинскую поэтику ⟨...⟩ «Пастернак довольствуется
> удобрением поэтических полей для будущих поколений, чист-
> кой Авгиевых конюшен», пишет Адамович. Опять неверные
> и кощунственные слова, которые станут верными, если их

вывернуть на изнанку. И опять Адамович говорит то, чего, разумеется, не думает. Никак не допускаю, чтобы «до-пастернаковская» (да и не до-пастернаковская, а до-футуристская) поэзия русская была для Адамовича «Авгиевыми конюшнями». И для Адамовича она не загаженная конюшня, а прекрасный и чистейший дом. Но прав Адамович: пастернаки (а не Пастернак) весьма возле дома сего хлопочут и трудятся (не без таланта, тоже согласен). Только труд их — не чистка, а загаживание, не стройка, а разваливание.

The qualification "pasternaki (ne Pasternak)" (throughout the review Xodasevič plays on the literal meaning of the word, i.e., "parsnips") does little to blunt the savagery of the attack, but then Pasternak was not, of course, the real target of Xodasevič's vehemence. This Adamovič well understood.

In his own reply to Xodasevič a week later in *Zveno* (No. 220, April 17), Adamovič mentioned Pasternak only in passing at the end ("No o Pasternake mne posle Puškina govorit' ne xočetsja"), remarking that he found any attempt to connect his poetic "aspirations" with Bolshevism "forced and accidental." With that the skirmish ended. The two men sniped at each other from the pages of their literary columns during the years that followed, and engaged in spirited controversy about the direction Russian poetry was to take. That of course was what their 1927 argument about Puškin was really all about; Xodasevič, as much as Puškin, had been Adamovič's real target. Adamovič's opening salvo in this battle, his column in *Zveno* on the so-called "Paris school" of Russian poetry (January 23, 1927), had called on the young Russian poets in the city to cease trying to copy the "inimitable" verse of Xodasevič. Xodasevič's complex yet deceptively simple lyrics, Adamovič feared, had misled younger writers lacking his inner richness and intensity of feeling into paying him the false tribute of imitation. Let them instead take a poet like Pasternak as a model, for then a surface complexity would at least better mask their inner "emptiness" and immaturity until such time as they discovered a "genuine" voice. Xodasevič had not commented on this questionable advice, but "Besy" certainly made his view of it clear.

Never again did Pasternak figure in the disputes between them, although Adamovič never tired of making jabs at Puškin (and by implication, at Xodasevič), e.g., " 'Poklonnik Puškina, no čelovek ne glupyj . . . ' — ètu frazu napisal ja kak-to samo soboj, ne srazu zametiv ee paradoksal'nost'," and elevating the star of Lermontov (as he does in his 1927 *Zveno* reply as well).[35]

A year later, in a generally favorable review of Cvetaeva's *Posle Rossii* in *Vozroždenie* (No. 1113, June 19, 1928), Xodasevič compared her verse to that of Pasternak (finding in her favor), and repeated one of his old charges:

> Читая Пастернака, за него по человечеству радуешься: слава Богу, что все это так темно: если словесный туман Пастернака развеять — станет видно, что за туманом ничего или никого нет.

But by 1930, perhaps regretting the intemperance of some of his earlier remarks, he softened his criticisms in several passing comments made in the context of reviews of young Paris poets. In a "Letučie listy" column entitled "Skučajuščie poèty" in *Vozroždenie* (No. 1703) on January 30 he wrote:

> Природное свое косноязычие Пастернак все же сумел превратить в прием не редко достигающий цели, и нечто «пастернаковское» выражающий.

And in "Po povodu 'Perekrestka' " in the same column on July 10, 1930, he called Pasternak a "talantlivyj stixotvorec" (but not "poèt," an important distinction for Xodasevič), who had finally outlived Futurism and its fatal attractions by the mid-twenties. He had then, Xodasevič continued, tried to find a "Soviet theme," but finally, unwilling to follow Majakovskij in service to "agitprop verse," he had simply fallen silent as a poet. "Pasternak's silence," Xodasevič concluded, "is filled, of course, with the deepest human dignity" ("molčanie Pasternaka ispolneno, razumeetsja, glubokogo čelovečeskogo dostoinstva").

Thereafter Xodasevič rarely mentioned Pasternak; the few comments he did make add nothing of significance to the opinions already surveyed here. One might only point out the article "S"ezd sovetskix pisatelej" in *Vozroždenie* (No. 3389, September 13, 1934), in which he referred to Buxarin's speech, with its "coronation of that relatively most 'apolitical' of Soviet poets—Boris Pasternak," and Pasternak's reply to that speech, which Xodasevič felt showed "not only the nobility (*blagorodstvo*) of a magnanimous rival, but also a profound caution." Finally, in one of his last columns for *Vozroždenie* ("Ordenonoscy," No. 4171, February 17, 1939), which was devoted to the bestowing of medals by the Supreme Soviet on one hundred and seventy-two Soviet writers, Xodasevič noted the award to Aseev ("soveršenno ničtožnyj stixotvorec") and wrote:

> В этом списке читатель, вероятно, уже заметил отсутствие Пастернака, особенно разительное в сопоставлении с наградой, данной Асееву, и с орденом Ленина, пожалованным Николаю Тихонову — второсортному ученику Гумилева. Совершенно ясно, что Пастернак пострадал за то, что несколько лет тому назад ⟨...⟩ он был отличен Бухариным.

A few months later Xodasevič was dead, unaware, as the article shows, of the fate that had befallen writers like Mandel'štam and Babel', whose absence from the list he had spotted.

There can be no uncertainty as to Xodasevič's view of Pasternak's verse. He made his most outspokenly strident attack, to be sure, in the context of the 1927 polemic, and in the heat of that exchange he, like Adamovič, exaggerated, overstated his position, and at times let his convictions carry away his reason. If the critic should, as T. S. Eliot says in "The Function of Criticism," "endeavour to discipline his personal prejudices and cranks [. . .] and compose his differences with as many of his fellows as possible, in the common pursuit of true judgment,"[36] Xodasevič failed that test when writing on the avant-garde, which he always associated with Futurism. In fact, some of what he wrote in "Besy" in 1927 approaches what Mixail Osorgin, commenting on one type of "criticism" in the emigration, would in 1928 call "abuse with political overtones" ("bran' s političeskimi namekami").[37] "Prejudice Purely" (to borrow the title of a Lincoln Kirstein diatribe against Martha Graham), some may feel. Opinionated and utterly committed—that Xodasevič was, but not irresponsible when issues of the highest import were at stake. He was not in love with the idea of argument, but with the ideas he was arguing for: his concern for the future course of Russian poetry and his self-definition as a poet. In a sense, Pasternak was caught in the crossfire between Xodasevič and Adamovič; certainly here, as in some of the other instances cited (such as the review of Vaginov), Pasternak played the role of foil, if not foe, for Xodasevič's positions.

Then, too, there was Xodasevič's hatred of Futurism and any verse which seemed in his eyes in the least tinged by it. He never reconciled himself to it or to any notion of building a future that had been cut from the moorings of the past, as he felt Futurism (and Bolshevism) wished to do. In all his criticism Xodasevič emerges as an advocate of "creative conservatism," that is, the conservation of ideals and structures (embodied in the omnivorous intuitive intelligence and example of Puškin) which have endured, not the smaller heresies of individual personalities and experimental reactions to tradition which tempt the young and inexperienced, but will pass. As he wrote ten days before "Besy": "To preserve the language and the culture—that is all that is required of a Russian writer in a foreign land, whether of the young or the old."[38] But preservation could not mean merely standing in place. The young must actively *participate* in the preservation through their art; only thus could the tradition last and provide a framework for the new, the future.[39] At a time when that tradition was most vulnerable, Xodasevič felt impelled to state as forcefully as possible his view of the present danger: that young poets might be seduced into joining the ranks of the "pasternaki."

Beyond all this, Xodasevič's deeply held view of the matter and manner of poetry differed fundamentally from that of the early Pasternak. For example, Xodasevič used metaphor rarely, preferring the simile, which leaves unresolved the tension between difference and similarity, between being one thing and becoming another, distinctions that are deliberately blurred in metaphor. The trope mirrors his central theme of duality: the impossibility either of completely becoming other or of remaining as is. When he used metaphor, he did so with care and restraint. That is often not true in the early Pasternak, as Xodasevič never tired of noting.

The linguistic knot of Pasternak's early verse expresses a state of emotional tension which the poet is unable or unwilling to articulate in a rational manner. "For Pasternak," one critic has written, "the intensity of emotions and the direct and spontaneous expression of them are essential elements of artistic creativity. The poet has to be in the thicket of impressions."[40] Cvetaeva, for one, was exhilarated by this quality in Pasternak, and many young poets were mesmerized by it. Xodasevič, on the other hand, was deeply suspicious and abhorred what for him was the clever, but shallow result. It was not so much that he questioned the genuineness of the emotion (although some of his early remarks seem to do just that; later he gave Pasternak the benefit of the doubt), as that he believed that Pasternak disrupted the subtle interplay of statement and metaphor (in the broadest sense) essential for poetry. With one element out of control, a necessary tension collapsed with what to Xodasevič was an inevitable outcome: incoherence. (That there may have been nothing but "emotion" was another matter.)[41] To an aesthetic of "self-expression" and "naturalism" he opposed one of discipline and structure. To put it in terms of another art, the dance, which Xodasevič admired (he had wanted to become a dancer in his childhood), he loved the classical ballet and would have hated "modern dance." How ironic and sad, then, that Xodasevič, although only four years older, did not live to see the chastened simplicity of *Na rannix poezdax* (1943) and Pasternak's late verse. Pasternak came to view his early works much as Xodasevič had, and in his final poems moved his art in a direction that Xodasevič would, I think, have approved without reservation. And he would have seen that they had much in common—their commitment to poetry itself as a means of self-transcendence, a process of discovery, and above all a commitment to truth, a moral force.

NOTES

1. In his reply to point nine ("Vremja i obstojatel'stva ot"ezda za granicu") of a questionnaire prepared by the Russkij Kul'turno-istoričeskij

Muzej in Prague, Xodasevič wrote: "Ijun' 1922. Uexal legal'no, polučiv razrešenie v Moskve. V avguste togo že goda, naxodjas' v Berline, byl 'vyslan' za granicu po rasporjaženiju peterburgskoj Č. K." The document, signed April 5, 1936, is now in the Karpovich collection of Columbia University's Bakhmeteff Archive.

2. "Pis'ma Maksima Gor'kogo k V. F. Xodaseviču (1922-1925)," *Novyj Žurnal*, No. 29, 1952, pp. 205-206.

3. The "daily log" is now a part of the Karpovich collection of the Bakhmeteff Archive.

4. We know of two cases when they met in Moscow. Pasternak recorded one in the third part (section 13) of *Oxrannaja gramota*: the "vstreča dvux pokolenij poètov" at the apartment of Mixail Cetlin in January, 1918, when Majakovskij read "Čelovek." Xodasevič reported the other in his memoir "Belyj korridor" (first published in Nos. 842, 843, and 846 of *Dni* on November 1, 3, and 6, 1925; republished in *Literaturnye stat'i i vospominanija*, N.Y., 1954: see p. 349): an "audience" of writers with Lunačarskij in his Kremlin apartment. In each instance nothing is said beyond the mention of the other's name.

5. Guy de Mallac, *Boris Pasternak. His Life and Art* (Norman, Oklahoma, 1981), p. 105. De Mallac bases his remark on statements in Nina Berberova's autobiography *Kursiv moj* (Munich, 1972). She writes, for example, that in Berlin, Pasternak "dovol'no často prixodil k nam, kogda byval i Belyj" (p. 232). The "log" does not support the statement. Berberova's book has been used as a source by many people writing on this period. Therefore in many of the notes that follow I shall have to correct slips of her memory as well as her faulty notetaking from the "log" (which she used as her own source, but did not have in her possession) as regards the Xodasevič-Pasternak relationship.

6. Berberova (p. 176) writes that Cvetaeva was present on this occasion, which is impossible, as she was then in Prague. In the "log," Xodasevič does not of course mention her being present that evening.

7. In the notes to *Tjaželaja lira* in Xodasevič's *Sobranie sočinenij*, I (Ardis, 1983), p. 317, Robert Hughes and I wrote that the volume appeared in 1923. The title page does bear the date "1923," but Xodasevič noted in the "log" that he received his first copy of the book on December 7, 1922.

8. Berberova, p. 176, writes "25-go, 26-go, 27-go prixodil k nam Pasternak," but the "log" verifies only the visit of the 26th.

9. Lazar' Flejšman, relying on Berberova, erroneously writes that the planning session took place on September 25 (*Boris Pasternak v dvadcatye gody,* Munich, n.d., p. 20). His statement that Pasternak and Xodasevič were together at a "literary evening" on September 7 is also incorrect (they had met, as noted, the next day). Xodasevič and Berberova spent the evening of September 7 at home after a busy day of errands.

10. Berberova's statement (p. 176) that on the 17th and 18th Pasternak

had come to call and they had then all gone to the cafe is not supported by the "log." It is clear that they met Pasternak at the cafe only.

11. Berberova's account is again in error. She writes (pp. 176-77): "11-go Pasternak, Muratov i Belyj u nas—a v skobkax pripisano, 'kak každyj den' '." She has obviously mixed up her notes on the "log" (and obviously added something from her own notes about the "log," for "v skobkax pripisano. . ." is not in the document at all!), for the entry reads as follows: "11, sub[bota]. Obedat' (u Berber[ovyx]). Gelikon/Belyj. Pasternak./ Landgraf. ("Klub") (Zajcevy, Osor[gin], Frank, Belyj, Jaščenko, Muratovy, Berdjaevy, Lidin . . .)."

12. They might have discussed the matter raised in a letter published in *Dni* on December 29, 1922 and signed by Xodasevič, Pasternak, Belyj, Gor'kij, Šmelev, Èrenburg, Muratov, Zajcev, Baxrax, and others protesting an action of the YMCA press. It had printed Juškevič's novel *Leon Drej* on commission for the publishing house "Moskva" and then, disapproving of the contents, bought up all the copies. This effectively removed the novel from sale. This letter of protest is the only instance I have discovered when the two writers acted together in "official" Berlin Russian literary life, in which Xodasevič, unlike Pasternak, played an active role both in the Sojuz pisatelej and the Klub pisatelej.

13. On November 1, 1923, three days before leaving Berlin for Prague, Xodasevič noted seeing Muratov and Pasternak, but this must have been Pasternak's father, as Pasternak had returned to Moscow in March and no biography puts him back in the city in November. Flejšman (p. 20) writes that Berberova's assertion that Pasternak "several times" in 1922-1923 travelled back and forth between Moscow and Berlin is "netočno" and that she must mean his travels around Germany itself. I think that Berberova had this entry in the log in mind when she made the statement.

14. See "Poètičeskoe xozjajstvo Puškina," *Beseda,* No. 2, 1923, p. 185. The relevant passage is quoted in the notes to the poem "Duša" in volume One of Xodasevič's *Sobranie sočinenij,* p. 325.

15. Cited by E. B. and E. V. Pasternak in "Boris Pasternak. Iz perepiski s pisateljami," *Literaturnoe nasledstvo,* vol. 93. *Iz istorii sovetskoj literatury 1920-1930-x godov. Novye materialy i issledovanija* (1983), p. 728.

16. Ibid., p. 727. Xodasevič reviewed Pozner's *Panorama de la littérature russe contemporaine* (Paris, 1929) in *Vozroždenie,* No. 1409, April 11, 1929. The review was generally favorable, although Xodasevič had many objections about details. Xodasevič did not mention Pasternak in the review, but poured his usual scorn on Futurism: "Futurizm byl i ostalsja ego [simvolizma] detiščem, bolee živučim, no zato gnusnim. Èto—Xam simvolistskogo Noja. Teper' uže umer by i on, esli by ego iskusstvenno ne podderživala sovetskaja vlast', kotoroj on nužen dlja bor'by s duxom Rossii, dlja ugasenija ee duxa [. . .] Futurizm 'prejdet'—i èto Pozner mog by nabljudat' na samom sebe: nedarom on sam, kak poèt, otkazalsja ot futurizma."

17. See Flejšman, op. cit., p. 28.

18. Ariadna Èfron, *Stranicy vospominanij* (Paris, 1979), p. 161.

19. The "log" records one letter to Pasternak on July 26, 1924, and another on October 16 of the same year. We do not know what the letters discussed. They may have concerned Xodasevič's attempts to see that royalties due him were regularly paid to his second wife, who had stayed in Russia, or touched on Pasternak's participation in *Beseda*. In a letter to Mandel'štam (see Flejšman, op. cit., p. 283), Pasternak implies that something substantial was touched on in one of the letters, but it is not clear what exactly. Several years after this paper was delivered in Jerusalem, E. B. and E. V. Pasternak in their publication "Boris Pasternak v perepiske s Maksimom Gor'kim" (*Izvestija Akademii Nauk SSSR,* Serija literatury i jazyka, tom 45, No. 3, 1986) gave a few details about Pasternak's difficulties with *Beseda*. They mention that Pasternak and Xodasevič were in correspondence, but add nothing specific to the account outlined here.

20. Èfron, op. cit., p. 161.

21. Berberova, op. cit., p. 371.

22. For example, on July 13, 1928 "Gulliver" wrote: "*U nas* byla svoevremenno posvjaščena osobaja stat'ja ('Istorija sovetskoj literatury', sm. 'Vozroždenie', 31 janvarja 1928g)" (my italics). Interestingly enough, by 1930 "Gulliver" was putting it very differently: "Ešče nedavno na stranicax 'Vozroždenija' V. F. Xodasevič pisal . . ." (*Vozroždenie,* May 22, 1930). The change from "*my*" to the third person suggests that by this date Berberova had indeed taken over the column and that Xodasevič's role had diminished and was largely, perhaps, confined to comments on Soviet Puškin scholarship (see, for example, the column of April 10, 1937) or an occasional personal reminiscence provoked by the death of some writer he had known (see, for example, the remarks on the death of Vaginov in the column of May 17, 1934). As late as February 24, 1939, only three months before his death, Xodasevič, who by then was often not writing his weekly piece for *Vozroždenie* because of illness, was still making contributions to the "Gulliver" column. On February 24, the "*my*" form again appears for a personal comment on the publication of the Blok diaries and notebooks in volume XIII of the Blok *Sobranie sočinenij*: "*Nam* dostoverno izvestno, čto zimoj 1921-1922 gg. mat' Bloka, nyne tože pokojnaja A. A. Kublickaja-Piottux, tščatel'no peresmotrela vse memuarnoe nasledie svoego syna i mnogoe uničtožila." Only Xodasevič could have known this detail with such certainty ("*nam* dostoverno izvestno").

23. The poem was "Kogda smertel'nyj tresk sosny skripučej. . .".

24. The poems were "Ty vprave, vyvernuv karman. . ." [Marine Cvetaevoj]; "Mgnovennyj sneg, kogda bulyžnik uzren. . ."; "Anne Axmatovoj" ("Mne kažetsja, ja podberu slova. . ."); and "Mejerxol'dam" ("Želoba koridorov issjakli. . .").

25. "Oxrannaja gramota" is discussed in the column of June 18 and

August 5, 1931. In the column of June 4, 1931 "Gulliver" noted the "stixi poètov 'nastojaščix,' kak Mandel'štam, Pasternak, Èrlix," and on September 24 and October 22, 1931 he wrote of evidence in some recent poems of a "new Pasternak" whose manner was far more "simple and modest" than anyone could ever have expected. By 1932 the column was even defending Pasternak against attacks on him by Soviet critics (February 25), praising individual poems, and finding his new work better and better (June 2). After this date comments on Pasternak practically cease, as Pasternak himself turned increasingly to translations (which "Gulliver" noted with sadness — see the column of June 21, 1934).

26. "Esli posmotrim na pisatelej, kotoryx v Rossii pečatajut i kotorye v značitel'noj stepeni sostavljajut tamošnjuju literaturu, to uvidim, čto bol'šinstvo iz nix roždeny ne sovetskoj èpoxoj. Takovy — Prišvin, Sergeev-Censkij, Kljuev, Esenin, Pasternak, Mandel'štam, Zamjatin, Aleksej Tolstoj. Každyj iz nix, kak xudožnik, prodolžaet svoju liniju, ne pri bok'-ševikax načatuju i opredelivšujusja. I dlja nix vse glavnoe rešaetsja sposobnostjami, vozrastom i t.d., a ne territoriej" — *Dni*, No. 804, September 18, 1925.

27. Compare Berberova's account (op. cit., pp. 232-233) of the response of Belyj and Xodasevič to Pasternak's verse: "Odnaždy Belyj požalovalsja Xodaseviču, čto on s trudom dobiraetsja do suti, i kogda dobiraetsja, sut' okazyvaetsja sovsem neinteresnoj. Xodasevič soglasilsja s nim i meždu pročim skazal, čto 'oni' (futuristy i centrofugisty) často podčerkivajut, čto živut v dinamičeskom mire, v osobom dinamičeskom vremeni, a tratit' vremja na rasšifrovku ix neinteresnyx i intellektual'no-èlementarnyx stixov prixoditsja tak mnogo, čto tut polučaetsja protivorečie. — I ničego za èto ne polučaeš'! — zakričal Belyj."

28. From "Otryvki iz pisem, mysli i zamečanija" (1827), *Polnoe sobranie sočinenij v desjati tomax* (1958), VII, p. 56.

29. From Puškin's letter to N. I. Gnedič of September 27, 1822: "Perevod Žukovskogo est' un tour de force. Zlodej! v boren'jax s trudnost'ju silač neobyčajnyj!" The "v boren'jax. . ." is itself a line from Vjazemskij's "K V. A. Žukovskomu."

30. "Parižskij al'bom. IV," *Dni*, No. 1039, June 27, 1926.

31. See Gleb Struve, *Russkaja literatura v izgnanii* (N.Y., 1956), pp. 220-222; Roger Hagglund, "The Adamovič-Xodasevič Polemics," *SEEJ*, vol. 20, No. 3 (1976); David Bethea, *Khodasevich. His Life and Art* (Princeton, 1983), pp. 322-331.

32. See his "Literaturnye besedy," *Zveno* (No. 163), March 14, 1926, where he wrote: "Kogda-to, v samye pervye mesjacy suščestvovanija 'Vsemirnoj Literatury' Pasternak prislal v Peterburg dlja izdanija perevod stixov odnogo iz francuzskix poètov. Pasternak ne byl ešče togda tak proslavlen, kak teper', no vse že o ego redkoj talantlivosti govorili nastojčivo. Perevody xodili po rukam, nastol'ko oni byli ploxi, netočny i ne-

umny. Mnogie togda v 'genial'nosti' Pasternaka usumnilis'. Te, kto pere-
stal zatem somnevat'sja, pust' pročtut stixi v al'manaxe 'Krasnoj Novi'.
Ne usomnjatsja li vnov'?"

33. In "Sovetskoe opisatel'stvo" (*Vozroždenie,* No. 632, February 24,
1927) Xodasevič did write "Proza Pasternaka—iskusstvo, xotja i spor-
noe." In his controversial review of *Versty* (*Sovremennye Zapiski,* XXIX,
1926) he had included Pasternak among those who had not compromised
themselves before "Soviet power," and he called him a "typical fellow-
traveller" and "vydviženec" of NEP.

34. See Flejšman, op. cit., p. 283. Viktoria Schweitzer, in conversation, added the detail about "podlec."

35. "Kommentarii," *Čisla,* No. 7-8, p. 159. In the conclusion of the
1927 *Zveno* reply Adamovič wrote: "Razrušenie puškinskogo zdanija,
otkaz ot ego, 'Zavetov', vse èto načalos' davno, čut' li ne pri žizni Puškina,
—i pokazatel'no, čto pervym iz bessoznatel'no otrekšixsja byl Lermontov,
vpervye zamutivšij, zagrjaznivšij dostavšeesja emu xrustal'no-jasnoe nasledstvo." He makes no connection between Pasternak and Lermontov,
whose influence on Pasternak has yet to be studied adequately, but the
remark is suggestive (and, typical of Adamovič, not followed up).

36. T. S. Eliot, *Selected Essays* (N.Y., 1950), p. 14.

37. "Literaturnaja nedelja" in *Dni,* April 29, 1928.

38. "Očerednaja tema," *Vozroždenie,* No. 688, April 21, 1927.

39. In 1932, in an article entitled "Podvig," he wrote: "Kul'tura ne ži-
vet ni v xolodil'nikax, ni v bezdejstvennyx vospominanijax,—ona v nix
umiraet. Xranjat kul'turu ne te, kotorye vzdyxajut o prošlom, a te, kto
rabotaet dlja nastojaščego i buduščego" (*Vozroždenie,* No. 2529, May 5,
1932).

40. Olga R. Hughes, *The Poetic World of Boris Pasternak* (Princeton,
1974), p. 17.

41. In a 1928 review of issue No. XXXVI of *Sovremennye Zapiski,*
Xodasevič quoted with approval the following from Vladimir Vejdle's
essay "Stixi i proza Pasternaka" which had appeared in the issue: "A glavnoe, sliškom skudno to, *čto* Pasternak xočet i možet skazat', dlja togo,
čtoby to, *kak* on èto govorit, moglo pretendovat' ne tol'ko na bezuslov-
noe značenie i soveršenstvo, no i na skol'ko-nibud' krupnuju istoričeski
sozidatel'nuju rol'." Xodasevič added: "Vpročem, V. V. Vejdle soveršenno spravedlivo ukazyvaet, čto možno otricat' glubinu, no ne interes
pasternakovskogo iskusstva" (*Vozroždenie,* No. 1213, September 27,
1928).

While Xodasevič's own verse belongs in the tradition of "poèzija mysli,"
one should not conclude from his oft-repeated remarks about the "shal-
lowness" of Pasternak's verse that he had a naive view of lyric poetry as
some form of "philosophy." His review "Novye stixi" in *Vozroždenie,*
No. 3697, July 18, 1935, makes that clear: "[. . .] poèzija ne est' sposob

oblečenija gotovyx idej v slova. Izloženie idej v stixotvornoj forme tak že malo imeet obščego s poèziej, kak stixotvornoe izloženie grammatičeskix pravil ili skandirovannoe perečislenie nepravil'nyx glagolov."

Variations on the Theme of Puškin
in Pasternak and Brjusov

Joan Delaney Grossman (University of California, Berkeley)

In Moscow on 16 and 17 December 1923 Valerij Brjusov endured the official celebration of his fiftieth birthday.[1] The celebration honoring the former leader of Russian Symbolism and more recent convert to Bolshevism was carried out with all the pomp that the People's Commissariat of Enlightenment could muster for a distinguished poet whom some now called an anachronism. The first evening's program, held in the Rossijskaja Akademija Xudožestvennyx Nauk, featured addresses by Lunačarskij, Sakulin, Leonid Grossman, and others. The second was held in the Bol'šoj Teatr for a much wider but still largely official audience. By all evidence, the entire celebration was a painfully humiliating experience for Brjusov.[2] Were it not for two exceptional moments in that second interminable evening, Brjusov's jubilee would be of limited interest to historians of Russian literature. The two moments, however, included a recitation by Boris Pasternak of his poem "Valeriju Jakovleviču Brjusovu" and the recitation by Brjusov, which concluded the evening, of his "Variacii na temu 'Mednogo vsadnika.' " [See Appendixes 1 and 3]

This exchange of poems, marked by Brjusov's dedication of his "Variacii" to Pasternak, was an event with notable implications. To understand these it will be useful to examine, first, the relationship between Pasternak and Brjusov in the early twenties, and, second, the perceptions of the poet's role in contemporary society contained in these poems, as well as the dialogue about Puškin developed in their respective "Variacii."[3]

Pasternak's recitation in the Bol'šoj Teatr was accompanied by his remarks preserved only partially in the stenographic record of the meeting.[4] He spoke in effect of the inadequacy of such a ceremonial occasion to interpret the meaning of a career like Brjusov's, which deserved much more thoughtful study: "Vo vsem ètom nado razobrat'sja. Ètim nužno očen' ser'ezno i s bol'šoj ljubov'ju zanjat'sja." Pasternak's regard for Brjusov was not new. He had meditated for over a decade on Brjusov's career and work,[5] and in the most recent years, at least, a relationship of some depth and possible significance had developed between them. Two letters written by Pasternak to Brjusov in 1922 are particularly revealing.[6] In her commentary Elena Pasternak stressed two aspects of Pasternak's attitude toward Brjusov. One was his warm sympathy toward the older poet, who was then suffering bitterly under, as she put it, the "konstatacija tvorčeskoj smerti i konca real'noj biografii" which official recognition had brought Brjusov.[7] The other was a mixture of admiration and gratitude tinged with guilt toward the lawgiving father-figure of Russian Symbolism. On June 1, 1922, Pasternak inscribed a copy of *Sestra moja žizn'*: "Valeriju Jakovleviču Brjusovu s gorjačej ljubov'ju i poželan'em dolgogo procvetan'ja ot mnogo objazannogo emu Borisa Pasternaka."[8] Pasternak's letter of August 15, 1922, elaborates on the inscription in a tone that at times approaches the filial. Even allowing for hyperbole, Pasternak's words are nonetheless worthy of attention. Speaking first of his gratitude — "èta moja priznatel'nost' glubže xorošej učtivosti" — he then attempts to define his relationship to Brjusov:

> Если бы я сказал, что я сплошь и целиком ученик Ваш, что я вышел из Вас, — так, как из Вас вышли Гумилев, Ходасевич и многие, — это было бы лестью, это было бы неправдой. — И это было бы приниженьем той правды, которая меня с Вами связывает, которою я горжусь и которая многим значительнее зависимости от Вас упомянутых.[9]

He tries further to explain the way one highly individual personality can be linked to another in a creative relationship:

Если у индивидуальности есть лицо, и если оно целостно,
то в любой из эмоциональных плоскостей этой индивидуальности (любовной, волевой, творческой и пр.) обязательно имеется другое человеческое лицо, к которому целостность первой
восходит как к своему началу и в присутствии которого лицо
индивидуальности — потрясается, освещается, собирается воедино.

Таким лицом в сфере моих художнических, артистических,
мужественно творческих чувствований, в сфере ощущенья поэта
в себе — являетесь Вы.[10]

After thus allotting a critical place in his creative development to
Brjusov, Pasternak attempts to specify: The action of the first
"individual'nost' " is apparently to make the second become more
itself. Pasternak concludes with an expression of gratitude for
the fact that, seemingly not imitating Brjusov, "inogda čuvstvuju
Brjusova v sebe—èto togda, kogda ja čuvstvuju nad soboju, za
soboju i v sebe—poèta."[11]

With all its effusiveness, Pasternak's letter provides a valuable
commentary on the poem he recited at Brjusov's jubilee over a year
later. The poem was dated December 15, that is, one day before
the two-day celebration began and may seem remarkably prescient,
for it empathized in advance with Brjusov's painful feelings on that
occasion. Yet neither Pasternak nor Brjusov could have had any
doubt of the kind of ordeal facing the jubilarian. A short time
before, Narkompros, led by Lunačarskij, had attempted to obtain
the "Orden Krasnogo Trudovogo Znameni" for Brjusov, the award
of which was to cap the event. Instead, on December 14 six letters
appeared in *Večernjaja Moskva,* solicited from such figures as
Dem'jan Bednyj and Leopol'd Averbax. They questioned the pro-
priety of this action in the strongest terms. Among the milder
statements was Averbax's: "The former Brjusov is not interesting
and not necessary to the present day; today's Brjusov, even in his
revolutionary writings, is too much of yesterday."[12] In his opening
speech Lunačarskij tried to answer these opponents, noting that
not all understood Brjusov's modern virtues.[13] Nonetheless, the
scholarly address skirted his later efforts and focused on Brjusov
the Symbolist.[14]

All of this was peculiarly painful to Brjusov, not least for the truth it contained. The central tenet of his poetic faith had always been that the poet's place was at the forefront of human spiritual development.[15] To question this was, in his mind, to question his very *raison d'être*. When he rose to respond, his *otvetnaja reč'* was more than tinged with bitterness. These "dobrye slova," he said, called to mind Fet's lines recited at the celebration of the fiftieth anniversary of his entrance into literature:

> Нас отпевают в этот день
> Никто не подойдет с хулою.
> Всяк благосклонною хвалою
> Немую провожает тень...[16]

He added: "Ponimaete, tovarišči, čto očen' lestno i početno byt' ob"ektom takix otpevanij, no igrat' rol' nemoj teni vse-taki očen' tjaželo. . ."[17]

It is noteworthy that Fet's image "ten'" here introduced by Brjusov becomes the central image of Pasternak's recitation the following evening. This fact suggests at very least prior communication between the two about their performances at the jubilee. But it is equally possible that the poetic exchange at these events was part of a dialogue begun some time before. Pasternak's poem to Brjusov, its obvious poetic merit aside, is moving and startlingly personal. Clearly he meant to cut through the ceremonial rhetoric and reach the man. Without pausing here to discuss formal poetic features or explicate its figures, let us regard rather elements of the poem that constitute part of the dialogue now reaching a poignant moment.

Pasternak's opening lines firmly announce the filial posture:

> Я поздравляю Вас, как я отца
> Поздравил бы при той же обстановке.

There is a practical domestic touch in wishing to spread a mat for a heart that may ache almost like sore feet. After a sidelong glance at the jubilee tinsel, Pasternak turns to laying that carpet. The fruit of his meditation on Brjusov's career, especially its sad later days, shows here. It is as if these two converse over the heads of an insensible, dull-witted throng:

> Что мне сказать?...
> Что ум черствеет в царстве дурака?
> Что не безделка — улыбаться, мучась?

The climax comes in the last two stanzas of the published version, which link with Brjusov's quotation of Fet the night before. Fet's and Brjusov's "nemaja ten' " now becomes the ghost of Hamlet's father, and Pasternak assumes the role of son eager to give comfort if not peace to the restless shade.

> О! весь Шекспир, быть может, только в том,
> Что запросто болтает с тенью Гамлет.
>
> Так запросто же! Дни рожденья есть.
> Скажи мне, тень, что ты к нему желала б?
> Так легче жить. А то почти не снесть
> Пережитого слышащихся жалоб.

The last two lines contain a suggestive anticipation of the final line of Pasternak's "Gamlet": "Žizn' prožit'—ne pole perejti." Reflection on Brjusov's life might yield such a conclusion. Pasternak said as much in his accompanying remarks, describing the emotion which dominated him in writing this poem: "Vot takoe oščuščenie takogo tragizma, javlenie vsjakogo bol'šogo poèta i po-svoemu poèta Brjusova mnoju rukovodilo, kogda ja pisal emu èto pozdravlenie."[18]

Brjusov's response to Pasternak came at the end of the two-day celebration. At 1:30 a.m. on what was then December 18, Brjusov recited two poems, "U Kremlja" and the "Variacii na temu 'Mednogo vsadnika.' " Together they must have sounded like a decorous bow to Russian tradition. Yet the appended dedication of the second poem to Pasternak showed that there was much more to Brjusov's intent. A central question thus emerges: what was the true content of Brjusov's *poslanie* to Pasternak?

The referents are obviously, first, Puškin's "Mednyj vsadnik" and, second, the third poem and second variation of Pasternak's

Puškin cycle, "Tema s variaciami": "Podražatel'naja," specifically
its first fifteen lines.[19]. [See Appendix 2] Because we are here dealing with Brjusov's poem rather than Pasternak's, it will be useful
to confine our attention to elements that link the two and at the
same time refer back to "Mednyj vsadnik."

> На берегу пустынных волн
> Стоял он, дум великих полн.

Pasternak's poem is not set in Petersburg (or Petrograd), and its
primary subtext is not Puškin's. Yet his subject is Puškin. And in
borrowing Puškin's opening lines for his own he changes the ante-
cedent of "on" from Peter to Puškin, thus linking the two vision-
aries: "stroitel' čudotvornyj" and "poèt." Around his poet, who
is a dreamer-prophet, there whips a "škval" that externalizes the
inward "gnev" and "zloba" which, turned upon himself, are the
poet's creative forces.

Brjusov also began with lines from "Mednyj vsadnik," but rather
from the opening of Part One:

> Над омраченным Петроградом
> Дышал ноябрь осенним хладом.

He too applied the clause "Stojal on" to the poet rather than to
Peter, but by shifting attention to the narrative of poor Evgenij,
Brjusov altered the point of view from which the poet was to be
seen. Both Pasternak and Brjusov were fascinated by the image of
the poet which Puškin projected in "Mednyj vsadnik," as well as
other poems. However, where Pasternak in his cycle was absorbed
in probing the elements of Puškin's creative gift, Brjusov wished to
emphasize another, to him also essential, aspect of the poet, one
that throughout his earlier career had exercised him particularly:
the poet's inner freedom to create his song on any theme his inspiration proposed.[20] For this he set his poem in Puškin's Petersburg,
dominated by the "mednyj velikan." To him the core of "Mednyj
vsadnik" lay in the tragic opposition of omnipotence and helpless-
ness, emperor and subject, tyrant and individual fate. Further,
Brjusov identified his poet, not with Peter the creative genius but
with Puškin's counter-hero Evgenij. Instead of a "škval," "dožd'

melkij morosil." The Petersburg fog appears in both Pasternak's
and Brjusov's poems, but where in Pasternak's it is already a metaphor for the creative process, in Brjusov's it is the deliberately
traditional metaphor for the oppressive spiritual murk of Petersburg dominated by the bronze giant. No squall has yet risen to
blow this fog away, but an inward storm in the poet's soul matches
the "gnev" and "zloba" of Pasternak's Puškin: "myslej vixr' sle-
pjaščij" will turn to creative anger later in the poem. Meanwhile,
Brjusov's Puškin stands meditatively, like Evgenij, beneath the
statue. And the rainy night introduces a second subtext by recalling
the opening lines of Mickiewicz's "Pomnik Piotra Wielkiego":

> Z wieczora na dżdżu stali dwaj młodzieńce
> Pod jednym plaszczem, wziąwszy się za ręce....[21]

At least for the purposes of this poem Brjusov accepted the tradition that the two youths under one cloak were Mickiewicz and
Puškin. "Zdes' dvoe pod odnim plaščom / Stojat, kropimye do-
ždem. . ." The remembrance of their shared "vol'noljubivye mečty" begins a moral process in Brjusov's poet-figure. He now reviews
the role his martial poetry played in encouraging the suppression
of the rebellious Poles in 1831. And his thoughts return to the rainy
night when the two poets must have lamented the fate of Puškin's
Decembrist friends. Here Brjusov's verse, like Puškin's, becomes
excited, and the identity between the poet and Evgenij is fused. In
Puškin/Evgenij's imagination the statue takes on a darkly super-
natural aura:

> А тот же, пристально-суровый
> Гигант, взнесенный на скале!
> Ужасен ты в окрестной мгле,
> Ты, демон площади Петровой!

There he stands, the autocrat and author of the tyrannies perpetrated by his descendant, Nicholas I. As the poet-figure raises his
eyes to the bronze giant, a tremendous force is released within him:
"I myslej vixr' krutilsja, černyj." From his lips burst the words of
Puškin's Evgenij: "Dobro, stroitel' čudotvornyj! / Užo tebe!"

Thus far Brjusov's poem follows Puškin's narrative, with the important addition of the Polish theme. But it ends differently: instead of fleeing in mad terror, Evgenij, now fully Puškin, turns and faces the bronze horseman. As he bars the giant's path, the picture freezes — forever: preserved is not the fact of poor Evgenij's brief and fruitless rebellion, but the fact of Puškin's indictment of the tyrant. This, Brjusov believed, was what Puškin accomplished by writing his poem. However glorious the image of the "stroitel' čudotvornyj" in Puškin's prologue, Brjusov saw the actual narrative as the expression of Puškin's deepest thoughts and feelings about oppression of the human spirit.[22] In his "Variacii" he undertook to make these explicit.

By 1923 Brjusov's reputation as a defender of the artist's spiritual freedom was tarnished by his service as government censor, among other actions.[23] Consequently the reader may be tempted to look for other interpretations of the "Variacii na temu 'Mednogo vsadnika' " than the one offered here. The most obvious alternative explanation is that Brjusov has portrayed his poet-figure as defying a specific political tyrant, the Russian tsar. Moreover, by transforming Puškin into a revolutionary against tsarist power, he may have believed that he was doing for Puškin what Puškin himself had wanted to do. Indeed legends circulated about Puškin's recitations, in which Evgenij's speech was considerably amplified by republican sentiments. Brjusov did not accept these legends.[24] Nonetheless, contemporary criticism noted an allegedly new, post-1917 tendency in Brjusov to paint Puškin in revolutionary tones. In 1920 appeared the first volume of a *Polnoe sobranie sočinenij* of Puškin, intended to be the closest approximation yet to a definitive edition. Brjusov was its editor. Publication was suspended in 1921 for reasons doubtless complex and possibly extraliterary. The negative evaluation of Brjusov's textology by Tomaševskij and others were balanced by far more positive reviews by Puškinists like Xodasevič.[25] Nonetheless, Xodasevič faulted Brjusov on several scores, including what he called Brjusov's exaggeration of signs of atheism and political radicalism in Puškin. While Brjusov's biographical sketch of Puškin for this edition was on the whole a sober document, he had recently authored much more controversial articles on Puškin's political views for more popular publications.[26] Xodasevič attributed Brjusov's alleged exaggerations to a wish to cater to a presumably sympathetic popular audience. In defense of Brjusov's judgement one might note his excitement over archival material recently made available which indeed put Puškin's political views in later years in a new light.

One important piece of evidence weighs against reading Brjusov's "Variacii" merely as a post-revolutionary tendentious reinterpretation of Puškin. That is his article "Mednyj vsadnik," published in the third volume of Vengerov's edition of Puškin in 1909.[27] Comparison of the 1909 article with the 1923 poem shows a striking consistency. The article begins by reviewing traditional interpretations of the two principles embodied in Peter and Evgenij. This review concluded with a rebuttal of a recent article by a Polish scholar, Józef Tretiak, "Mickiewicz i Puszkin." Tretiak saw "Mednyj vsadnik" as Puškin's answer to Mickiewicz's "Do przyjaciól Moskali" and framed what he imagined Puškin's answer in essence to be: "True, I was and remain the proclaimer of freedom, the foe of tyranny, but would I not be insane to enter into open combat with the latter? Since I wish to live in Russia, I must submit before the all-powerful idea of the state, otherwise it will pursue me as it did the mad Evgenij."[28]

Brjusov forcefully rejected this picture of Puškin as compromiser and offered another version. He imagined Puškin saying to Mickiewicz: "No, I no longer believe in fighting despotism with the forces of elemental rebellion: I see their fruitlessness. But I have not betrayed the high ideals of freedom. I am as certain as before that the 'bronze-headed idol,' no matter how terrifying he be in the surrounding darkness, no matter how elevated he be on the 'unshakable height,' is not eternal. Freedom arises in the depths of the human spirit, and the 'enclosed rock' will be vacated."[29] This somewhat vague and gradualist program which Brjusov put in Puškin's mouth in 1909 expressed his belief that, even before December 1825, Puškin had become disabused of his early revolutionary ideas, and that he had begun to look on "freedom" less from a political than from a philosophical point of view. It also accorded with Brjusov's own frame of mind after the 1905 revolution in Russia.[30]

It is interesting, then, to see just what, if anything, changed in Brjusov's reading of "Mednyj vsadnik" between 1909 and 1923. The crucial question concerns the character of Evgenij. Though one of the first to study and publish variants of "Mednyj vsadnik," Brjusov did not dwell in his 1909 article on Puškin's early intention to make his hero an artist. Instead, his interpretation of Evgenij took another interesting direction. He pointed rather to the ennobling effect of Evgenij's madness and to the "zaduševnost'" of the lines devoted to describing it.[31] It is his madness that gives Evgenij courage to face the tyrant and turns him into the "sopernik groznogo carja," of whom Puškin speaks in the same elevated language he uses to speak of Peter. When confronted by the mad Evgenij, the Tsar loses his previous disdain. He is driven to pursue and crush this rival. Peter conquers, but he has had to descend from the rock to do so. A weakness in his armor has been exposed, and presumably his position will never be as stable again. Puškin's indictment has thus struck a moral blow against despotism.

In the light of Brjusov's later "Variacii," Evgenij's madness is easily read as a code for poetic inspiration. His transformation into Peter's worthy rival thus contains the transformation of ordinary man into poet/prophet. On the fatal evening when Puškin's Evgenij returns to the Senate Square, he is possessed of a new vision: "projasnilis' / V nem strašno mysli." He sees as he has never been able to see before that One mounted on the careering horse. The passage that follows is indeed in Puškin's elevated style, as he describes what Evgenij sees:

> Того,
> Кто неподвижно возвышался
> Во мраке медною главой,
> Того, чьей волей роковой
> Под морем город основался...
> Ужасен он в окрестной мгле!
> Какая дума на челе!
> Какая сила в нем сокрыта!
> А в сем коне какой огонь!
> Куда ты скачешь, гордый конь,
> И где опустишь ты копыта?
> О мощный властелин судьбы!

[11. 410-420]

Did Puškin mean these to be the thoughts of Evgenij? Or of himself, the poet? Or are these two the same? If so, Evgenij's mad act of confrontation becomes, in Brjusov's reading, Puškin's defiant act of writing "Mednyj vsadnik."

In support of Brjusov's reading is Puškin's description of Evgenij as he undergoes his transformation through madness, or inspiration:

> Чело
> К решетке хладной прилегло,
> Глаза подернулись туманом,
> По сердце пламень пробежал,
> Вскипела кровь.
>
> [11. 428-432]

In Brjusov's poem the poet's — Evgenij/Puškin's — memories of "vol'noljubivye mečty" and his meditation on tyranny bring about a similar transformation, using some of the same words: "Ego čelo / K rešetke xladnoj prileglo. . .." Then comes the "myslej vixr' černyj," out of which springs his challenge to the tyrant: "Užo tebe!" As Brjusov saw it, by writing "Mednyj vsadnik" Puškin demonstrated that freedom of spirit that was in the long run to be more effective that "stixijnyj mjatež."

Brjusov's "Variacii" of 1923 and his essay of 1909 thus demonstrate a striking congruence on virtually all points. The "Variacii" expressed in poetic language what Brjusov had long thought to be the informing spirit of the poem he called the crown of Puškin's work.[32] Pasternak's poetic cycle confirmed this dynamic vision of Puškin and enriched it with images far beyond Brjusov's repertoire. Yet Brjusov's "black whirlwind of thoughts" that issued in the poet's protest and Pasternak's "škval" and his poet's "gnev" and "zloba" both image the inner turmoil required to produce the work of art. The reinterpretation of Puškin that had been in progress since the turn of the century saw Brjusov and Pasternak lined up together. As opposed to the view of Puškin as harmony and balance, they saw him primarily as motion and force. Only their emphases — like their poetic styles — were different. If Pasternak was fascinated with the workings of creativity in Puškin, Brjusov saw in him the poet's essential passion for freedom of individual expression.

Pasternak's letter to Brjusov of August 1922 made clear his belief that he and Brjusov were in agreement on the matter of artistic freedom. This point is of some importance, given the general perception of Brjusov from 1917 on, at least among the intelligentsia, and his undoubtedly high-handed treatment of individual writers from his official positions. Yet not only did that letter express the warmest admiration, it also indicated shared sympathies in this most sensitive area. Writing to Brjusov just before his departure for Germany, Pasternak described to him the recent interview with Trotsky to which he had been summoned. After some talk on literary topics, Trotsky asked Pasternak "why I 'hold back' from comment on social themes." Pasternak recounted his answer, which, he said, "amounted to a defense of genuine individualism, in the sense of a new social cell of a new social organism."[33] Recalling his assurance to Trotsky that he was indeed "sovremenen," he added, "Probably I should have told him that *Sestra Moja žizn'* is revolutionary in the best sense of the word. That the stage of revolution which is closest to the heart and to poetry. . . is expressed by that book in its very spirit, in the character of its content, the tempo and articulation of its parts."[34]

This account to Brjusov has the sound of an ongoing discussion, especially in view of Brjusov's article in the July 1922 issue of *Pečat' i revoljucija.* In "Včera, segodnja i zavtra russkoj poèzii" Brjusov had written a forthright defense of Pasternak's aloofness from explicitly revolutionary themes:

> У Пастернака нет отдельных стихотворений о революции, но его стихи, может быть, без ведома автора, пропитаны духом современности; психология Пастернака не заимствована из старых книг; она выражает существо самого поэта и могла сложиться только в условиях нашей жизни.[35]

The appeal to Brjusov of such a poet as Pasternak is clear when we recall his own early attempts at self-definition. From them came his abiding convictions about the poet's nature. He believed that the poet's soul is the lens through which is refracted a unique vision of an ever-evolving universe. This belief was the basis of Brjusov's individualism. Furthermore, he believed that the poet, whatever else he may be, is a contemporary spirit, open to *every* aspect of the world in which he lives. This was the source of much of his poetry. That Pasternak apparently not only understood these views of Brjusov's but found inspiration and support in them presumably formed the basis for their relationship.

An incident of late 1921 is of interest in the present context because of the light it casts on Brjusov's views of artistic freedom at the time. In November 1921 he submitted to Aleksandr Voronskij for publication in *Krasnaja nov'* a futuristic play called "Diktator."[36] Orm, the leader of a socialist world state, is obsessed with a plan to save the overpopulated earth by colonizing the planet Venus. To achieve his noble end Orm must exterminate Venus's anthropoids and enslave earth's population. His megalomania destroys both him and much of civilization's progress. Voronskij found the play extremely embarrassing. He explained to Brjusov that his "tragedija budet istolkovana i ponjata v duxe, neželatel'-nom dlja Sovetskoj Rossii."[37] Brjusov's response was to read the play to a full house at "Dom pečati" on 2 December 1921. There Voronskij's prediction, not surprisingly, turned out to be accurate: the reading turned into a *skandal.* But to all the criticism Brjusov replied that "xudožnik v prave zamečat' temnye storony žizni, v prave ukazyvat' na grjaduščie opasnosti, esli oni emu kažutsja real'nymi."[38] Whether Pasternak was in the audience that night is not known, but it is immaterial. He may have heard of the episode from Brjusov himself, and it could only have confirmed for him Brjusov's position on the subject of the artist's role in society.

We return, then, to the question originally posed: what was Brjusov saying to Pasternak (and to anyone else with ears to hear) on that December evening in 1923, near the end of his life? Pasternak's Poem of sympathetic appreciation of Brjusov's life and lot as an artist took the form of direct address to Brjusov, using the auxiliary metaphor of Hamlet's father's ghost. In his response Brjusov characteristically cast the discussion into a larger form. In his earlier poetry the figures of Dante, Moses, Cassandra, and others had served to define the poet in his various aspects. But never before had he overtly, in poetic form, introduced Puškin in this way. Yet relevant here is a thoughtful observation about Puškin's role in Brjusov's self-definition offered by N. K. Piksanov, the editor of the posthumous volume of Brjusov's essays *Moj Puškin*. For Brjusov, Piksanov wrote, Puškin ultimately became the means of interpreting his own life, of formulating his own philosophical, social, and esthetic principles. "Porazitel'no, čto i revoljuciju Brjusov poznaval kak-to pri posredstve Puškina." And he added, "Priètom Brjusov stilizoval Puškina."[39]

In his 1909 essay "Mednyj vsadnik" Brjusov wrote that, even before 1825, Puškin "postepenno prišel k ubeždeniju, čto, 'svoboda' ne možet byt' dostignuta nasil'stvennym izmeneniem političeskogo stroja, no budet sledstviem duxovnogo vospitanija čelovečestva."[40] In the light of Brjusov's views on political developments in Russia after 1905 and their implications for the future, the likelihood of his "stylizing" Puškin in the manner Piksanov described is very great. It is, then, all the more tempting to see a form of stylization in the 1923 "Variacii," given its links with the 1909 essay and given especially the time, place, and manner of its public presentation. Brjusov surely wished to assure Pasternak that his position on the artist's spiritual freedom remained unchanged. In so doing he invoked the model which both of them treasured: Puškin. For both Puškin was a sign of what they valued most highly in art: individuality, dynamism, creative freedom, and Brjusov wished to underline this fact. However, it is possible that he was attempting even more. It is possible that, by dramatizing in his own poem what he took to be Puškin's act of courage and defiance in writing "Mednyj vsadnik," Brjusov had in mind a similar gesture. By interpreting Puškin's work as an act of defiance by the free spirit in the face of political force, Brjusov may have wished to convey, to Pasternak, at least, his support of Pasternak's independent artistic stand, and to make his own gesture of independence.

Brjusov's critics in *Večernjaja Moskva* and elsewhere were possibly right in some of their allegations and surely right in doubting the appropriateness of awarding him the "Orden Krasnogo Trudovogo Znameni." Pasternak, on the other hand, with far deeper insight and greater compassion, was equally right in his perception of Brjusov. Whatever else was communicated to him from Brjusov's poetry and life experience, he perceived accurately the difficulties in store for a poet or any person whose ideals formed at the start of his road come to conflict with forces both outside and within him in the course of his life. Interestingly, some of the images that Pasternak found to express what he saw as Brjusov's plight foreshadowed those other images which occur in his later lyric "Gamlet."[41] The master image of the lone actor stepping forth "na podmostki" under the gaze of thousands of indifferent, perhaps hostile, opera glasses may recall that both poets stood similarly surrounded on the stage of the Bol'šoj Teatr at Brjusov's jubilee. What Pasternak first called the "carstvo duraka" he later rendered only somewhat differently: "Ja, odin, vsë tonet v farisejstve." It would be no wonder, then, if behind such lines from the poem to Brjusov as "ne bezdelka—ulybat'sja, mučas'," in Pasternak's mind even then there arose an appropriate Russian proverb: "Žizn' prožit'—ne pole perejti."

NOTES

1. Accounts appeared in *Pravda,* 18 Dec. 1923, No. 287, p. 3, and 19 Dec., No. 288, p. 7; and *Izvestija,* 18 Dec. 1923, No. 289, p. 4, and 19 Dec., No. 290, p. 6, among others. A jubilee volume published the following year, transformed by Brjusov's death into a memorial volume, contained the main papers delivered during the celebration, as well as Pasternak's poem: *Valeriju Brjusovu (1873-1923),* ed. P. S. Kogan, Moscow, 1924. An illuminating commentary on these events and the Brjusov-Pasternak relationship is to be found in Lazar Fleishman, *Boris Pasternak v dvadcatye gody* (Munich, 1981), pp. 14-18, 34-39 and ff.

2. Lily Brik remembered Brjusov's ironic response to Majakovskij's congratulation (L. Brik, "Čužie stixi. Glava iz vospominanij," in *Majakovskij v vospominanijax sovremennikov,* ed. N. V. Reformatskaja, Moscow, 1963, p. 353). A similar incident, or possibly the same, was reported by N. Aseev less than a year later at the time of Brjusov's death. When someone expressed the wish that Brjusov might live to celebrate a second jubilee, he responded with a bitter smile: "No, one is enough! I don't wish such a one for you." (N. Aseev, "Valerij Brjusov," *Izvestija,* 11 Oct. 1924,

No. 233, p. 3; cited in *Valerij Brjusov v avtobiografičeskix zapisjax, pis'-max, vospominanijax sovremennikov i otzyvax kritiki,* ed. N. Ašukin, Moscow, 1929, p. 390.) See also Fleishman, p. 37.

3. The title of Brjusov's poem of course referred to Pasternak's cycle on Puškin, "Tema c variacijami," in his *Temy i variacii* (1923). See: Boris Pasternak, *Stixi i poèmy 1912-1932* (Ann Arbor, 1961), pp. 63-69.

4. Elena Pasternak, "Pasternak i Brjusov. K istorii otnošenij," *Rossija. Russia,* No. 3 (Turin, 1977), 242, 252.

5. In a letter sent from Marburg in July 1912 Pasternak asked for Brjusov's collected poetry to be sent to him. (Cited in Elena Pasternak, pp. 240, 264.) The earliest connections between Brjusov and the Pasternak family are dated from 1904 by K. A. Paxanjanc, "V. Brjusov i B. Pasternak," *Brjusovskie čtenija 1973 goda* (Erevan, 1976), pp. 278 ff.

6. Elena Pasternak, Ibid. The letters in question, according to her report, were discovered in the Manuscript Division of the Lenin State Library by Gabriel Superfin.

7. Ibid. p. 243.

8. See *Literaturnoe nasledstvo.* Vol. 85, *Valerij Brjusov,* (Moscow, 1976), p. 243.

9. Elena Pasternak, Ibid. p. 246.

10. Ibid.

11. Ibid.

12. Quoted in Ašukin, p. 381.

13. *Valeriju Brjusovu,* "Vstupitel'noe slovo," p. 19.

14. P. N. Sakulin's M. Ja. Cjavlovskij's, and L. P. Grossman's papers were entitled, respectively: "Klassik simvolizma," "Brjusov puškinist," and "Brjusov i francuzskie simvolisty."

15. See for example Brjusov's essays "O iskusstve" (1899), "Istiny" (1901), "Ključi tajn" (1904), (V.Ja. Brjusov, *Sobranie sočinenij* [7 vols., Moscow, 1973-75] VII, 43-54, 55-61, and 78-93), and others. This topic is treated extensively in my book, *Valery Bryusov and the Riddle of Russian Decadence* (Berkeley and Los Angeles, 1985).

16. *Valeriju Brjusovu,* "Otvetnaja reč'," p. 54.

17. A. A. Fet, *Večernie ogni* (Moscow, 1971), p. 327. Another poem of Fet's distributed on the occasion of his jubilee, expressed sentiments that Brjusov most decidedly did not share. "Na pjatidesjatiletie muzy, 29 janvarja 1889 goda" ends with the lines, "I vsej dušoj za vaš privet ljubovnyj / K svoej grudi vas prižimaju ja!. . ." (p. 328).

18. Elena Pasternak, p. 252.

19. I am indebted to discussions with Peter Scotto of his work in progress for various insights into Pasternak's Puškin cycle and the image of Puškin being debated among poets at that time.

20. This was one of the major points of Brjusov's lifelong poetic credo. It was developed in "O iskusstve," where he carried on a covert polemic

with Tolstoj's *Čto takoe iskusstvo?*. See Joan Delaney Grossman, especially Chapter Five.

21. Adam Mickiewicz, *Dzieła* (16 vols.) vol. 3, *Utwory dramatyczne* (Warsaw, 1955), p. 283.

22. This idea was developed in Brjusov's essay "Mednyj vsadnik" in *Moj Puškin* (Moscow-Leningrad, 1929), reprinted by Wilhelm Fink Verlag (Munich, 1970), especially Part I, "Ideja povesti." See also VII, pp. 30-61.

23. Many émigré memoirs have made this point. One possible piece of evidence from a Soviet source of Brjusov's zeal in this direction is his report as a member of the Moscow Soviet assigned to the faculty of social sciences at Moscow University. Here he spoke, apparently with approval, of affirmative action, by which a general purging of the academic rolls on the basis of scholarship also took into account social origins. "Otčet V. Ja. Brjusova, člena Mossoveta," *Literaturnoe nasledstvo,* vol. 85, pp. 252-253.

24. "Moj Puškin," VII, 47.

25. Vladislav Xodasevič, "A. S. Puškin. *Polnoe sobranie sočinenij.* So svodom variantov. Pod redakciej, so vstupitel'nymi stat'jami i ob"jasnitel'nymi primečanijami Valerija Brjusova. Tom pervyj. M. 1920," *Tvorčestvo,* No. 2-4, 1920, 36-37.

26. "Političeskie vzgljady Puškina," printed as introduction to A. S. Puškin, *Stixotvorenija o svobode,* ed. Valerij Brjusov, M. 1919. (Reprinted in *Moj Puškin,* pp. 195-201.)

27. VII, 30-61.

28. VII, 33.

29. VII, 49.

30. See Brjusov's letter to his father, 21 June (O.S.), cited in I. Jampolskij, "Valerij Brjusov i pervaja russkaja revoljucija," *Literaturnoe nasledstvo,* vol. 15 (Moscow, 1934), pp. 212, 214.

31. VII, 45.

32. "Stixotvornaja texnika Puškina," VII, 99.

33. Elena Pasternak, p. 248.

34. Ibid. 249.

35. VI, 518.

36. The play appeared in print for the first time only recently: V. Brjusov, "Diktator," foreword from writings of A. Lunačarskij, commentary by S. Gindin, *Sovremennaja dramaturgija,* 4, 1986, pp. 174-201.

37. *Literaturnoe nasledstvo. Iz istorii sovetskoj literatury 1920-1920-x godov,* vol. 93 (Moscow, 1983), p. 552.

38. Ašukin, p. 357.

39. *Moj Puškin,* p. 5.

40. VII, 49.

41. "Stixotvorenija Jurija Živago," *Doktor Živago* (Ann Arbor, 1958) p. 532. Lazar Fleishman also pointed to links between Pasternak's poem to Brjusov and his "Vysokaja bolezn'." Fleishman, p. 34.

APPENDIX 1. Б. Пастернак.

Брюсову

Я поздравляю Вас, как я отца
Поздравил бы при той же обстановке.
Жаль, что в Большом театре под сердца
Не станут стлать, как под ноги, циновки.

Жаль, что на свете принято скрести
У входа в жизнь одни подошвы; жалко,
Что прошлое смеется и грустит,
А злоба дня размахивает палкой.

Вас чествуют. Чуть-чуть страшит обряд,
Где Вас, как вещь, со всех сторон покажут
И золото судьбы посеребрят,
И, может, серебрить в ответ обяжут.

Что мне сказать? Что Брюсова горька
Широко разбежавшаяся участь?
Что ум черствеет в царстве дурака?
Что не безделка — улыбаться, мучась?

Что сонному гражданскому стиху
Вы первый настежь в город дверь открыли?
Что ветер смел с гражданства шелуху
И мы на перья разодрали крылья?

Что Вы дисциплинировали взмах
Взбешенных рифм, тянувшихся за глиной,
И были домовым у нас в домах
И дьяволом недетской дисциплины?

Что я затем, быть может, не умру,
Что, до смерти теперь устав от гили,
Вы сами, было время, поутру
Линейкой нас не умирать учили?

Ломиться в двери пошлых аксиом,
Где лгут слова и красноречье храмлет?...
О! весь Шекспир, быть может, только в том,
Что запросто болтает с тенью Гамлет.

Так запросто же! Дни рожденья есть.
Скажи мне, тень, что ты к нему желала б!
Так легче жить. А то почти не снесть
Пережитого слышащихся жалоб.

Стихи и поэмы 1912-1932 (Ann Arbor, 1961), pp. 236-37.

Автограф стихотворения, подаренный Брюсову и датированный 15 декабря 1923 года, содержал еще одну строфу, вычеркнутую толстым карандашом или самим Брюсовым, или же редактором. В изданный сборник это последнее четверостишие не вошло:

> От сердца Вам желаю дальше блюсть
> Ответственности и призванья горечь.
> Простите, если в строки вкралась грусть,
> Их смоет радость юбилейных сборищ.

(Elena Pasternak, pp. 251-52)

APPENDIX 2.   Б. Пастернак. «Темы и Варьяции».

From *Подражательная*

> На берегу пустынных волн
> Стоял он, дум великих полн.
> Был бешен шквал. Песком сгущенный,
> Кровавился багровый вал.
> Такой же гнев обуревал
> Его, и, чем-то возмущенный,
> Он злобу на себе срывал.
>
> В его устах звучало «завтра»,
> Как на устах иных «вчера».
> Еще не бывших дней жара
> Воображалась в мыслях кафру.
> Еще невыпавший туман
> Густые целовал ресницы....

Стихи и поэмы 1912-1932, p. 65.

APPENDIX 3.   В. Брюсов.

ВАРИАЦИИ НА ТЕМУ «МЕДНОГО ВСАДНИКА»

> Над омраченным Петроградом
> Дышал ноябрь осенним хладом.
> Дождь мелкий моросил. Туман
> Все облекал в плащ затрапезный.
> Все тот же медный великан,
> Топча змею, скакал над бездной.
>
> Там, у ограды, преклонен,
> Громадой камня отенен,
> Стоял он. Мыслей вихрь слепящий
> Летел, взвивая ряд картин, —
> Надежд, падений и годин.

Вот — вечер; тот же город спящий,
Здесь двое под одним плащом
Стоят, кропимые дождем,
Укрыты сумрачным гранитом,
Спиной к приподнятым копытам.
Как тесно руки двух слиты!
Вольнолюбивые мечты
Спешат признаньями меняться;
Встает в грядущем день, когда
Народы мира навсегда
В одну семью соединяться.

Но годы шли. Другой не тут.
И рати царские метут
Литвы мятежной прах кровавый
Под грозный зов его стихов.
И заглушат ли гулы славы
Вопль здесь встающих голосов,
Где первой вольности предтечи
Легли под взрывами картечи!
Иль слабый стон, каким душа
Вильгельма плачет с Иртыша!
А тот же, пристально-суровый
Гигант, взнесенный на скале!
Ужасен ты в окрестной мгле,
Ты, демон площади Петровой!
Виденье призрачных сибилл,
В змею — коня копыта вбил,
Уздой железной взвил Россию,
Чтоб двух племен гнев, стыд и страх,
Как укрощенную стихию,
Праправнук мог топтать во прах!

Он поднял взор. Его чело
К решетке хладной прилегло,
И мыслей вихрь вскрутился, черный,
Зубцами молний искривлен.
«Добро, строитель чудотворный!
Уже тебе!» — Так думал он.
И сквозь безумное мечтанье,
Как будто грома грохотанье,
Он слышал топот роковой.
Уже пуста была ограда,
Уже скакал по камням града —
Над мутно плещущей Невой —
С рукой простертой Всадник Медный...
Куда он мчал слепой порыв?
И, исполину путь закрыв,
С лучом рассвета, бело-бедный,
Стоял в веках Евгений бедный.

Собрание сочинений в 7-и томах (Moscow, 1973-75), III, pp. 188-89.

О самоубийстве Маяковского
в *Охранной грамоте* Пастернака

Ольга Раевская-Хьюз (University of California, Berkeley)

В *Охранной грамоте* Пастернак, как известно, сознательно отходит от традиционного жанра автобиографии вплоть до прямого: «Я не пишу своей автобиографии, я к ней обращаюсь, когда того требует чужая».[1] Отказ писать о себе прямо и традиционно, однако, не исключает, а усиливает глубокую, сознательную и всепроникающую автобиографичность лирика, все равно в стихах или в прозе. Лазарь Флейшман в своей книге *Борис Пастернак в двадцатые годы* убедительно показал, что факты, упоминаемые в *Охранной грамоте,* не «случайны», как утверждает автор, а наоборот многозначительны и многозначны, несут гораздо бóльшую смысловую нагрузку, чем может показаться при прочтении, которое не учитывает определенной зашифрованности текста.

Нельзя не согласиться с Флейшманом, что, когда речь идет о самоубийстве Маяковского в третьей части *Охранной грамоты,* и Пастернак, расширяя рамки, говорит о «последнем годе поэта», это включает не только поэта вообще или первого поэта поколения, но и самого автора. Это, тем не менее, не исключает различий. В изображении Маяковского в *Охранной грамоте* есть и согласие с ним и несогласие, и близость и расхождение. Двойственность изображения не только создает противоречивый образ Маяковского, но делает и отожествление и противопоставление с автором возможным, а многочисленные переходы от одного полюса к другому легко осуществимыми и часто трудно уловимыми.

В некрологической прозе традиционно речь идет о живом, а не о мертвом, автор говорит о самом характерном в образе умершего. Так в «Живое о живом» Марины Цветаевой, написанном после смерти Максимилиана Волошина, сущность того, что пишет она о живом, подчеркнута самим заглавием. В отличие от Цветаевой, которая почти без исключения в своей некрологической прозе откликалась на *известие* о смерти издалека, Пастернак в некрологических главках третьей части *Охранной грамоты* как раз подробно описывает день самоубийства Маяковского, причем не только погоду, природу и людей и свои впечатления и переживания, но и самого Маяковского, каким он его видит. И Пастернак дает мертвого Маяковского в движении:

> Горделиво ото всех отвернувшись, он даже лежа, даже и в этом сне упорно куда-то порывался и куда-то уходил. Лицо возвращало к временам, когда он сам назвал себя красивым, двадцатидвухлетним, потому что смерть закостенила мимику, почти никогда не попадающуюся ей в лапы. Это было выраженье, с которым начинают жизнь, а не которым ее кончают. (282)[2]

Это изображение целиком вписывается в систему *Охранной грамоты*, где обычные отношения опрокинуты, и неподвижное движется, а находящееся в движении не двигается с места. Но это описание несет и иные функции. Здесь желание запечатлеть динамизм Маяковского и изобразить футуриста, сущность которого в движении и в порывании в будущее: *даже лежа, даже и в этом сне упорно куда-то порывался и куда-то уходил*, а также и отсылка к началу знакомства: *лицо возвращало к временам, когда он сам назвал себя красивым, двадцатидвухлетним*. Об этом времени повествуется в начале третьей части (третья главка), добавим, что это также черта, характерная для некрологического жанра.

Но называние мертвого Маяковского двадцатидвухлетним (это повторяется в стихотворении «Смерть поэта»), помимо отсылки к «Облаку в штанах» и ко времени первых встреч поэтов, имеет еще иной, дополнительный смысл. *Выраженье, с которым начинают жизнь, а не которым ее кончают,* подчеркивает не просто молодость, но отсутствие зрелости, и в этом, нам кажется, кроется указание на различие с автором. Это различие в отношении к смерти. Хорошо известна тоска, почти одержимость Маяковского по бессмертию-воскрешению, об этом писал Роман Якобсон сразу после самоубийства Маяковского в статье «О поколении, растратившем своих поэтов».[3] Обратная сторона тоски по бессмертию — это страх старения, с чем связано воспевание Маяковским молодости, которое Кристина Поморска очень удачно назвала «заклинательным».[4] Истоки отношения Пастернака к смерти надо искать, нам кажется, в главках *Охранной грамоты* посвященных детству.

Главки, повествующие о детстве, это 2-я, 3-я и 4-я первой части — между случайной встречей с Рильке (гл. 1-я) и открытием его стихов (гл. 5-я). Это рассказ о Скрябине и музыке и о разрыве с музыкой шесть лет спустя.

Пастернак говорит о значительности детства и отрочества:

⟨...⟩ как необозримо отрочество, каждому известно. Сколько бы нам потом ни набегало десятков, они бессильны наполнить этот ангар, в который они залетают за воспоминаньями, порознь и кучею, днем и ночью, как учебные аэропланы за бензином. Другими словами, эти годы в нашей жизни составляют часть, превосходящую целое. (195)[5]

Четвертая главка заканчивается рассуждением о детстве, отсутствовавшим в журнальной публикации *Охранной грамоты:*

В возрастах отлично разбиралась Греция. Она остерегалась их смешивать. Она умела мыслить детство замкнуто и самостоятельно, как заглавное интеграционное ядро ⟨...⟩ Какая-то доля риска и трагизма, по ее мысли, должна быть собрана достаточно рано в наглядную, мгновенно обозримую горсть. Какие-то части зданья, и среди них основная арка фатальности, должны быть заложены разом, с самого начала, в интересах его будущей соразмерности. И наконец в каком-то запоминающемся подобии, быть может, должна быть пережита и смерть. (199)

Слова о необозримости отрочества и о «запоминающемся подобии» смерти, пережитом «достаточно рано», повышают удельный вес всех событий и эпизодов детства, о которых рассказано или которые только упоминаются в *Охранной грамоте*.

Три года между встречей с Рильке летом 1900 г. и прощанием со Скрябиным зимою 1903-4 гг., даны в *Охранной грамоте* предельно сжато, причем как отказ описывать: *Я не буду описывать в подробностях...* Далее перечисляются открытие растительного мира («как ⟨...⟩ десятилетку открылась природа») и «первое ощущенье женщины», связанное со страданием. Затем, хронологически, переход к 1903 г.; здесь дается список драматических событий лета этого года; события эти также не описаны, а только перечислены. Это перечисление заканчивается повторным отказом: «Я не буду этого описывать, это сделает за меня читатель. Он любит фабулы и страхи и смотрит на историю, как на рассказ с непрекращающимся продолжением». (193) Этот свысока и пренебрежительный отзыв о читателе, противопоставление автора и читателя, который любит последовательное и подробное изложение событий, помимо определения авторского метода в *Охранной грамоте*, несет добавочную функцию камуфлирования, отвлекает внимание читателя от самих событий.

События, отнесенные к лету 1903 года и перечисленные здесь, следующие: «как ⟨...⟩, купаясь, тонула воспитанница знакомых, как погиб студент, бросившийся к ней на помощь, и она затем сошла с ума, после нескольких покушений на самоубийство». (193) Далее следует упоминание о переломе ноги и пожаре за рекой в ночь возвращения отца с врачом.

В статье «Автобиографическое и »Август“ Пастернака» Лазарь Флейшман показал значение этого события для духовной биографии поэта, связав этот эпизод со стихотворением из романа «Август», где речь, как известно, о собственной смерти.[6] Это лето встречи со Скрябиным, а 6-ое августа — «Шестое августа по-старому, Преображение Господне» — падение с лошади, когда с ритмом скачущей лошади в жизнь Пастернака всерьез вошла музыка, т.е. начало творческой жизни: *преображение*.

Хотя сам Пастернак в *Охранной грамоте* говорит о последствиях падения только для внешней биографии, «сломал себе ногу, в один вечер выбывши из двух войн», автобиографический очерк 56 г., «Люди и положения», описывает обстоятельства падения, отсутствовавшие в *Охранной грамоте,* и указывает на прямую связь с работой отца:

> В ту осень возвращение наше в город было задержано несчастным случаем со мной. Отец задумал картину «В ночное». На ней изображались девушки из села Бочарова, на закате верхом во весь опор гнавшие табун в болотистые луга под нашим холмом. Увязавшись однажды за ними, я на прыжке через широкий ручей свалился с разомчавшейся лошади и сломал себе ногу, сросшуюся с укорочением, что освобождало меня впоследствии от военной службы при всех призывах. (423)

Воспоминания брата поэта, Александра Пастернака, восстанавливая еще более полный контекст событий, усиливают связь преображения-начала творчества с опытом самоубийства и смерти.

Эпизод «падения с лошади» Александр Пастернак ставит в связь с общей чертой характера Бориса Пастернака, «неодолимой страстью овладеть тем, что явно ему было не под силу или что совершенно не соответствовало складу его мыслей и характера».[7] Так и «самоубийственная» скачка с табуном на неоседланной лошади. Он добивается своего, но после мгновений победы наступает поражение: лошадь его сбрасывает. Первая мысль отца и брата, свидетелей падения, что Борис убит.

Повествование Александра Пастернака также объясняет, почему в тексте *Охранной грамоты* в главке, описывающей события лета 1903 г., центр тяжести переносится на отца: «Как, скача в ту ночь с врачом из Малоярославца, поседел мой отец при виде клубившегося отблеска» (193), думая, что пожар у них на даче, где лежит с переломанной ногой в гипсе Борис. Падение с лошади, перелом ноги и обстоятельства ночного пожара прекратили работу Леонида Пастернака над картиной «В ночное», работой, которую Александр Пастернак рассматривает как возможный поворотный пункт в развитии отца как художника. (*Восп.*, 100) Эпизод «падения с лошади», перелома-разрыва оказывается началом творчества Бориса Пастернака и, в то же время, в творческой биографии отца это разрыв-отказ, подобный своего рода творческой смерти. Таким образом, начало творчества в жизни Бориса Пастернака представляется как результат творческой жертвы отца.[8]

Говоря о легкости, с которой Борису давался успех в детстве, Александр Пастернак подчеркивает необычность его реакции на неудачи: «Реакция брата была поистине страшна. Но страшна она была ⟨...⟩ совершенно неожиданной — тишиной смятения! Он мгновенно впадал в неизъяснимый мрак подавленности, в глубокую депрессию, исчезал молча, не говоря ни с кем и не объясняясь». (*Восп.*, 181) Александр Пастернак приводит много примеров, даже проигрыша в детских играх (*там же* стр. 121, а также стр. 181), что рассматривалось Борисом Пастернаком как указание свыше, служило проверкой своих сил, своей избранности, о чем сам Пастернак говорит в автобиографии 56 г. в связи с разрывом с музыкой: «Я ⟨...⟩ с малых лет был склонен к мистике и суеверию и охвачен тягой к провиденциальному». (424) Нет сомнения, что побежденный-пораженный наездник осмыслил свое поражение как подобие смерти. В тексте *Охранной грамоты*, отказываясь описывать в подробностях события лета 1903 г., Пастернак продолжает: «внутреннее члененье истории навязано моему пониманью в образе неминуемой смерти». (193)

Это объясняет настойчивость, с которой Пастернак возвращается к мотивам «хромоты» как отмеченности и «скачущей лошади» или «смерти от скачущей лошади». Наиболее полную и значительную для нашей темы интерпретацию этих мотивов находим в «Детстве Люверс». Цветков объединяет и «хромоту» и «смерть от скачущей лошади». Осознание же смерти Цветкова, этого постороннего, т.е. «ближнего», который входит в мир и сознание девочки, и связанное с ним повзросление перенесены на Женю Люверс.[9] Летом 1903 г. таким «чужим» и «ближним» — самым «посторонним» в ряду перечисленных пострадавших — был студент, который погиб, бросившись на помощь тонувшей воспитаннице знакомых, а осознавшим эту смерть, повзрослевшим ребенком — Борис Пастернак.

Многообразный опыт смерти лета 1903 г. — действительной смерти «ближнего», собственного «падения-поражения» и «разрыва» в творческой биографии отца — был также и опытом начала творчества и бессмертия. Рождение творчества следовало за падением и физическим повреждением, т.е. являлось как бы его следствием. Бессмертие, связанное в дальнейшем с преображением, было осознано в первую очередь именно как творческое бессмертие. В творчестве Пастернака оно распространено и на так называемых «обыкновенных людей», т.е., в понимании Пастернака, на человеческую деятельность вообще.

Во второй автобиографии, пересказывая свой доклад «Символизм и бессмертие», прочитанный в феврале 1913 г., не исключая людей вообще, Пастернак тем не менее подчеркивает особое положение художника: «хотя художник, конечно, смертен, как все, счастье существованья, которое он испытал, бессмертно». (439) Вероятно, именно поэтому Пастернак сближает хронологически этот доклад со смертью Толстого,[10] смертью «бессмертного», чье появление и «присутствие» в собственной жизни Пастернак в 1-й главке *Охранной грамоты* относит к самому раннему младенчеству.

В романе Живаго определяет талант, «в высшем, широчайшем понятии», как «дар жизни». Бессмертие обусловлено самою жизнью: «вы уже воскресли, когда родились и этого не заметили». Здесь же недвусмысленно сформулирован отказ от материалистической веры в земное воскрешение мертвых: «Для них не хватит вселенной и Богу, добру и смыслу придется убраться из мира. Их задавят в этой жадной животной толчее».[11] Это отказ именно от того, о чем мечтал и на что надеялся Маяковский.

За первым физическим переломом-разрывом, подобным смерти, следуют хорошо известные «разрывы», описанные в *Охранной грамоте*: разрыв с музыкой и философией. Эти «разрывы» сам Пастернак сравнивал с самоубийством. В письме Константину Локсу конца января 1917 г., утверждая, что «в каждом человеке — пропасть задатков самоубийственных», Пастернак приводит в пример свой разрыв с музыкой.[12] И в случае, музыки и в случае философии «разрыв» происходит именно тогда, когда «барьер взят»: разрыв с музыкой — после признания Скрябиным, с философией — в момент признания Германом Когеном, тем более уподобляя их насильственной смерти.

Различные «разрывы» играют значительную роль и в творчестве Пастернака, в стихах и в прозе. Напомню наиболее заметные разрывы в «Спекторском» и *Докторе Живаго:* Спекторский исчезает без объяснения из жизни Марии Ильиной, в случае Юрия Живаго разрывы и потери становятся определяющими: он теряет семью и Лару, свое место и положение в обществе, свою профессию.

Охранная грамота в каком-то плане представляется как описание неудач, отказов и потерь. В критической литературе уже отмечалось, что, хотя эти потери вполне реальны и приносят страдания автору, то, к чему они приводят, всегда больше того, что потеряно: разрывы и отказы предшествуют серьезному стихописанию и, что значительнее, приводят к нему — это этапы на пути к рождению поэта.[13] Это подтверждает вторая автобиография, где, перечисляя утерянные им на протяжении жизни рукописи, Пастернак предпосылает этому списку принципиальное утверждение:

> Терять в жизни более необходимо, чем приобретать. Зерно не даст всхода, если не умрет. Надо жить не уставая, смотреть вперед и питаться живыми запасами, которые совместно с памятью вырабатывает забвение. (448)

В *Охранной грамоте* подчеркнута радикальность разрывов. Решение бросить философию дано графически — это складывание и связывание книг в Марбурге. В автобиографическом очерке 56 года о разрыве с музыкой сказано: «Музыку, любимый мир шестилетних трудов, надежд и тревог, я вырвал вон из себя, как расстаются с самым драгоценным». (424-25) Можно предположить, что бескомпромиссность и окончательность разрывов, максимально уподобляя их самоубийству, являлась своего рода психологическим разрешением соблазна самоубийства. После разрыва, подобного самоубийству, наступало «второе рождение», т.е. новое начало, а не смерть. Так во второй редакции стихотворения «Марбург» после отказа старшей В.: «Я вышел на площадь. Я мог быть сочтен / Вторично родившимся».[14]

События лета 1903 г. надо считать тем моментом в биографии Пастернака, когда «в каком-то запоминающемся подобии была пережита смерть». Опыт лета этого года был той дозой необычного, заключающегося в мире, которую — по словам Пастернака — античность целиком прописывала детству, обеспечивая этим соразмерность будущего здания. (200) В жизни Пастернака это сделало возможным дальнейшие превращения неудач-разрывов в победы. Пережитый опыт смерти, осознание смерти, т.е. принятие смерти, как реальности — это условие роста и зрелости. Без этого опыта человек остается «вечно молодым», не в смысле утопического сохранения молодости, а невозможности принять жизнь и неизбежно с нею связанную смерть.

Принятие неизбежности смерти включает и принятие своего возраста и «старения». Отказ от этого делает самоубийство самым радикальным и самым последовательным выходом. Остановка на молодости — это одно из возможных психологических объяснений самоубийства. Подчеркивая молодость Маяковского в смерти, Пастернак имел в виду и это значение. Это вечная молодость искусства («нечеловеческая молодость»), но и молодость человека, отказывающегося стареть, т.е. отказывающегося жить. Говоря о последнем годе поэта в *Охранной грамоте*, Пастернак с удивлением и разочарованием спрашивает: «Так это не второе рожденье? Так это смерть?» (279)

В *Автобиографическом очерке*, пытаясь понять состояние самоубийцы, Пастернак тонко определяет основной психологический поворот, делающий самоубийство возможным:

> Приходя к мысли о самоубийстве, ставят крест на себе, отворачиваются от прошлого, объявляют себя банкротами, а свои воспоминания недействительными ⟨...⟩ Непрерывность внутреннего существования нарушена, личность кончена. (452)

В *Охранной грамоте*, в главке о «последнем годе поэта», Пастернак говорит о том же: «Люди, получившие столько подтверждений от жизни, сколько она дает не всякому, рассуждали так, точно они никогда не начинали еще жить и не имели опыта и опоры в прошлом». (277) Здесь Пастернак исходит из своего опыта, благодаря которому самоубийство в его жизни оставалось «нереализованным», т.е. превращалось во «второе рождение», так как раннее осознание смерти и собственной смертности и связанный с ним опыт преображения-бессмертия гарантировали «непрерывность внутреннего существования». Этот опыт дал Пастернаку возможность перешагнуть через свое двадцатидвухлетие — в Марбургское лето, отказавшись от философии и потеряв старшую В. — перешагнуть во взрослую жизнь.

Книга стихов, написанная в годы, непосредственно следовавшие за самоубийством Маяковского, озаглавлена *Второе рождение* — это заглавие многозначное, помимо указаний на радикальные перемены в личной жизни автора и в его отношении к современности, здесь также скрыт намек и на смерть Маяковского — это книга, написанная после *того* самоубийства.

Таким образом, текст *Охранной грамоты* содержит еще одно биографическое «совпадение-несовпадение» между двумя поэтами — это противоположное решение проблемы смерти и бессмертия.

ПРИМЕЧАНИЯ

1. *Воздушные пути. Проза разных лет.* (М., 1982), стр. 201. Дальше ссылки на это издание даются в тексте.

2. Здесь возможная параллель к описанию Жуковским мертвого Пушкина в письме к отцу поэта (письмо С. Л. Пушкину от 15 февраля

1837 г., *Собрание сочинений в четырех томах, М.,* 1960, т. 4, стр. 614-15). См. также стихотворение Жуковского на смерть Пушкина, «Он лежал без движенья, как будто по тяжкой работе» (*там же*, т. 1, стр. 393). За это указание приношу благодарность Б. М. Гаспарову.

3. *Смерть Владимира Маяковского.* Берлин, 1931, стр. 7-45.

4. «Маяковский и время», *Slavica Hierosolymitana*, т. 5-6, 1981, стр. 341-53. См. также: Л. Ю. Брик, «Последние месяцы», в кн. *Vladimir Majakovskij. Memoirs and Essays.* Eds. Bengt Jangfeldt and Nils Ake Nilsson. Stockholm, 1975, стр. 11-23.

5. Соответствие этому в стихотворении 1917 года «Клеветникам» (*Темы и вариации*):

> О детство! Ковш душевной глуби!
> О всех лесов абориген,
> Корнями вросший в самолюбье,
> Мой вдохновитель, мой регент!
>
> (*Стихи и поэмы 1912-1932,* 1961, стр. 83)

6. *Slavica Hierosolymitana*, т. 1, 1977, стр. 194-98, см. также Лазарь Флейшман, *Статьи о Пастернаке,* стр. 102-12. Точную дату «рождения композитора» устанавливает письмо Пастернака Александру Штиху от 6 августа 1913 г.:

> Мне жалко тринадцатилетнего мальчика с его катастрофой 6-го августа. Вот как сейчас лежит он в своей незатвердевшей гипсовой повязке, и через его бред проносятся трехдольные синкопированные ритмы галопа и падения. Отныне ритм будет событием для него, и обратно — события станут ритмами, мелодия же, тональность и гармония — обстановкою и веществом события. Еще накануне, помнится, я не представлял себе вкуса творчества. Существовали только произведения, как внушенные состояния, которые оставалось только испытать на себе. И первое пробуждение в ортопедических путах принесло с собою новое: способность распоряжаться непрошенным, начинать собою то, что до тех пор приходило без начала и при первом обнаружении стояло уже тут, как природа.
>
> *Вопросы литературы,* 1972, № 9, стр. 144.

7. *Воспоминания,* Мюнхен, 1983, стр. 99. Дальнейшие ссылки в тексте: *Восп.* и страница.

8. Значение разрыва-отказа в биографии Пастернака трудно преувеличить. В восприятии его брата и сестры очень значительным, если не решающим, событием в жизни семьи являлся разрыв-отказ в жизни матери: жертва собственной законченной карьеры концертной пианистки ради семьи, т.е. не только творчество, но и сама жизнь поэта связана с разрывом-отказом. См. Александр Пастернак, *Воспоминания,* а также Лидия Пастернак-Слейтер, *Poems of Boris Pasternak* (1984), вступительная статья.

9. Во вторую автобиографию «Люди и положения» включен перевод стихотворения Рильке «Созерцание» («Der Schauende» *Das Buch der Bilder*), где речь идет о поражении-победе с отсылкой к Иакову, борющемуся с Богом. По библейскому повествованию Иаков выходит из этой борьбы и *хромым* и *победителем*: получает Божие благословение и новое имя (см. кн. Бытия, гл. 32, ст. 24-32). Приношу благодарность Б. М. Гаспарову, обратившему мое внимание на связь этого стихотворения с темой хромоты-отмеченности.

10. См. Борис Пастернак, *Избранное в двух томах*, М., 1985, т. 2, стр. 248 и прим. на стр. 500.

11. *Доктор Живаго*, 1959, стр. 68.

12. *Вопросы литературы*, 9, 1972, стр. 153-55.

13. Helen Muchnik, "Toward an Analysis of Boris Pasternak," *Slavic and East European Journal,* т. XV, № 2, Summer 1957, стр. 101-5; K. Pomorska, "Safe Conduct,' *Themes and Variations in Pasternak's Poetics,* 1975, стр. 64-73.

14. *Стихи и поэмы 1912-1932*, 1961, стр. 220.

Nabokov Reading Pasternak

Robert P. Hughes (University of California, Berkeley)

Vladimir Nabokov's introductions to the English translations of his Russian novels, the published letters, and his lectures on literature (European and Russian) abound in strongly-opinionated approbation or dismissal of other writers. The list of rejects is a long one: ranging from Racine and Molière to Stendhal, Balzac, Zola, and that "communist journalist" Jean Paul Sartre; from Henry James to Dreiser to Faulkner; from Goethe's *Faust* to Thomas Mann; Dostoevsky, Gorky and nearly the whole of Soviet literature. The "disciples of the Viennese witch-doctor" are particularly and frequently disinvited from Nabokov's own novels. With the publication of *Doctor Zhivago* in 1958, Boris Pasternak as novelist was added to the list.

A representative of a minority view, Nabokov was one reader who thought Pasternak's novel was both politically muddled and an aesthetic disaster. In a 1959 interview — little-known because not printed in his miscellaneous *Strong Opinions* (1973) — at the time of the publication of *Lolita* in England, there is probably Nabokov's first public statement about Pasternak's novel.

> Talk of debased speech currency led us [the interviewer and Nabokov] to the Russian literary language today. Could *Zhivago* conceivably be called 'provincial'? Had he liked the book — and its translation? 'The English was better.' It was a poor book. Mr. Nabokov invoked the word 'bourgeois,' lending it a solid Flaubertian emphasis while I caught my breath. 'All that about the Bolsheviks —

so confused. And the symbolism — what is it supposed to be doing?'
Mr. Nabokov, as I already knew, is a stout foe of symbols and
allegory, 'partly due to my old feud with Freudian voodooism and
partly to my loathing of generalisations devised by literary mythists
and sociologists.' (In the margin, I might add that, when I taxed him
later with his confessed admiration for Kafka, he refused to accept
him as a wielder of symbols, darkly hinting it had been a put-up job
by an early *aficionado*, after which the world had followed suit.) No,
Zhivago's reputation astonished him. He sighed. 'All those artificial
snowstorms!' We agreed there was certainly a lot of weather in
Pasternak and passed on.[1]

In 1961, a year after Pasternak's death, Nabokov published a
tongue-in-cheek exegi monumentum (more closely allied to Pushkin's ironic version than to the Horatian original) that scandalized
its readers in the Russian émigré world.

> Какое сделал я дурное дело,
> и я ли развратитель и злодей,
> я, заставляющий мечтать мир целый
>   о бедной девочке моей?
>
> О, знаю я: меня боятся люди,
> и жгут таких как я за волшебство,
> и как от яда в полом изумруде
>   мрут от искусства моего.
>
> Но как забавно, что в конце абзаца,
> корректору и веку вопреки,
> тень русской ветки будет колебаться
>   на мраморе моей руки.[2]

Despite the difference in meter, there was not much difficulty in
identifying the subtext, or rather object of parody, of that first
stanza. It was the third stanza of Pasternak's poem on the Nobel
Prize, written in January 1959.

Нобелевская Премия

> Я пропал, как зверь в загоне.
> Где-то люди, воля, свет,
> А за мною шум погони,
> Мне наружу ходу нет.

Темный лес и берег пруда,
Ели сваленной бревно.
Путь отрезан отовсюду.
Будь что будет, всё равно.

Что же сделал я за пакость,
Я убийца и злодей?
Я весь мир заставил плакать
Над красой земли моей.

Но и так, почти у гроба
Верю я, придёт пора —
Силу подлости и злобы
Одолеет дух добра.[3]

Nabokov's parody was quickly put down to a case of literary jealousy.[4] His "poor little girl" and Pasternak's "native land" (*zemlja moja*), and his eponymous hero, were the protagonists of the two novels which had vied for first position on American best-seller lists in 1958. In the United States (where Nabokov was still teaching at Cornell University), at least, Pasternak's *Doctor Zhivago* and Nabokov's *Lolita* were the biggest books of the year; and each was the focus of an international literary scandal. The award of the Nobel Prize to Pasternak in October and the ensuing campaign of vilification mounted against him in the Soviet Union heightened the scandal (and resulted in the poem cited above). There was no notion, however, that the prize had been snatched from Nabokov's grasp. (That can hardly have been in anyone's mind at the time; the disgraceful failure of the Nobel committee to award Nabokov the prize in later years is another story. . .) In the event, Nabokov later went on record: ". . . I applauded his getting the Nobel Prize on the strength of his verse."[5]

Indeed, Nabokov had — at times — spoken highly of Pasternak's poetry and shorter prose since his reviewing days for the Russian émigré newspaper *Rul'* in Berlin in the 1920s. He had recommended Pasternak to Edmund Wilson, writing, in 1941, about ". . . Pasternak (a first class poet — do you know his stuff?)"; and, on another occasion, after dismissing the "trash" published in the Soviet Union since the Revolution, he wrote "always expecting Olesha, Pasternak, and Ilf-Petrov."[6] Wilson was, of course, one of the first

American champions of Pasternak's novel, with widely-read and influential articles in *The New Yorker* and *The Nation*.[7]   The Nabokov-Wilson exchange of letters, curiously, contains no mention of *Doctor Zhivago*. Perhaps they agreed to disagree, as on so many other points; but there has been speculation that disagreements over Pasternak's novel led later to the notorious clash over Nabokov's translation of Pushkin's *Eugene Onegin* in 1965.[8]

There is a particularly unkind dig at *Doctor Zhivago*—unnamed —in the afterword (dated November 7, 1965) to Nabokov's own Russian translation of his *Lolita*:

> ...не знаю, кого сейчас особенно чтят в России — кажется, Гемингвея, современного заместителя Майн-Рида, да ничтожных Фолкнера и Сартра, этих баловней западной буржуазии. Зарубежные же русские запоем читают советские романы, увлекаясь картонными тихими донцами на картонных же хвостах-подставках или тем лирическим доктором с лубочно-мистическими позывами, мещанскими оборотами речи и чаровницей из Чарской, который принес советскому правительству столько добротной иностранной валюты.[9]

In an unpublished interview conducted in October 1972, a fragment of which appeared in *Strong Opinions*, Nabokov disclosed— some 15 years after the event—that he had been asked to write a review of *Doctor Zhivago*, probably in late summer or early fall of 1958, by the now defunct New York magazine *The Reporter*. In all probability many people had doubted until that time (1973) that Nabokov had even read the book, and believed that he had been acidly and wittily dismissing a rival with his accustomed feigned casualness. For example, in a television interview filmed in September 1965, he had listed *his* greatest masterpieces of twentieth-century prose: "Joyce's *Ulysses*; Kafka's *Transformation*; Biely's *Petersburg*; and the first half of Proust's fairy tale *In Search of Lost Time*." These titles were given in contrast to "Mann's asinine *Death in Venice*," "Faulkner's corncobby chronicles," and "Pasternak's melodramatic and vilely written *Zhivago*."[10]   In another interview, published in *The Listener*, October 10, 1968, he had linked the novel's protagonist with some other bêtes noires: ". . . I detest not one but four doctors: Dr. Freud, Dr. Zhivago, Dr. Schweitzer, and Dr. Castro."[11]

In fact, Pasternak's novel had been providing Nabokov material for parody throughout the 1960s. In *Pale Fire* (1962), *Doctor Zhivago* is, in Kinbote's commentary, identified as a Soviet achievement beloved of Pinks (p. 266; a slam at Edmund Wilson?),[12] and at Wordsmith U. in the Music Department there is a Jew by the name of Dr. Misha Gordon who comes to the defense of "the Chosen People." (The name is borrowed from Dr. Zhivago's friend who renounces his religion.) There is an abundance of sarcastic references in *Ada* (1969): a stage play is entitled "Eugene and Lara" (13); one of the lewd maids at Ardis is reading "a mystical romance by a pastor" entitled *Les Amours du Docteur Mertvago* (p. 53); and another, a trashy piece called *Klara Mertvago* (p. 409); the title of a cheap paperback is *Mertvago Forever* (p. 371, p. 383). Finally, Van Veen's father Demon is reading his son's palm and states "what puzzles me as a palmist is the strange condition of the Sister of your Life. And the roughness" (241).[13]

In point of fact, Nabokov had read the novel — or rather a good part of it — with considerable care and attention before he rejected the request for a review of it. His annotated copy of the American second printing (August, 1958), a revision of the English prose text produced by Max Hayward and Manya Harari, with Bernard Guilbert Guerney's translation of the poetry that is the final chapter,[14] is now in the collection of a San Francisco bibliophile. The owner kindly allowed the present writer to examine the book. His source for the book was the novelist Herbert Gold, to whom Nabokov had given it when Gold replaced him, Nabokov, in his teaching post at Cornell in the Spring of 1959.

There is no evidence in the book that Nabokov was comparing the translation with the Russian original of the novel, although he is adept at guessing the Russian behind some of the mistranslations. What seem to be topic sentences for the paragraphs or sections of the unwritten review are to be found on the flyleaves of the book (see illustration, p. 164). There are many more comments and marginal notes sprinkled throughout the book. The most important of Nabokov's remarks and queries have arbitrarily been divided here into four categories: 1) the translation; 2) stylistic observations; 3) political ideology; and 4) the Jewish question, and the novel's religiosity. All this is raw material for the review that was never written.

First the translation, and the footnotes, focussing on the page with the Pantheon logo. Nabokov queries the footnote on p. 121, which identifies a Vladimir Ivanovich Dahl as the author of a Dictionary of the Living Russian Tongues. This mistranslation of the title of Dahl's well-known *Descriptive Dictionary of the Living Great Russian Language* (Tolkovyj slovar' zhivogo velikorusskogo jazyka) is noted again on the flyleaf, probably an indication that Nabokov planned to point out the mistake and that he might wish to take issue with Zhivago's derogatory description of this classic lexicon as "bogus . . . linguistic graphomania, verbal incontinence." It was one of Nabokov's favorite pieces of reading, along with the comparable English-language Webster's New International Dictionary.

Nabokov offers no alternative translation but is displeased with the ludicrously literal "even if you killed me I couldn't remember" (p. 124). He conjectures (rightly) that it must result from "xot' ubej—ne vspomnju" (actually: "ne mogu vspomnit' "), an idiomatic expression that is perhaps best rendered in English as "for the life of me . . ."

He finds two things to object to on p. 134: first, the translation of the Russian *plac* (parade ground) into a Germano-English as "The Platz"; and, second, the historical inaccuracy of the footnote, which identifies the *smutnoe vremja*—the Time of Troubles—as "period of interregnum and civil war in 1613," a period of course which actually began in 1598 and ended in 1613. Nabokov could ascertain numerous other errors of translation and transliteration even without the Russian text: *ataman* as "Hetman"; and the early nineteenth-century Arzamas literary circle is somehow transformed into the source of its name, and it is stated that the schoolboy Pushkin's "ambition did not extend beyond the town of Arzamas" (p. 283). Nabokov zeroes in on many other awkward locutions and solecisms in English. What is apparent above all is his demand for semantic accuracy and historical-cultural precision.

He seemed to like, or recognize, the "watermelon of incredible size" (*neimovernoj veličiny arbuz*, p. 93), which is brought by the corrupt and voluptuous lawyer Komarovsky as a housewarming gift to Lara, his former mistress, whom he has once again set up in an apartment after she, Lara, has attempted to shoot him at a Christmas party. Nabokov notes in the margin: *Chehov* (in English) and (in Russian) *Dama s sobačkoj*. Indeed this emblem of vulgarity and insensitivity is remarkably reminiscent — and intentionally so — of the scene of Gurov, a cad to be reformed, eating watermelon after he has seduced the heroine of Chekhov's story. Elsewhere, in his lecture on Chekhov's story, Nabokov remarks three times on the watermelon.[15] The whole scene draws Nabokov's special attention, for he also queries the phrase which translates *U nee byla nervnaja gorjačka* ("half-conscious with brain fever"). He seems to suggest that the English locution is old-fashioned (appropriate perhaps in Jane Austen or, better, Dickens?) when he places "1825" in the margin beside it. And finally he has doubts that the watermelon could be called an "expensive food" which could intimidate Lara.

The one scene of the novel to which Nabokov gives unstinting approval is one of Zhivago at the front, in the Spring of 1917:

> And just under the window, the smell of new-mown hay, as perfumed as jasmine tea, mixed with that of belladonna. Below there a cow was tethered; she had been brought from a distant village, she had walked all day, she was tired and homesick for the herd and would not yet accept food from her new mistress.
>
> "Now, now, whoa there, I'll show you how to butt," her mistress coaxed her in a whisper, but the cow crossly shook her head and craned her neck, mooing plaintively, and beyond the black barns of Meliuzeievo the stars twinkled, and invisible threads of sympathy stretched between them and the cow as if there were cattle sheds in other worlds where she was pitied.
>
> Everything was fermenting, growing, rising with the magic yeast of life. The joy of living, like a gentle wind, swept in a broad surge indiscriminately through fields and towns, through walls and fences, through wood and flesh. Not to be overwhelmed by this tidal wave, Yuri Andreievich went into the square to listen to the speeches.

Indeed, the passage is reminiscent of the best lyric poetry of Pasternak's career, specifically the cycle written in the summer of 1917, *My Sister Life* (1922). Both are informed by perceptions of the companionship of subject and object, by the harmony of the individual consciousness and the surrounding natural world — "instances of a cosmic harmony," as a critic says of the early poetry of Yeats. The final two paragraphs are marked with a cryptogram in Russian (*x/oč/xor*) which can be deciphered as "fine, very fine." This "marvelous stuff about the cow" also finds its way to the flyleaf: *141. čudno pro korovu.*

The presence of the several children in the narrative and the (in)consistency of their portrayal concerns Nabokov. Pasternak the novelist seems to lose sight of them at crucial moments (p. 238, p. 373, p. 424, p. 426, p. 442), and Nabokov is ever on the alert to query their whereabouts. Nor is he above making a sarcastic addition to a description by Pasternak. Take the following passage on p. 305:

> Yuri Andreievich dropped his reins, leaned forward in his saddle, flung his arms around the horse's neck, and buried his face in its mane. Taking this display of affection for an appeal to its strength, the horse broke into a gallop.

—a sentence which Nabokov mordantly concludes: "*i sletel v grjaz?*"

The device of coincidence is perhaps not recognized for the symbolic role it plays, but Nabokov is at first intrigued by it and starts marking its occurrences (especially the appearances of Pamfil Palykh). On the flyleaf, however, he has a rubric for further development: *wild coincidence.* His two examples at this point are: Zhivago's second and last meeting with Strelnikov and the latter's account of his meeting with Terenty Galuzin (p. 458), thought executed by the partisans as a conspirator (p. 356); and Zhivago's encounter with Vasia Brykin (the labor conscript who had escaped from the train traveling to the Urals) on his journey by foot back to Moscow toward the end of the novel. Nabokov thought Komarovsky, indeed a melodramatic Dickensian or Dostoevskian villain who continues his successful and corrupt career through the revolutions, a preposterous character. The role he plays in the theme of coincidence in the novel hardly made him more believable for Nabokov. The flyleaf has a subject heading:

Komarovsky the evil genius of both, with a particular reference to p. 400, i.e. to Lara and Yuri's lengthy summary conversation about the significance of this figure in their lives. Nabokov's comment on this page is simple and direct: *stil'! ton!*, followed by two bold question marks.

He seems even more exasperated by the style and tone of the interpolated letter (pp. 416-18) that Zhivago receives in Yuriatin from Moscow, written by his wife before her deportation. Nabokov supplies the date for Pasternak, who is uninterested in such specific information, at the end of the chapter: *Vysylki byli v — 1922?* Nabokov also notes for himself: *A Kolčak končilsja kogda — do 1922? Pravda?* The counter-revolutionary leader does seem to be operating until that date in the novel, even though he was shot by the Bolsheviks in 1920. Some of Nabokov's irritation is due to the strange mistakes in translation, again obvious to him even without the Russian original at hand. In the paragraph about the banishment of the Cadets and Right Wing Socialists, for inexplicable reasons Ekaterina Dmitrievna Kuskova (1869-1958), the well-known woman political activist and journalist, has become a masculine "Kuskov"; and "Miliukov" is absentmindedly substituted by the translators for the original Russian "Mel'gunov"![16]

As the letter runs on at length, Nabokov has several unkind comments to make: *ne očen' udačno ili verojatno; 3-1/2 goda kak on propal bezvestno. Ona daže ne znaet živ li on.* And, with his usual attention to the figure of the child, opposite the phrase "whenever we speak of you he cries bitterly and won't be comforted," Nabokov makes the remark: *rebenka s uma svodit?* The margins are filled with exclamations and queries. At the end of the chapter Zhivago swoons, and Nabokov's concluding observation is: *On často padaet v obmorok.* His final judgement on this passage is: *Pis'mo ženy est du dernier idiotisme.* Even greater annoyance, however, is provoked by Strelnikov's account of his relationship with Lara on the eve of his suicide (p. 461). Here the evidence would seem to indicate a fit of temper: two bold question marks, the paper is practically torn through, and the word "style" and the whole of it is circled.

Nabokov's remarks frequently touch on Pasternak's inconsistent handling of time, or his failing to account for it. Triple exclamation points mark the phrase "the last eight or ten years of Zhivago's life" (p. 465), which leads to the novel's truncated conclusion. Nabokov finally gives up on p. 475—which means he missed the major instances of coincidence: the reappearance of Mlle Fleury; the return to the fateful room in which Zhivago's dead body is laid out and where Lara delivers a final lament; the introduction of Lara and Yuri's daughter; and the final optimistic view of Moscow after the death of Stalin. The entire chapter given over to Zhivago's poetry goes unremarked.

Serious ideological disagreements lie behind some of Nabokov's most interesting notes. A topic sentence of significance in this light is inscribed on the flyleaf: *the February (liberal) revolution is deliberately confused with the October (Bolshevik) one, according to the best Soviet recipes.* Nabokov is especially put off by the following words, on p. 146, in the mouth of Zhivago:

> Mother Russia is on the move . . . Stars and trees meet and converse, flowers talk philosophically at night, stone houses hold meetings, it makes you think of the Gospel, doesn't it? The days of the apostles. Remember St. Paul? You will speak with tongues and you will prophesy. Pray for the gift of understanding.

etc., etc. The date is unclear (is it after February or in October?);[17] and the appeal to the New Testament, the biblical diction, and the anthropomorphized nature, all this Nabokov would have found unbearably vulgar. Another scene that provokes his displeasure is the following, on p. 193, the oblique reporting of the Bolshevik coup d'état:

> The blizzard lashed at the doctor's eyes and covered the printed page with gray, rustling pellets of snow. But it was not the snowstorm that prevented him from reading. The historic greatness of the moment moved him so deeply that it took him some time to collect himself.

Nabokov undoubtedly disapproved both of this manner of introducing the October Revolution and of the metaphoric cliché of the blizzard, a hackneyed one in Soviet literature at least since

Alexander Blok's "The Twelve" (1918). The fact that it could, symbolically, prevent the act of reading would be absolutely unacceptable to Nabokov. Angry exclamation points slash the margin opposite the paragraph describing Zhivago's conversation with his father-in-law, the passage about the Bolshevik Revolution being "a real stroke of genius . . . this marvel of history, this revelation" (p. 195). It must be remarked that Nabokov attributes such statements to Pasternak, even though they are the quoted speech of Zhivago or the rendering of his consciousness. It seems that even for a sophisticated reader like Nabokov the tragic fate of Zhivago makes him too sympathetic a character, so that everything attributable to him quite automatically becomes part of the author's ideological stance.

Nabokov was as disturbed about the novel's religiosity as he was by its politics. The flyleaf contains the following sentence: *I always feel a little embarrassed when a Jewish writer gets wildly enthusiastic about the Revelation of St John and the Holy Virgin — whoever they were.* The novel is shot through with Christian imagery, and Christianity forms the very basis of the belief systems constructed by the positive characters. Beyond this, Nabokov has serious reservations — indicated by his usual marks of interrogation and exclamation points, passim, about the appeals for Jewish assimilation throughout the novel. One such passage he marks is the conversation between Yuri and Lara at Varykino (p. 300), where this idea is encapsulated in the words of Lara:

> "It's so strange that these people who once liberated mankind from the yoke of idolatry, and so many of whom now devote themselves to its liberation from injustice, should be incapable of liberating themselves from their loyalty to an obsolete, antediluvian identity that has lost all meaning, that they should not rise above themselves and dissolve among all the rest whose religion they have founded and who would be so close to them, if they knew them better.
>
> "Of course it's true that persecution forces them into this futile and disastrous attitude, this shamefaced, self-denying isolation that brings them nothing but misfortune. But I think some of it also comes from a kind of inner senility, a historical centuries-long weariness. I don't like their ironical whistling in the dark, their prosaic, limited outlook, the timidity of their imagination. It's as irritating

Flyleaves from Nabokov's copy of *Doctor Zhivago*.

as old men talking of old age or sick people about sickness. Don't you think so?"

"I haven't thought about it much. I have a friend, Misha Gordon, who thinks as you do."

The fact that this was written after the Holocaust made it unacceptable to many, and not least to Nabokov. He doesn't specify his disagreement here, but it undoubtedly has to do with the experience of World War II and his general dislike of what he called, in another place, Pasternak's "sickly sweet brand of Christianism."

In that light, it may be just as well that Nabokov did not read the final chapter, the cycle of Zhivago's poems, many of them on Christian subjects, published by his friends after his death. We know nothing of what he thought of this poetry even in the Russian original, and evidence concerning his view of Pasternak's earlier poetry is mixed.[18]

Nabokov's disagreements, thus, are profound. They are both aesthetic and ideological in nature. In some respects, however, Nabokov was a poor reader, and he confuses the author and his hero; the novel demands to be read at important junctures as the dramatized consciousness of its leading characters, principally of course that of Yuri Zhivago. The fault may lie with Pasternak's novelistic technique — this was his only novel, undertaken late in life, and deliberately old-fashioned. He declared as far back as the mid-thirties, when he first contemplated something like *Doctor Zhivago*: "I would like to write something worthwhile, humane, in prose, drab, boring and modest, something grand and nourishing." And, in another letter, to his father: "I'm hurriedly making myself into a prose writer of the Dickens type . . ." Now, Nabokov could read *Bleak House* with great enjoyment, revel in the language and devices — including the incredible "wild coincidences" of Dickens[19] — but he considered that style unacceptable in mid-twentieth century, after the achievements of Joyce, Kafka, Proust and, in Russia, Andrei Bely. Note, once again, the flyleaf: *Historically the thing is a betrayal of the very principles the protagonist seems to advocate. Artistically it is nowhere — all old hat. Even Pilnyak wrote better (and God knows he was a poor writer).*

The charge of historical falsity is basic to the disagreement. The deliberate merging of the two revolutions of 1917 was anathema to Nabokov, on personal and historical grounds. Pasternak's lyrical approach, his submersion of the self in the natural elements and in the flow of history was something developed in his early poetry and it persists in his prose to the very end. The precision and the carefully honed quality of Nabokov's prose, his careful research (in *The Gift*, for example), and historical accuracy are aspects that seem unimportant in Pasternak. It is not surprising that Nabokov found *Doctor Zhivago* unacceptable as a work of art. He is, however, hardly fair to the development of Pasternak's hero and his disillusionment in the revolution. And that is a curious thing to overlook, since it is the basic theme of the novel. In a sense, Nabokov missed the enormous historical and moral significance of the novel. It is a record of what happened to the ideals of the revolution, it is a chronicle of the fate of the Russian intelligentsia in Stalinist Russia, and it calls into serious question the tenets of Marxism which underlie the state. (For all these factors, *Doctor Zhivago* was an important energizing text for the dissident movement that was so active in the 1960s and 1970s in the Soviet Union.)

It seems clear that Nabokov never did read the entire novel, however attentively he began it. He was to a certain extent blinded by his political disagreements and by what he judged to be shoddy craftsmanship, bad writing, and poor translation. For those who are admirers of both Pasternak and Nabokov, the encounter is a painful one to witness.

NOTES

1. Conducted by John Coleman, in *The Spectator*, November 6, 1959, p. 619.
2. *Vozdušnye puti* II (New York, 1961), ed. Roman Grynberg, p. 185; republished in *Poems and Problems* (New York, 1970), pp. 146-47, where Nabokov remarks that "The first strophe imitates the beginning [sic] of Boris Pasternak's poem in which he points out that his notorious novel 'made the whole world shed tears over the beauty of [his] native land.' " The poem is dated "San Remo (Italy), Dec. 27, 1959" (p. 216). D. Barton

Johnson suggests that "Nabokov's 'parody' may well have been intended as a tribute to Pasternak, the poet. Imitation is not the same as parody. After all, Nabokov's *Lolita* and Pasternak's *Zhivago* (with its poems) appeared at much the same time and shared much the same fate." See *The Nabokovian* No. 14 (Spring 1985), p. 23.

3. These four stanzas were published abroad in February 1959 in several translations and in the original Russian. An additional two stanzas, with a clear allusion to Ol'ga Ivinskaja, his "right hand," were added in March.

4. Nabokov could not have known that Pasternak had rejected him, in 1956, as translator of the poems of *Doctor Zhivago*. Patricia Blake reports that G. M. Katkov "suggested 'someone quite special' to translate the poetry. 'There's one man, a poet who is completely bilingual: Vladimir Nabokov.' Pasternak said, 'That won't work, he's too jealous of my wretched position in this country to do it properly.' " See Introduction to Max Hayward, *Writers in Russia: 1917-1978* (New York, 1983), L.

5. *Strong Opinions* (New York, 1973), p. 206.

6. *The Nabokov-Wilson Letters, 1940-1971* (New York, 1979), ed. Simon Karlinsky, p. 37 and p. 157.

7. Edmund Wilson, "Doctor Life and His Guardian Angel," *The New Yorker*, November 15, 1958. This and an amplified version of the article published in *The Nation*, in April 1959, "Legend and Symbol in *Doctor Zhivago*," are reprinted in *The Bit Between My Teeth* (New York, 1965), pp. 420-72.

8. Simon Karlinsky, Introduction to *The Nabokov-Wilson Letters*, p. 24.

9. Vladimir Nabokov, *Lolita*, (New York, 1967), p. 298. The curious and convoluted charges—that *Doctor Zhivago* was a Soviet novel and that the Soviets were hypocritically denouncing it so as to increase sales abroad, the results of which they could then pocket and spend on propaganda— were ones that Nabokov was to repeat later. Nabokov's perception about the style of *Doctor Zhivago* is specifically validated by Pasternak himself. Tamara Ivanova, in her *Moi sovremenniki, kakimi ja ix znala* (Moscow, 1984), p. 424, relates the following:

> Поначалу устраивались обсуждения новой прозы [*Doctor Zhivago*, unnamed of course] и даже споры. Всеволод [Иванов] упрекнул как-то Бориса Леонидовича, что после своих безупречных стилистически произведений: «Детство Люверс», «Охранная грамота» и других, он позволяет себе теперь писать небрежным стилем. На это Борис Леонидович возразил, что он «нарочно пишет почти как Чарская», его интересуют в данном случае не стилистические поиски, а «доходчивость», он хочет, чтобы его проза читалась «взахлеб любым человеком», «даже портнихой, даже судомойкой».

10. *Strong Opinions*, p. 57.

11. Ibid., p. 115. Dr. Faustus is missing from the list, but of course Nabokov is unlikely to have read Thomas Mann's postwar magnum opus.

12. The page numbers in parentheses refer to the first American editions of *Pale Fire* and *Ada*.

13. An allusion both to the dedicatee Lermontov, as author of "Demon," and the title of Pasternak's 1917 volume of verse published in 1922, *Sestra moja žizn'*.

14. Pantheon, the American publisher, had the translation revised and entirely new versions of the poetry prepared by Bernard Guilbert Guerney, the only translator from Russian, incidentally, who in *Nikolai Gogol* (New York, 1944) and in the lectures on Russian literature consistently receives Nabokov's praise. When queried about the differences between the British and American editions of the novel, the late Max Hayward replied:

> The American publishers of D. Z. (Pantheon, then headed by the late Kurt Wolff) asked Guerney to look over the translation, and they accepted a number of his suggestions. They also asked him to make a fresh translation of the verse, since they were rather unhappy about the more literal version done by Manya Harari and myself. They wanted something that read more like poetry. Some changes were probably made by the Pantheon editor to replace British idioms by American usage where necessary. At the request of Pantheon and in response to the criticisms made by Edmund Wilson in the *New Yorker*, I also made a number of further revisions and these were probably reflected in later printings of the book.
>
> I cannot tell you why Pt 2 begins with Chapter 5 in the U.S. edition. This is clearly a mistake. I see I have noted this in my copy of the U.S. edition, [October 1958] and I no doubt drew the attention of Pantheon to it, but whether they corrected it in later printings I do not know. (Private letter of November 7, 1977, to Richard Miller, Berkeley.)

15. Lectures on Russian Literature (New York and London, 1981), pp. 255-63.

16. A leading liberal political figure in pre-Revolutionary Russia, P. N. Miliukov (1859-1943) emigrated in 1918. Nabokov had every reason to know, because his father had been an associate of Miliukov's in the Cadet Party and, in March 1922, had been shot to death attempting to shield him from monarchist assassins at an émigré political meeting in Berlin.

17. That this was probably consciously done by Pasternak is made evident by a passage about *My Sister Life* which was cut in the final version of "Ljudi i položenija" (written in 1956, published only in 1967):

> Они [«отвлеченные созерцатели...из интеллигенции»] не противопоставляли Октября Февралю как две противоположности, но в их представлении оба переворота сливались в одно нераз-

делимое целое Великой русской революции, обессмертившей Россию между народами; и которая в их глазах естественно вытекала из всего русского многотрудного и святого духовного прошлого.

...В это знаменитое лето 1917 года в промежутке между двумя революционными сроками, казалось, вместе с людьми митинговали и ораторствовали дороги, деревья и звезды.

See its first publication in Boris Pasternak, *Vozdušnye puti* (Moscow, 1982), pp. 490-92. This is a valuable document in that it reflects in specific ways Pasternak's view of 1917 which is illuminating with respect not only to *My Sister, Life* but also to *Doctor Zhivago*.

18. In 1927 Nabokov prefaced a review of two books of verse by the émigré poet Dmitrij Kobjakov with the following statement:

Есть в России довольно даровитый поэт Пастернак. Стих у него выпуклый, зобастый, таращащий глаза; словно его муза страдает базедовой болезнью. Он без ума от громоздких образов, звучных, но буквальных рифм, рокочущих размеров. Синтаксис у него какой-то развратный. Чем-то напоминает он Бенедиктова. Вот точно также темно и пышно Бенедиктов писал о женском телосложенье, о чаше неба, об амазонке.

Восхищаться Пастернаком мудрено: плоховато он знает русский язык, неумело выражает свою мысль, а вовсе не глубиной и сложностью самой мысли объясняется непонятность многих его стихов. Не одно его стихотворение вызывает у читателя восклицанье: «Экая, ей Богу, чепуха!» Такому поэту страшно подражать. Страшно, например, за Марину Цветаеву. Страшно и за молодого поэта Дм. Кобякова, выпустившего только что два небольших сборника.

(*Rul'* [Berlin], May 11, 1927). It is noteworthy that the Benediktov comparison is one that remained with Nabokov for many years, and in 1970 he composed the following quatrain:

Пастернак
Его обороты, эпитеты, дикция,
стереоскопичность его —
все в нем выдает со стихом Бенедиктова
свое роковое родство.

(Dated: 22. 8. 70. See Vladimir Nabokov, *Stixi* [Ann Arbor, 1979], p. 296.) Note the Pasternakian manner: amphibrachic meter, the characteristic list in the first two lines, the free relation between the consonants of the dactylic rhyme. Another parody?

The present writer is little convinced by those who say that Nabokov's poetry written in the 1920s and 1930s is influenced by Pasternak's example. Georgij Adamovič's statement that Nabokov was "without a doubt, the single genuine poet of the emigration who studied and learned something from Pasternak" (*Odinočestvo i svoboda* [New York, 1955], p. 222) is untenable.

19. See Nabokov on *Bleak House* in *Lectures on Literature* (New York and London, 1980), pp. 63-124.

Pasternak and Bukharin in the 1930s

Lazar Fleishman (Stanford University)

"The proposition that there is always a one-to-one correspondence between life and politics is an unsubstantiated exaggeration of political columnists. But it is true in periods of catastrophic events." Thus wrote Boris Pasternak on the eve of World War II in his article on Heinrich von Kleist. The juxtaposition of the names of the political figure Bukharin and the poet Pasternak — which makes up the title and substance of my paper — may cause some surprise. After all, in *Safe Conduct* (written between 1929 and 1931) Pasternak referred to his generation and his milieu as apolitical. In the 1930s, however, he would no longer insist on that. This period is highly enigmatic, both in regard to Pasternak's life and to Soviet literature as a whole. The present paper will reveal no new, sensational facts; nor should one expect them, given the poor state of archival research in the period in question. What I propose, rather, is a new interpretation of some well-known facts.

The period of the thirties is enigmatic in the life of Pasternak, first of all because his social and political position had no single, unambiguous character. It was marked by his closest rapprochement with the Soviet state — all Pasternak scholars agree about this. If one can reasonably speak of the author of *Doctor Zhivago* consciously accepting socialism in its Soviet form (and not as an abstract theoretical idea), then it can be only for this period. Yet this acceptance, as we know, coexisted with non-acceptance, with Pasternak's convinced, outspoken, stubborn opposition to all

171

manifestations of the cruelty of the Soviet regime, with a protracted crisis in creativity, and with demonstrative silence. From
our present perspective, the behavior of Pasternak in the thirties
is much stranger, far more elusive and complex than that, for
instance, of Anna Akhmatova—with her boycott of Soviet literary life—or even than that of Osip Mandelstam, who wrote both
an anti-Stalinist verse satire "My zhivem, pod soboyu ne chuya
strany" (Without sense of our land do we live today) and the ode
about Stalin[1] composed in 1937. Because of this complexity and
elusiveness, the position of Pasternak in the thirties has not yet
been given special attention; his attitude toward the government
has usually been discussed, if at all, in terms of his rather mysterious relations with Stalin. The prominence of Stalin has pushed
Bukharin into the background. Although this may look justified
for the forties and fifties, i.e. after Bukharin's death, it is patently
unjustified for the years 1934-1936. And there has been another
error in the thinking about our subject. Guy de Mallac asserts in
his monograph about Pasternak that in the twenties and thirties
Pasternak enjoyed Bukharin's protection.[2] This conclusion was
reached by mechanically transposing Bukharin's relations with
Mandelstam to his relations with Pasternak. However, at that time
Pasternak was not persecuted, as Mandelstam was, and so was
not in any need of protection. It would be more accurate to say
rather that, during the period in question, it was Bukharin who
needed—and found—support from Pasternak, not vice versa.

Of course, one should not exaggerate. There was no particular
personal closeness between the poet and the former leader of the
"Right Deviation," and there are no grounds to suppose that they
had any regular meetings before 1934. Nor is there evidence that
Bukharin was at all well acquainted with Pasternak's poetry by that
time.

However, something changed in 1934. At this point I would like
to recall some of the commonly known facts that characterized
this period. First of all there was the Seventeenth Party Congress
in January and February which, as we now know well, paradoxically marked, on the one hand, the shaky, weakened position of
Stalin inside the Politburo, and, on the other, the consolidation of

the Party around the Politburo and Stalin. The "Congress of Victors" (as it was then called) became a demonstration of reconciliation, of unity, and of the return of former opposition leaders to active work in the state apparatus and Party. This dramatic process was part of a broad liberalization in the economic life and culture of the country. By the summer of 1933 it might have appeared that the period of terror had come to an end.[3]

It was precisely at this time that a radical change occurred in Pasternak's attitude toward the Soviet reality. This change showed in his involvement in the activities of the Union of Soviet Writers (which he had previously disdainfully ignored), in his voluntary enrollment in the "Georgian brigade" of the Union of Writers (very surprising to the authorities, as well as to his fellow writers), and in his undertaking translations of Soviet Georgian poetry. Pasternak became involved in this work even before the campaign to translate the literatures of Soviet national minorities reached epidemic proportions, and for him it marked the end of a period of silence that had begun in the summer of 1932.

Recent publications on Pasternak suggest that the poet's about-face in accepting Soviet reality stemmed from two sources: first, from an alarm at events in Germany (where, by the way, his parents and sisters had been living since 1921). As we see from his letters to Olga Freidenberg,[4] Pasternak followed with concern the changes in Germany caused by the coming to power of the Nazis. Among the books burned in the fascist Germany was the just-published monograph-album about Pasternak's father's art by Max Osborn.[5] The second source for Pasternak's about-face was the above-mentioned process of liberalization inside Soviet Russia, which awakened hopes for a democratic transformation of the state.

One of the results of the Seventeenth Congress was the appointment in February 1934 of Nikolay Bukharin as editor-in-chief of the newspaper *Izvestiya,* the second most important daily in the USSR. For the first time since 1929 Bukharin had available to him the means of publicly expressing his views. His arrival at *Izvestiya* completely changed the profile of the newspaper. Having no influence on the policy of the Politburo and not choosing to try and regain such influence, Bukharin—like Gorky—considered it the most crucial task of the hour to effect a real and profound transformation in the fields of culture, education and science. It was precisely this activity which, in his opinion, would insure the victory of a new—socialist—humanism over a fascist barbarism, and over attempts to enslave the individual.[6] Like Gorky, Bukharin considered culture, and Soviet culture in particular, the sole bastion against the onslaught of the fascist "plague," and this concept dominated the discussions at both the First Congress of Soviet Writers in August 1934 and the Paris Congress in defense of culture held in June 1935.

What is noteworthy is that a close collaboration began between Pasternak and Bukharin from the very start of the latter's work at *Izvestiya*. Bukharin's interest in Pasternak might have been mediated by the former's old comrade in the revolutionary underground, Ilya Ehrenburg, who in the thirties was the *Izvestiya* correspondent in Paris and who constantly touted Pasternak's lyrics among the leftist intellectuals there. Pasternak's debut in *Izvestiya* took place two weeks after Bukharin's appointment—in the same issue of March 6 in which (for the first time during his editorship) Bukharin himself published an article. This article—"The crisis of Capitalist Culture and Problems of Culture in the USSR"—presented a kind of ideological platform of the newspaper and of its editor-in-chief. It established the basic direction of the new editorial policy, which was a critique of fascist ideology. On the same page was printed a selection "From Georgian Poets" consisting of Pasternak's translations of Paolo Yashvili and Titsian Tabidze. Significantly, the works that were chosen were not the "civic" verses suggested to Pasternak by the literary authorities (they appeared in other publications) but intimate, contemplative, clearly apolitical verses. Thus from the very beginning the appearances of Pasternak in the Bukharin-edited daily were free of any servility or submissiveness.

As a rule, throughout his literary career Pasternak avoided contacts with newspapers. His rare appearances in the daily press confirm the idea that the poet considered such publications incidental and insignificant. As opposed to his comrades in *Lef* (the

Left Front of Art) Mayakovsky and Aseev, Pasternak felt that placing one's poems in newspapers (not to speak of working regularly for one) was demeaning to the status of poetry and the poet. Therefore, Pasternak's active association with *Izvestiya* under Bukharin is a fact of particular literary and historical importance. During 1934 his translations appeared there a number of times, giving them a wide publicity they would not otherwise have had. Other translations from the Georgian, by N. Tikhonov, Benedict Livshitz, and Pavel Antokolsky, also appeared in *Izvestiya* in 1934 and 1935. Pasternak's translations were also published in the *Literary Gazette* (the official paper of the Union of Soviet Writers) and in journals. Overall, however, it should be noted that in quantity, variety, and artistic quality, the literary works printed in *Izvestiya* at this time overshadowed those in all other Soviet periodicals. One may generalize that never had the publication of literary works played such a role in the Soviet daily press as it did in Bukharin's *Izvestiya*. Before Bukharin took over as editor-in-chief, industrial, economic and international political issues dominated over cultural ones; Bukharin, however, emphasized the latter. He attracted to his daily the best literary talents of that time. And yet the brightest star in this galaxy was Pasternak—with his translations from the Georgian, which had a special social and cultural impact, as they created a kind of "antiphony" with the editor-in-chief's own statements. Certainly no other paper or journal gave so much honor or attention to Pasternak as *Izvestiya* did.

The rapprochement between Bukharin and Pasternak was based, not on any old, deep understanding and appreciation of Pasternak's lyric poetry (and, as we know, Lunacharsky, Trotsky, and even Gorky also felt perplexed and lost in Pasternak's tormentingly obscure poetic style and were not its greatest admirers). It came about, rather, because in the specific circumstances of the years 1934-1936, the poetry and position of Pasternak embodied for Bukharin the ideal of a sincere, courageous and honest acceptance of the existing order, combined with the preservation of personal independence. For Bukharin, Pasternak symbolized the nature of culture in a maturing socialist society. These qualities of the poet made it obvious that the socialist state needed an honest and independent ally coming from the artistic, scholarly and scientific intelligentsia. Bukharin's moral and "political" program at this period required a figure that would embody these values. Thus, the editor of *Izvestiya* and Pasternak became literary allies, and Bukharin was closer to the poet than the editors of the literary journals such as *New World, Red Virgin Soil, Young Guard,* and *30 Days,* who were publishing Pasternak's other Georgian translations.

Two months after Pasternak began his association with *Izvestiya,* his relation with the paper's main editor underwent an unexpected test in connection with the arrest of Osip Mandelstam on May 13, 1934. From the memoirs of Anna Akhmatova and Nadezhda Mandelstam we know that the alarmed Pasternak turned to Bukharin for help, and Bukharin himself noted — in his letter to Stalin — "Pasternak, too, is very upset." Memoirists and historians agree that the situation of Mandelstam was alleviated thanks to the efforts of Bukharin and Pasternak, and to the intercession of the secretary of the All-Union Executive Committee, Enukidze, who agreed to hear out Mandelstam's old friend Akhmatova. One should not, however, forget that the significance of these two channels of intercession was not equal: while that of Enukidze was the common, ordinary channel for appeals, the protest of Bukharin was a much more dramatic gesture. Nor could Anna Akhmatova, who was by then severed from official literary life, have the same impact as Pasternak, who had so recently demonstrated his full acceptance of Soviet reality. We therefore have firm grounds for believing that it was the joint actions of Bukharin and Pasternak that played the decisive role in saving Mandelstam at that point. The subsequent phone call of Stalin to Pasternak serves to corroborate this.

The spring and summer of 1934 were the eve of the first Soviet Writers' Congress, and in May, the month when Mandelstam was arrested, there occurred a great upheaval in literary policy. In the light of subsequent events this sharp change may be forgotten among the welter of historical facts, but at the time it was a sensation. The "upheaval" consisted in the replacement of the designated official speaker at the Writers' Congress, Nikolay Aseev. The removal of Aseev marked the failure of the former members of the

Lef group to advance Mayakovsky's poetry as the canonized model of socialist realism. At that time Aseev occupied the top position in the official hierarchy of Moscow poets. In his talk at a pre-Congress meeting of poets in Moscow, on the very day of Mandelstam's arrest (May 13), Aseev presented a general survey of contemporary Soviet poetry against the background of Mayakovsky's poetic legacy. From this viewpoint, the evaluation of Pasternak's work was highly negative, with decisive overtones of political denunciation: Aseev declared that all of Pasternak's recent production (including his collection of poems *The Second Birth*) was out of tune with, and even hostile to, socialist art. This speech had a definite sectarian flavor — any Soviet poet was praised only so far as he could be proclaimed to follow Mayakovsky. As a result of that speech, which attacked not only Pasternak, but many other poets, Aseev was excluded from the list of official speakers at the Congress. It should be emphasized that this happened during the very days of Mandelstam's arrest and Bukharin's and Pasternak's efforts to save him. On May 23 it was suddenly announced that the newly appointed Congress speaker on poetry would be Bukharin. It is clear that all speakers (and their speeches) had to be approved by the Party Central Committee; the choice of Bukharin, who not so long before was a leader of the opposition, required the special approval of Stalin. It is difficult to be sure which came first — Bukharin's intervention on behalf of Mandelstam, which earned him the appointment as the official speaker on poetry, or his knowledge of the coming appointment, which emboldened him to turn to Stalin. The decision to lighten the sentence of Mandelstam by replacing prison with internal exile was evidently made between May 26 and May 28.

The paradoxical character of Bukharin's appointment should not be underestimated. Although Bukharin was one of the Party leaders of the twenties who took a keen interest in problems of culture (he earned then the reputation of being the main proponent of the proletarian camp in literature[7]), he hardly stood out as a connoisseur of poetry. On the other hand, the appointment of someone with his status as former member of the Politburo indicated the special importance which the Party and the literary authorities accorded to poetry at the Congress. His position as editor-in-chief of *Izvestiya* and his appointment as a speaker at the Writer's Congress transformed Bukharin in the eyes of his contemporaries into one of the main, if not the main, expounders of the Party line in the field of literature. For the first time since the 1920s, when he had been a member of the Politburo, Bukharin was returning to an active role in literary policy-making, and his oppositional past lent his new appointment particular poignancy. The initiative for this appointment evidently came from Gorky. Bukharin's speech was clearly aimed at strengthening the views of Gorky and his supporters, who wanted to see higher "artistic quality," greater mastery, more culture from Soviet writers — in opposition to the efforts to homogenize Soviet literature, to place it under the day-to-day control of the Party watchdogs and turn it into a tool of Party functionaries. The appointment of Bukharin was immediately understood as blocking the efforts to "canonize" the poetry of Mayakovsky and his followers at the Congress.

The phone call from Stalin to Pasternak in June 1934 is by now well-known. It has been mentioned by Akhmatova, Nadezhda Mandelstam and in a whole series of sources, including the unwritten reminiscences of Pasternak himself. At present I do not wish to deal with the content of his conversation, which is recounted in great detail in the recent anonymous article about Mandelstam and Pasternak in the fourth volume of the *samizdat* historical collection *Pamyat'* (Memory).[8] I am concerned here only with the role of Stalin's call within the overall play of literary-political forces on the eve of the first Writers' Congress.

The fact is that Mandelstam's attempted suicide in Cherdyn' undermined, even nullified, the whole effect of the clemency granted him, which was expressed in the phrase "to isolate — but preserve," i.e. keep him alive, as the secret police interrogator summed up his orders before Mandelstam's release from prison and his dispatch to Cherdyn'. So that the aura of "miracle" and "clemency" surrounding Mandelstam's punishment did not dissipate — a more dramatic act was needed than a simple administrative decision to transfer Mandelstam to a new location (Voronezh). I would suggest that one of the purposes of Stalin's call was to provide precisely that: to use the "Mandelstam affair" to demonstrate the influence of the liberal political wing on literature. This is why the Leader decided to let people know about the clemency shown to the "dangerous" poet and why he "used" Pasternak, who along with Bukharin had been involved in trying to save his fellow poet.

A question worth asking at this point is how widespread the rumors were about Stalin's call, how much currency they had in Moscow. Much later, in the fifties, Pasternak's wife claimed that within several hours after the call all Moscow knew about the telephone conversation. However, this seems an obvious exaggeration. My skepticism stems from the fact that right up to the second half of the forties this conversation was nowhere mentioned in the Western press, neither in connection with Pasternak's biography nor in connection with the fate of Mandelstam. One of the reasons for the call — to inform the public about the softening of Mandelstam's punishment — should have guaranteed its becoming known to the broadest possible audience with the subsequent leaking of the news to the Western press. But this did not happen. In the West Mandelstam's arrest and exile to Voronezh were unnoticed until the late forties, and the names of Pasternak and Stalin never came up in this regard. By contrast, the "miraculous" role of Stalin in the fate of Pilnyak in 1930 was reported quite accurately by Max Eastman in his book *Artists in Uniform* (1934) while Stalin's call to Bulgakov on March 18, 1930, was written about in *The Socialist Herald* (*Sotsialistichesky Vestnik*) in 1933. Since the rumors were supposed to be traced back to Pasternak and not to his interlocutor or to the Kremlin bureaucracy, it follows that Pasternak did not rush to spread the word about the conversation. It is my guess that credit for a certain fairly limited circulation of the news about Stalin's call to Pasternak should go to Ilya Ehrenburg. As Nadezhda Mandelstam noted, on the day of the call Pasternak visited Ehrenburg and told him what had happened. Ehrenburg had just returned from France together with André Malraux to participate in the first Writers' Congress, and their arrival coincided with the announcement of a new date for the Congress and the final determination of its program. The new program clearly revealed an increase in the influence of Gorky and Bukharin and it would have been only natural for Ehrenburg to connect Stalin's call to Boris Pasternak with these changes. While for Pasternak this conversation with the Leader would continue to be darkly enigmatic and painfully ambiguous for the rest of his life, for Ehrenburg it was an obvious indication of Stalin's role in setting a liberal course for Soviet literary life. The very fact that the Leader called the most prominent Soviet poet could well seem to Ehrenburg an indication of his trust and sympathy, and he (Ehrenburg) helped make known the fact, if not the content, of their conversation, which caused a perceptible change, a warming of attitude toward Pasternak on the part of the literary establishment. Even before this Ehrenburg had been ardently hailing Pasternak's lyric poetry in both European and Russian literary circles; now he had reason to hope that ultimately the "Pasternak" line of Soviet poetry would emerge triumphant in the struggle of various cultural-political forces before the Congress. In this struggle Ehrenburg had an extremely powerful ally, André Malraux, who was visiting the USSR for the first time and who also esteemed Pasternak highly. It is relevant to point out that not long before Ehrenburg's and Malraux's arrival in the Soviet Union—on April 25, 1934, the French magazine *Marianne* published an essay by Malraux about his meeting (at the end of July the previous year) with Leon Trotsky. With unconcealed surprise and criticism, Malraux noted what for him was the incomprehensible insensitivity and indifference of the disgraced revolutionary leader to Pasternak's poetry:

> In the domain of the mind, this man [Trotsky] had created his own world and lived in it. I remember the way he spoke of Pasternak: "Almost all the young Russians follow him at the moment, but I don't care for his work. I don't care very much for an art of technicians, an art for specialists."[9]

This disparaging evaluation by Trotsky of the poetry of Pasternak, attested to by one of the most prominent representatives of revolutionary literature in Western Europe, undoubtedly brought increased attention and a more positive attitude toward Pasternak from the Soviet literary establishment.

The campaign against Trotskyite propaganda just before Stalin's call to Pasternak became one of the main components of Soviet literary policy. This resulted from the appearance of Eastman's *Artists in Uniform,* which accused the Soviet regime of homogenizing literature, robbing it of any individuality. Eastman specifically linked this tendency to the series of suicides of Soviet poets, first of all to those of Esenin in 1925 and Mayakovsky in 1930.

In the summer of 1934, before the Congress, the appearance of Max Eastman's remarkable book was felt as a crushing ideological blow. Eastman was one of the most knowledgeable authorities abroad in the field of contemporary Soviet literature. One can appreciate the danger which the Kremlin felt this book posed from the fact that two of the leading Soviet ideologists were sent into action to counter it. These were Kirpotin and Karl Radek, who was at that time Stalin's personal advisor on foreign policy. In addition, one of the main protagonists of Eastman's book, Pasternak's friend Boris Pilnyak, was also mobilized against the book; his response was published, not in the USSR, but in the American leftist journal *Partisan Review.* The appearance of Eastman's book affected the consolidation of the liberal faction in Soviet literary politics. The appointment of Bukharin as official speaker at the Congress and the call of Stalin to Pasternak also should be viewed in the context of this strengthening of the liberal platform. If Mandelstam's suicide attempt at Cherdyn' had succeeded, then the accusations of Eastman's book would have been confirmed at the most inopportune moment possible. The polemic with Eastman enhanced the position of Gorky's flank in the Union of Soviet Writers, which was attempting to limit the controlling positions sought for Party watchdogs in the ruling organs of the Writers' Union. One of the noteworthy manifestations of the liberal offensive was the Union's granting membership in June 1934 to the author of the novel *We,* Evgeniy Zamyatin, who had been living abroad since 1931.[11]

One should also view the appreciation of Pasternak as the "prime" Soviet poet by the literary establishment close to Gorky and Bukharin in the context of this liberal "offensive." Although this opinion was nowhere stated explicitly, it was expressed in the granting to Pasternak of an honored (and hitherto unimaginable) place in the official surveys of Soviet literature published before the Congress and in the atmosphere of demonstrative attention paid to him at the Congress itself. There is no doubt that the Congress was a personal triumph for Pasternak: this is confirmed by everyone who was present. However, this situation has often been falsely attributed to the praise of Pasternak contained in Bukharin's speech. Although that speech was an outstanding page in the history of Soviet literature, it would be hyperbole to consider its section about Pasternak a panegyric to the poet. In fact, in his estimation of Pasternak, Bukharin was basically repeating the formulas and clichés of the RAPP ("Proletarian") critics of 1931-1932, and in particular those of Selivanovsky. After all, one could have really expected nothing else, considering that this was an official report, discussed, corrected and approved by a whole series of bodies, including the Central Committee of the Party. The personal, individual notes in Bukharin's speech appeared in another regard — in this former opposition leader's call for creative activity, autonomy, daring, independence, for works unfettered by official fiats and restrictions, for artistic experiment. Bukharin said one should dare and not submit to orders from the top echelons. It was this rather than his characterization of Pasternak that resulted in Bukharin's banishment from the affairs of the Writers' Union immediately after the Congress. In the polemical discussion between the supporters of Mayakovsky and those of Pasternak which followed Bukharin's speech, neither side won a clear victory. To repeat, the downfall of Bukharin in his role of literary policy-maker was due to the general moral and philosophical import of his speech and not to the unacceptable praise of Pasternak. This can be seen from the fact that Bukharin's banishment in no way harmed the status of Pasternak, who after the Congress, in 1934-1935, continued to be considered the central figure in contemporary Soviet poetry.

One should not assume that the theme "Pasternak and Bukharin" ended with Bukharin's removal from an active role in the Writers' Union in the fall of 1934. An important event later in the life of the poet was also connected with Bukharin — this was the writing of two poems "Ya ponyal: vse zhivo" (I realized everything is alive) and "Khudozhnik" (The Artist—"Mne po dushe stroptivy norov" —I am very fond of the obstinate temperament), which were written by Pasternak for the *Izvestiya* New Year's issue of 1936. As Pasternak himself revealed twenty years later, these poems were written at the request of Bukharin.[12] Some readers and critics today are inclined to belittle Pasternak for these poems, which are taken to express the author's acceptance of Soviet reality and praise of Stalin. The poems are thus considered expressions of duplicity, betrayal of the poet's ideals, moral fall, servility, etc.

In fact, the issue was far more complex, and it would be false to see the writing of these poems as the fulfillment of a "social command" dictated by the editor of *Izvestiya*. In remarks on February 17, 1956, Pasternak said that these poems were "a sincere attempt, one of the strongest efforts (the last during that period) to live with the thoughts of and in tune with the times." What provoked this "attempt to live in tune with the times"?

The end of 1935 was marked by astonishing changes in Soviet life, and these changes seemed to be the harbinger of a more democratic era. Even more important was the sense of a new ideological atmosphere. There was a feeling that the Soviet socialist state was entering a new phase, that the proletarian state was about to be superseded by a state of the whole people ("obshchenarodnoe gosudarstvo"). This conception of the Soviet state underlay the new Constitution which Bukharin had been assigned to draft and which was supposed to give legal muscle to the inevitable and irreversible (as it then seemed) process of democratization of Soviet society. When he met with B. I. Nicolaevsky in Paris in March 1936, Bukharin stated with satisfaction and pride that the prospective constitution was to grant the people far greater freedom then they had before.[13]

The whole holiday issue of *Izvestiya* in which Pasternak's two poems appeared was devoted to the general idea of the radical change which the new year (1936) promised for all areas of Soviet life. This issue contained the answers of the "best people" of the country to questions posed to them about their plans for the future. Among these people were prominent scientists, artists, musicians, outstanding (*znatnye,* as they were then called) workers and collective farmers, writers—and only two poets: the Georgian Titsian Tabidze and Boris Pasternak. In an article published in this issue Bukharin stressed the crucial significance of the historic moment; he declared the outgoing year the beginning of the flowering of socialist humanism. He wrote that "Stalin's words about concern for man had become the most important slogan, the banner of our whole epoch." Bukharin was referring to Stalin's speech at the beginning of 1935 which promulgated a doctrine that was new for Soviet society—the doctrine of humanism. This marked an essential turnabout in ideology: previously the very term "humanism" was considered to signify something odious and hostile to the class morality of the proletariat and it was articles by Gorky and Bukharin just before the Writers' Congress of 1934 that first attempted to rehabilitate the concept.

The first version of Pasternak's poem "The Artist" consisted of two parallel parts: the first related to the artist with his "obstinate temperament" (stroptivy norov) and the second to Stalin, not mentioning him by name, but as the Kremlin "recluse." A parallel was suggested between the two figures, as if they somehow equalled each other. When compared with odes, hymns, and eulogies to Stalin created by the *akyns* and the *ashugs*—the folk poets of the Soviet Central Asian areas and the Caucasus—the drawing of an analogy between the great Leader and an obstinate poet appears an act of daring. In this regard one important detail should be noted: poems about Stalin began to appear only in 1934, from the time of the Seventeenth Party Congress, but all of them, whether individual or in the "folklore tradition," were translations from Eastern languages. All were created by minor national poets of distant Soviet regions writing in the spirit of their oriental poetic traditions. Previous attempts to create something similar, but in a Western style, had not succeeded. The book *Stalin* by Barbusse had already been completed, but had not yet appeared in Russian (furthermore, as Erwin Šinko has shown, it was actually not the work of Barbusse but of a German émigré journalist in Moscow, Alfred Kurella).[14] At the Writers' Congress Stalin's favorite, Aleksandr Fedeev, stated that Soviet writers had not yet gained the necessary maturity and craftsmanship to deal with such an important task as the depiction of Stalin in literature. Likewise, in Russian poetry there were as yet no works devoted especially to Stalin. Herein lay Bukharin's task: his goal was to juxtapose to the oriental fawning bombast and rhetoric a cultured, genuinely lyric discourse about the great Leader. The role of Pasternak was to raise the cultural level of the new panegyric genre and to lend it prestige, since the name of Pasternak was (except for that of Mayakovsky) the best known in Soviet poetry. The tone adopted by Pasternak with regard to Stalin would serve, Bukharin believed, as a model for other Soviet poets.

The comparison of the obstinate poet and the Leader in Pasternak's poem emphasized the human, rather than the superhuman, quasi-divine nature of the ruler. This was in salient opposition to the clichés of the oriental verses about Stalin. Significantly, it also corresponded to an ideological doctrine officially proclaimed in 1935, the doctrine of humanism which was defined as a counterpart to the anti-humanistic principles of fascist Germany. The decision of Pasternak to publish these two poems concerned with Stalin was a response to the new wave of liberalization; it reflected his hope for the establishment in the country of "socialism with a human face"(to use the term which became current thirty years later in another socialist society). Pasternak's hopes related to those social changes which were supposed to be embodied in Bukharin's draft of the Stalin constitution. It then seemed that the fate of the whole country would depend on the support which Stalin would give to that draft.

Did the publication of Pasternak's poems attain the goals set for them? We have no grounds to suppose that Stalin was pleased with the Pasternak-Bukharin experiment, or with the image of himself as given in "The Artist" — which was the first Russian poem about Stalin, besides Mandelstam's 1933 satire. The fact is that the poem did not appear in the anthology of "best poems about Stalin" which was published soon after the *Izvestiya* publication and that after 1936 it was never reprinted in its entirety. In Pasternak's book of poems of 1943 there appeared only the first part of "The Artist," the one devoted to the "obstinate temperament" of the poet; the second half devoted to Stalin did not find its way into print again.

It seems that both sides were responsible for this omission—the author and the censorship.

Because of the lack of time I must refrain from dealing with several dramatic developments in Bukharin's and Pasternak's biographies during the years 1936 and 1937. What appears to me, however, of highest importance is the fact that Pasternak's removal from the Soviet literary Olympus coincided with Bukharin's arrest and death. The tragic events of 1937-1939 and the death of Gorky put an end not only to the special status granted to the poet by the time of the first Writers' Congress; they altered the entire atmosphere of Soviet literary life.

All this leads us to conclude that the elevation of Pasternak to the leading position in Soviet literature was part of a liberalization which took place between 1934 and 1936. The struggle around Pasternak in the Soviet press during these years reflected the conflict between the main literary-political camps over the central issues of Soviet literature. Pasternak was not a blind tool in this conflict, nor a detached observer. His passionate involvement in the major events of the day may explain many of the actions and statements which today seem so enigmatic and so inconsistent with the later utterances of the author of *Doctor Zhivago*. But what may appear today as blatant contradictions in Pasternak's behavior, his inconsistency, illusions, or even fatal mistakes, emerge from the perspective of time as the immediate response to the possibilities that were available in the political turmoil of the time. These possibilities were soon squelched, but between 1935 and 1936 they still seemed to offer a chance of success. Pasternak's short-lived trust in the socialist system stemmed from the fact that the latter seemed to espouse values that were close to the poet; in the first place—the inalienable right of the citizen to independence and creative effort. It was Pasternak's conviction that only such independence corresponds to the nature of the revolution.

It was this—and not merely his poetic accomplishment—that made Pasternak into a rallying point for those writers who gathered around Gorky and Bukharin and who claimed the right to a legalized opposition within the socialist state. Pasternak defended this right to the end of his life. In this he differed fundamentally from those Soviet poets who were closest to him, i.e. from Maya-kovsky on the one hand, and from Mandelstam, on the other. In contrast to Mayakovsky's *Lef,* which advocated the total submis-sion of art to the state, Pasternak emphasized the function of art as an oppositional force,[15] whereas in contrast to Mandelstam's "suicidal" act (as Pasternak called the writing of the anti-Stalinist verse satire), the oppositional stance of the artist, as Pasternak viewed it, was to find its expression not in "underground" anti-government invectives, but in an open, "public" expression of the attitude of the "obstinate poet" to the events of the day. Paster-nak's poem "The Artist," published by Bukharin in the 1936 New Year's issue of *Izvestiya,* was meant to initiate a dialogue between those two extremes — the obstinate poet and the Leader of the state.

NOTES

1. Gregory Freidin. "Mandel'stam's *Ode* to Stalin: History and Myth," *The Russian Review,* Vol. 41, No. 4 (October 1982).

2. Guy de Mallac. *Boris Pasternak: His life and Art.* Norman, Okla-homa, 1981, pp. 117 and 159.

3. Nadezhda Mandelstam. *Vospominaniya.* New York, 1970, p. 16; Nadezhda Mandelstam, *Hope Against Hope: A Memoir.* Translated by Max Hayward. New York, 1970, p. 12.

4. Boris Pasternak. *Perepiska s Olgoy Freidenberg.* Ed. E. Mossman. New York-London, 1981, p. 151; *The Correspondence of Boris Pasternak and Olga Freidenberg, 1910-1954.* Compiled and edited by Elliot Moss-man. New York and London, 1982, pp. 151-52.

5. Max Osborn. *Leonid Pasternak.* Warschau, 1932.

6. Roy A. Medvedev. *Nikolai Bukharin. The Last Years.* New York-London, 1980; Stephen F. Cohen. *Bukharin and the Bolshevik Revolution. A Political Biography, 1888-1938.* New York, 1973.

7. Edward Brown. *The Proletarian Episode in Russian Literature, 1928-1932.* New York, 1953, pp. 39-40; Herman Ermolaev. *Soviet Literary Theories. 1917-1934. The Genesis of Socialist Realism.* Berkeley and Los Angeles, 1963.

8. Anonymous. "Zametki o peresechenii biografij Osipa Mandel'shtama i Borisa Pasternaka," *Pamyat' IV* (New York, 1981).

9. Quoted in: Jean Lacouture. *André Malraux.* Translated from the French by Alan Sheridan. London, 1975, pp. 223-24. Cf. Robert Payne. *The Life and Death of Trotsky.* New York, 1977, pp. 356-357.

188   *Lazar Fleishman*

10. Boris Pilnyak. "In Reference to Myself," *Partisan Review. A Bi-Monthly of Revolutionary Literature.* 1934, No. 3 (June-July), pp. 17-21.

11. "Pis'ma K. Fedina k E. Zamyatinu," ed. by H. Ermolaev and A. Shane. *Novyy Zhurnal* 92 (1968), p. 205.

12. Olga Ivinskaya. *V plenu vremeni. Gody s Borisom Pasternakom.* Paris, 1978, p. 73; Olga Ivinskaya. *A Captive of Time.* Translated by Max Hayward. New York, 1978, p. 59.

13. *Sotsialisticheskiy Vestnik.* Vol. 4 (December 1965), p. 92. Boris Nicolaevsky. *Power and the Soviet Elite.* Ed. by Janet D. Zagoria. New York-Washington-London, 1965, p. 22.

14. Erwin Śinko. *Roman eines Romans. Moskauer Tagebuch.* Köln, 1969, SS. 185, 269.

15. Lazar Fleishman. *Boris Pasternak v dvadtsatye gody.* München, 1981.

Boris Pasternak's Unknown Manuscripts
in the Thomas P. Whitney Collection

Aleksis Rannit (Yale University)

A light can now be shed for the first time on some hitherto unknown materials from the literary legacy of Boris Pasternak. Their
originals are in the rich private archive of Thomas P. Whitney, an
archive which thematically embraces the entire twentieth century,
from the epoch of symbolism to our day. Thomas P. Whitney, a
friend of Russia and of many of the outstanding representatives
of its culture, is known for his valuable collection of Russian fine
arts, as well as for his multivoluminous translations of modern
Russian belles lettres and political journalism.[1]

In the past this material belonged to the Moscow bibliophile,
literary specialist, and critic Anatoliy Kuz'mich Tarasenkov (1909-
1956), author of the important bibliographical work *Russkie poèty
XX veka: 1900-1955*, published by Sovetskiy pisatel' (Moscow,
1966). Tarasenkov and Pasternak became personally acquainted
in 1930. A year earlier Tarasenkov's first critical note on the poet
had appeared in the *Malaya Sovetskaya Entsiklopediya*, and subsequently, over a period of more than 15 years, he published many
articles about Pasternak in periodicals. In the course of all these
years genuinely friendly relations arose between them.[2] From the
very beginning, Tarasenkov was fascinated and overwhelmed by
Pasternak's poetry. By 1934 their mutually friendly disposition
reached its highest point, and it was this same year that Pasternak's
Izbrannye stikhotvoreniya, with a foreword by Tarasenkov, was

published. After 1936 some cooling of their relation began, and it was then that Tarasenkov wrote his series of destructive articles about Pasternak, which echoed the well-known formula of the propagandists of Socialist Realism: "A poet must write so that he is understood by the simple people that nourish him." Himself a Party member, Tarasenkov believed in the so-called justice and legitimacy of all that which in the USSR is termed an experiment unique in human history, for which one can and should forego everything else; Pasternak, on the other hand, managed to remain true to himself as the *poet* Pasternak, never sacrificing age-long human values for the Soviet lies of any given day.

In Pasternak's works a tense psychic and intellectual struggle between the fundamentally personal and the impersonally social is sharply expressed. The poet presents this with the utmost clarity in his novel *Doktor Zhivago* and in the lyrical appendix to it. The unknown variant of the poem "Gamlet" serves as evidence of the lonely moral uprightness and spiritual freedom of Boris Pasternak, the man and the artist. Although the text of "Gamlet" is well-known, I will quote it to compare it with the Whitney variant.

ГАМЛЕТ

Гул затих. Я вышел на подмостки.
Прислонясь к дверному косяку,
Я ловлю в далеком отголоске
Что случится на моем веку.

На меня наставлен сумрак ночи
Тысячью биноклей на оси.
Если только можно, авва отче,
Чашу эту мимо пронеси.

Я люблю твой замысел упрямый
И играть согласен эту роль.
Но сейчас идет другая драма,
И на этот раз меня уволь.

Но продуман распорядок действий,
И неотвратим конец пути.
Я, один, всё тонет в фарисействе.
Жизнь прожить — не поле перейти.

The text of the Thomas P. Whitney Collection is only half as long and much simpler, and undoubtedly is an earlier version of the poem. It reads as follows:

Гамлет

Вот я весь. Я вышел на подмостки.
Прислонясь к дверному косяку,
Я ловлю в далеком отголоске
То, что будет на моем веку.

Это шум вдали идущих действий.
Я играю в них во всех пяти.
Я один. Все тонет в фарисействе.
Жизнь пройти — не поле перейти.⁵

The undated poem included in *Biblioteka poèta* (Bol'shaya seriya, 1965, p. 190) as the untitled, fifth section of the cycle "Vesna" [Spring] appears in the Thomas P. Whitney Collection under the mysterious title "Tochil'shchik ili vzdokh, okazavshiysya bol'shevikom" and is there about twice as long. Reading this complicated poem, one of Pasternak's most ornamented, full of dislocations, asymmetry, and clashing images, one may come to the conclusion that the young Pasternak, like Mallarmé, is one of those poets who may suffer most grievously from an attempt to sum up and compress their ideas. I shall quote first the "canonical" text as it appears in the *Biblioteka poèta* volume.

Чирикали птицы и были искренни.
Сияло солнце на лаке карет.
С точильного камня не сыпались искры,
А сыпались — гасли, в лучах сгорев.

В раскрытые окна на их рукоделье
Садились, как голуби, облака.
Они замечали: с воды похудели
Заборы — заметно, кресты — слегка.

Чирикали птицы. Из школы на улицу,
На тумбы ложилось, хлынув волной,
Немолчное пенье и щелканье шпулек,
Мелькали косички и цокал челнок.

Не сыпались искры, а сыпались — гасли.
Был день расточителен; над школой свежей
Неслись облака, и точильщик был счастлив,
Что столько на свете у женщин ножей.

Much less clear than the published text, the variant in the Whitney Collection leads us not to any definite street landscape but to the frontiers of an undiscovered, perhaps undiscoverable, landscape. Here is the text of the unknown variant:

Точильщик

или

Вздох, оказавшийся большевиком

Чирикали птицы и были искренни.
Сияло солнце на мокрой коре.
С точильного камня не сыпались искры
А сыпались — гасли, *как спицы карет.*
(слепли)

Сквозь форточки школы к ним на рукоделье
                    (на их)
Садились, как голуби, облака.
Они замечали: с воды похудели
Заборы — заметно, кресты — слегка.
                    (березы)

Точило бежало. Из школы на улицу,
(«Тепло установится».)
На тумбы *садилось,* хлынув волной,
Немолчное пенье и щелканье шпулек
Мелькали косички и цокал челнок.

Не сыпались искры, а сыпались — гасли.
                    (Слепли)
Лезгин дожидался. Кинжал, свища,
Светлел, пробуждался — тусклый, замасленный
            (просыпался) — («А станет потеплей)
Св. ... прояснялся. Он был с леща.
(И вздуются почки».)

Тот толстый кинжал, — но мутней и безмозглей,
Прожорливей рыбы был сонный клинок.
Не сыпались искры, а сыпались — возле
Был желоб и — гасли. И цокал челнок.

(Шел дворник. Ручаюсь, он всяких чуждался
Таких сантиментов. Но дворник вздохнул:
«Когда ж это кончится!» Горец дождался,
Дал мальчику рубль и леща пристегнул.)

В то время лещи были красноречивы,
(И лещ тот и вздох)
Они в мемуары просились твои.
Сверкал тротуар, воробьи горячились,
Горели кусты и побеги хвои.

We easily understand the rhythmical idea of this poem — the
lines, pictures, images must be and are liberated by movement,
by the image of a whirling grindstone, by the idea of flight. But it
is also clear that Pasternak intentionally seeks new Expressionist
contrasts which almost border on the absurd. It is appropriate to
recall here an unpublished epigram of Severyanin:

Когда упал бы пастор нáком
и был бы этот пастор наг,
тогда сказали-б: Пастернаком
является абсурдный знак.

Of all the poetical texts in the Thomas P. Whitney Collection,
the untitled poem starting with the line "Bozhe, Ty sozdal bystroy
kasátku" seems to be of special significance:

Боже, Ты создал быстрой касатку
Жжется зарей, щебечет, летит
Низясь, зачем Ты вдунул десятку
Приговоренных Свой аппетит?

Чем утолю? Как заставлю зардеться
Утром ужасным, когда — Ничто
Идол и доля красногвардейца,
В это ужасное утро — То?

Стал забываться за красным желтый
Твой луговой, вдохновенный рассвет.
Где Ты? На чьи небеса перешел Ты?
Здесь, над русскими, здесь Тебя нет.

Pasternak appears here as a metrical imitator, having chosen the exact scheme of Derzhavin's magnificent and tender "Snegir' " (Bullfinch): "Chto ty zavodish' pesnyu voennu / Fleyte podobno, milyy snegir' ". Since Pasternak, like Derzhavin, speaks of a war and a terrible morning—the early morning of June 22, 1941, the day the Soviet-German war started, comes to mind as a possible date for the poem. And could the "idol and fate of the Red Army soldier" be Stalin himself, who had not prepared the defense of the Soviet Union? I do not know, as I do not know the date of the poem or the circumstances in which it was composed. Whatever the real, historical content of these very powerful verses, they represent an artistically convincing poetical work.

These new texts from the Thomas P. Whitney Collection deepen our knowledge and understanding of Boris Pasternak's work.

NOTES

1. The book *Russia in My Life* is from his pen—see Sergei Hollerbach's article in *Novy Zhurnal*, 141 (1981), p. 12.

[2. Boris Pasternak's inscriptions on his books in the private collection of Tarasenkov are published in the book *Avtografy sovetskikh poetov iz kollektsii A. K. Tarasenkova. Katalog* (Moscow, 1981), pp. 55-56.]

[3. Another, slightly different version of the early variant of "Gamlet" was published in Rosemarie Ziegler's article "Materialien zum Schaffen von A. E. Krucenych in Archiven der Sowjetunion (1928-1968): Zeitlicher Überblick," *Wiener slavistisches Jahrbuch*, 27 (1981), p. 113.]

Б. Пастернак и живопись

Даша ди Симпличио (Siena)

Один из первых прозаических набросков Бориса Пастернака открывается картиной опустелого, праздничного города, наблюдаемой сначала глазами живописца, а потом музыканта. Оба они замечают ту *быль,* «которая появляется...на пороге вдохновения... Живописец, случившийся в этот миг на улице, заметит, как прерывисто и редко наслежено по небу желтым мокрым ветром осени. По этой темной слякости кленов и ясеней, оставленных в небе...он почует беглую поступь осени. Тогда он оглянется и увидит...как редко касается земли мглистый, надтреснутый дождями праздничный город без людей».[1]

Появление живописца и музыканта в первых прозаических попытках у Пастернака совершенно закономерно. Живопись и музыка заполнили собою его детство и отрочество, формируя ту «детскую модель вселенной», из которой развивается художественное дарование. Общеизвестны высказывания Пастернака о глубоком влиянии на него родителей: «Многим, если не всем, обязан отцу, академику Леониду Осиповичу Пастернаку, и матери, превосходной пианистке».[2] Они обычно цитируются в биографическом плане. Их важность для художественно-идеологического и текстового уровней (по крайней мере, что касается живописи) недостаточно учитывается. От общих констатаций о зрительном подходе к миру или об изобразительных средствах живописца отходят лишь известные статьи Якобсона и Дрозды и более новые исследования Поморской.[3] Правда, в самих сочинениях Пастернака имеется множество доказательств связи его с искусством живописи.

Связь эта характеризует пастернаковское поколение вообще. В рецензии на сборник Маяковского «Простое как мычание» Пастернак так описывает судьбу «всякого крупного современного дарования»:

> Все реже рождаются на свет музыкантами, живописцами, поэтами. Существование разграниченных видов творчества для его гениальных впечатлений необязательно.[4]

Но у Пастернака сосуществование разных «специальностей» выходит далеко за пределы общих влияний времени. Когда у него просили его биографических данных, он в ответ преподносил данные своих родителей. Это было чем-то больше, чем сыновняя благодарность, это становилось «аксиомой» его творчества.[5] Более широкое, пастернаковски-«обобщенное» значение принимает следующее высказывание, наряду с хорошо знакомыми утверждениями о важности момента рождения искусства:

> «Давнишняя мысль моя, — говорит Живаго, — что искусство не название разряда или области..., но, наоборот, нечто узкое и сосредоточенное, обозначение начала, входящего в состав художественного произведения.»[6]

Детские воспоминания Бориса восходят к образам «медвежьих чучел», прогулок по Тверской-Ямской, к рисункам Серова, Врубеля, братьев Васнецовых и отца.[7] Их общим заменателем выступает «чувство испуга и восторга», аналогичное «вдохновению», переживаемому живописцем и музыкантом в упомянутом отрывке. Вот как об этом говорит Леонид Осипович:

> Добрые демоны — по-моему обыкновенные и необходимые спутники творчества. У художника-живописца они глядят через глаза его на внешний мир, на природу, на красоту форм и

красок, разлитую в созданиях божьих, начиная с крохотного цветка; демоны эти приходят в сильное волнение и восторг и до тех пор не унимаются, пока художник не совершит творческого акта и не создаст произведения искусства; тогда демоны на время успокаиваются, до следующей вспышки волнения. Работа их начинается с колыбели человеческой. Ибо, хотя я еще не понимал трудно объяснимых слов «творчество», «искусство», но красоту полных и округлых рук нянчившей меня г-жи Тхоржевской я запомнил на всю жизнь.[8]

Значит, вдохновение исходит из мира вещей, окружающих человека, одаренного повышенной впечатлительностью. «Я лично не нашел возможным ничего иного, как жить среди предметов», объявляет Борис в другом из ранних набросков, «как и все, я живу на основании неодушевленного; и если бы кто-нибудь меня спросил строго и внезапно, на каком основании живете вы...? О, я бы указал ему на эту землю, меблированную чудесным, ⟨...⟩ толпами неодушевленного. И на прошлое. Прошлое все сплошь — предметы, предметы, прошлое сплошь сцены, декорации от колыбелей до виселиц, — воспоминания... О, я указал бы ему на этот мир, который назвали внешним, на эту мебель в чехлах, которая зовет к себе в гости нас».[9] В другом месте он настаивает на том, чтобы писали «песни о полустанках».[10] Напряженный «вещизм» свойственен Пастернаку так же органично, как Жене Люверс. Более чем с футуристами, он роднит его с Рильке,[11] развиваясь с детства, в процессе наблюдения за тем, как вещи обихода становились «натурщиками натюрморта». В первом варианте статьи о Клейсте 1911-го г. есть фраза: «Клейст еще не художник, но будущий художник уже Клейст, уже готовая личность в нем». Она очень хорошо подходит и к самому Пастернаку. Лучше, чем обе автобиографии, иллюстрирует это его письмо Дм. Петровскому 1920 г., в котором Пастернак возвращается к воспоминаниям о переезде семьи на новую квартиру. Одиннадцатилетний мальчик очень тяжело переживал перемещение знакомых вещей, которые будто то становились чужими, враждебными:

Но вот что замечательно... Стоило среди всей этой злорадной ⟨...⟩ рухляди попасться чему-нибудь такому, о чем эстетики пишутся, то есть тому, что называют *красивой, хорошей вещью*, изящной или еще как-нибудь, как тотчас же эти *действительно* красивые: ноты (жирно гравированные), или перчатки, или еще что-нибудь приковывало все мое внимание вот чем: оказалось, что куда их ни ставь и как ни клади, они врагами дома не делаются, не грозят, а утешают, помнят и знают нас, и желают маме успеха и доброго пути, и обещают перевесть счет всего нашего прошлого с этой улицы на любую улицу, куда их поведут, как переводят дом с лица на лицо. Я помню, как отрывала меня мама от этих заступников — и торопила. Нельзя же так, Боря. Ты чего это зазевался? Ну в чем дело? Свеча как свеча. А это? Ленты.

Дальше Пастернак утверждает, что если бы он когда-нибудь занялся эстетикой, то он бы вернулся к «успокоительному простосердечию этих давних вещей», что он впоследствии и сделает в «Охранной грамоте».[12] Леонид Пастернак сказал бы: «Вот зарождение будущей картины: так всегда что-то в природе и натуре, привлекающее глаз и чувства, является началом картины».[13]

Мир неодушевленных предметов до такой меры волнует Бориса, что он всю жизнь как в «ангар, в который залетают за воспоминаниями», будет возвращаться к нему за мотивами отцовских картин. Натюрморты, очень далекие от «пошлых описаний»,[14] станут характеристикой его стиля. Неприбранные столы в «Истории одной контроктавы» (там рассвет — большой охотник до сыра) или в «Детстве Люверс» (см. натюрморт с яичной скорлупой и перечницей) напоминают картину Леонида Осиповича «Вечеринка у Коровина» (1916), где остатки ужина на первом плане, а люди просто служат фоном к ним. Сходные не только описания Венеции в «Записках» отца и в «Охранной грамоте» сына, но и рисунки Венеции или вокзала первого и стихотворения с тем же заглавием второго. Было отмечено, что если представить себе фигуру Пастернака-поэта, то самой естественной будет позиция сидящего у окна.[15] Она же встречается на картинах отца, например, «У окна. Осень» (1913 г.), где цвета осени совсем заполняют собою внутренний мир комнаты. Приблизительно к тому же периоду относится прозаический набросок Бориса, в котором «вещи в комнате скрыто и явно предались влиянию зимы, нависающей с окна. Они отливают улицей и небом ощутимо и неощутимо[16]

Пастернака часто упрекали в камерности его поэзии. Она полностью совпадает с теплым семейным бытом отцовских картин, где люди спят на диване, пьют чай и читают книги. Борис отвел большое значение детскому участку биографии. Отец часто зарисовывал в детской, которая стала самой полезной его «академией».[17]

Подобных совместных мотивов много, и список их легко пополнить. Цель наша — показать, что тут дело не в поверхностных биографических совпадениях, но в том, что и самый способ изображения сходен у художника и поэта и что проистекает он из сходных эстетических концпций. Правда, сын выведет их за пределы отцовского опыта. Но отец останется самым близким собеседником всегда, как только речь пойдет об искусстве.[18]

* * *

Живопись Леонида Пастернака была составной частью глубокого переворота в русском искусстве. Первые годы деятельности Леонида Осиповича прошли в борьбе с гегемонией передвижничества, ставшего к концу своего существования особенно «придирчивым» к молодым «экспонентам» (так называли художников, выставляющихся на выставках «Товарищества», но не числящихся его членами) и допускавшего только сюжетные картины, исполненные обязательно маслом. Молодые московские художники собирались в доме В. Д. Поленова и его сестры. (На вечерах бывали Архипов, Виноградов, Головин, С. Иванов, Серов, Левитан, Нестеров и др.) Знакомясь с новыми течениями в европейской живописи, они постепенно освобождались от передвижнических пут.[19] В 1903 г. Леонид Осипович выступил одним из основоположников «Союза русских художников», в который вошли бывшие члены «Общества 36-и» (т.е. ядро поленовского кружка, а также другие московские художники) и члены распавшегося «Мира искусства». Главное, что объединяло эту группу художников, было «накопление знаний, наблюдений над природой, над простой каждодневной жизнью» и стремление как можно проще и вернее выразить это в картине. «Важна живопись, ее свобода!», провозглашали они.[20]

Таким образом, на детстве Бориса Пастернака оставил неизгладимый отпечаток стилистический «сдвиг между передвижничеством и импрессионизмом», указанный Л. Флейшманом как первый этап художественного воспитания поэта. Следующим этапом будет сдвиг от импрессионизма к кубизму, лежащему «в основе поэтики раннего Пастернака».[21]

Рассмотрим подробнее эти два этапа. Внутренняя связь между ними прокламирована в статье Пастернака 1916 г. «Черный бокал». Здесь к импрессионистам, тормозящим уже изжитыми способами передачи мира новые веяния в искусстве, применена кличка «передвижников», т.е., в опыте обоих Пастернаков, менторов-ретроградов. Но, с другой стороны, в статье выражается и идея преемственной связи между импрессионистами и взлелеянными ими футуристами. «Черный бокал» — единственная статья, в которой Пастернак отрицательно отзывается об импрессионизме. Быть может, тут сыграл свою роль относящийся именно к тому времени интерес Бориса Пастернака к кубизму.[22] Впоследствии истолкование импрессионизма меняется у Пастернака: импрессионизм начинает отождествляться с новыми, авангардными течениями в искусстве, и станет лучшим образцом *реалистической* манеры в его понимании. Сходным является понимание импрессионизма у Леонида Пастернака: отсюда его выражение «импрессионисты-реалисты».[23]

Схема «Черного бокала», состоявшая из двух членов — передвижничество-импрессионизм и футуризм, — станет впоследствии трехчленной: передвижничество-импрессионизм-футуризм. При этом знаку равенства между первыми двумя членами приходит на смену сближение второго и третьего членов. Поэтому Пастернак, причисленный к «футуризму», о проблемах искусства будет всегда говорить в терминах импрессионизма (или символизма). Живописный кубизм не заменит собою ранних уроков, вынесенных из импрессионизма, он вступит с ними в неожиданные сочетания. Первый этап, — от передвижничества к импрессионизму, — скажется более всего на выборе материала и на его языковом оформлении. Второй этап отразится на способе организации накопленного материала, на синтаксическом и композиционном уровнях. Пастернаковская концепция «реалистического» искусства складывается в рамках первого этапа.

* * *

Новая московская живопись развивалась в «отталкивании» от тенденций противоположного характера: сначала — от уже упомянутой передвижнической олеографии, а затем — и от нарочитой изысканности петербургского «Мира искусства». В основе обоих «отталкиваний»[24] лежал отказ изображать мир в форме, по-настоящему не увиденной. Серов, например, оставляя Московские училище живописи, ваяния и зодчества из-за неприятия разных «измов», влияние которых стало там ощущаться, сказал Леониду Пастернаку: «Сколько ни силюсь видеть натурщицу эдаким манером — не вижу и не вижу!»[25] Старшего Пастернака и Серова сближали общие основы их художественного развития. Познакомившись друг с другом в мюнхенской Академии, гда большое значение отдавалось рисунку с натуры, они на всю жизнь сохранили эту любовь к первоисточнику. Они преклонялись перед старыми мастерами итальянского ренессанса и вообще глубоко уважали традицию. Эти черты — «самостоятельность и историзм» — выдвигает Борис Пастернак как основное, что покорило его в марбургской философской школе, и замечательно, что он философию оценивает с точки зрения художника, в терминах этики, унаследованной от отца.

По словам Л. О Пастернака, он всю жизнь занимался не более чем воспроизведением образца того величайшего художника, который «стоит за всей красотой божьего мира».[26]

Другими словами, у него, как у Бориса, новое возникало «в восхищенном воспроизведении образца». Верность «божьему образу мира» — формулировка, характерная для позднего творчества Пастернака-поэта,[27] но сама идея эта выкристаллизовалась у него намного раньше под прямым воздействием отца. Высказывания отца о неизбежной в искусстве «правде» отражаются в письме Бориса 1912 года сестре Жоничке:

> Ты должна писать, Жоничка! Только пиши *правду, правду.* Как ты видишь ⟨...⟩ а не так, как говорят, когда говорят о том, что видят. Не подделывай.[28]

Это перекликается, с одной стороны, с прочитанным несколько позже докладом «Символизм и бессмертие», а с другой — с уже упомянутой статьей «Черный бокал». Общей мыслью их является понимание «субъективного» как сверхличного, автономного качества, присущего предметам. «Твое письмо ужасно напомнило мне самого себя ⟨...⟩ Ты замечательно верно и живо чувствуешь «субъективное» во всевозможных его состояниях», — продолжает Борис в письме. Ср. в докладе «Символизм и бессмертие»:

> Действительность, доступная личности, приникнута поисками свободной субъективности, принадлежащей качеству. Признаки этих исканий, исходящих от самой действительности и в ней же сосредоточенных, воспринимаются поэтом, как признаки самой действительности. Поэт покоряется направлению поисков, перенимает их и ведет себя как предметы вокруг. Это называют наблюдательностью и письмом с натуры.[29]

Ср. в «Черном бокале»: «истинная лирика, это поистине априорное условие возможности субъективного».

«Регистрация» субъективности берет начало в раннем творчестве Бориса Пастернака. Еще в момент так называемого «дословесного начала творчества»[30] мир казался Борису «каким-то водоворотом качеств».[31] Этой *idée fixe* переполнены его письма к Ольге Фрейденберг, относящиеся к 1910 году. Возвращаясь мысленно к поездке в Петербург, Борис пытается дать выражение тому «требованию», исходящему от реальной материи (города, вокзала, вагона, извозчика), которое заставляет его импровизировать (то ли музыкально, то ли в слове). Он рассказывает кузине «фабулу о композиторской бессонной ночи». Хотя речь идет пока о музыке, логика мышления, явно, характеризует живописца. Импровизация рождается все из той же потребности «зарегистрировать, отметить навсегда все вокруг: пляшущие мысли, состояние просветления; обстановку, имя, все, чем можно отметить, пометить даже этот миг». И дальше: «Все целиком — сложный случай, когда жизнь в роли художника, когда портрет пишется элементами психическими ⟨...⟩ Мне было интересно это как вид, где и психическое, как краски и звуки, становится средством в творчестве, средством выполнения задуманного».[32] Подобно ранней фабуле о музыканте, в статье о Шопене, спустя 35 лет, Пастернак прибегает к выражениям, взятым из сферы живописи: «Его творчество насквозь оригинально не из несходства с соперниками, а из сходства с натурою, с которой он писал». И опять: «Всегда перед глазами души (а это и есть слух) какая-то модель, к которой надо приблизиться, вслушиваясь, совершенствуясь и отбирая». Из двух творческих начал, воплощенных родителями, перевес берет отцовское: оно не только в средствах изображения, но и в содержании мыслей поэта. (Интересно, что, со своей стороны, Леонид Осипович сравнивает быстрые свои наброски с «ежедневными упражнениями пианистов на рояле»).[33]

При всей неоформленности и неопределенности ранних юношеских фабул, единственно «неслучайным» элементом в них оказывается язык. Ощущение мира, характерное для живописца, находит отчетливое воплощение в *именах прилагательных*. Это выделяется поэтом и в 1955 году при чтении Блока: «Прилагательные без существительных, сказуемые без подлежащих, прятки, взбудораженность, юрко мелькающие фигурки, отрывистость — как подходил этот стиль к духу времени...». При этом о Блоке речь идет опять-таки в терминах живописи: «Петербург Блока — наиболее реальный из Петербургов, нарисованных художниками новейшего времени», — и подчеркивается быстрота и стремительность в передаче действительности, то есть как раз то новое, что введено в искусство импрессионистами.³⁴ Подобным же образом толкуется импрессионизм и в статье о Верлене: «Мазки, точки, намеки и полутоны — лучший способ отражения новой действительности».

Как было замечено, у Б. Пастернака к импрессионизму отношение двойственное, пытающееся объединить ощущение мгновения и вечности в «грозе, моментальной навек».³⁵ В 1923 г. Замятин отмечал, что современная литература движется к синтезу, «где будет одновременно и микроскоп реализма, и телескопические, уводящие к бесконечностям, стекла символизма».³⁶ Такой тенденции соответствует и понимание Борисом Пастернаком «образа человека» в искусстве. Его размышления о «символичности» искусства в «Охранной грамоте» лишь развивают сжатую формулировку «импрессионизма вечного», данную в «Черном бокале».

При перечислении мотивов, общих для сына и отца, я не упомянула пока светового луча. Свет, быть может, самый настойчивый мотив у Бориса Леонидовича и, с другой стороны, одна из главных задач, которые ставил себе Леонид Осипович. Но в то время как живописец старался передать «всю музыкальность и интимность, которую дает именно искусственный свет лампы или свечи»,³⁷ у поэта — акцент на подвижности, летучести освещения. Вот как описана одна из первых свечей, загоревшихся на страницах Бориса:

> А в комнате, на письменном столе, стоял бронзовый кузнец, и рядом с ним увядшая во мгле свеча запахнула целый угол тенями, и вот не сдержался рассвет, дохнули безлюдия, свеча пошевелила печью, как темною полой. Легко со свечой!³⁸

Картина Л. Пастернака 1909 г. «Луч солнца» могла бы послужить иллюстрацией к произведениям Бориса (что и сделано в недавнем московском издании его прозы). Первое, что замечает Женя Люверс после болезни, это перемещение световых лучей. Они же воплощают движение времени в «Апеллесовой черте» и в «Повести», и притом в самые кульминационные моменты (когда Камилла с Гейне и когда пишущий повесть Сережа поджидает Арильд). Свет — лучшее средство выражения незаконченности импрессионистической картины. О «незаконченности» искусства как о неизбежной его черте говорит и набросок о Клейсте. Непостоянность света перекликается с истолкованием Борисом искусства как картины, написанной не на холсте, а на занавесе, который находится в постоянном движении.[39] Он выражает стремление современного искуства к «ряду динамическому».[40]

Таким образом, световой луч, пришедший в движение, подводит Бориса Пастернака к переломному пункту: от первого стилистического сдвига (передвижничество-импрессионизм) ко второму (импрессионизм-кубизм).

* * *

Уже импрессионисты обратили внимание на взаимовлияние рядом лежащих предметов. Писсарро так советовал одному молодому художнику:

> When painting make a choice of subject, see what is lying at the right and what at the left, and work on everything simultaneously ⟨...⟩ The eye should not be fixed on one point, but should take in everything, while observing the reflections which the colors produce on their surroundings.[41]

Кубисты перенесли центр внимания с красок на предметы в движении. Предметы распадаются у них на отдельные части, становящиеся более важными, чем сами предметы. Такое синекдохическое понимание, как известно, характерно и для поэтики Б. Пастернака.

Явления у него представлены через побочные признаки: чемоданы в «Детство Люверс» повествуют об отъездах отца, хлопание дверей и странная ночная суматоха — о преждевременных родах матери, черный цвет мостовой говорит о близости вокзала. Синтаксис также строится не по причинной линии. Важна только одна сторона целого, как в разговоре по телефону в «Апеллесовой черте» или в эллиптических диалогах между Женей и братом.

Взаимопроникновение пространств (Женя называет его «помешательством пространств»), присущее уже картинам отца, понимается сыном по-кубистически. Уже в ранних набросках «расстояния были вогнаны друг в дружку», «на паркетах ⟨...⟩ комнат остывали светлые массы дня»,[42] и т.д., и т.д., вплоть до ламп, находящихся в «Детстве Люверс» на улице, или до сада, который перепрыгивает в комнату.

Метонимическая основа пастернаковского текста, по наблюдению Якобсона, роднит его с кубизмом. Но и интерес к так называемым «случайностям» и взаимопроникновение пространств проявляются еще до кубизма: об этом свидетельствуют картины Л. Пастернака и самые ранние наброски сына.

Складывание мира из его фрагментов проявляется в специфических чертах композиции целого. Когда старший сын поэта однажды спросил у него, ссылаясь на Маяковского, «как делают стихи», он получил приблизительно такой ответ: все начинается с композиции. Прежде всего — общая сцена (как это опять утверждается в одном из ранних набросков[43]), которая постепенно заполняется деталями. В письме к Цветаевой 1926 г. выделяются «два фокуса: 1. Композиционная идея целого ⟨...⟩ 2. Технический характер сил, двинутых в игру».[44] Такое понимание опять-таки присуще отцу-живописцу. Для Леонида Осиповича всякий «настоящий образец платья, костюма, какая-нибудь цветная тряпка ⟨...⟩ могут вызвать неожиданное сопоставление красок, стать исходной точкой живой и убедительной композиции».[45] Но у него «правильное построение» основано на строгой логической связи, удачно выраженной в следующих словах Фета: «Если портрет хорош, то в нем есть рот; и если бы открыть рот, то в нем был бы язык; под языком — подъязычная кость, и т.д.».[46] Иначе обстоит дело у Б. Пастернака. По-видимому, давнишние детские игры «в выставки» выработали в сознании его композиционный принцип построения из отдельных соположенных картин, которые однако никак не связаны логикой здравого смысла. Если взять, например, начало главы «Посторонний» в «Детстве Люверс», то каждый новый абзац

вводит новую сцену, кажется, ничем не связанную с преды-
дущими: 1. «Девочка была с головой увязана в толстый шер-
стяной платок...» 2. «Брать работу на двор всегда значило...»
3. «На этот раз это был Лермонтов...» 4. «Прохор поставил
мороженицу..» 5. «Между тем Терек, прыгая...» 6. «Денщик
поставил ведро...» 7. «Двор был широкий...». Такое «фраг-
ментарное» видение основано, тем не менее, на действитель-
ном, хотя подчас очень странном, наблюдательном пункте,
которым может быть, например, верхняя полка в купе вагона,
вид из движущегося поезда, мчащийся назад вместо того,
чтобы бежать вперед, и т.д. Б. Пастернак изобретает для
себя всё новые неожиданные точки наблюдения,[47] но никогда
не доходит до фикции, до абстракции. «Внетекстовым регу-
лятором текста является зрительный облик мира».[48] Это подчеркнуто в «Докторе Живаго», где «творческие задатки и ⟨...⟩
размышления о существе художественного образа и строении
логический идеи» связываются с Юриным интересом к физио-
логии зрения.[49]

Хотя явления действительности кажутся поначалу состав-
ленными из разных аспектов, в конце концов подчеркивается
целостность впечатления: см., например, образ «улички»,
наблюдаемой из двух разных пунктов, или образ Цветкова,
складывающийся из нескольких обрывистых встреч. «Цен-
тростремительный наблюдательный пункт», из которого
отдельные части заново складываются в единое целое, поме-
щается в пастернаковском герое, очень удачно определенном
М. Дроздой как «странствующий наблюдатель».[50] Соответствие этому мы находим в одном прозаическом наброске,
где мир разделен на два полюса, — «действительность без
движения» (т.е. неодушевленные предметы) и «движение без
действительности» (см. роль движения в живописи Леонида
Пастернака и у кубистов; здесь движение — сила искусства,
еще не нашедшая себе конкретного выражения). Объедини-
тельным пунктом выступает «композитор Шестикрылов»,
являющийся той «терапевтической нитью, которая должна
была сшивать оперированный миропорядок».[51] Не случайно толкование Жени Люверс как поэта в облике девочки.

Потребность в целостном облике мира ощущается Б. Пастернаком в тот самый момент, когда он его разлагает на части.

В этом отношении интересно показать, каким виделся кубизм Л. Пастернаку:

> Так называемый кубизм в искусстве это не что иное, как старый школьный метод, примеры которого можно найти и в египетском искусстве... Здесь в этих по-своему транспонированных изображениях с натуры мы встречаемся одновременно с результатом двух как бы противоположных методов. С *анализом*, с тщательным изучением деталей ⟨...⟩ и с *синтезом*, т.е. с ⟨...⟩ упрощенным художественным суммированием самой высокой марки.[52]

Но современному кубизму, по утверждению Леонида Осиповича, не хватает той верности натуре, на которой только и может строиться настоящий синтез.

Стремление к синтезу, или к «пластичности», отличает Б. Пастернака от футуристической живописи начала 10-х годов. Мы не согласны с G. de Mallac, когда он заявляет, что действительный опыт стал основой пастернаковского искусства лишь в постфутуристический период. В другом месте он правильно подчеркнул роль возможности для поэта видеть произведения живописи не только в их конечном виде, но в процессе их создания.[53] Лидия Пастернак вспоминает об этом так:

> When painting a portrait, he would put the easel with the picture next to, and at the level of, the sitter, and would retreat from them to the far corner of the room. From here he would observe and compare the two, completely absorbed in excited concentration ⟨...⟩ then, suddenly, with lightning speed, in one great leap, he would pounce on the portrait, add one or two brushstrokes, and return again to his corner, to observe and compare once more.[54]

У Бориса Пастернака не один такой угол наблюдения, а целый ряд их.[55] Их совокупность создает специфически пастернаковский свободный композиционный ряд. Это приводит его к кубистической дезинтеграции и одновременно к преодолению её.

ПРИМЕЧАНИЯ

1. Б. Пастернак, «Три наброска», в кн.: *Памятники культуры. Новые открытия*, Москва, 1976, стр. 110.

2. *Писатели. Автобиографии и портреты современных русских прозаиков*, Москва, 1926, стр. 227.

3. На работы Р. Якобсона и М. Дрозды в отношении к теме «Пастернак и живопись» обратил внимание Л. Флейшман в дискуссии на симпозиуме в Сериси-ла-Салль. См.: *Борис Пастернак. Colloque de Cerisy-La-Salle*, Париж, 1979, стр. 267. См. также: K. Pomorska, *Themes and Variations in Pasternak's Poetics*, Lisse, 1975.

4. Б. Пастернак, ⟨рецензия на:⟩ «В. Маяковский, *Простое как мычание*», *Литературная Россия*, 19 марта 1965, стр. 18-19. Ср.: «Другу, замечательному товарищу», *Сочинения*, Анн Арбор, 1961, том 3, стр. 162: «Поколению (не исключая Маяковского) была свойственна одаренность общехудожественная, распространенного типа, с перевесом живописных и музыкальных начал».

5. См. введение Лидии Пастернак-Слейтер в кн.: B. Pasternak, *Fifty Poems*, London, 1963, стр. 16.

6. Б. Пастернак, *Доктор Живаго*, Милан, 1957, стр. 290.

7. Цитируется по изданию Б. Пастернак, *Воздушные пути*, Москва, 1982.

8. Л. Пастернак, *Записи разных лет*, Москва, 1975, стр. 68. Ср. с мотивом рук в *Детстве Люверс* или в *Докторе Живаго* Бориса Пастернака.

9. «Три наброска», *цит. изд.*, стр. 113.

10. Неопубликованный набросок в прозе (Архив Е. Б. Пастернака).

11. См. статью: М. Гутнер, «Проза поэта», *Литературный современник*, 1936, № 1, стр. 127. В письме к жене-художнице Кларе Рильке утверждает, что не надо изображать, отделяя субъект от объекта (не "I love this", но "Here it is"). См. *Times Literary Supplement*, Dec. 23, 1983, стр. 1434.

12. Письмо Дм. Петровскому от 15 декабря 1920 г. (архив Е. Б. Пастернака).

13. Л. Пастернак, *цит. соч.*, стр. 241.

14. Б. Пастернак, *Переписка с Ольгой Фрейденберг*, New York and London, 1981, стр. 135.

15. См. А. К. Жолковский, «Место окна в поэтическом мире Пастернака», *Russian Literature*, VI, 1 (1979).

16. «Три наброска», *цит. соч.*, стр. 112.

17. Л. Пастернак, *цит. соч.*, стр. 226.

18. См. *Fifty Poems*, стр. 16.

19. Л. Пастернак, *цит. соч.,* стр. 215.

20. *Там же.*

21. См. сноску 3.

22, См. Л. Флейшман, *Борис Пастернак в двадцатые годы,* München, 1981, стр. 196.

23. Л. Пастернак, *цит. соч.,* стр. 230. Ср. с «реалистической» трактовкой импрессионизма в статье Б. Пастернака «Верлен». В том же духе и размышления Юрия Живаго о современной живописи-импрессионизме.

24. Параллель этому двойственному «отталкиванию» живописи Леонида Пастернака можно найти в «дифференцировании» Бориса, во-первых, от «ходячего» понятия истины, происшедшем еще в самом начале его творческого пути, и, во-вторых, от поэтики футуристов. Об этом последнем дифференцировании см. доклад М. Дюрчинова «Антиномия романтизм-реализм в поэтике Пастернака», в кн. *Борис Пастернак. Colloque de Cerisy...*

25. Л. Пастернак, *цит. соч.,* стр. 132.

26. *Там же,* стр. 102.

27. См., напр., стихотворение «Август» в *Докторе Живаго.*

28. Письмо Жозефине Пастернак из Марбурга от 17-го мая 1912 г. (архив Е. Б. Пастернака).

29. Цитируется по тексту, опубликованному Л. Флешманом в кн. *Статьи о Пастернаке,* Бремен, 1977.

30. Л. Флейшман, *Борис Пастернак в двадцатые годы,* стр. 200.

31. Б. Пастернак, *Переписка...,* стр. 14.

32. *Там же,* стр. 28.

33. Л. Пастернак, *цит. соч.,* стр. 60.

34. Б. Пастернак, «Люди и положения», в кн. *Воздушные пути,* стр. 429-30.

35. См. А. Синявский, «Поэзия Пастернака», в кн. Б. Пастернак, *Стихотворения и поэмы,* Москва, 1965, стр. 54.

36. Е. Замятин, «Новая русская проза», *Русское искусство,* 1923, № 2-3, стр. 67.

37. Л. Пастернак, *цит. соч.,* стр. 38.

38. Неопубликованный набросок (архив Е. Б. Пастернака).

39. Такое понимание искусства было высказано Б. Пастернаком в беседе с Вячеславом Всеволодовичем Ивановым в Переделкине летом 1959 г. (По личным воспоминаниям Вяч. Вс. Иванова на вечере Б. Пастернака, состоявшемся в марте 1977 г. в Доме актера в Москве.)

40. J. Mukařovský, «Dialektické rozpory v moderním umění» *Kapitoly z česke poetiky,* Praha, 1948, díl II, стр. 306.

41. J. Rewald, *The History of Impressionism,* New York, 1946, стр 356.

42. *Boris Pasternak. Essays,* Stockholm, 1976, стр. 43, 48.

43. «Три наброска», стр. 113.

44. См. Письмо к М. Цветаевой от 14-го июня 1926 г., *Вопросы литературы,* 1978, № 4, стр. 173.

45. Л. Пастернак, *цит. соч.,* стр. 174.

46. *Там же,* стр. 178.

47. «Изобретенье и воспоминанье — две стихии, которыми движется поэзия Б. Пастернака», — писал О. Мандельштам. См. его *Собрание сочинений в трех томах,* Нью-Йорк, 1971, том 2, стр. 330.

48. Ю. Лотман, «Стихотворения раннего Пастернака и некоторые вопросы структурного изучения текста», *Труды по знаковым системам,* IV, Тарту, 1969, стр. 228.

49. *Доктор Живаго,* стр. 80.

50. См. М. Дрозда, «Пастернак и левое искусство», *Československá rusistika,* XII, 1967, № 4, стр. 225.

51. «Три наброска», стр. 113.

52. Л. Пастернак, *цит. соч.,* стр. 237.

53. См. *Boris Pasternak. Colloque de Cerisy...,* стр. 64, и G. de Mallac, *Boris Pasternak, His Life and Art,* University of Oklahoma Press, 1981, стр. 19.

54. См. *Fifty Poems,* стр. 19.

55. «Ты же с 1910 года взял круговой билет и скачешь с места на место», — пишет Борису Ольга Фрейденберг. См. *Переписка...,* стр. 49.

Elena, Helen of Troy, and the Eternal Feminine:
Epigraphs and Intertextuality in *Sestra moya zhizn'*

Katherine Tiernan O'connor (Boston University)

In literary terms an epigraph is defined as an apposite, that is, an appropriate quotation found at the beginning of a text. A touch of irony is implicit in this definition, however, given the location of an epigraph in regard to the text it allegedly illuminates. Epigraphs, after all, *precede* a text and thereby foreshadow it in some way, yet they require the hindsight that comes with finishing a text in order to have their appropriateness fully appreciated. To compound the ironies, the closer the reader gets to the end of the text, where hindsight becomes at least theoretically operative, the farther removed s/he is, temporally and spatially, from the very epigraph that cries out for hindsight in order to be understood. Moreover, to reread an epigraph after finishing the text is sometimes to experience a sense of obviousness that is also conducive to committing it to oblivion. One does not belabor, after all, what appears to be all *too* obvious meaning.

When one reconsiders the epigraph to *Sestra moya zhizn'* (henceforth *SMZh*), a stanza taken from a poem of Nikolaus Lenau, an Austrian poet of late romanticism, certain obvious associations come to mind:

> Es braust der Wald, am Himmel ziehn
> Des Sturmes Donnerflüge,
> Da mal' ich in die Wetter hin,
> O Mädchen, deine Züge.

212

The fact that the stormy heavens serve as the backdrop or canvas for the poet's "painting" of his Mädchen or beloved foreshadows, of course, Pasternak's own representation of the beloved in *SMZh*. Thunderstorms, cloudbursts, and showers that bring no relief from the heat are often irrevocably associated with *Her* image and with the tempestuous summer of 1917 that serves as a seasonal and historical backdrop for their cosmic interaction or, more pedestrianly, their *affair*. The ethereal and transcendent female image depicted in the Lenau epigraph also reflects Pasternak's representation of the *Her* in *SMZh,* for although roughly two-thirds of the poems allude directly or indirectly to the various moods and settings of a spring-summer love affair, only a small number of them offer a concrete, tangible vision of the beloved that can be isolated from the natural setting that envelops and seems to embody her. We share the poet's sensual experience of nature and of Her, but Her actual form, although omnipresent, is ultimately elusive.

Everything considered, then, the Lenau epigraph reflects a certain transparent relevance to the text which makes us feel perfectly justified perhaps in forgetting it, once we have perceived its surface relation to the text that follows. I would suggest, however, that a further probing of the epigraph and its uncanny relation to the text of *SMZh* yields a series of ingenious subtexts which suggest that Pasternak was expanding upon and even revolutionizing the very convention of epigraphs by choosing this particular one. Thus he was reflecting once again his essential aesthetic premise that the part can indeed be coequal to the whole it represents. It is my contention, in fact, that the Lenau epigraph constitutes a kind of combination key to the various metapoetical treasures contained within the text itself. To begin with, the epigraph portrays a female form that is brought into being by the poetic *I*; its concluding two lines show the poet in the actual process of painting or drawing her features in the stormy heavens. Thus the epigraph provides two sets of clues to the Pasternak text: first it illuminates the nature of Pasternak's own metamorphosis of the female form in *SMZh* at the same time that it highlights his metapoetic preoccupation with his own role as artist-agent of whatever metamorphoses take place. The epigraph itself is a poet's creation, which, in turn, depicts an artist in the process of creating. The end result is a kind of composite photo of Pasternak himself and also of all the artists to whom he has served a primary apprenticeship and whose poetic legacy to him is both reflected and refashioned in the verses that follow.

In exploring the intertextualities set in motion by the epigraph of *SMZh*, I should like to examine in particular the way in which Lenau's text mediates, as it were, between Lermontov, to whom the book is dedicated, and Goethe, specifically, his *Faust*, a subtle yet significant presence in *SMZh*. The Lenau epigraph hints at a Faustian subtext which, in turn, points to a Lermontov subtext. Thus we are carried on a journey from Lenau to Goethe and finally to Lermontov, an appropriate final destination, considering that *SMZh* is dedicated to Lermontov and considering, too, that the poem contiguous to the epigraph, namely, the book's opening poem, is entitled "Pamyati demona" and is, of course, a celebration of Lermontov's archetypal romantic hero.

Pasternak draws an explicit association in *SMZh* between his beloved, or, rather, the metamorphosis of her addressed as Elena, and her mythic namesake Helen of Troy.[1] Similarly, Helen of Troy is Faust's ideal embodiment of the Eternal Feminine (*das ewige Weibliche*). The Lenau epigraph also contains (in my view) an echo of the Helena Act of *Faust* (Part II, Act III). Given the fact that Edgar Allen Poe's "To Helen" once provided *SMZh* with an additional epigraph ("Helen, thy beauty is to me / Like those Nicean barks of yore."), it is not surprising that the Lenau epigraph also projects what might be described as the *Helen* image.[2] To begin with, Lenau's portrayal of a female form being painted in the stormy heavens ("Da mal' ich in die Wetter hin, / O Mädchen, deine Züge.") recalls the following scene in *Faust* (Part II, Act III): When Euphorion, the child born to Faust by Helena has perished like Icarus in an ill-conceived flight, Helena's will to live fades.[3] She embraces Faust for the last time and as she does, her corporeal substance vanishes and there remains in Faust's arms her robe and veil. These garments subsequently evanesce into clouds which lift Faust off the ground, carry him away, and later deposit him on the

ledge of a craggy cliff. At this point the *Faust* subtext transports
us to Lermontov, specifically, to his poem "Utes," which provides
the epigraph for "Devochka," the sixth poem of chapter one, but I
shall return to that later . . . The *Helena* cloud formation, if we
may call it that, then drifts eastward in the sky and in so doing,
assumes a gigantic female form which recalls Helena's image.[4]

By alluding to the celestial metamorphosis of Helena in *Faust*,
the Lenau epigraph foreshadows Pasternak's subsequent explicit
association between his Elena and Faust's Helena. It is interesting
in this regard that Lenau himself is the author of a lyrical dramatic
rendering of *Faust,* although of only Part I. Even more interesting,
however, is his authorship of a dramatic fragment entitled *Helena,*
a four-page text which recalls certain details of the story of Helen
of Troy, specifically, her being wooed by different suitors, and her
being the object of various abduction schemes. Pasternak, as a
translator of *Faust,* shares *Faust* with Lenau, so to speak, and as
the author of *SMZh,* he joins the ranks, along with Goethe, Poe,
and Lenau before him, of Helen's poet-admirers.

The image of Elena, which is later conveyed in the text of *SMZh,*
bears a certain resemblance to Helen of Troy, her mythical prototype, and to the Helena realized by Goethe in *Faust*. The mythical
Helen of Troy traditionally enjoys an ambivalent reputation: she
is maligned as a seductress and commiserated with as a victim.
There is, in fact, a variant of the Helen myth (also alluded to in
Faust) which is motivated, presumably, by a desire to save her
reputation. This variant myth claims that there were not one, but
two Helens—the real one who was carried off by Hermes to Egypt,
and her false double who went off to Troy with Paris.[5] The beloved
immortalized in *SMZh* is herself a kind of double: on the one hand,
she is a victim, or at least someone who perceives herself as a victim, even a tragic heroine. This is seen in the poem, "Uroki angliy-
skogo," where she is portrayed as someone who identifies herself,
perhaps rather melodramatically, as a tragic victim of passion,
namely, as a "sister" to Shakespeare's famous tragic heroines,
Desdemona and Ophelia.[6] The beloved's self-image is, in turn,
contrasted with the poet's image of her which is often that of a
temptress: the poem, "Ty tak igrala ètu rol'," for example, portrays

her as a manipulator and a consummate actress (reminiscent of Helen the wraith, the false double who went off to Troy with Paris). Her role or perhaps her self-assumed role as victim is also alluded to in the book's penultimate poem, "Posleslov'e," in which the poet disclaims any responsibility for her alleged pain and suffering. He does not, however, absolve her of blame as is seen in the opening and title poem of the penultimate "Elene" chapter, in which he expresses his own frustration and rage ("Ya i ne pechatnym / Slovom ne pobrezgoval by . . .") and yet at the same time his awareness of the futility of ascribing blame or seeking redress. The polar opposites which are combined in the portrait of Pasternak's beloved also relate to the question of sensuality and sexuality. In the poems, "Iz suever'ya," and "Ne trogat'," her healthy and revitalizing sexuality are affirmed. However, in "Dik priem byl, dik prikhod . . ." her coldness and resistance to passion are highlighted.

Anyone familiar with Pasternak's oeuvre has no doubt observed the frequency with which pairs of women appear who are in some respects binary opposites of each other—whether it be Anna Arild and the prostitute Sasha in the story, *Povest'*, or Tonya and Lara in *Doktor Zhivago*. In *SMZh* the picture of the beloved that emerges suggests a kind of resolution of these opposites. This transformation of polarity into aesthetic unity is appropriately named Elena, for Helen *is* an embodiment of female *totality*: victim, victimizer, sensual, cold, young, innocent, mature, guileful. Goethe's *Faust* also places a pair of women in the limelight, namely, Margarete and Helena—Helena being a kind of "classically idealized counterpart" of Margarete.[7] Margarete is as much a tragic heroine, the victim of Faust, as Ophelia is of Hamlet, and Desdemona of Othello. Helena, on the other hand, an "ideal projection of Faust's own imagination," is very much the equal of her creator.[8]

If Lenau's epigraph carries us to *Faust* and the hero's phantasmagorical actualization of Helen of Troy, his incarnation of the Eternal Feminine, then the *Faust* text, in turn, transports us to yet another text, as we have already noted, namely, to Lermontov's "Utes," which provides the epigraph for the poem, "Devochka," the sixth poem of chapter one ("Nochevala tuchka zolotaya / Na grudi utesa—velikana."). The scene from *Faust* that triggers this association comes at the very beginning of Part II, Act IV, where we find Faust deposited on the ledge of a craggy cliff by a cloud formation which assumes a gigantic female form reminiscent of Helena. The association with Lermontov's "Utes" is, I think, quite obvious. Faust, like the craggy old cliff in Lermontov's poem (the masculine noun *utes*) is left to contemplate the departure of a be-loved *female* cloud. What is striking, however, is the reversal of size relationship and proportions that is evident in the *Faust* and "Utes" texts—a reversal which is itself subsequently reversed in Pasternak's own treatment of a related subject, to wit, the rela-tionship between the *feminine* branch (*vetka*) and the *masculine* garden (*sad*) portrayed in the poem "Devochka." In the Goethe text Faust, the earthly mortal, is dwarfed in size by the gigantic female form assumed by the clouds. In Lermontov's "Utes," how-ever, it is the old craggy cliff that is gigantic (*utes-velikan*) and the *feminine* storm-cloud (*tuchka*) that is small and diminutive. Pas-ternak's poem, "Devochka," on the other hand, offers what might be termed a resolution of the polarity that characterizes the size relationships in the Lermontov and Goethe texts. In Pasternak, not surprisingly, the *feminine* branch and the *masculine* garden are metaphorically *equal* in size. This is seen in the fact that an adjective used to describe the branch in "Devochka," namely, *huge* (*ogromnyy*), is used three times in the preceding poem, "Zerkalo," to describe the garden. Thus although the one single branch is, quantitatively speaking, part of the plurality and totality of the garden, it is not diminished, either intrinsically or metaphorically, by virtue of its being part of a whole. Likewise, the mirror or pier-glass (*tryumo*) which reflects the garden in the preceding poem, "Zerkalo," and which is itself an allegorical reflection of the poet himself, is also the *equal* of the garden.[9] It is, in fact, the equality shared by the branch, the mirror, and the garden that accounts for the branch being addressed as *sister* and as a "*second* pier-glass." If the branch is part of the garden but essentially equal to it in stature and size, then the poet, the lone creator, is part of the totality of creation, namely, life, and yet he, too, is its peer, the brother of the sister, as it were. The equality characterizing this part/whole relationship is further enhanced by the way in which Pasternak manipulates gender: the poet (masculine) may be part of the whole that is life (feminine), but the branch (feminine) is part of the whole that is the garden (masculine). Thus both masculine and feminine partake of *part*iality and *total*ity equally. Since it is the Lenau epigraph with its veiled *Faust* subtext and its impressionistic evocation of the Helena image that sets all this textual interplay in motion, it bears noting that the relationship between Faust and Helena, his phantasmagorical creation, is also essentially one of equality.[10] The female image which the poet traces in the stormy heavens in the Lenau epigraph and which, in turn, evokes Helena's celestial metamorphosis in *Faust* is addressed as "Mädchen." This *Faust* subtext then transports us to Lermontov and, finally, back to Pasternak's own verses and *SMZh*. It is appropriate, therefore, that the "Mädchen" immortalized by Lenau in the epigraph is once again called to mind by the "Devochka" of Pasternak's poem.

The relationship between Pasternak's "Devochka" and Lermontov's "Utes" is interesting in yet another way. The branch in the Pasternak poem leaves the garden just as the storm-cloud leaves the cliff in the Lermontov poem, but with a major difference: it leaves the garden against its will, severed from its natural habitat by a human hand and removed to the unnatural environment of a glass (*ryumka*) for decorative purposes ("No vot ètu vetku vnosyat v ryumke / I stavyat k rame tryumo."). In its new state of confinement within a glass the branch finds itself in a much less enviable situation that it had been earlier when it was reflected, along with the garden, by the glass of the mirror. It is sadly ironic, therefore, that the severed branch is set in a glass which is placed in front of the very mirror that had earlier reflected it in its free state. It is, moreover, this forced displacement, this unnatural confinement that accounts for the branch's state of tearful somnolence at the end of the poem ("Kto èto, gadaet, glaza mne ryumit / Tyuremnoy lyudskoy dremoy?"). In Lermontov's poem, "Utes," however, it is the old craggy cliff that is left to "cry in the wilderness" (*plachet v pustyne*) after the storm-cloud has gone on its carefree way. Thus Lermontov reverses conventional gender roles, for it is the *female* (the storm-cloud) that is free to wander as she pleases and that is not tied to a specific setting. Conversely, it is the *male* (the cliff) that is earth-bound and un-free (at least in terms of movement) and that suffers the sense of loss. In Pasternak's "Devochka" the tears of the *female* (the branch) are caused by its *involuntary separation from* the *male* (the garden), whereas in Lermontov's "Utes" the tears of the *male* (cliff) are caused by the *voluntary departure of* the *female* (the storm-cloud). Complementarily, however, it is whichever gender that suffers the sense of loss that is immortalized in the separate titles of the two texts; the *masculine* "Utes" in Lermontov and the *feminine* "Devochka" in Pasternak.

Thus far we have considered the textual interplay set in motion by the single stanza from Lenau that provides Pasternak with an epigraph for *SMZh*. The poetic text from which the epigraph is taken, however, namely, Lenau's "Dein Bild," suggests additional and more far-reaching textual reverberations.[11] For example, an interesting opposition is set up in "Dein Bild" between the verb *to see* (*sehen*) and *to paint* (*malen*). The opening stanza shows the poet seeing in the sunset sky the *picture* or *image* named in the title, whereas the fourth stanza, the epigraph-stanza, shows him painting "her features" in the stormy heavens. It is, in fact, only in this stanza that the image seen in the sky is identified as female and addressed by the poet as "Mädchen." The poet progresses, in other words, from being merely a passive observer of Her presence to being an active artist of Her creation.[12]

The convention of a poet contemplating a picture or image of his beloved is one much favored by romantic poets and one which has some relevance to *SMZh*. Iuriy Lotman's article, "Analiz dvukh stikhotvoreniy," explores the way in which Pasternak reworks and refashions this convention in the poem, "Zamestitel'nitsa" (which concludes chapter four, "Zanyat'e filosofiey"), specifically, the way in which his treatment of the subject draws upon but ultimately revolutionizes the tradition bequeathed to him from Lermontov and Heine.[13] I would only add to this that the Lenau epigraph itself and the poem from which it is taken form part of this textual interplay. One of the Lermontov poems which serves as an implied subtext for "Zamestitel'nitsa," and which Lotman discusses, is the poem, "Rasstalis' my, no tvoy portret . . ." In Pasternak's "Zamestitel'nitsa" the more lofty *tvoy portret* becomes the consciously prosaic *tvoya kartochka* ("Ia zhivu s tvoey kartochkoy . . ."). Lenau's "Dein Bild," however, provides the first clue as to the chain of associations and the creative manipulation of poetic convention that will follow. A Lermontov subtext is reflected in the poem, "Zamestitel'nitsa," not only by means of the poetic convention which it exploits, but also by means of its "Caucasian lexicon" (seen in stanzas five through eight).[14] This evocation of the Caucasus recalls not only Lermontov's oeuvre in general, but his "Demon" in particular, to which tribute is paid in the book's opening poem, "Pamyati demona." It is indeed significant that "Zamestitel'nitsa" concludes the chapter of *SMZh* ("Zanyat'e filosofiey") which explores the poet's own *pursuit* of and preoccupation with poetry, since this positioning once again reflects Pasternak's textual bonding with Lermontov, to whom he dedicates the verses that are *SMZh*.

Lotman argues that although the title of the poem, "Zamestitel'nitsa," reflects that romantic tradition with which it wages a textual polemic, the actual text of the poem itself belies that tradition. For example, the picture of the beloved that the poet contemplates in the poem is not so much a *replacement* of a lost beloved (as it is in Lermontov and Heine) as it *is* the beloved herself.[15] The *photo* that the poem describes is, in fact, an animated *moving* picture that partakes of all the dynamism of *living* life. I should like to stress, however, that it is the poet himself who is ultimately responsible for *animating* the *photo* he sees. Not content to remain a passive observer of a two-dimensional reflection of an *original,* he brings it to life and thereby recreates it in his own image. In the stanzas reflecting a "Caucasian lexicon," the beloved is likened, by means of a simile construction, to a force of nature ("Tak sel by vikhr' . . ."), and it is certainly the poet's creative powers that make possible such a transformation. Without the artists and poets of this world the "real-life" *Elenas,* the *pale* originals, as it were, are destined to remain just that. Through the transforming powers of the artist, however, they are reincarnated as the transcendent *Helens*. Thus Pasternak transforms one *replacement*, the prosaic *photo* of the beloved which he *sees,* into yet another, namely, the *replacement* of which he himself is the source, the image which he *paints*. This ultimate *replacement* then becomes the quintessential metapoetical tribute to the poet himself. Finally, we recall the Muse herself, yet another candidate for inclusion in this seemingly endless series of *replacements*. The Muse *replaces* the poet's real-life infatuations, the *Elenas,* when he is in the throes of inspiration, but ultimately She, too, cedes Her place to the *Helens,* the *replacements* made possible by the Muse.

In concluding our discussion of the elaborate intertextuality initiated by the Lenau epigraph, let us look at the book's opening poem, "Pamyati demona," and consider what is gained in our reading of it by taking into account its contiguity to the epigraph already discussed. To begin with, the brooding Byronic Demon, the fallen angel condemned to solitary flight, has something in common with the Mädchen depicted in the Lenau epigraph. Both are artists' creations drawn against a background of mountain peaks and stormy heavens. It is, however, precisely in his role as the archetypal tragi-romantic hero that the Demon is most emphatically distinguished from the poet-creator who gives him life. Pasternak's dedicatory poem depicts the Demon in a state of ritual mourning, continuing to visit Tamara's cloister-cell long after death has taken her away. Tamara, the beloved, is absent from the poem, and what is present is only the now empty places and spaces forever associated with her. Even more important than her absence from the poem is the absence of an image of her created as a *replacement*. Lenau's *image* (*Bild*), Lermontov's *portrait* (*portret*), and Pasternak's *photo* (*kartochka*) are the *replacements* made available to the poet-creators but not to their creations. The Demon, a being whose natural habitat is the heaven, flies *down* to earth to *see* his beloved's *absence*. But the poet, a being of this earth, looks *up* to the heavens to *create* Her *presence*. The image that results is of a transcendent Helen, the embodiment of the Eternal Feminine, and it is as indelible as it is ineffable and elusive.

NOTES

1. The elusive beloved is mentioned by name only in the book's penultimate chapter, "Elene." Its title poem, which begins the chapter, makes the association between Elena and Helen of Troy explicit.

2. Lazar Fleishman, *Boris Pasternak v dvadtsatye gody* (Munich: Wilhelm Fink Verlag, 1981), footnote 64, pp. 285-286.

3. I should add, coincidentally, that Euphorion, Helena and Faust's son, is viewed as an allegorical representation of the poet, or, more precisely, of Lord Byron. See Johann Wolfgang von Goethe, *Faust*, ed. Cyrus Hamlin, trans. Walter Arndt (New York: W. W. Norton, 1976), footnote 8, p. 251. Byron, as we recall, is one of the triumvirate of romantic poets — Lermontov, Poe, and Byron — whom Pasternak expresses a comradely affection for and indebtedness to in the third poem of *SMZh,* "Pro èti stikhi."

4. The cloud formation also recalls the images of Leda, Helen's mother, and Juno, her step-mother, so to speak, since she is the Queen of the heavens and thus the "lawful" wife of Zeus or Jupiter who is Helen's natural father.

5. Goethe, *Faust,* p. 224.

6. The poem, "Elene," which draws an explicit association between Elena and Helen of Troy (as noted above), also makes reference to Ophelia as well.

7. Stuart Atkins, *Goethe's Faust: A Literary Analysis* (Cambridge: Harvard University Press, 1958), p. 195.

8. Ibid., p. 193.

9. See A. D. Sinyavsky, "Vstupitel'naya stat'ya" in Boris Pasternak, *Stikhotvoreniya i poemy* (Moscow-Leningrad: 1965), p. 21

10. Atkins, *Goethe's Faust,* p. 193.

11. The entire text of the Lenau poem from which the epigraph is taken is as follows:

Dein Bild

Die Sonne sinkt, die Berge glühn,
Und aus des Abends Rosen
Seh' ich so schön dein Bild mir blühn,
So fern dem Hoffnungslosen.

Strahlt Hesperus dann hell und mild
Am blauen Himmelsbogen,
So hat mit ihm dein süsses Bild
Die Sternenflur bezogen.

Im mondbeglänzten Laube spielt
Der Abendwinde Säuseln;
Wie freudig um dein zitternd Bild
Des Baches Wellen kräuseln! —

Es braust der Wald, am Himmel ziehn
Des Sturmes Donnerflüge;
Da mal' ich in die Wetter hin,
O Mädchen, deine Züge.

Ich seh' die Blitze trunkenhaft
Um deine Züge schwanken,
Wie meiner tiefen Leidenschaft
Aufflammende Gedanken.

Vom Felsen stürzt die Gemse dort,
Enteilet mit den Winden;
So sprang von mir die Freude fort
Und ist nicht mehr zu finden.

Da bin ich, weiss nicht selber wie,
An einen Abgrund kommen,
Der noch das Kind der Sonne nie
In seinen Schoss genommen.

Ich aber seh' aus seiner Nacht
Dein Bild so hold mir blinken,
Wie mir dein Antlitz nie gelacht; —
Will's mich hinunter winken? —

12. This distinction is blurred, I might add, in the translation of the Lenau epigraph that is provided in the *Biblioteka poeta* edition cited above (footnote 8). The translation of the epigraph's concluding two lines is especially unfortunate: "Togda v dvizhenii buri mne vidyatsya tvoy devich'i cherty." The creatively active verb *I paint* (*mal' ich*) is rendered as the passive construction *mne vidyatsya* and thus the polarity between *I see* and *I create* is obliterated.

13. Iu. M. Lotman, "Analiz dvukh stikhotvoreniy," *Teksty sovetskogo literaturovedcheskogo strukturalizma* (Munich: Wilhelm Fink Verlag, 1971), pp. 191-224.

14. Ibid., p. 221.

15. Ibid., p. 216

«Сад» и «Я сам»: Смысл и композиция стихотворения «Зеркало»

Анна Юнггрен (Bryn Mawr College)

Из известных трех редакций «Зеркала» ниже приводится вторая, наиболее пространная, по изданию «Сестры моей жизни» 1922 г. Стихотворение появилось впервые в 1920 г. в сборнике «Мы», где оно называлось «Я сам» и состояло из шести строф. Затем было дописано окончание, в котором фигурирует лирическое «я», а в версии 1957 г. были опущены три центральные строфы.

ЗЕРКАЛО

В трюмо испаряется чашка какао,
    Качается тюль, и — прямой
Дорожкою в сад, в бурелом и хаос
    К качелям бежит трюмо.

Там сосны враскачку воздух ссаднят
    Смолой; там по маете
Очки по траве растерял палисадник,
    Там книгу читает Тень.

И к заднему плану, во мрак, за калитку
    В степь, в запах сонных лекарств
Струится дорожкой, в сучках и в улитках
    Мерцающий, жаркий кварц.

Огромный сад тормошится в зале
    В трюмо, — и не бьет стекла!
Казалось бы все коллодий залил
    С комода до шума в стволах.

Зеркальная все б, казалось, нахлынь
   Непотным льдом облила,
Чтоб сук не горчил и сирень не пахла
   — Гипноза залить не могла.

Несметный мир сменит в месмеризме
   И только ветру связать
Что ломится в жизнь и ломается в призме
   И радо играть в слезах.

Души не взорвать, как селитрой залежь
   Не вырыть, как заступом клад.
Огромный сад тормошится в зале
   В трюмо, — и не бьет стекла.

И вот, в гипнотической этой отчизне
   Ничем мне очей не задуть.
Так после дождя проползают слизни
   Глазами статуй в саду.

Шуршит вода по ушам и, чирикнув,
   На цыпочках скачет чиж.
Ты можешь им выпачкать губы черникой,
   Их шалостью не опоишь.

Огромный сад тормошится в зале,
   Подносит к трюмо кулак,
Бежит на качели, ловит, салит,
   Трясет и не бьет стекла! [1]

Это стихотворение обладает большой притягательной силой для интерпретаторов. К нему неоднократно обращались пастернаковеды,[2] пытаясь объяснить отдельные образы, как, например, загадочную «Тень» во второй строфе, и свести дробные элементы зеркального мира в смысловое единство. Зеркало опосредует и смещает два смысловых ряда: первый соотнесен с садом, второй — со зрителем, с лирическим «я» (пласт автометазначений).

Уже первоначальный вариант названия, «Я сам», дает понять, что текст этот содержит элементы поэтического автопортрета и носит манифестный характер. Однако элементы автометаописания, принадлежащие сфере «я сам», разделяют участь пастернаковского лирического «я», т.е.

оттесняются на периферию, вычеркиваются и, одновременно, растворяются в поэтическом повествовании, наделяя его
двойным дном.[3]

Этот парадоксальный принцип пастернаковской поэтики
теоретически был выражен в статье «Несколько положений»
(1922 г.), где Пастернак обрушивается на эстетику:

> Эстетики не существует. Мне кажется, эстетики не сущест-
> вует в наказанье за то, что она лжет, прощает, потворствует
> и снисходит. Что, не ведая ничего про человека, она плетет
> сплетню о специальностях.[4]

Одновременно, по другому теоретическому источнику,
«Охранной грамоте», любое произведение искусства содержит в себе рассказ о своем собственном рождении, смысл его
идентичен не теме, а энергии творческого акта, вдохновению
автора:

> Самое ясное, запоминающееся и важное в искусстве есть его
> возникновенье, и лучшие произведения мира, повествуя о наи-
> различнейшем, на самом деле рассказывают о своем рожде-
> нии.[5]

Таким образом, автокомментарий, рассказ произведения
о самом себе или, шире, об искусстве скрыт за рассказом о
«наиразличнейшем» и ему, по мысли Пастернака, имманен-
тен. Обращенность слова к самому себе и к истории своего
возникновения порождает такие названия как «Охранная грамота» и «Повесть» в прозе, «Определение поэзии» в поэзии.
В «Докторе Живаго» эстетические рассуждения вплетены в
ткань романа; текст обильно поясняет сам себя и колеблется
между собственно повествованием и автокомментарием.

Эта общая для произведений Пастернака черта, сочленен-
ность «рассказа о наиразличнейшем» с рассказом «о себе»,
представляется смысловым стержнем «Зеркала». За поэти-
ческим описанием сада до, во время и после дождя раскрывается второй пласт значений, связанный с темой творчества
как гадательного вглядывания и прозрения; сад наделяется

четвертым, зазеркальным измерением.

Стихотворение заключает в себе историю возникновения изображения сада. Если в первой строфе «трюмо» «бежит в сад», выхватывая фрагмент неограниченной действительности, то в последней строфе, перекликающейся с началом стихотворения, сад уже полностью перенесен во внутреннее зазеркальное пространство и заключен в раму изображенья.

Открытому, разомкнутому пространству 1-ой строфы («в бурелом и хаос») противопоставляется замкнутый в раму, подчиненный власти зеркала сад, точнее, его отражение, которое «трясет и не бьет стекла». Сад внутри изображения продолжает жить («тормошится в зале»), он как бы пересоздан в процессе смысловых трансформаций по ходу стихотворения. Напор сада на зеркальную поверхность условен, движение не имеет реальных последствий, «не бьет стекла». Перенесение фрагмента действительности в изображение сопряжено со снятием противопоставления динамики и статики. Показательна в этом отношении замена «зеркала» в заглавии на иноязычное «трюмо». Морфологически это слово принадлежит к разряду несклоняемых, в предложной конструкции «в трюмо» винительный падеж и предложный совпадают. Строчка «в трюмо испаряется чашка какао» оказывается грамматически двусмысленной, нейтрализуя противопоставление направленного движения (Вин. п.) и местопребывания, т.е. статики (Пред. п.).

Вписанная в стихотворение внутренняя рама, дважды повторяющееся «Огромный сад тормошится в зале/В трюмо — и не бьет стекла», — делит его на три части, которые можно тематически обозначить как «сад», «зеркало» и «изображенье/я сам». Первая и последняя часть определяют основную единицу макрокомпозиции — 3 строфы. Так, три строфы дописываются во второй редакции и присоединяются к уже написанному через обрамляющую 7-ую строфу, 3 изымаются из последней редакции, из трех состоит «Девочка».

«Зеркало» вместе с «Девочкой» составляют диптих. Значок отражения, которым объединялись эти тексты, указывает на конфигурацию, отличную от простого соположения или следования. Это построение иконически воспроизводит направленные друг на друга зеркала. Два взаимоотражающих зеркала, метафорически, — фигура безграничного тождества, — создают иллюзию глубины. В русской романтической поэзии упоминаются два способа гадания с зеркалами. Гаданье с зеркалом и свечой в «Светлане» Жуковского:

> Вот в светлице стол накрыт
>   Белой пеленою;
> И на том столе стоит
>   Зеркало с свечою.[6]

Другая техника гадания с зеркалами описана у Фета как «зеркало в зеркало»:

> Зеркало в зеркало, с трепетным лепетом,
>   Я при свечах навела;
> В два ряда свет — и таинственным трепетом
>   Чудно горят зеркала.[7]

Стихотворение Пастернака воспроизводит именно этот способ гадания с зеркалами: «второе трюмо» — метафора сестры в «Девочке»; намек на свечу тоже обнаруживается в «Зеркале»: «Ничем мне очей не задуть.» Текст стихотворения несколько раз обращается к образным ресурсам гадания с зеркалами: к ним можно отнести сравнение души с кладом, т.к. зеркалом пользовались в поисках кладов,[8] мотив пристального вглядывания, «зоркости глаз» и, наконец, «гипноз», т.е. сон (ср. хотя бы «Светлану» Жуковского).

Стихотворение можно представить себе как несколько вписанных друг в друга обрамлений, сходящихся к центру, т.е. вереницу уходящих в мнимую глубину зеркальных отражений. Повтор полустишия «Огромный сад тормошится в зале/ в трюмо, — и не бьет стекла», очерчивает границы мнимого пространства, в котором сад отражен, или изображен. Начало и конец стихотворения образуют внешнюю раму, отмеченную парой «трюмо — стекло» с метонимическим сдвигом. Кроме того, первая строфа начинается и кончается словом «трюмо», а последняя обрамлена разорванным надвое и разведенным на 1-ую и 4-ую строку рефреном, лейтмотивом «зеркала».

Переход от пейзажной первой части к зеркально-мнимой второй сопряжен с переходом от индикатива к сослагательному наклонению, к modus irrealis: «*казалось бы* все коллодий залил», «зеркальная все *б казалось* нахлынь», «*чтоб* сук не горчил». Кроме того, во второй части появляются, по контрасту с утвердительными предложениями первой, отрицания. К отрицательным предикатам «не бьет стекла», «чтоб сук не горчил и сирень не пахла», «души не взорвать», зачеркивающим позитивный призрак, но не устанавливающим обратного, следует прибавить формально-морфологически отрицательные «непотный лед» и «несметный мир», а также риторическое, отрицательное по смыслу «и только ветру связать». Для ветра характерна коннотация с исчезновением, пропажей, отсутствием. (Ср. «Ищи ветра в поле» или «бросать на ветер», «пойти на ветер», «как на ветер»[9]). В мире сна отсутствуют признаки реальной, осязаемой действительности. В «гипнотической отчизне» угнетаются, «заливаются коллодием», сенсорно самые яркие — запах и вкус, а также слух («Казалось бы все коллодий залил/С комода до шума в стволах»).

6-ая строфа, завершающая стихотворение в первой редакции, во второй — оказывается в роли эксплицитного фокуса, следуя сразу за немой серединой. Если система повторов-отражений связывает текст по вертикали, то в 6-ой строфе намечается его горизонтальная ось, образованная двумя анаграммами. В первой строке 6-ой строфы дважды повторяется имя Месмер: эксплицитно, в понятии «месмеризма» и еще раз анаграмматически, прочитываясь дважды справа налево и слева направо: «НЕСметный МИР СЕМенит». Еще одна анаграмма обнаруживается 4-ой строке: это слово «радуга» в «и РАДО иГрАть».[10] В этих двух анаграммах доводится до конца тенденция намеченная уже в обрамлении. В первой строфе «тюль — и прямой» раскладывают на два фонетических рефлекса слово «трюмо», которые затем снова совмещаются в «трюмо» в конце строфы; в последней строфе «сад —

в зале» складываются в «салит». 6-ая строфа как центр стихотворения выступает в обрамлении двух анаграмм, очерчи-
вающих самое глубокое из вписанных друг в друга отражений. Интерпретация анаграмматически зашифрованных слов
«Месмер» и «радуга» важна для понимания смысла текста.

Месмер — создатель наивно-физической теории души. Психические состояния человека зависят, по Месмеру, от при-
ливов и отливов «животного электричества», текучего по
своей природе. Отсюда у Пастернака метафора «несметный
мир», т.е. множество мелких «психических» частиц, а также,
возможно, и «нахлынь», т.е. прилив «животного электричества». Имя Месмера, таким образом, связано с размышле-
ниями о сущности души и предвосхищает следующие далее
строки «Души не взорвать как селитрой залежь/Не вырыть
как заступом клад».

Анаграмированная «радуга» естественно завершает рассказ о дожде, ей кончалось стихотворение в первой версии.
Однако во второй — этот образ оказывается поворотной точкой, мементом перехода от сада к «я», появляющемуся далее
в третьей части. «И радо играть в слезах» дает «радугу» в
переадресовке к субъекту, как радужный спектр слез и, одновременно, намек на радужную оболочку глаза.

Таким образом, в фокус стихотворения, в глубину зеркала
вписан глаз. Глаз как знак зрения или созерцания ставит это
стихотворение в обширный философский контекст, ядром
которого можно считать проблему восприятия. В философ-
ском своем аспекте стихотворение наследует проблематику
занятий в Марбурге (Ср. вопрос Когена в «Охранной грамоте»
— «Was ist Apperzeption?») и примыкает к рассуждениям о
родовой субъективности в докладе «Символизм и бессмертие». Кроме того, «радуга», по-видимому, обременена для
Пастернака философскими коннотациями еще и потому, что
А. Бергсон прибегает к сравнению аналитического созерцания
с радужным спектром.

> Il faudra donc évoquer un image d'un spectre aux mille nuances,
> avec des dégradations insensibles qui font qu'on passe d'une nuance
> a l'autre.[11]

Проблема восприятия выступает как общее звено между теорией познания и философией творчества. Юрия Андреевича Живаго Пастернак заставляет интересоваться устройством глаза, что и комментирует в романе:

> Этой зимою Юра писал свое ученое сочинение о первых элементах сетчатки на соискание университетской золотой медали. Хотя Юра кончал по общей терапии, глаз он знал с доскональностью будущего окулиста.
>
> В этом интересе к философии зрения сказались другие стороны Юриной природы, — его творческие задатки и его размышления о существе художественного образа и строении логической идеи.[12]

«Глаз», помещенный в центр стихотворения, знаменует одновременно поворотный момент в его смысловом развертывании и переход к автопортретной части (Ср. уподобление «я» — «глаз»: «Как конский глаз, с подушек, жаркий, искоса/ Гляжу, страшась бессонницы огромной»).

В третьей части в соответствии с ее ego-ориентированным характером появляются автоцитации. Первая из них, сравнение «Души не взорвать как селитрой залежь» восходит к самым ранним литературным опытам Пастернака, к полулирическому полуфилософскому диалогу об искусстве, датируемому примерно 1911-13 гг.

> — *Конечно*, — *перебивает он*, — *это близко романтизму.* Но понимаешь ли его. Может быть думают, что все те факелы жизни, которые зажигают своеобразные драмы добра и зла, счастья и несчастья, истины и лжи, погруженные и эстетическое, как в колодец потухают; и остается переплескивание и зыбь прекрасного и безобразия, о нет, это говорят те, которые не испытали этой негромкой тихой муки; *поджигателей жизни никогда не становится меньше, и вот подходя со своими факелами к эстетическому, они взрывают этот колодец, если он не пустой и если полон взрывчатого эстетического дыхания.*[13]

Это пространное рассуждение свернуто в одну метафору и включено в стихотворение в отрицательной форме, что устанавливает дистанцию и, одновременно, отношения диалога между двумя текстами. Юношеский романтизм отодвигается в прошлое, ему на смену приходит новая эстетическая позиция и новая поэтика «Сестры моей жизни».

Далее, строка «ничем мне очей не задуть», в которой глаз уподоблен свече, также имеет предысторию. Уже в период первых литературных опытов Пастернак был занят поисками формулы, выражающей отождествление зрителя и зримого.

Так, под впечатлением стихотворения Фета Пастернак пробует писать собственное стихотворение, смещая и по-разному преобразуя отношения между читающим, источником света и книгой:

> Как читать мне! Оплыла печать
> Ах откуда, откуда сквожу я
> . . . .
> Мною гонит страницу чужую

Еще один вариант:

> Как читать мне! Оплыли слова
> Ах, откуда откуда сквожу я
> В плошках строк разбираю едва
> Гонит мною страницу чужую.[14]

Ср. у Фета:

> Не спится. Дай зажгу свечу. К чему читать?
> Ведь снова не пойму я ни одной страницы —
> И яркий белый свет начнет в глазах мелькать,
> И ложных призраков заблещут вереницы...[15]

В «Зеркале» эта смысловая фигура найдена: глаз замещает источник света в метонимической метафоре «ничем мне очей не задуть». В целом, в стихотворении можно проследить тенденцию к конверсии и нейтрализации отношений субъекта и объекта, агенса и пациенса: так, в 3-ей строфе «сонные лекарства» вместо «снотворных», т.е. «усыпительных», — и «усыпительная отчизна», а не «сонная». Последнее представляет собой парафраз «сонного царства». Кроме того, на уровне синтаксиса можно отметить конструкции с двойственными анафорическими связями. В 9-ой строфе «по ушам» можно соотнести как с персоной лирического героя, так и со статуями, упоминаемыми в 8-ой. В 9-ой строфе «им» грамматически неоднозначно, прочитываясь из-за непосредственного соседства со словом «чиж» как творительный падеж единственного числа, а по аналогии с «их», как дательный множественного: им, т.е. статуям. Эти две особенности как бы продолжают общую тенденцию к колебанию в выборе точки отсчета из-за зеркальной обращенности отношений и смещенности границ между «я» и «садом» по ходу, «перетекания» сада из сада в зал.

В поэтике «Зеркала» воплощены черты, которые много позднее Пастернак выделяет в качестве признаков «реализма»: это «точность», т.е. метонимическая дробность изображения, и то, что Пастернак называет «особым градусом» творчества:

> Везде, в любом искусстве реализм представляет, по-видимому, не отдельное направление, но составляет особый градус искусства, высшую ступень авторской точности. Реализм есть, вероятно, та решающая мера творческой детализации, которой от художника не требуют ни общие правила эстетики, ни современные ему слушатели и зрители.[16]

Дробность и детальность описаний, черта, общая для поэтики сборника, имеет в «Зеркале» особый смысловой оттенок. Изображение дано как бы в укрупненном масштабе; приближение глаза наблюдателя позволяет различить не только «сучки» и «улитки» на дорожке, но и мерцающие кристаллы кварца, и несметные частицы «месмеризма». Одновременно психические свойства субъекта и абстракции уплотняются и делаются предметно-зримыми: так, душа описывается с помощью месмеровой физической метафорики, взгляд уподоблен свече, а во внешнем мире, т.е. в саду, слизень напоминает отторгнутый от носителя глаз.

Истоки этого образа обнаруживаются в одном из ранних текстов:

> Карий [гнедой] зрачок [мальчик] зерна [снегу].
> А ближе брови переходят в кусты и под [черту]
> под ними [капель] благовеста и вечереют огни.[17]

Второму предложению этого отрывка тоже находится соответствие, хотя и вне этого стихотворения: «Предгрозье играло бровями кустарника».

Наконец, «особый градус искусства», т.е. вдохновенье, о котором говорится в статье о Шопене, представлен в стихотворении совершенно конкретно, как особый температурный режим, при котором одновременно сочетаются жар и холод. С одной стороны, упоминается шуршащая вода, слизни, а с другой стороны, «жаркий» кварц и пылающий взгляд в «ничем мне очей не задуть». При этом в «климате» стихотворения крайности объединяются: «лед» и «пот» заключены в один терминологизм «непотный лед»,[18] в 8-ой строфе содержится сравнение горячего («ничем мне очей не задуть»), с холодным («Так после дождя проползают слизни...»).

Горящий взгляд — важнейший атрибут романтического, или символистического, поэта-провидца. В «ничем мне очей не задуть» стилистическая коллизия между поэтизмом «очи» и отмеченным смысловым сдвигом предикатом «не задуть» создает эффект сбоя конфронтации с портретом поэта по Брюсову:

> Юноша бледный со взором горящим...

«Зеркало» не только преломляет и трансформирует облик символистического поэта, но и вступает в полемику с первым брюсовским заветом: «не живи настоящим». Взгляд пастернаковского поэта обращен не к гадательно прозреваемому будущему, а к настоящему, которое запечатлевается мгновенно и во всей полноте подробностей, как на фотоснимке (ср. название и метафорику одного из стихотворений цикла — «Гроза, моментальная навек»).

Третья часть стихотворения отмечена сбоем во временной последовательности, который предваряет завершающее описание второй лирической персоны — сада. В последней строфе сад слит с наблюдателем и наделен антропоморфными чертами: «подносит к трюмо кулак». Эта деталь восходит, по-видимому, в качестве живописного источника к «Автопортрету в зеркале» Пармиджанино, на котором автор картины, не лишенный некоторого сходства с самим поэтом, изображен с увеличенной выпуклым зеркалом и приближенной к зрителю кистью руки.

В финале стихотворения сад как бы заново слагается из перечисления и переупорядочивания элементов описания, уже раньше появлявшихся в тексте стихотворения. Так, первая и четвертая строка — это обрамление, состоящее из разбитого надвое лейтмотива «зеркала», с заменой «в трюмо» на «трясет». Вторая строка продолжает линию третьей, автопортретной части и, как было сказано выше, имеет, по всей вероятности, живописный источник. Третья варьирует мотив игры из начала стихотворения. Эти разрозненные и соотносимые с разными смысловыми сферами элементы собраны вместе в последней строфе: синтаксически — сведены в одно предложение, а по смыслу — в одно изображение. Сведенные воедино модусы существования сада перечисляются как однородные сказуемые. Однако, соотносимые с разными ипостасями лирического субъекта, сказуемые эти не упорядочиваются в единую временную последовательность, приписываемую им чисто синтаксически, а сосуществуют все разом, вне времени и логического порядка. Едва намеченная в начале стихотворения способность зеркала снимать противопоставление динамики и статики, проявляется в финале во всей полноте как запечатленное, увековеченное движение («ловит, салит»). Творческое постижение мира не направлено в будущее, как у символистов, не подчинено логическому порядку, а разворачивается в бергсонианской «la durée»:

Sette unité [la durée — A.L.] a mesure que j'en approfonderai l'essence, m'apparaîtra donc comme substrat immobile du mouvant, comme je ne sais quelle essence intemporelle du temps: s'est ce que j'appellerai l'éternité...[19]

Таким образом, сад, замкнутый вовнутрь изображения, т.е. вовнутрь стихотворения «Зеркало», освобождается от уз времени и причинности и начинает существовать в надвременном настоящем игры.

ПРИМЕЧАНИЯ

1. Цит. по: Борис Пастернак, *Сестра моя жизнь*, Берлин-Петербург-Москва, 1923.

2. См., например, А. Синявский, «Предисловие», в кн.: Борис Пастернак, *Стихотворения и поэмы*, с. 21; Л. Флейшман, «К характеристике раннего Пастернака», в кн.: *Статьи о Пастернаке*, Bremen, 1977; а также подробный, хотя неисчерпывающий разбор этого стихотворения в статье: J. M. Schulz, «Pasternak's "Zerkalo"», *RL*, 1, 1983, с. 81-100.

3. Roman Jakobson, «Notes marginales sur la prose du poete Pasternak», *Questions de poetique*, P., 1973.

4. Цит. по: Борис Пастернак, *Собрание сочинений в трех томах*. Под ред. Г. П. Струве и Б. А. Филиппова, т. 3, с. 154.

5. Цит. по: Борис Пастернак, *Собрание сочинений в трех томах*, т. 2, с. 24.

6. Цит. по: В. А. Жуковский, *Избранное*, М.-Л., 1973, с. 155.

7. Цит. по: А. Фет, *Стихотворения*, М., 1979, с. 28.

8. См. этнографический материал, собранный в кн.: J. Roheim, *Spiegelzauber*, 1919.

9. См. хотя бы список поговорок о ветре у Даля: В. Даль, *Толковый словарь живого великорусского языка*, т. 1, М.-Л., 1956.

10. Я благодарю Ю. И. Левина, в беседе обратившего мое внимание на эту анаграмму.

11. H. Bergson, «Introduction à la métaphysique», *Revue de la métaphysique et le morale*, P., 1903, с. 6.

12. Цит. по: Б. Пастернак, *Доктор Живаго*, Societé d'Édition et d'Impression mondiale, 1959, т. 1, с. 94.

13. Б. Пастернак, «Уже темнеет. Сколько крыш и шпицей!», в: A. Ljunggren, *Juvenilia Б. Пастернака: 6 фрагментов о Реликвимини*, Stockholm, 1984.

14. Цит. по Е. В. Пастернак, «Первые опыты Бориса Пастернака», *Труды по знаковым системам*, вып. 4, Тарту, 1969, с. 244.

15. А. Фет, *там же*, с. 104.

16. Борис Пастернак, *Собрание сочинений в трех томах,* т. 3, с. 172.
17. «Первые опыты Бориса Пастернака», *там же,* с. 252.
18. См. о «непотном льде» в: J. M. Schulz, *op. cit.,* с. 98.
19. H. Bergson, *op. cit.,* с. 23.

Звук как тематический мотив
в поэтической системе Пастернака

Баяра Арутюнова (Harvard University)

Вопрос о роли звука как тематического мотива крайне важен для понимания поэтической системы Пастернака. Значение звука в поэзии — звуковой ткани стиха — не требует доказательств. Поэт «прежде всего мыслит звуками», утверждает в статье о месте звука в поэзии Вячеслав Иванов.[1] У Пастернака «мышление звуками» идет дальше: он связывает звуки с тематическими мотивами; соотношение звука и значения развивается у него на уровне плана содержания. Мы попытаемся показать место и художественную функцию мотива звука на материале первых четырех циклов его стихотворений.[2]

Мотив звука в поэзии Пастернака часто недооценивается. Одним из объяснений этого может быть то, что сам поэт обходил вопрос о значении звука в своей поэзии, ставя в тень то, что с такой очевидностью выражено в его стихах: звучанье видимого мира, наделенного им такой щедрой окрестровкой.[3] Думается, что прав был А. Д. Синявский, заметивший, что у Пастернака нередко «внутренняя близость... служит истинной причиной отталкивания от ближайшего».[4] Речь шла о романтизме, но то же наблюдение можно сделать и по отношению к звуковому аспекту его поэзии. Миру звуков поэт посвятил много лет, как композитор и пианист: «Жизни вне музыки я себе не представлял... Музыка была для меня куль-

гом».⁵ В 1913 году с музыкой было покончено — ее «я вырвал
вон из себя», — но период этот не прошел бесследно: в поэзию
музыка вошла звуком, темой и ритмом. Однако, этот отказ
от звука во имя слова, который так и не привел к преодолению
звука, объясняет нежелание говорить о создании нового на
материале старого.

Многие исследователи исходят из часто цитируемых слов
Цветаевой: «Пастернак в стихах *видит*, а я *слышу*».⁷ Общим
местом стало утверждение ориентации Пастернака на зрительное восприятие. Правда, пятью годами позже, Цветаева
высказала мысль, противоречащую ее первому наблюдению:
«Лирическое „я“ Пастернака — есть тот, идущий из земли
стебель живого тростника, по которому струится сок, и, стру-
ясь, рождает *звук*».⁸ Эти слова Цветаевой перекликаются с
наблюдением Мандельштама о том, что впервые после Язы-
кова звук снова вошел в поэзию: «Этот посвист, щелканье,
шелестенье, сверканье, плеск, полнота жизни, половодье образов и чувств с неслыханной силой воспрянули в поэзии Пастернака».⁹

Утверждая, что искусство — губка, что цель поэзии «не
исказить голоса жизни»,¹⁰ Пастернак создает модель мира,
построенную на ощущении «единства всего, что живет и дышит, и происходит, и появляется».¹¹ Если поэзия — губка, то
она впитывает весь мир во всех его аспектах, не выжимая из
него звучания. Поэт сам уточняет вопрос об уровнях восприятия в своих «подобиях» эмпирическому миру: искусство
«складывается из *органов восприятия*». Это высказывание
делает ясной установку Пастернака: он вовсе не хотел оглу-
шать свои картины. Его поэтический мир представлял даже
не озвученную реальность, а скорее услышанное им звучание.

Прежде чем перейти к рассмотрению поэтического материала, остановимся на самом понятии звукового мотива, который мы определяем как семантически отмеченную единицу,
представляющую соотношение между понятием звука (обо-
значающее) и обозначаемым; последнее может быть либо аб-
страктной категорией, либо конкретным явлением событий-
ного ряда. Попав в поэтический текст, звук семантизируется,

получает референтную функцию. Важным фактором является повторяемость звуков, которая приводит к узнаванию их значения. Звуковые мотивы входят в поэтическую систему Пастернака, становясь средством выражения его поэтической мысли.

Начнем с исключения из этой категории звуков, которые не отвечают требованиям повторяемости и соотнесения с определенным референтом. Такие звуки сами по себе не лишены значания, но они служат скорее звуковым фоном, иллюстрацией к отдельному стихотворению, чем конструктивным элементом поэтики Пастернака. Приведем несколько примеров: «И рыхлый, / Как лед, трещал и таял кресла шелк». (*НП*, 67) «... низкий рев гармоник / Поднимаем с пыли...» (*СМЖ*, 131) «Базар шумел и дребезжал». (*СМЖ*, 120) «После Москвы мотоцикл тараторил / Громкий до звезд...» (*ТиВ*, 193) пение двери (*СМЖ*, 118), звуки зурны (*СМЖ*, 110), шипенье ужонка (*ТиВ*, 191) — примеров множество. Они или обозначают отдельные звуки реального мира или служат фоном, создающим настроение. Наблюдается интересная закономерность: если пение птиц, с его мелодической тональностью, выступает как повторяющийся звуковой мотив, то звуки, издаваемые животными, не могут быть отнесены к этой категории. Например: «Лишь знойное щелканье белочье / Не молкнет в смолистом лесу». (*ПБ*, 93) «Встает в колонны рев скота». (*ПБ*, 93) «И бешет пес, и бьет в луну / Цепной, кудлатой колотушкой». (*ПБ*, 101) «Отпечатаны рекой / Зной и тявканье овчарок» (*СМЖ*, 138).

Мы также выводим из категории звуковых мотивов те звуки, которые, попав в текст, лишаются значения физического звучания. Такие превращения звука в незвук наблюдаются в устойчивых словосочетаниях и фразеологизмах текста и подтекста стихотворения. В приводимых примерах представлены различные градации ослабления — снятия значения звука. «Стучатся опавшие годы, как листья, / В садовую изгородь календарей». (*ПБ*, 83) — неизбежность хода времени по модели «стучится старость». Понятие уходящего времени закрепляется в образе садовой изгороди календарей. «...верь /

Гремящей вслед тебе мигрени!» (*СМЖ*, 129) — восходит к словосочетаниям «трещит голова», «стучит в висках», но в то же время, ассоциируясь с мотивом грома, усиливает эмоциональное напряжение строки. «Гром не грянул, что креститься?» (*СМЖ*, 132) Понятие звука вытесняется улавливаемой в подтексте пословицей «Гром не грянет, мужик не перекрестится» — раз не случилось ничего угрожающего, нечего креститься, чего-то опасаясь. «Чьи стихи настолько нашумели, / Что и гром их болью удивлен» (*СМЖ*, 128). Опять псевдозвук: стихи стали известными, привлекли внимание. Звуки в стихотворении «Заместительница» (*СМЖ*, 130) являются не звуковыми мотивами, а иконическими знаками, представляющими эмоциональную линию стихотворения: «Я живу с твоей карточкой, / С той, что хохочет, / У которой суставы в запястьях хрустят...» Звуки и шумы вещей — треск колоды, шум люстры, пассаж Листа — все это метонимические штрихи, создающие атмосферу через детали обихода.

Мотивы звука, связанные с темами поэзии Пастернака, становятся структурными элементами его поэтической системы. Содержание ранних циклов может быть сведено к триаде: природа, творчество, любовь. К ней примыкают маргинальные для этого периода темы города, истории и социальных сдвигов. Темы эти, развивающиеся через ряд мотивов, могут быть отнесены к различным тематическим классам. Важно выявить какие звуки чаще всего встречаются у Пастернака и установить их соотношение с определенными понятиями. При этом следует учитывать повторяемость отнесения звука к одному источнику, а также его нахождение в определенном семантическом поле. Так как мотивы эти выражают контрастные смысловые категории, то продуктивнее представить их в оппозициях. Однако, сразу оговариваем: концепция слитного мира, «единства всего существующего»,[13] из которой исходит поэт, привела его к выводу о взаимозаменяемости образов, деталей — «...каждую можно заменить другою».[14] А это, в свою очередь, делает возможным не только установление оппозиций, но также и их снятие.

Звуки настолько органически входят в поэтику Пастернака,

что попытка установить типологию звуковых мотивов неизбежно вылилась бы в представление всего его поэтического мира. Поэтому ограничимся очень общей схемой, в которой будет дан инвентарь звуковых мотивов первых четырех циклов Пастернака.

Мир культуры (неприроды) представлен звуками и шумами: *города* с его улицами, площадями, магазинами, вокзалом; *дома* с его окном, дверью, лестницей, вещами; садом, двором. Город связывается с миром природы через пригород и поезд. *Мир природы* и его звуки представлены дачей, селом. В нем действует постоянная оппозиция между землей и небом. Земля: лес, роща, сад, поле с их деревьями, кустарниками, травой, цветами; птицы, животные, насекомые; море, река, озеро, волны, лед. Небо — источник туч, грома, дождя, ливня, снега, града. Динамический фактор: ветер, приводящий к метели, вьюге, бурану.[15]

Помимо этого, в звуке развиваются также темы: человек — толпа, творчество — отсутствие творчества, гармония — отсутствие гармонии, любовь — отсутствие/конец любви. Все эти категории связываются с их звуковым выражением. Ограничения этой статьи разрешат нем рассмотреть только некоторые из этих мотивов.

В отличие от Блока, Пастернак не был поэтом города. Свою раннюю поэзию он сам определил как «пригород, а не припев».[16] В его очень субъективном образе города, основанном на концепции слитного мира, субъект и объект могут легко меняться местами. Говоря о своем ви́дении города, Пастернак заметил, что не человек «сообщает о том, что делается в городе, а сам город устами человека заявляет о себе».[17]

Звуки города чаще всего попадают в отрицательное семантическое поле. Из отдельных случаев употребления можно вывести гуденье и грохот как инварианты городского звучанья. За ними следуют шумы, отмеченные дисгармонией. Дождь, представленный своим звуковым индексом, чаще всего служит почвой для вдохновенья, стимулом к творчеству.

«Встав из грохочущего ромба / Передрассветных площадей» (*НП*, 72) рисует озвученный геометрический образ города. Дождь связывается с темой творчества: «Напев мой опечатан пломбой / Неизбываемых дождей». Сами звуки не даны: ни дождя, ни стихов («напев»), но в последнюю строфу введен образ «стихами отягченных губ». Мы увидим позже, что у Пастернака орган артикуляции (субъект действия) нередко дается вместо звука (объект, результат действия).

Такое же слияние мотива городского грохота, развитого через цепь звуковых образов, с темой творчества представлено в первом стихотворении *Начальной поры* (65) «Февраль». Через весь текст проходит звуковая линия: звуки и шумы города сливаются с темой творчества в порыве озвученной эмоции: «Достать чернил и плакать! Писать о феврале навзрыд... слагаются стихи навзрыд». Нарастание звука идет от «плакать» к «навзрыд» (звуковое выражение плача). Природа, служащая объектом творчества, здесь также дана в звуках: «грохочущая слякоть», которая связана смежностью с кликом колес, причинностью — с шумным ливнем. В один ряд сведены звуки города, инструмент творчества и его эмоции: «ливень / Еще шумней чернил и слез». Парономастические скрепы закрепляют эту связь: клик — колес — ливень — слез (kl'k — kl's — l' — sl's). Важно отметить точность образов Пастернака, их соответствие реальной картине — и звучанью — московских улиц тех лет, на что обратил внимание в своих воспоминаниях брат поэта, А. Л. Пастернак.[18] Подтверждается наше наблюдение, что Пастернак не озвучивает искусственно свои стихи, а вводит в них услышанные им звуки реального мира.

В стихотворении «Вдохновенье» (*ТиВ*, 156) представлена константа звуковых мотивов грохота и гула: «Только гулом свершенных прогонов, / Поднимающих пыль издали», «Этот грохот им слышен впервые». Звуки и формы города входят в поэзию: «Завтра, завтра понять я вам дам, / Как рвались из ворот мостовые, / Вылетая по жарким следам». В свою очередь, поэзия проникает в жизнь города, и в нем город находится «Под стихом и при нем часовой». Особенно безнадежно настроение в стихах, где город ставит под угрозу воз-

можность творчества: «Как с севера дует! Как щупло / На-
хохлилась стужа! О вихрь, / Ощупай все глуби и дупла, /
Найди мою песню в живых». (*ТиВ*, 197) Стихи 17-го года
создает мрачное звучание города: «Город кашляет школой
и коксом». Здесь причина (отопление коксом) и результат
(кашель школьников) сведены в одно целое, расширенное до
масштабов города (*ТиВ*, 196). Такой же кашель, но на этот
раз «покашливанье», результат мартовского дождя и таянья
снега, дан в сцене, где звуковой и зрительный аспекты слиты
в одно метафорическое целое (один из редких примеров у Пастернака метафоры, основанной только на сходстве при отсутствии смежности): «Дремала даль, рядя неряшливо / Над
ледяной окрошкой в иней, / И вскрикивала и покашливала /
За пьяной мартовской ботвиньей». (*ТиВ*, 157) Даже городское
небо, с его шумами, отмечено мрачной тональностью: «И у
туч, громогласных до этого, — / Фистула и надтреснутый
присвист». (*ТиВ*, 196) В стихотворении «Двор» (*ПБ*, 74-75)
границы города расширяются: рисуется подавляющая картина городских окраин. Динамический фактор — ветер — раз-
двигает пространственные рамки от фабричного двора до
широкой панорамы городских окраин, которые также отмечены мотивом гула: «Этот ветер, как кучер в мороз / Рвется
вперед... / к кручам гудящих окраин и фабрик».[19]

В городских стихах Пастернака отсутствует зрительный
образ церкви. Даже в архитектуре средневекового Марбурга
он не увидел церквей, а показал «...когтистые крыши...над-
гробья». (*ПБ*, 108) Нет храмов и в Венеции. В Москве с ее
«сорока сороками» церковь только раз дана через ассоциацию
с ее зрительным образом, который связывается с щебетаньем
птиц:[19] «Разве только птицы цедят, / В синем небе щебеча, /
Ледяной лимон обеден / Сквозь соломину луча?» (*ПБ*, 89). В
«Балашове» (*СМЖ*, 120) похоронный обряд молокан пере-
веден в зрительный план, при этом звуки песнопенья сливаются с накрапываньем дождя: «Сквозь дождик сеялся хорал /
На гром и шляпы молокан».

Церковь, однако, не отсутствует в поэзии Пастернака: она
последовательно представляется через свой индекс: колоколь-

ный звон. Но это не звон (общепринятое употребление), а
гуденье, гул, который мы включаем в круг звуковых мотивов.

Гул и гуденье колоколов, которые можно считать инвари-
антом их звучанья, представлены в стихотворении «Болезнь»:
«...помнишь, помнишь давешних / Колоколов предпраздничных гуденье?» (*ТиВ*, 173) В том же тексте: «Вдали, в Кремле
гудит Иван, / Плывет, ныряет, зарывается». (*ТиВ*, 168) Обо-
значение самого звука — гуденья — здесь обогащается указанием на характер звука в поле распространения звуковой
волны. В другом стихотворении определение звука заменяет-
ся метонимическим ходом: указанием на материал колокола,
медь; при этом очевидна ассоциация с краской звука: «Под
сумерки к тебе в окно / Он всею медью звонниц ломится».
(*ТиВ*, 171) Колокол иногда представляется также как «благо-
вест» и «зык», но изолированное употребление не допускает
их отнесения к категории звуковых мотивов.

Городскому неблагополучию с его грохотом и гулом про-
тивопоставлен у Пастернака мир дома, который связывается
с внутренней жизнью человека. Окно дома — тот рубеж, который ограждает от напора внешних сил: «Открыть окно,
что жилы отворить». (*ТиВ*, 177) Это одновременно вход в
дом жизни извне и выход из дома в жизнь. Напряжение между
этими двумя функциями окна отличает многие произведения
Пастернака. Однако, в ряде случаев отношения эти усложня-
ются. Наряду с отталкиванием от внешнего мира, от которого его защищает окно, человек нередко принимает то же
окно как положительный фактор. Так снимается оппозиция,
представленная в функции окна: проникновение через него
внешнего мира становится желательным.

В стихотворении «Зима» (*НП*, 71) звуки метели входят в
дом в форме фантастических картин через заслонку и отду-
шины печи. Но в последней строфе эти образы исчезают:
оказывается, что окно защитило дом от метели, от которой
остался только один след — пласты снега: «И невыполотые
заносы / На оконный ползут парапет. / За стаканчиками купороса / Ничего не бывало и нет». В картине летней ночи окно
защищает от ветра и дождя: «Всю ночь в окошко торкался, /

И ставень дребезжал». (*СМЖ*, 116) Моторное представление «торкался» ассоциируется с его звуковой манифестацией. В стихотворении «До всего этого была зима» (*СМЖ*, 117) окна преграждают доступ в дом воронам:

> В занавеска кружевных
> Воронье.
> Ужас стужи уж и в них
> Заронен.
> Это кружится октябрь,
> Это жуть
> Подобралась на когтях
> К этажу.
> Что ни просьба, что ни стон,
> То, кряхтя,
> Заступаются шестом
> За октябрь.

Дом дан в метонимическом срезе: этаж — лестница — кружевные занавески. Мрачный образ ворон (сниженная форма «воронье») озвучен карканьем парономастических сочетаний: *кру*женье — *ок*тя*бря* — *кря*хтя — *кру*жевных — *октябрь* — *де*рева — *др*ова (kr — k...r — kr — kr — k...r — d...r — dr). Параллельно проходит звуковая линия с сочетанием мрачных, темных звуков уж (už) и ее метатезы жу (žu): кр*уж*ится — *жу*ть — эта*жу* — *уж*ас — ст*уж*и — *уж* (už — žu — žu — už — už).

В стихотворении «У себя дома» (*СМЖ*, 145) после раздражающих шумов, от которых за лето успел отвыкнуть поэт: «В городе — говор мембран, / Шарканье клумб и кукол» — сразу же следует: «Надо гардину зашить: / Ходит, шагает масоном». Поэт, который не в состоянии творить в городских условиях, предостерегает самого себя: «Не спорить, а спать. Не оспаривать, / А спать. Не распахивать наспех окна...» (*ТиВ*, 197)

Другая функция окна у Пастернака: оно открывается звукам к картинам, вводящим в дом природу, которая принимается с восторгом. Летняя буря может оказаться желанной: навстречу ей лирический герой сам открывает окно:

Я спал. В ту ночь мой дух дежурил.
Раздулся стук. Зажегся свет.
В окно ворвалась повесть бури.
Раскрыл, как был, — полуодет.

Эта «повесть бури» вызывает моторно-акустические представления. Ставится вопрос «подобий»: «Там подлинник, здесь — бледность копий». Решается он утверждением совершенства природы. В «Марбурге» (*ПБ*, 109) окна распахиваются, и через них в дом входят запах акации, свет луны; пение соловья не названо (представлено нулем), но уже одно его присутствие ассоциируется со звуками соловьиного пения. В «Июльской прозе» (*ПБ*, 94) дается метафора пяти окон, отразивших молнию грозы: «У всех пяти зеркал лицо / Грозы, с себя сорвавшей маску». Следующее стихотворение «После дождя» (*ПБ*, 95) начинается картиной после дождя, наблюдаемой из окна: «За окнами давка, толпится листва...»

В трех стихотворениях, которые можно назвать циклом в цикле (*СМЖ*, 113-116), делается следующий шаг: сад попадает в дом. Здесь дается скорее переживание дождя, чем сам дождь. В «Плачущем саде» (*СМЖ*, 113-114) лирический герой вошел в природу, их голоса слились, один вытесняет другой. В ожидании дождя сад «Мнет ветку в окне, как кружевце» — метафора ветра: ветки деревьев или кустов ударяются об окно. В «Зеркале» (*СМЖ*, 114-115) сад начинает жить своей второй, отраженной жизнью в трюмо. Проникнув в дом, «Огромный сад тормошится в зале / В трюмо — и не бьет стекла!» Окно не названо, но ясно, что через него отражение сада попадает в трюмо. В «Зеркале» природа и ее проникновение в дом развиваются в зрительных образах. Звук появляется только при выходе в реальный сад: «Шуршит вода по ушам, и, чирикнув, / На цыпочках скачет чиж». Проводится равнодействующая черта, связывающая беззвучие дома со звуками сада: «...с комода до шума в стволах». В последнем стихотворении этой группы, «Девочка» (*СМЖ*, 115), окно снова не названо. Развивается тот же мотив отражения сада в трюмо, но здесь происходит одна из пастернаковских метаморфоз: ветка, вбежавшая в трюмо, вдруг материализуется, выходя из своего отраженного образа, и кем-то ставится в рюмку около трюмо. В отличие от первых двух стихотворений этого триптиха, из последней его части звук исключен, все построено на зрительном изображении.

Вторая функция окна — давать выход событиям и звукам дома — представлена в лирике Пастернака значительно реже. Стихотворение «Про эти стихи» (*СМЖ*, 111) посвящено теме творчества. Мир города служит источником и темой стихов, которые, в свою очередь, входят в него звуком и темой. Поэт теряет представление о времени: окно оградило его, видимо, от общего хода событий. Через окно же он устанавливает с ним связь:[20] «Сквозь фортку крикну детворе / Какое, милые, у нас / Тысячелетье на дворе?» Звуковая линия стихотворения проведена через чтение стихов («...дам читать сырым углам. / Задекламирует чердак...»), через буран, вызывающий представление звука, и восклицание поэта, обращенное к детворе. В «Еще более душном рассвете» (*СМЖ*, 136) оркестрованы звуки в доме и вне дома. Центральная часть стихотворения рисует нетерпенье, с которым лирический герой ожидает пробуждения любимой. Наблюдательная позиция его — вне дома, откуда все его эмоции устремлены к происходящему за окном:

> Я умолял приблизить час,
> Когда за окнами у вас
> Нагорным ледником
> Бушует умывальный таз
> И песни колотой куски...

Ясно, что действия за окном могут быть только услышаны: и звуки воды в умывальнике, и обрывки песни. Много лет спустя Пастернак повторит мотив звуков дома, волны которых приводят в вибрацию стекла окон и находят выход из него в природу:

> В доме хохот и стекла звенят.
> В нем шинкуют, и квасят, и перчат,
> И гвоздики кладут в маринад.

Лес забрасывает, как насмешник,
Это шум на обрывистый склон.

«Бабье лето», 433

Обратим внимание на то, что окно представляется Пастернаком метонимически через свои части: раму, ставни, подоконник, «оконниц полукружья», форточку, даже петельку форточки, занавеску, гардину, стаканчик купороса, отмечающий границу окна, его связь с погодой.

Трудно свести звуки, входящие в окно Пастернака, к определенным инвариантам. Открытое в мир города и природы, оно впускает все многообразие слышимого и видимого мира. Лишь в немногих случаях доминируют, как в «Бабьем лете», звуковые представления. Чаще всего происходит совмещение звуковых, зрительных и моторных восприятий, входящих в поэтический мир Пастернака.

Перейдем к мотиву звука, связанному с темой революции. В своих ранних сборниках Пастернак пишет о революции сравнительно мало. Она была для него важна, в первую очередь, его личным восприятием событий. Подобно Блоку, он прислушивался к шуму своего времени, стараясь найти в нем гармонию. Эти поиски неизменно отсылали его к природе. Можно сказать, что тема революции развивается в ранних циклах Пастернака в категориях звука, который часто получает выражение через тропы. Уже в раннем «Десятилетии Пресни» (*ПБ*, 77-79) звуки в «стане стачек» сочетаются со звуками прислушивающейся к ним природы. Начинается стихотворение с описания дворов рабочих окраин: «Глушь доводила до бесчувствия / Дворы, дворы, дворы... / С их глухоты — с их захолустья...» Раздается «спертых воплей караул». Необычное сочетание «спертых воплей» (в значении «приглушенные») связано ассоциацией с рядом: захолустье — глушь — глухота. Дальше дается причина («когда посул / Свобод прошел») и следствие (расправа: «говор дул», стрельба). Небо вовлечено в земные дела. Ноябрьские тучи, с их шрамом «на старом месте», представлены жестом предостережения: «...приложив / К устам свой палец...» Но небо все же принимает участие в событиях. Следующая за этим звуковая метафора по смежности — «Разбастовавшихся небес» — говорит о готовности вмешаться в события: «Стояли тучи под ружьем / И как в казармах батальоны, / Команды ждали».

В «Весеннем дожде» (*СМЖ*, 123) рисуются февральские дни в столице, вечер на театральной площади. Дождь психологизируется, он сочувствует революции — на всем «Мокрый нахлест / Счастья». В криках народа, гордого «на наших асфальтах собой», ропот толп связывается с их ртом, горлом, и это находит отражение в парономастических скрепах: rt — tp — rpt.

В стихотворении «Распад» (*СМЖ*, 134) революционные события, уже выведенные за пределы города, охватили Поволжье. Вначале небо было встревожено и прислушивается к событиям. Сам звук сначала не дан, но вся строфа к нему подготавливает:

> И воздух степи всполошен:
> Он чует, он впивает дух
> Солдатских бунтов и зарниц,
> Он замер, обращаясь в слух.

Затем события определяются и получают звуковое выражение: «Там — гул. Ни лечь, ни прикорнуть».

Тему революции и связанный с нею мотив звука можно гораздо чаще найти в более поздних произведениях Пастернака. «Клекот лихолетья» представлен в них звуками грохота, гуденья, гула. Интересно отметить, что те же звуки встречаются в воспоминаниях А. Л. Пастернака, который описывает, как в дни декабрьских волнений в Москве они с братом всю ночь прислушивались к громыханью и гулу обстрела.[21]

Пастернак — поэт природы. Перефразируя его слова о Блоке,[22] можно сказать, что природа — «суммарный мир» его творчества. Как замечает Цветаева, трудно в стихах Пастернака «отделить природу, гораздо легче отделить неприроду».[23] Природа для Пастернака — не фон и даже не объект описания, а содержание, самая суть его поэзии. Поэт впитывает природу, а потом возвращает ей ее образ. «И, оказывается: *только* образ поспевает за успехами природы».²⁴ Все темы творчества Пастернака пропускаются через природу, входят в природу. Даже «Людей мы изображаем, чтобы накинуть на них погоду. Погоду, или, что одно и то же, природу — чтобы на нее накинуть нашу страсть».²⁵

В мире природы все питается, ощущается и вдохновляется дождем. Дождь Пастернака и связанные с ним атмосферические явления — гром, молния, гроза, буря — представлены в градациях их интенсивности и качества. От тишины гамма звуков нарастает до раскатов грома, громкого шума ливня. В стихах Пастернака отсутствие звука так мастерски инструментовано в звуке, что выделить тишину из ее звучащего контекста — значило бы обеднить ее значение. Поэтому в большинстве примеров мы рассматриваем этот мотив в соотношении с нарушающими тишину звуками. Само отсутствие звука — тишина — всегда связывается с определенным значением.

С одной стороны, поэт утверждает гармонию тишины. В «Звездах летом» (*СМЖ*, 125) в оксюморонном двустишии провозглашается: «Тишина, ты — лучшее / Из того, что слышал». Но тут же тишина нарушается. Метонимическим пунктиром дается ситуация в саду: ветер пробует приподнять розу «по просьбе губ, волос и обуви / Подолов и прозвищ». После цепи зрительных образов в последней строфе появляются приглушенные звуки с парономасией: «жаркие» — «нашаркали», «гравий» — «наиграли» (žrk — šrk — gr — gr):

Газовые, жаркие
Осыпают в гравий
Все, что им нашаркали,
Все, что наиграли.

Действия и звуки эти мотивируются смежностью гравия дорожки с ее обувью, подолом ее платья — всем ее образом.

В «Плачущем саде» (*СМЖ*, 113) развиваются градации тишины, сочетающейся со сложной гаммой звуковых и зрительных образов дождя. При этом звуковая линия стихотворения входит в отношения контрапункта с линией зрительной. Сад в ожидании дождя: «Капнет и вслушается...» Действие («капнет») вызывает образ звука, закрепленный семантикой глагола «вслушается» с его направленностью на объект действия, который в первом случае опускается. Вторая строфа вводит этот объект, сочетающий восприятия звукового и зрительного ряда: «И слышно: далеко, как в августе / Полуночь в полях назревает». Приближение дождя связывает представления времени и пространства. Однако, за утверждением звука, данного в зрительных категориях, тут же следует его отрицание: «Ни звука. И нет соглядатаев». Вслед за этим линия звука подхватывается — тишина начинает звучать, начался дождь: «Берется за старое — скатывается / По кровле, за желоб и через». В последней строфе дважды утверждаемая тишина гармонизируется со звучанием:

> Но тишь. И листок не шелохнется.
> Ни признака зги, кроме жутких
> Глотков и плесканья в шлепанцах,
> И вздохов и слез в промежутке.

Отсутствие звука здесь представлено не его отрицанием, а нулем — отсутствием ожидаемого звучания. Тишь ассоциируется со статикой («И листок не шелохнется») и темнотой («ни признаков зги» восходит к фразеологизму «ни зги не видно» — иконическому знаку темноты). В один ряд здесь сводятся темнота и звук, связанные нарушающими логику «кроме». Логика, однако, вовсе не нарушена если учесть пастернаковскую концепцию слитного мира, допускающего взаимозаменяемость его частей. Текст стихотворения построен на этом смещении элементов и ассоциациях, часто сознательно усложненных потом опущением одного из ее звеньев.[26] «Глотки и плесканье в шлепанцах» последней строфы обозначают, что тишина нарушена, пошел дождь (к этому образу мы еще вернемся). Вздохи и слезы (метафоры звуков дождя) продолжают эмоциональную линию предыдущей строфы: «готовый навзрыд...»

В этом стихотворении представлен контрапункт звуковой

и зрительной линии: одновременное отсутствие и наличие звуков дождя, который обрывается, уступает место тишине с тем, чтобы позже снова вступить в эту двухголосую сцену.

В «Трех вариантах» (*ПБ*, 93) тишина также не может быть изолирована от связанных с нею звуков. Начинается стихотворение тишиной, которую прерывает «лишь щелканье белочье». Тишина и предгрозовое затишье связываются со статикой («спит строй сосновых высот»). Сад и лес персонифицируются: у сада от жажды пересохло во рту. Тишина представляется в пространстве: «Сады тошнит от верст затишья».

В дни раздоров и разрыва с любимой тишина оборачивается молчанием, которое входит в их отношения. В «Дик прием был» (*СМЖ*, 139) приход лирического героя был встречен молчанием: «Как воды набрала в рот, / Взор уперла в потолок». Это молчание оценивается как знак конца любви. Поэта теперь окружает изменившаяся природа. Ее тишина и звучанье начинают восприниматься иначе. Тишина, которая теперь связывается с мрачными мыслями, переводится в отрицательное поле понятий. Тишина и темнота асоциируются с темнотой загробной жизни (*СМЖ*, 150-151). Снова появляется «зга», но теперь это «загадка зги загробной» (ср. *СМЖ*, 114):

> Не знаю решена ль
> Загадка зги загробной,
> Но жизнь, как тишина
> Осенняя — подробна.

Стихотворение «Конец» (*СМЖ*, 154) завершает эту линию. Здесь доминируют мотивы тишины и темноты. После гамлетовской парафразы «Лучше вечно спать, спать / И не видеть снов...» последний аккорд берется на безнадежной тональности: «Листья в августе, с астмой в каждом атоме, / Снится темь и тишь».

В центре природы Пастернака — дождь. Все эмоции и события проходят через испытание дождем. Звуки и шумы дождя семантизируются; в них дан не сам дождь, а отношение к нему поэта. Чаще всего дождь относится к положительным понятиям: это — очищение в природе и душе человека, источник вдохновенья.

Ожидание дождя, прислушивание к его каплям, тишина перед дождем были уже рассмотрены нами в связи с мотивом тишины. Мы показали, как дождь и предшествующая ему тишина оркестрованы в звуке, представленном в градациях своей интенсивности и качества. До того как перейти к анализу текстов, обратим внимание на соотношение в них звуковых и зрительных мотивов.

Следуя своему принципу включения всех органов восприятия,[27] Пастернак совмещает понятия различных семантических уровней: детали заменимы, — «каждую можно заменить другою... любая на выбор...»[28] В звуках природы особенно часто в одном ряду сочетаются звуковые и зрительные образы, соотношение между которыми не представляет константу. Их сочетания могут быть сведены к следующим типам: а) звуковой и зрительный уровни идут параллельно, входя иногда в отношения контрапункта; б) устанавливается доминанта одного из них; в) происходит пересечение рядов, сдвиги, допускаемые концепцией взаимозаменяемости целого, которая является основным принципом поэтики Пастернака. Звук и его образ в тропе связывается со всей природой. Поэт производит отбор и вводит в сочетания отдельные ее элементы, следуя при этом ассоциациями по сходству и смежности. На материале рассмотренных текстов мы уже столкнулись с этими принципами. Перейдем теперь к более детальному анализу.

Два стихотворения из *Сестры моей жизни* — «Душная ночь» (*СМЖ*, 135-136) и «Еще более душный рассвет» (*СМЖ*, 136-137), которые развивают мотив и образ дождя, следует рассматривать как цикл в цикле (ср. *СМЖ*, 113-116). Оба стихотворения начинаются ожиданием дождя:

Накрапывало — но не гнулись
И травы в грозовом мешке,
Лишь пыль глотала дождь в пилюлях,
Железо в тихом порошке.

«Душная ночь»

Накрапывало. Налегке
Шли пыльным рынком тучи,
Тоску на рыночном лотке,
Боюсь, мою
Баюча.

«Еще более душный
рассвет»

В обоих случаях прерывистые звуки дождя представлены во времени и пространстве. Накрапывание редких капель дождя вызывает представление звука и места их падения: пыли дороги, рынка (этот образ будет рассмотрен нами в разделе о синонимии капли дождя). Предгрозовое напряжение выражается в звуковых и моторно-зрительных образах, в которых уточняются временные и пространственные представления:

> В осиротелой и бессонной,
> Сырой, всемирной широте
> С постов спасались бегством стоны,
> Но вихрь, зарывшись, коротел.

Тучи, прогремев, проходят мимо, что находит выражение в метафоре: «спасались бегством тучи». Теперь пространство сужается до пределов сада: его звуки и шумы представлены как спор «веток с ветром» и «речью / Кустов и ставней...» Метафора грома предыдущей строфы — «И в лихорадке бредил бог», — по всей вероятности, опирается на образ бога грома древнерусской мифологии, Перуна, или Зевса-громовержца античности. Кончается стихотворение образом, в котором сливаются сад и лирический герой. Дождь не принес им облегчения, душная ночь не получила разрядки.

Во втором стихотворении линия туч — грома гораздо сложнее. Накрапыванье дождя сразу связывается с настроением тоски. Здесь представлено ослабление звучания грома. Звуки входят в сочетания, которые могут быть объяснимы только сцеплением ассоциаций. Вначале дается зрительный образ туч, но тут же возникает понятие звука: «Я умолял их перестать. Казалось — перестанут» (объект опущен, но понятие его ясно: греметь). Звуковые и зрительные образы сливаются: следует ассоциация с серым днем, серыми тучами, серой одеждой арестантов. Звук выражен в цвете с его оттенком приглушенности. Дальше вводится сцена ожидания пробуждения любимой, которая реализована на материале личного переживания. Сцена эта, с ее звуками воды, входит в общую линию стихотворения, продолжая мотив напряженного ожидания. Скрепом служат однокоренные слова «умолял» — «мольба».

«Я умолял приблизить час...» (ее пробуждения) и «Но высь... Не слышала мольбы» (природы). За этим следует целая цепь звуковых и зрительных образов, основанных на ассоциациях по сходству и смежности. Ни один из них не развит, промежуточные звенья опущены — и это осложняет понимание, тем более, что образы эти относятся к различным понятийным рядам. Мольба поэта раздается в «запорошенной тишине» (связь с мотивом пыли), которая ассоциируется с солдатской шинелью. Следует сравнение со звуком молотьбы («Как пыльный отзвук молотьбы»), которое попадает в ассоциативный ряд, связанный с военными событиями: рекрутами, пленными австрийцами, их хрипом «Испить, / Сестрица!» Это возвращает к образу природы, истомленной душной ночью и не менее душным утром. Следует отметить, что сравнения с бредущими пленными, бегством дождя и туч восходит к устойчивым сочетаниям с моторными глаголами: «идет дождь», «прошел дождь», «несутся / плывут тучи, облака». Оторвавшись от обычного представления, тучи зажили своей сюжетной жизнью — в тропе реализованного сравнения. Теперь они сами страдают от жажды. Хрип и слова пленных, которыми кончается стихотворение, сводит в одно целое развернутую метафору переживания природы и людей, измученных засухой и войной. Рассмотренные стихотворения связаны не только тематическими мотивами, но также и их реализацией в звуке.

Если дождь не может принести разрядки предгрозового напряжения, то ливень у Пастернака никогда не обманывает ожидания природы и человека. В стихотворении «Счастье» (*ПБ*, 91-92) устанавливается параллелизм между ливнем и ощущением счастья:

> Наверное, бурное счастье
> С лица и на вид таково,
> Как улиц по смытьи ненастья
> Столиственное торжество.

В стихотворении доминирует зрительное изображение. После того, как был «исчерпан весь ливень вечерний», звуки пред-

ставлены их отсутствием — нулем. Тишину нарушает «сто-
лиственное торжество», вызывающее представление звука
шелеста деревьев. После изображения листьев снова появляется индекс звука:

> На плоской листве. Океане
> Расплавленных почек. На дне
> Бушующего обожанья
> Молящихся высоте.

Это «бушующее обожанье» выступает синонимом «сто-
лиственного торжества» — мотива умиротворенного ливнем
шелеста деревьев, представленных своей листвой, почками,
стволами, устремленными ввысь. В установившейся после
ливня гармонии природы нет места грому, который дается
здесь через свое отсутствие: «...забыт и охаян / И высмеян
листьями гром». Снова на листья возложена функция деятеля
и источника звука в этой картине очищенной ливнем природы.

В стихотворении «Дождь» (*СМЖ*, 116) дождь, который
перешел в ливень, становится эпиграфом к любви и к циклу
стихов: «Топи, теки эпиграфом / К такой, как ты, любви».
Ливень дан через восприятие влюбленных. Все сливается с
динамическим образом пары в саду, которая представлена
через ее гребень, их глаза, виски, хохот, бег. Дается картина
дождя — «ночь в полдень» — в категориях зрительных образов (свет, цвет, форма), запахов («пахнуло выпиской / Из
тысячи больниц»), моторных действий, вызывающих представление звука (наигрывай, лей, бейся об окно), а также действий в их звуковой манифестации: смейся, хохочут. Выделим
звук в сравнении:

> Теперь бежим сощипывать,
> Как стон со ста гитар,
> Омытый мглою липовой
> Садовый Сен-Готард.

Тот же восторг любви связывается с мотивом сильного
дождя (на этот раз не названного ливнем) в «Нашей грозе»
(*СМЖ*, 129). В этой пейзажной зарисовке доминанта на мо-

торно-зрительных образах. Звук потоков дождя представлен в образе: «Звон ведер сшиблен набекрень. / О, что за жадность: неба мало?!» С одной стороны, здесь обозначаются звуки сильного дождя («льет как из ведра»), с другой, в этом «звоне ведер» ощущается ассоциация с звонким звуком металла реальных ведер, опрокинутых потоками воды. В той же строфе вместо звуков дождя дается ритм его потоков, который воспринимается акустически: «В канаве бьется сто сердец». Следующий за этим зрительный кадр: «Гроза сожгла сирень, как жрец» представляет молнию: называется гроза вместо сопровождающей ее молнии (целое вместо части). Яркий свет молнии создает иллюзию огня, который материализуется в действии: сжигает сирень. В этом стихотворении, при доминанте зрительных образов, представлен также моторно-акустический уровень восприятия.

Гроза, создающая предгрозовое напряжение, обычно представляется своим звуковым сигналом — громом и зрительным — молнией. Чаще всего это слитный образ с иконической последовательностью (гром и молния), отражающей секвенцию явлений в природе. Следует отметить, что звуки грома последовательно представляются во времени, световое явление молнии — в пространстве.[29]

В «Июльской грозе» (*ПБ*, 94) оркестрованы: звук и его отсутствие в тишине, динамика и статика, звуковые образы, сочетающиеся со зрительными — цвета и света. Приближение грозы, оцепенение природы, раскаты грома — все это представлено во времени: «Так приближается удар... Стоит на мертвой точке час...» Вслед за этим истомленная заслухой природа рисуется в образе отсыхающего языка:

> Не отсыхает ли язык
> У лип, не липнут листья к небу ль
> В часы, как в лагере грозы
> Полнеба топчется поодаль?

Парономасия: лип — липнет, неба — нёба. Первый удар грома выражен реализованной метафорой, в которой звук сочетается с цветом и светом:

> И слышно: гам ученья там,
> Глухой, лиловый, отдаленный.
> И жарко белым облакам
> Грудиться, строясь в батальоны.

Снова повторяемая метафора грома, которая основана на сходстве нестройных, разрозненных его звуков с учебной стрельбой (ср. *СМЖ*, 136-137), сливаются с зрительным образом: опять снимается оппозиция между тишиной и звуком, а также зрительным и звуковым представлениями. Гром показан в категориях звука («гам ученья»), цвета («лиловый», вызывающий ассоциацию с темным, низким, глухим звуком), пространственной дистанцией («отдаленный»). В один образ втягивается зрительно-динамический браз облаков: «И жарко белым облакам / Грудиться, строясь в батальоны». Последние две строфы неожиданно трансформируют метафору грома в развернутую метаморфозу грозы: от первого «топчется» — к раскатам грома — вспышкам молнии — пробежке световой волны грозы:

> Гроза в воротах! на дворе!
> Преображаясь и дурея,
> Во тьме, в раскатах, в серебре,
> Она бежит по галерее.
> По лестнице. И на крыльцо.
> Ступень, ступень, ступень...

В прыжках грозы в «Июльской грозе» звук представлен раскатами грома, но сама иллюзия прыжков создается не звуком, а отсветами молнии, не отделенной от грозы, «с себя сорвавшей маску». В более позднем стихотворении «Сон в летнюю ночь» (*ТиВ*, 191) встречается сходный образ прыжков грозы, только там четыре прыжка связываются с «лапами ливня» (учтем: «дождь идет»). Развязка — тишина после грозы. Примечательно, что эта тишина переносится в следующее стихотворение «После дождя», связанное с первым тематически. (*ПБ*, 95). Снова наступает тишина, представленная во времени:

За окнами давка, толпится листва,
И палое небо с дорог не подобрано.
Все стихло. Но что это было сперва!

За этим следует цепь моторных и зрительных образов. Небо оставило на земле след грозы: «градинки стелятся солью поваренной». Тут Пастернак проводит свою Апеллесову черту, завершающую двустороннюю связь земли и неба: отблеск луча, реализованный в уголёк, разжигается в радугу.

В тексте этих двух стихотворений, которые мы рассматриваем как цикл в цикле, проводится контрапункт звуковой и зрительной линии: тишина прерывается нарастающими звуками, громом и молнией, реализованными в конце первого текста в сцену пробежки грозы. Мотив тишины подхватывается во втором стихотворении, уступая место зрительной линии, переходящей в развернутую картину, которой заканчивается описание июльской грозы и наступившей после дождя тишины.

Вернемся к нашему выводу о семантизации звуков и шума дождя. В последней части мы попытались его подтвердить на материале текстов. Хотя чаще всего дождь воспринимается как источник очищения природы и души человека, оценка дождя не является константой. Иногда поэт изменяет свое ви́дение жизни и природы, и тогда благодатный дождь начинает восприниматься как «скверный дождик».[30]

В «Болезнях земли» (*СМЖ*, 127) воспеваемая до этого земля неожиданно показывается в отрицательном свете, «в черных сводах дня». Резко меняется отношение к ливню: «Вот и ливень. Блеск водобоязни, / Вихрь, обрывки бешеной слюны». Звуковое выражение закрепляет отнесение к негативному полю ливня с «Мокрым гулом, тьмой стафилококков». После разрыва с любимой поэт чувствует, что изменился облик природы. В раздумьях об ушедшей любви в «Имелось» (*СМЖ*, 151-152) вспоминается свинцовый подавляющий дождь: «Дождь в мозгу / Шумел, не отдаваясь мыслью». Этот сдвиг в оценке выступает в контрасте с общей функцией дождя, который в поэзии Пастернака служит питательной почвой, стимулом в творчестве и любви.

В разделе о мотиве тишины мы столкнулись с явлением омонимических отношений: в одном и том же определении (отсутствие звука, тишина) были представлены различные значения определяемого понятия. Переходим теперь к синонимии мотива звука.

Нередко дождь представляется у Пастернака через его каплю. Проследим за тем, через какие трансформации поэт пропускает свою каплю дождя. Выраженное в звуковом мотиве значение определяемого сохраняется, но находятся различные формы представления его определения на основании отношения сходства и смежности. Манифестацией звука капли дождя служит ее контакт с поверхностью места паденья, производящий звуковые волны, интенсивность которых зависит от веса этой капли и силы ее падения.

В стихотворении «Счастье» (*ПБ*, 91-92) интервалы в звукоряде капель дождя приводят к их сравнению с икотой. Гром высмеян — листьями, высью

> И капель икотой,
> И — внятной тем более, что
> И рощам нет счета: решета
> В сплошное слились решето.

Здесь дождь представляется ритмом своих капель, которые потом умножаются в зрительный образ рощи под дождем (решета) и потока усилившегося дождя (сплошного решето).

В стихотворении «Ты в ветре» (*СМЖ*, 115-116) вес капли, делающий ее слышимой, выливается в образ запонок (сходство: вес, форма):

> У капель — тяжесть запонок,
> И сад слепит, как плес,
> Обрызганный, закапанный
> Мильоном синих слез.

Капли дождя представлены здесь не только акустически, но и через зрительное восприятие: от тяжести капель — к их форме, краске («синих слез») и световому эффекту: «...сад слепит».

Аналогичный образ развивается в «Балладе» (*ПБ*, 96-100), где он проходит через ряд превращений: происходит реализация метафоры, основанной на сходстве капли дождя с монетой опятьтаки по тяжести и форме. Идет дождь. Шум его «был как стук на монетном дворе». Потоки дождя лили на землю:

> Насколько терпелось канавам и скатам,
> Покамест чекан принимала руда,
> Удар за ударом, трудясь по упаду,
> Дукаты из слякоти била вода.

Земля, под «ударами» дождя, перестает впитывать воду, и капли дождя выходят из нее пузырями. Их форма — мотивировка для сходства с дукатами; нахождение их на земле основано на смежности. Образ выбитых из земли дукатов осложняется их гравированьем червями, выползшими после дождя. Последнее превращение: дукаты оборачиваются фальшивыми цехинами. В этой «цинковой кипе фальшивых цехинов» угадывается звук более легких капель проходящего дождя. Так из метафоры по смежности вышла метаморфоза капли дождя.

В стихотворении «Мельницы» (*ПБ*, 100-103) синоним капли дождя также развивает понятие ее тяжести:

> И дым коромыслом, и пыль столбом.
> И падают капли медяшками в кружки.
> И ночь подплывает во всем голубом.

Интересна связь ночи с водой дождя, которая оправдывает образ «ночь подплывает...»

В «Имелось» (*СМЖ*, 151-152) осенний дождь продолжает быть представленным своими каплями, но это уже не тяжелые крупные капли летнего дождя. Тем не менее через падение этих капель распознаются звуки сентябрьского дождя:

> То, застя двор, водой с винцом
> Желтил песок и лужи,
> То с неба спринцевал свинцом
> Оконниц полукружья.

Рисуется мелкий моросящий, но все же тяжело падающий дождь («свинцом»). Свинец одновременно представляет и цвет-отсвет темных туч. Зрительное изображение этих капель, умноженных в лужах, отражает краски осени — желтых и багровых листьев: «...водой с винцом желтил...»

Следующая трансформация звука капли дождя — в уже рассмотренном нами стихотворении «Душная ночь» (*СМЖ*, 135, 136). Природа в ожидании дождя. Первые его капли даются в приглушенном звучании:

> Накрапывало, но не гнулись
> И травы в грозовом мешке.
> Лишь пыль глотала дождь в пилюлях,
> Железо в тихом порошке.

Дождь падает на пыльную дорогу, и пыль ее служит как бы сурдинкой. Этим и объясняется качество приглушенного звука, в котором сочетаются ассоциации по сходству и смежности. Форма капель — сходство с пилюлями; «железо в тихом порошке» — смежность и с железом в форме порошка и с пылью сельской дороги, цвет которой ассоциируется с железом. Зрительная картина продолжает уточняться: показывается слепой (при солнце) и в то же время косой дождь: «За ними в бегстве слепли следом / Косые капли...»

В своей слитной картине мира Пастернак связывает все, что «складывается из органов восприятия».[31] Совмещение и смещение звуковых и зрительных образов, которые приводят к снятию антитезы между звучащим и видимым миром — принцип его поэтики. Это приводит к тому, что зрительные образы у него озвучиваются, а звуковые получают зрительное выражение. Поэт называет это слияние «глазами души (это и есть слух)».[32] Ту же мысль мы находим в описании ночи в *Охранной Грамоте*: «Была непрогляднейшая тьма, но эхо наполнило ее выпуклою скульптурой звуков».[33] В другом месте описывается, как через окно проникают извне звуки ночи: небо «молчит часами... да вдруг вкатит в комнату круглый грохоток тележного колеса».[34] Звук этот визуализируется, показывается через свою объемность по смежности с его источником: круглым колесом телеги, проезжающей с шумом мимо дома. Но есть здесь и элемент сходства: в общем потоке грохота колес может угадываться ритм оборотов, «этот круглый грохоток». Там же он определяет форточку, как «дыру, вырубленную звуком».[35]

Перейдем к рассмотрению стихотворных текстов. В «Демоне» (*СМЖ*, 110-111) — пример ви́дения слухом: «И не слышал колосс / как седеет Кавказ за печалью». За «Раскованном голосе (*ПБ*, 84) слышится то, что издалека может быть только увидено: «С подъезда — Столкнуть в воспаленную полночь, / И слышать сквозь темные спаи / Ее поцелуев...» Однако дальше звук начинает видеться: «И видеть как в единоборстве / С метелью... / Он — этот мой голос — на черствой / Узде выплывает из мути».

В стихотворении «Венеция» (*НП*, 70-71) звук получает довольно сложное зрительное выражение. Как говорит сам поэт, он хотел здесь «выразить ощущение... Венеции»,[36] а в нем — состояние полусна, колебание между реальностью и воображением: «В остатках дня рождалась явь». Утренняя тишина нарушается криком, источник которого сначала неясен:

> Все было тихо, и, однако,
> Во сне я слышал крик, и он
> Подобьем смолкнувшего знака
> Еще тревожил небосклон.

Звук как бы повис в воздухе. Распространение звуковой волны дается в пространстве и времени. Стены зданий и «большой канал» продолжают этот звук в эхо. Дальше звук проходит через ряд зрительных превращений в результате его представления через объекты, находящиеся в поле звуковой волны (пример вытеснения субъекта объектом):

> Он вис трезубцем скорпиона
> Над гладью стихших мандолин
> И женщиною оскорбленной,
> Быть может, издан был вдали.

«Трезубец скорпиона», с одной стороны, связывается с темой судьбы — известна роль знаков зодиака в поэзии Пастернака этих лет. Здесь она может также ассоциироваться с образом виденной накануне венецианки.[37] Знакомство с вариантами этого стихотворения одновременно связывает образ трезубца со звуком аккорда: «Висел созвучьем Скорпиона / Трезубец вымерших гитар» и также «В краю подвластных зодиакам / Был громко одинок аккорд».[38] Гладь «стихших мандолин» вместо глади канала — употребление, связанное смежностью (на мандолине играют в гондолах). Отсутствие звуковых волн («стихших мандолин») и волн в канале — связь, основанная на сходстве. Следующая трансформация еще более замысловатая: «Теперь он стих, и черной вилкой / Торчал по черенок во мгле». Черную вилку мы интерпретируем как камертон с двумя зубцами, который создает эхо, продолжающее звуковую волну. Еще одна ассоциация: по форме он похож на черные металлические фонари, расположенные около причала гондол. В последней строфе повисший в воздухе крик, пройдя через зрительные трансформации, поглощается водой канала.

Мы уже видели какое вниманье уделяет Пастернак источнику звука. Уверясь «в родстве во всем, что есть», поэт с легкостью заменяет один предмет, одно явление другим. Так происходит замена самого звука его источником. В многих случаях вместо звука вводится орган речи или слуха — одна из разновидностей вытеснения объекта субъектом. Вместо чтения стихов дается суггестивный образ «стихами отягченных губ». (*НП*, 72) Вместо слышанья шума дождя — «шуршит вода по ушам». (*СМЖ*, 115) В «Весеннем дожде» (*СМЖ*, 123) дождь сначала «всхлипнул», потом на мостовой появляются лужи, «как полное слез горло», — материализация дождя в сравнении. Затем из этого горла выходят крики — приветствие Керенскому. В смежности с горлом тут же вводится другой орган артикуляции — рот, и раздается «ропот толп».

Примером неодушевленного источника звука служит стихотворение «Свистки милиционеров». (*СМЖ*, 124) Все стихотворение построено на трансформации образа свистка. Свисток — источник пронзительного, высокого, вибрирующего звука:

> И вдруг — из садов, где твой
> Лишь глаз ночевал, из милого
> Душе твоей мрака, — плотвой
> Свисток расплескавшийся выловлен.

Это «расплескавшийся» основано на сходстве со звуком бесконтрольно вылившейся из свистка звуковой волны. Следующая метаморфоза: свисток, выловленный из воды плотвой, сам принимает рыбий облик. У него теперь жабры: «...дергает жабрами, / И горлом, и глазом назад, / По-рыбьи наискосок задранным!» Дальше дается сам источник звуковой вибрации — стальная горошина свистка:

> Трепещущего серебра
> Пронзительная горошина,
> Как утро бодряще мокра,
> Звездой за забор переброшена.

Пронзительный звук переносится на горошину, артикуляционный фокус свистка. Ее влажность — результат нахождения в воде, где он был выловлен плотвой. «Звездой за забор переброшена» — траектория звуковой волны свистка, прозвучавшего как-то в звездную ночь. Последняя его метаморфоза: выброшенный «дохлый» свисток, лишенный своей горошины, валяется в пыли — в агонии беззвучия.

В стихотворении «Стрижи» (*ПБ*, 91) торжество весенней природы представлено через развитие образа пения стрижей (высоко летающих птиц с белой грудью). Звук их пенья дается в образе «голубая прохлада». С одной стороны, это метафора звука холодного тона, с другой, — ассоциация с прохладой голубого неба, места высокого полета стрижей. Так прохладный воздух входит в их пенье дыханьем и выливается звуком. «Как белым ключом закипая в котле, / Уходит бранчливая влага» — здесь качество вибрирующего звука связывается с кипеньем воды. Помимо этого, «белым ключом» вызывает образ белых грудей стрижей: звук, производимый в гортани, здесь сдвигается в «горластые груди»: опять место образования вместо самого звука. Определение «горластые» сразу устанавливает силу звука этого пенья. Кончается стихотворение зрительной ассоциацией пенья стрижей с полем их полета, связывающим землю и небо — «от края небес до оврага».

В последнем стихотворении этой группы, которое мы рассмотрим, «Весна» (*ПБ*, 88), в первой строфе дается картина природы, в которой сливаются образы звуков, красок, осязания, обоняния. Вторая строфа развивает мотив «реплик леса» — пенья птиц. Птицы поют в лесу. Образ леса, охваченного звуками пенья птиц, развивается в цепи сравнений:

> Лес стянут по горлу петлею пернистых
> Гортаней, как буйвол арканом.

Опять вместо звука дается место его образования. Сравнение развивается: устанавливается параллелизм между петлею (звуков) и арканом на шее буйвола, а также между горлом («по горлу») леса и пернистыми гортанями птиц. Возможна также ассоциация этого «по горлу» с значением полноты охвата пространства леса пеньем птиц. В этих сравнениях происходит смещение масштабов (целое и его части), снятие оппозиций между одушевленностью и неодушевленностью (горло птиц — аркан); логический субъект здесь служит синтаксическим объектом. Персонификация леса продолжается в его стонах: «И стонет в сетях, / Как стенает в сонатах / Стальной гладиатор органа». Стоны леса сравниваются со звуками органа, представленного здесь металлом своих труб, которые, в свою очередь, вызывают ассоциацию с деревьями (форма, направление). Есть между ними еще одно общее звено: движение воздуха, колышащего деревья и раздувающего мехи органа. Улавливается, кроме того, отдаленная связь между трубами органа и гортанями птиц, служащими источниками звука. Неожиданное появление гладиатора в сравнении «стальной гладиатор органа», оправданное сходством его доспехов с металлом органа, вводит торжественную ноту в этот выход на арену природы.

Мы рассмотрели некоторые вопросы, связанные с мотивом звука в поэзии Пастернака. На материале первых четырех циклов стихов мы попытались показать, что звуковые мотивы являются органической частью его поэтики. Пастернак вводит в свой поэтический мир все уровни восприятия. Между звуковыми и зрительными мотивами и образами устанавливаются сложные отношения — параллелизма, доминанты одного из них, пересечения рядов и сдвигов, приводящих к их взаимозаменяемости. Поэт производит отбор и вводит в сочетания отдельные элементы своего поэтического мира, следуя ассоциациям по смежности и сходству. Концепция слияния всего со всем оправдывает самые неожиданные сдвиги и переборы поэтических тропов — в сравнении, метонимии, метафоре и ее реализации. «Губка» искусства находит все это в природе: «Искусство не само выдумало метафору, а нашло ее в природе...»[39] Представление звука и самые, казалось бы, трудно объяснимые звуковые образы неизменно опираются на то, что существует в природе: «Ощущаемым нами звукам и краскам в природе соответствует нечто иное, объективное колебание звуковых и световых волн».[40]

О частом у Пастернака зрительном выражении звуковых образов и об озвучивании зрительных можно сказать словами его перевода Шекспира: «Чтобы видеть ход вещей на свете, не надо глаз. Смотри ушами».[41]

ПРИМЕЧАНИЯ

1. Вячеслав Иванов, «К проблеме звукообраза у Пушкина», *Московский Пушкинист*, II (Москва, 1930), стр. 105.

2. *Начальная пора* (1912-1914), *Поверх барьеров* (1914-1916), *Сестра моя жизнь* (1917), *Темы и вариации* (1918-1922). В тексте статьи названия этих циклов будут обозначаться: *НП, ПБ, СМЖ, ТиВ*. Все цитаты поэтических текстов будут даваться по изданию: Борис Пастернак, *Стихотворения и поэмы* (Библиотека Поэта. Большая серия), Москва-Ленинград, 1965.

3. Ю. М. Лотман, «Стихотворения раннего Пастернака и некоторые вопросы структурного изучения текста», *Труды по знаковым*

системам, IV (Ученые записки Тартуского гос. университета, вып. 236), Тарту, 1969, стр. 230-31; Bayara Aroutunova, «Земля и небо. Наблюдения над категориями пространства и времени в ранней лирике Пастернака», *Boris Pasternak. 1890-1960. Colloque de Cerisy-la-Salle.* Paris, 1979, стр. 198.

4. А. Л. Синявский, Выступление в дискуссии. *Colloque de Cerisy-la-Salle*, 1979, стр. 111.

5. Борис Пастернак, «Охранная грамота», *Сочинения,* II (Ann Arbor, 1961), стр. 208. Дальнейшие цитаты из текстов прозы будут отсылать к этому изданию.

6. Борис Пастернак, «Автобиографический очерк», *Сочинения*, II, стр. 12.

7. Марина Цветаева, *Письма к А. Тесковой*, Прага, 1969, стр. 62. Письмо от февраля 1928 года. (Курсив Цветаевой.)

8. Марина Цветаева, «Поэты с историей и поэты без истории», *Глагол*, Ann Arbor, 1981, стр. 220. Статья написана в июле 1933 года. (Курсив мой.)

9. О. Э. Мандельштам, «Заметки о поэзии», *Собрание сочинений*, II (Нью-Йорк, 1966), стр. 306.

10. Борис Пастернак, «Несколько положений», *Сочинения*, III, стр. 152.

11. Письмо Пастернака к Ж. де Пруаяр от 20.5.1959 года. Jacqueline de Proyard, *Pasternak*. Paris, 1967, стр. 81.

12. Борис Пастернак, «Несколько положений», *Сочинения*, III, стр. 152-53.

13. Письмо Пастернака к Ж. де Пруаяр. *Op. cit.*, стр. 243.

14. Борис Пастернак, «Охранная грамота», *Сочинения,* II, стр. 243.

15. Bayara Aroutunova, *op. cit.*, стр. 196-97.

16. Борис Пастернак, «Поэзия», *Стихотворения и поэмы*, стр. 193.

17. Борис Пастернак, «Автобиографический очерк», *Сочинения*, II, стр. 15.

18. А. Л. Пастернак, *Воспоминания*, München, 1983, стр. 257-58: «Все, о чем думал и писал брат — в прозе ли или стихах, он никогда не придумывал». О стихотворении «Февраль»: «В те годы на булыжных мостовых была жидкая грязь и пролетки на железном ходу, без резиновых шин, грохотали колесами по булыжникам».

19. Детальный анализ этого стихотворения дан в книге: Лазарь Флейшман, *Борис Пастернак в двадцатые годы,* München, 1981, стр. 100-101.

20. Bayara Aroutunova, *op. cit.*, стр. 206.

21. А. Л. Пастернак, *op. cit.*, стр. 160-61.

22. Борис Пастернак, «Автобиографический очерк», *Сочинения*, II, стр. 16.

23. Марина Цветаева, «Поэты с историей и поэты без истории». *Глагол*, 1981, стр. 215.

24. Борис Пастернак, «Охранная грамота», *Сочинения*, II, стр. 235. (Курсив автора.)

25. Борис Пастернак, *ibid.*, стр. 216.

26. А. Лежнев, «Борис Пастернак», *Красная Новь*, 1926, VIII, стр. 209.

27. См. нашу сноску № 12.

28. Борис Пастернак, «Охранная грамота», *Сочинения*, II, стр. 243.

29. Roman Jakobson, «On Visual and Auditory Signs», *Phonetica*, 1964, II, стр. 218.

30. «Скверный дождик» встречается дважды в «Охранной грамоте» в описании сердечной бури при расставании с В*. Вслед за ночью отчаяния — «туман рассеялся», наступило утро и вместе с ним новое ощущение: «меня окружали изменившиеся вещи». — «Охранная грамота», *Сочинения*, II, стр. 236-37.

31. См. нашу сноску № 12.

32. Борис Пастернак, «Шопен», *Сочинения*, III, стр. 174.

33. Борис Пастернак, «Охранная грамота», *Сочинения*, II, стр. 253.

34. См. нашу сноску № 18.

35. Борис Пастернак, «Охранная грамота», *Сочинения*, II, стр. 232.

36. Борис Пастернак, «Охранная грамота», *Сочинения*, II, стр. 265.

37. Борис Пастернак, «Охранная грамота», *Сочинения*, II, стр. 256.

38. Борис Пастернак, «Венеция» — ранняя редакция. *Стихотворения и поэмы*, стр. 580-81.

39. Борис Пастернак, «Охранная грамота», *Сочинения*, II, стр. 243.

40. Борис Пастернак, «Автобиографический очерк», *Сочинения*, II, стр. 25.

41. У. Шекспир, «Король Лир», акт IV, сцена 4. Перевод Б. Л. Пастернака. Москва, 1960, стр. 526.

Binary vs. Ternary in the Early Lyrics of Pasternak

Ian K. Lilly (University of Auckland)

In the brief subchapter of his *Kniga o russkoj rifme* that is devoted to the early Pasternak, itself one of the very few substantive discussions of Pasternak's verse form published thus far,[1] David Samojlov highlights the frequent occurrence in that body of poetry of truncated rhymes (Samojlov 1982:255-64). Among the more striking examples of truncation are those where one rhyme partner ends in a vowel and the other ends in a consonant. Such instances of final consonant truncation (below as FCT) are to be found in both the masculine, or one-syllable, rhymes, as in stru*í*:konvo*íR* (1921), and the feminine, or two-syllable, rhymes, as in n*ébe*:l*ébeD'* (c. 1913). While Pasternak was hardly among the first Russian poets to turn to such rhymes—both masculine and feminine examples can be found even in Deržavin (Bailey 1974:362)—he used them consistently in his lyrics of the 1910s and 1920s.[2] In a generalizing comment, Samojlov notes that Pasternak's characteristic rhymes occur within the classical (binary and ternary) meters rather than in accentual verse, as do those of Majakovskij (Samojlov 1982:260). Unfortunately, in illustrating Pasternak's use of FCT rhymes, he does not go on to suggest just which classical meters are the more important in this regard. As the present paper will show, this rhyme type is encountered more often in Pasternak's ternary measures than in his binary ones. Moreover, this pattern points to major underlying differences between the early lyrics in those two broad metrical groupings.

So as to place the analysis within an objective framework, the distribution of FCT rhymes was examined in all the completed poems of Pasternak's lyric canon to 1928 (Pasternak 1965:65-235) that feature his commonest compositional form, the graphically discrete quatrain with alternating feminine and masculine (AbAb) rhyme pairs, and that are set in three of his most frequent ternary measures and their binary equivalents by number of syllables per line. The ternary measures are the dactylic, amphibrachic, and anapestic trimeter (below as D3, Am3, and An3 respectively) and the binary measures are therefore the trochaic tetrameter, the iambic tetrameter, and the trochaic pentameter (below as T4, I4, and T5). Any poems that display deviations from these strict formal criteria, such as by having one syllable fewer than required in any line, one additional line in any quatrain, or any departure from the rhyme scheme, were disregarded. Accordingly, all the lyrics thus selected contain 30 syllables (T4 and D3), 34 syllables (I4 and Am3), or 38 syllables (T5 and An3) per quatrain.

The principal criterion for FCT rhymes is that one partner ends in a vowel and the other in a single consonant, as in both the examples given above; there were no instances in the sample of a vowel rhyming with a vowel plus two consonants. The only alternative to the vowel: vowel-plus-consonant pairing accepted for the purposes of this study is for one rhyme partner to end in the j-glide and the other in a consonant, as in povtor*ënnyJ*:perr*ónaM* (1928). Truncated rhymes involving one final consonant in one partner and two in the other, as in slu*čájnoST*":*čájnyX* (1927), have been ignored. Nor has any attention been paid to contrasts between the final vowels, as in *évnUx*:gn*évnYx* (1918), or between the medial consonants, as in *čërNym*:guvern*ërom* (1928). Finally, any poems with a rhyme pair that recurs were removed from the texts for analysis.

There are 16 binary and 6 ternary poems from Pasternak's early canon that have the appropriate formal characteristics; they are identified in the Appendix. Such a sample from the 181 completed lyrics of his 1912-28 canon may seem small, but the majority of those poems are experimental, not least in formal terms. They include numerous instances of metrical heterogeneity (e.g., Am4343), of *dol'nik* and accentual verse, of polymetrical lyrics, and of dactylic, hyperdactylic, and imparisyllabic rhymes.[3] Thus it is that these 22 lyrics are the largest homogeneous group of ternary poems and their binary counterparts.

In order to discuss the relationship between FCT rhymes and the binary and ternary measures of Pasternak's early canon in a proper perspective, four additional environments were examined in the same fashion. First among them was Pasternak's later lyric canon (Pasternak 1965:352-426 and 446-88, 1967:532-66). This formally much more uniform and conservative body of 134 completed texts yielded as many as 34 binary and 12 ternary poems in the appropriate forms. Also analyzed were Pasternak's early uncollected lyrics (Pasternak 1965:491-552, 1971) and the lyrics of two living poets who have favored the binary and ternary measures at issue and whose rhyming practice closely resembles that of Pasternak's early canon. They are Vadim Šefner (b. 1915), a Soviet poet, and Naum Koržavin (b. 1925), a recent emigrant; comprehensive editions of their entire lyric output were examined (Šefner 1975, 1981 and Koržavin 1963, 1976, 1981). Although their technical similarity to the early Pasternak is greater than that of most postrevolutionary poets, Šefner completely avoids FCT in his masculine rhymes and Koržavin uses it rarely.

As it so happened, none of these last four environments features D3 lyrics in the appropriate stanzaic form. Therefore, these samples were limited to poems in four measures, Am3 and An3 on the one hand, and I4 and T5 on the other. Any thought of extending the survey to the four-foot ternary measures had to be abandoned, since only the early Pasternak canon features such forms and their binary counterparts, and then only two of them (Am4 and An4, and T6 and I6) with the graphically discrete AbAb quatrain.[4] Likewise, there was no possibility of including the graphically discrete aBaB quatrain with the three-foot ternary measures, because Pasternak himself has only seven such quatrains and Koržavin none at all. To sum up, the analysis described below was by necessity limited to the feminine—the more dynamic—rhymes of the AbAb quatrains in the Am3 and An3 measures and their binary counterparts for all samples except the early Pasternak canon, where the presence of D3 material permitted the inclusion of not just the I4 and T5 poems but also those in T4.

The results of the analysis are summarized in Table 1. For the sake of completeness, the figures for the four-foot ternary measures in Pasternak's early canon (1912-28) have been appended; they will not be discussed further. The table makes clear that Pasternak's early canon displays markedly different trends to those of both his early uncollected poems and his later canon (shown as [1912-28] and 1931-59 respectively). While the early and late canons both have a high ratio of binary to ternary quatrains, the point to note is that it is only in Pasternak's early canon that FCT rhymes are a prominent category. Moreover, despite the smallness of the samples, there is a correlation between the frequency of the FCT rhymes and the ternary measures: there the FCT rhymes occur at the 21.1 percent level, but in the binary poems the level is only 16.7 percent. As for the other two poets, the proportion of binary to ternary quatrains is reversed: the ternaries are now in the majority. While for Šefner there is no skew to speak of, the FCT rhymes are much more common in Koržavin's ternary than binary lyrics (at 28.6 percent vs. 19.6 percent), after the pattern of the early Pasternak canon.

A further point of interest about these distributions is the sequence in which the truncated rhymes occur. As V. V. Merlin has recently argued, it is more often the second rhyme in a pair that is the phonologically or semantically marked partner (Merlin 1980). For instance, the "echo" rhyme created from the words 'rot' and 'vorot' is more likely to occur as *rót:vorót* than as *vorót:rót*. Accordingly, in the case of the FCT rhymes, the partner ending in the consonant, the marked partner, will come second. Koržavin's 1963 poem "Tancy" is a good illustration of this trend: for the two pairs that do not support Merlin's hypothesis (*pod"éxaL:sméxa* and *opját' iM:plát'ja*) there are three that do (*nóči:óčeN', gúby: klúboV,* and *sčastlívo:líveN'*). The feminine FCT rhymes in Pasternak's early canon and the Šefner and Koržavin selections were examined in this light. In each case, the rhymes in the ternary lyrics have a somewhat higher level of marked partners as the second element than do the binary lyrics. However, it is only in the ternary

poems of the early Pasternak and of Koržavin, where FCT itself is more common, that the unmarked/marked sequence pre-
dominates. For Pasternak 8 of the 12 binary examples follow this
sequence and as many as 7 of 8 ternary ones do. The figures for
Koržavin are 8 out of 16 and 14 out of 22. In other words, this
evidence about a "natural" sequence of FCT rhyme partners clari-
fies the contrast already identified: in the early Pasternak and the
Koržavin lyrics there is a clear correlation between FCT rhymes
and the ternary measures, while in the Šefner lyrics there is not.

The question that now arises is what this rhyme-meter correlation might mean for Pasternak's early binary and ternary lyrics at
large. An earlier study showed that an unusual trend in rhyming in
Belyj's early binary, and especially I4, lyrics parallels the acknowledged unconventionality of their verse rhythms and distinctiveness
of their themes and further that the lack of unusual rhymes in his

Table 1

Frequency of Final Consonant Truncation in Feminine Rhyme Pairs
Binary and Ternary Lyrics in Perfect AbAb Quatrains

	FCT total			FCT total		
	T4	I4	T5	D3	Am3	An3
Pasternak, 1912-28	12		72	8		38
Pasternak [1912-28]	0		14	0		19
Pasternak, 1931-59	2		189	1		86
Šefner, 1938-80	25		153	49		279
Koržavin, 1950-80	10		51	22		77
	I5	T6	I6	D4	Am4	An4
Pasternak, 1912-28	4		16	7		16

later binary lyrics and generally in his ternary lyrics parallels their
more orthodox rhythms and themes (Lilly 1982). It might thus be
thought that the prominence of FCT rhymes in Pasternak's early
ternary lyrics parallels more substantive differences between those
poems and their binary counterparts.

A subjective impression of Pasternak's early ternary lyrics —
and, incidentally, of Koržavin's throughout his career — might be
that with their frequent truncated rhymes they are couched in a
less playful, more intense style than their binary counterparts. It
is, however, another matter to restate such an impression scienti-
fically, especially since no comprehensive studies of the differences
between binary and ternary verse yet exist.

One fruitful line of investigation in confronting the binary with
the ternary lyrics of Pasternak's early canon is differences in the
number of syllables per word by parts of speech. The decision to
focus on only this area does not imply that other contrasts between
the two groupings of poems, such as in poetic syntax and in the
frequency of tropes and of sound patterns, might not be equally
worth pursuing. Four key parts of speech, nouns, verbs, adjectives, and participles, were analyzed for all five bodies of poetry
that were examined for feminine FCT rhymes. Adverbs were excluded, since they are a striking feature of Pasternak's lyric style
and thus not readily comparable with those of other poets. (cf.
Zholkovsky 1980). Proper nouns were included among the nouns,
as were ordinal numerals among the adjectives, but only the second
element of compound nouns and compound adjectives was considered in each case. For these four parts of speech, statistics were
obtained on the number of words having one syllable, two syllables, and so on.[5] Summary data only are presented in Table 2.
The figures for Pasternak's early uncollected lyrics have been omitted because their small scale meant that they do not reveal unambiguous trends.

Table 2 brings to the surface several important patterns. First,
there are three constants: (1) the percentage of words in the lyrics
studied that is made up of these four parts of speech hardly differs
between each metrical grouping [second column from right]; (2) the
mean syllable count for those four parts of speech always ranges in

ascending order from a low for the nouns to a high for the participles; and (3) the mean number of syllables per quatrain is somewhat higher for the ternary than the binary poems in each case [extreme right-hand column]. Second, all the contrasts in distribution lie between the binary and ternary groupings. As the totals for the four parts of speech [NVAP] make clear, it is the early Pasternak and the Koržavin lyrics that produce the main divergences. For the early Pasternak, the mean syllable length of the verbs, adjectives, and participles is noticeably greater for the ternary than the binary verse, while in the case of Koržavin this pattern holds for the nouns, verbs, and adjectives. On the other hand, in the later Pasternak and the Šefner the differences are minimal, with only the nouns and adjectives slightly longer in the ternary lyrics.

Table 2

Mean Syllable Count of Key Parts of Speech
Binary and Ternary Lyrics in Perfect AbAb Quatrains

		N	V	A	P	NVAP	%TW	MSQ
Pasternak 1912-28	B	2.21	2.41	2.58	3.63	2.39	*59.8*	33.56
	T	2.26	2.82	2.86	4.21	2.55	*60.3*	35.58
Pasternak 1931-59	B	2.38	2.77	2.79	3.77	2.57	*59.4*	34.36
	T	2.46	2.72	2.87	3.57	2.61	*60.1*	35.72
Šefner	B	2.32	2.60	3.00	3.82	2.59	*56.6*	34.39
	T	2.44	2.57	3.06	3.37	2.64	*56.9*	35.06
Koržavin	B	2.08	2.15	2.48	3.15	2.17	*47.3*	33.22
	T	2.24	2.42	2.91	3.21	2.39	*47.7*	35.19

N = Noun, V = Verb, A = Adjective, P = Participle, %TW = Percentage of total words, MSQ = Mean number of syllables per quatrain; B = Binary, T = Ternary

When the results presented in Table 2 are superimposed on those in Table 1, one obvious trend stands out. This is that the binary lyrics of the early Pasternak canon and of Koržavin differ notably from their ternary counterparts by both the frequency of feminine FCT rhymes and the mean syllable count of the four key parts of speech. No such contrast is evident in the later Pasternak or Šefner. This is to say that in general terms there is not necessarily a difference in mean numbers of syllables for these four parts of speech dependent on whether the verse in question is binary or ternary. However, when such a difference does occur, it is one of a number of formal contrasts between poetry in these two metrical groupings.

If the ternary poems of the early Pasternak canon and of the Koržavin sample have more examples of feminine FCT rhymes and a higher mean syllable count for the four key parts of speech than their binary counterparts, is there a causal relationship between these two phenomena? Are the rhymewords of the ternary poems themselves longer than those of the binary poems? Both the masculine and the feminine rhymes of all these lyrics were examined from this standpoint. As it happened, the rhymewords of the ternary poems belonging to the four parts of speech are no longer or, in the case of Koržavin, marginally longer than those of the binary poems. Thus, for the early Pasternak canon such rhymewords average 2.33 syllables in the binary poems and only 2.39 in the ternaries. These are figures that contrast much less than those for these four parts of speech in the two groups of poems at large (Table 2, column 5). Indeed, this evidence casts into sharper relief the contrast in mean syllable counts between the binary and ternary poems, since almost all of that contrast lies not over whole lines of verse but rather is concentrated on the sections that precede the rhymewords.

It remains to comment in slightly greater detail on the substantial —in fact, statistically significant—differences between the binary and ternary poems of Pasternak's early lyric canon. This can be done most effectively by expressing the syllable counts for the verbs and adjectives, the parts of speech that differ most by metrical grouping, by number of syllables per word, as in Table 3. Two points here are obvious. First, virtually all the monosyllabic verbs are from the binary poems. And second, the adjectives from the ternary poems just as often have four syllables as they have two and three, but fully a half of those from the binary poems are of two syllables only. Even a cursory examination of the words themselves shows significant trends. Verbs make up 12.4 percent of all words in the binary poems, but as much as 16.0 percent of those in the ternary poems;[6] in this latter group, trisyllabic past tense verbs are particularly common. Among the adjectives, four-syllable attributive forms are the most notable category in the ternary poems, while rather pedestrian disyllabic examples make up one half of the attributive adjectives in the binary poems.[7] Such figures suggest that there is a strong lexical contrast between the two metrical groupings, a contrast that no doubt gave rise to the initial impression that the ternary poems are generally more intense in character.

Table 3

Verbs and Adjectives by Number of Syllables

Early Binary and Ternary AbAb Lyrics of Pasternak

syllables:		1	2	3	4	5	6	mean
Verbs	B	32	56	47	17	4	1	2.41
	T	6	42	34	21	5	1	2.82
Adjectives	B	3	45	29	10	2	–	2.58
	T	3	11	11	12	–	–	2.86

*   *   *

The conclusions justified by the foregoing exposition bear upon both Russian verse theory and the poetry of Pasternak. On the theoretical plane, there is the basic point that the frequency of a particular rhyme type may vary from poems in one metrical grouping to poems in another. Such a variation might signal substantive underlying differences between the two groups of poems. What this information contributes to an understanding of Pasternak's own lyric style is twofold. First, it offers objective criteria for discriminating between the early (1912-28) and later (1928-59) lyric canons and likewise between the early lyric canon and the small group of poems Pasternak subsequently removed from it. And second, just as Kiril Taranovsky (1963:318) demonstrated that Pasternak's choice of meter for "Gamlet," the celebrated opening poem of the Živago cycle, was by no coincidence the trochaic pentameter, so the present paper suggests that his choice of meters for his early lyric canon was hardly less calculated. Any future general study of that poetry should make well-considered reference to the implications of Pasternak's various metrical choices.

NOTES

1. There have been only five articles published since Pasternak's death, all of them Western, that discuss problems of his verse form (cf. Lilly and Scherr 1976, 1983).
2. Cf. Selkin 1983, Table 4 and passim.
3. I am currently preparing for publication the full metrical repertoire of Pasternak's lyrics that was a necessary step in the research on which this paper is based.
4. These poems are identified in the Appendix.
5. It is to be regretted that the major study thus far of the lyrical diction of the early Pasternak, Levin 1966, makes little reference to such matters as word length or prosodic features.
6. The equivalent figures for the late canon are 13.0 and 12.5 percent.
7. None of the skews in verb and adjective frequencies noted here is perceptible in the late canon.

APPENDIX

Pasternak's Early Binary and Ternary AbAb Lyrics

Perfect T4, I4, T5
"Fevral'. Dostat' černil i plakat'!. . ." (I4 x 4); "Kak bronzovoj zoloj žaroven'. . ." (I4 x 3); "Ja ros. Menja, kak Ganimeda. . ." (I4 x 4); "Segodnja s pervym svetom vstanut. . ." (I4 x 5); "Venecija" (I4 x 5); "Vstav iz groxočuščego romba. . ." (I4 x 4); "Ne kak ljudi, ne eženedel'no. . ." (T5 x 2); "Razve tol'ko grjaz' vidna vam. . ." (T4 x 7); "Sady tošnit ot verst zatiš'ja. . ." (I4 x 2); "Bolezni zemli" (T5 x 4); "Kosyx kartin, letjaščix livmja. . ." (I4 x 3); "Neskučnyj" (I4 x 3); "Nu, i nado ž bylo, tužas'. . ." (T4 x 3); "Meždu pročim, vse vy, čticy. . ." (T4 x 4); "Babočka-burja" (I4 x 7); and "Gustaja sljakot' klejkovinoj. . ." (I4 x 12).

Perfect T6, I6
"Piry" (I6 x 4); "Zimnjaja noč' " (T6 x 5); "Vorob'evy gory" (T6 x 5); and "O styd, ty v tjagost' mne! O sovest', v ètom rannem. . ." (I6 x 2).

Perfect D3, Am3, An3
"Vokzal" (Am3 x 6); "Zima" (An3 x 6); "Vdoxnoven'e" (An3 x 6); "Oblako. Zvezdy. I sboku. . ." (D3 x 6); "Mejerxol'dam" (An3 x 9); and "Siren' " (Am3 x 5).

Perfect Am4, An4
"Sestra moja žizn' i segodnja v razlive. . ." (Am4 x 6); "Spasskoe" (An4 x 6); and "Pianistu ponjanto šnyrjan'e vetošnic. . ." (Am4 x 4), where "pianist" is viewed by the poet as disyllabic.

REFERENCES

Primary Sources

Koržavin, N.
    1963   *Gody: Stixi.* Moscow: Sovetskij pisatel'.
    1976   *Vremena: Izbrannoe.* Frankfurt am Main: Possev.
    1981   *Spletenija.* Frankfurt am Main: Possev.

Pasternak, Boris
    1965   *Stixotvorenija i poèmy.* Moscow-Leningrad: Sovetskij pisatel'.
    1967   *Doktor Živago.* Ann Arbor: University of Michigan Press

1971   "Novye avtografy B. L. Pasternaka" (Publikacija
        M. O. Čudakovoj). *Zapiski otdela rukopisej Gos. bib-
        lioteki imeni Lenina,* 32:208-19.

Šefner, Vadim
1975   *Izbrannye proizvedenija v dvux tomax.* I: *Stixotvore-
        nija.* Leningrad: Xudožestvennaja literatura.
1981   *Vtoraja pamjat': Stixi.* Leningrad: Sovetskij pisatel'.

Secondary Sources

Bailey, Leslie
1974   "Consonant Variance in Deržavin's Rhymes: A Prelimi-
        nary Study." Diss., University of Wisconsin-Madison.

Levin, Ju. I.
1966   "O nekotoryx čertax plana soderžanija v poètičeskix
        tekstax." *Strukturnaja tipologija jazykov.* V. V. Ivanov,
        ed. Moscow: Nauka.

Lilly, Ian K.
1982   "On the Rhymes of Bely's First Three Books of Verse."
        Slavonic and East European Review, 60, no. 3:379-89.

Lilly, Ian K. and Scherr, Barry P.
1976   "Russian Verse Theory Since 1960: A Commentary and
        Bibliography." *International Journal of Slavic Lin-
        guistics and Poetics,* XXII:75-116.
1983   "Russian Verse Theory since 1974: A Commentary and
        Bibliography." *International Journal of Slavic Lin-
        guistics and Poetics,* XXVII:127-74.

Merlin, V. V.
1980   "Aktual'noe členenie i rifma." *Voprosy stilistiki* [Sara-
        tov], vyp. 15: 50-57.

Samojlov, D.
1982   *Kniga o russkoj rifme.* 2nd ed., enl. Moscow: Xudo-
        žestvennaja literatura.

Selkin, I. A.
1983   "O nekotoryx osobennostjax zvukovogo stroenija rifmy
        sovetskix poètov." *Filologičeskie nauki,* no. 6 (138):
        63-66.

Taranovsky, Kiril
  1963   "O vzaimootnošenii stixotvornogo ritma i tematiki."
          *American Contributions to the Fifth International
          Congress of Slavists,* I: *Linguistic Contributions.* The
          Hague: Mouton. 287-322.

Zholkovsky, A. K.
  1980   " 'Obstojatel'stva velikolepija': ob odnoj pasternakov-
          skoj časti reči." *Voz'mi na radost': To Honour Jeanne
          van der Eng-Liedmeier.* Amsterdam: Slavic Seminar.
          157-68.

Further Reflections on the Poetics of *Doktor Živago*:
Structure, Technique, and Symbolism

Henrik Birnbaum   (University of California, Los Angeles)

1. So much has been said and written about the artistic qualities of Boris Pasternak's novel, its acknowledged merits as well as its perceived shortcomings, that little seems to remain that could be added to shed more light on the genesis, underlying conception, intended impact, and actual reception of the book which marks the culmination of his creative career of nearly half a century. Similar considerations apply to the composition and stylistic devices of this, Pasternak's most important literary accomplishment. As L. Fleishman has rightly pointed out in the preface to his monograph on Pasternak in the 1920s, the study of his works has recently, after a marked upswing in the late 60s and early 70s, again entered a crisis. This is primarily due to two circumstances: the insufficient degree and unsatisfactory state of publication of archival material by and about Pasternak, and, moreover, the lack of attention, peculiar to much relevant research, to the concrete details of the literary life and society which formed the ambience of Pasternak's activity.[1] The major monographic study by G. de Mallac, which provides much but not always entirely accurate biographical information, can at most be considered a partial remedy for these deficiencies. The recent work by H. Hingley contains an original analysis of *Doktor Živago* (*DŽ* from here on) and comments on the circumstances surrounding its genesis as well as its autobiographical associations. In particular, it provides an evaluation of Pasternak's prose as compared to his poetry, as well

284

as of his pre-1940 output as measured against that of the post-1940s.[2] It is to be hoped, however, that the findings reported at the present conference, as well as several monographs devoted to various facets of Pasternak's writings currently in progress or nearing completion, will significantly contribute to a better understanding of his creativity and its place in twentieth-century Russian literature. It should further be noted that the poet's own professed skepsis toward, nay, dislike for any attempt to analyze and dissect his writing, or for that matter anybody's artistic achievement, puts a natural damper on the critic's endeavor to try yet another approach to his work. In what follows I offer a few considerations, or rather reconsiderations, concerning *DŽ*; I do so, however, with some hesitation and obvious reservations, well aware that my remarks can at best make a minor contribution to the existing vast and rapidly growing body of Pasternak scholarship, problematic though it is.

The particular issues that I would once more like to address briefly in this paper are as follows: (1) The structural relationship of the bulk of the novel, i.e., its first sixteen chapters written in prose, and its final, seventeenth chapter containing the poems of Jurij Živago. (2) The problem of whether Pasternak's book does in fact qualify as a genuine novel under any, even the most broad and modernist, definition of the term. (3) The choice and functional distribution of various kinds of tropes, and specifically, the use of metonymies and metaphors, including a variety of combinations of the two in the figurative language with which both the prose and the verse portions of *DŽ* are studded. (These terms were defined and applied — in particular to Pasternak — by R. Jakobson.) (4) The question whether the book, contrary to Pasternak's earlier writings, is in fact marked by simplicity of style and exposition, as has frequently been claimed. And, finally, (5) a brief discussion of some points of comparison between *DŽ* and, on the one hand, Thomas Mann's *Doktor Faustus* and, on the other Anna Axmatova's *Poèma bez geroja*. In the former case I will view the two books in the framework of the evolution of the novel (however defined) by the middle of the twentieth century, and also as deeply committed and concerned treatments of the predicament of the artist in our age; in the latter case, as works conceived in the specific Russian context of depicting and symbolically interpreting a period from the pre-Revolutionary epoch through the Second World War, while, in different ways, experimenting with problems and challenges of poetic expression and literary form.

As I have previously considered several of these issues, I will here briefly restate or partially modify some of my earlier suggestions. In addition, I will venture to approach these questions as closely interrelated parts which, in fact, form a larger whole, at least insofar as they cumulatively pertain to the overall phenomenon of the poetics of *DŽ*.

2. As for the relationship obtaining between the prose portion of the book and the appended *Stixotvorenija Jurija Živago,* there are theoretically two possibilities for viewing the functional place of the poems as an integral part of the novel. Most readers will conceive of them as merely the symbolic condensation and pure, poetic expression of the life experience of the book's protagonist, and thus will assign them a secondary role in the overall structure of the work. Others, however, may feel that it is actually these poems that constitute the very core of the book, and that their appearance at the end of the novel, rather than spread throughout it (a technique adopted, for example, by Goethe in *Wilhelm Meister*), only enhances their impact and significance rendering the preceding prose chapters merely a preliminary commentary and background elaboration.[3] Put differently, and only slightly rephrasing a formulation suggested by K. Pomorska in the discussion of one of the previous papers, it may be said perhaps that the prose portion of the book, though taking up most of its space, is essentially the linear concatenation along the syntagmatic axis of the characters, events, and individual fates that constitute the temporally limited, chronologically arranged and causally connected content of the novel. The poems, although metonymically representing the spiritual and aesthetic legacy left behind by Jurij Živago, are the predominantly metaphoric tokens poetically expressing the life experience of their creator, i.e., the novel's protagonist. They would therefore be viewed in a different dimension, namely, along the paradigmatic axis, thus lending them depth and, by closing the

circle begun with "Gamlet" and ending with "Gefsimanskij sad," rendering them eternal in meaning and value, i.e., transforming human experience and history into myth.

There can be little doubt, though, that this point of view of the function of the Živago poems is not really the one which Pasternak himself seems to have embraced. Thus, in one of the variants of his (second) autobiographical sketch he stated: "Razbrosannye po vsem godam mojej žizni i sobrannye v ètoj knige stixotvorenija javljajutsja podgotovitel'nymi stupenjami k romanu. Kak na podgotovku k nemu ja i smotrju na ix pereizdanie."[4] Cf. also a passage in *DŽ* itself, echoing autobiographical notions:

> On ešče s gimnazičeskix let mečtal o proze, o knige žizneopisanij, kuda by on v vide skrytyx vzryvčatyx gnezd mog vstavljat' samoe ošelomljajuščee iz togo, čto on uspel uvidet' i peredumat'. No dlja takoj knigi on byl ešče sliškom molod, i vot on otdelyvalsja vmesto nee pisaniem stixov, kak pisal by živopisec vsju žizn' ètjudy k bol'šoj zadumannoj kartine.[5]

Other statements made in letters to friends, translators, and editors of his work, or in conversations with visitors, which emphasize the superiority of prose over verse when describing and conveying the rich and complex experience of life in the modern age, bear out this deeply felt conviction of Pasternak. Thus as de Mallac quotes him as having commented:

> I believe that it is no longer possible for lyric poetry to express the immensity of our experience. Life has grown too cumbersome, too complicated. We have acquired values which are best expressed in prose. I have tried to express them through my novel . . . I believe that prose is today's medium . . . [6]

We thus know as a matter of fact how Pasternak himself viewed the relationship, and the relative weight, of the prose portion of *DŽ* in comparison to the poems said to be the work of the book's hero. May I nonetheless, at least for a moment and as a tentative hypothesis, take the opposite position and argue that the poems may well occupy, from a strictly poetic and structural point of view, the central place in the book, the peripheral placement accorded them by the author notwithstanding. Admittedly, this implies a specific evaluation of Pasternak as writer and poet. For regardless of his own aspirations, particularly in his later years, Pasternak was, I submit, above all an unusually endowed poet, whose greatest accomplishment lay precisely in the choice and power of his imagery, the catchy rhythm and artful flow of his language, and the virtuoso orchestration of the phonic matter as used in bound speech and recurring meter. To anticipate a point to which I shall subsequently return, if metonymy is the natural figure of speech in its unbound form, that is, of prose, and metaphor the preferred trope of poetry proper (as Jakobson has taught us), then Pasternak, though frequently resorting to metonymic images as well,[8] is, to my mind, as much one of the great masters of the metaphor as he is of metonymy. In *DŽ* this applies both to the many individual metaphors encountered, along with numerous metonymic turns, as well as to the overall metaphoric (or symbolic) message of the book as a whole. As I have stated elsewhere, when comparing, with due qualification, *DŽ* and its perception and interpretation of life with that of Goethe's *Faust*:

> For both, Goethe and Pasternak, there existed a metonymic relation between the poet, and man as such, and his ambience. And, the metonymically charged poetic prose text as a whole can and does, in the last analysis, assume the qualities of and turn into one all-encompassing metaphor. So life itself, if interpreted artistically, may be viewed as a great symbolic metaphor for something else, only darkly sensed and perceived for the time being.

Or, to use the closing lines of Goethe's *Faust*: "Alles Vergängliche / Ist nur ein Gleichnis."[9] If, therefore, the narrative of the prose text ultimately builds up to become itself a magnificent metaphor of life,[10] and thus a myth transcending the limits of time, the metaphorically conceived poems of Jurij Živago mark, as it were, the high points of bliss and tragedy, anguish and despair, but also contemplation and comfort, in this story of the life, and afterlife, of one man, a healer by the art of medicine and by the art of the word.

It would be tempting and possibly quite rewarding to try to place

Further Reflections on the Poetics of Doktor Živago 289
within the prose text, and to see whether such a more immediate
linking of prose and verse would not yield some new, modified
reading of the narrative, or otherwise sharpen our perception and
improve our understanding of it. There are, of course, certain
clues in the prose text which suggest the close connection of a particular situation, episode, or mood described in the book with one
(or several) of the Živago poems. This applies, for example, to the
opening poem, replete with symbolism as crystallized in the figure
of Hamlet, or rather the actor about to play the part of Hamlet,
and in the image of Christ (at Gethsemane).[11] The author himself mentions this image, albeit hesitatingly, in chapter fifteen, in
connection with Jurij's hymn to Moscow. There we read: "V so-
xranivšejsja stixotvornoj tetradi Živago ne vstretilos' takix stixo-
tvorenij. Možet byt', stixotvorenie 'Gamlet' otnosilos' k ètomu
razrjadu?"[12] There is also a natural connection between several
of the poems associated with Holy Week (the poems number 3,
"Na Strastnoj"; number 20, "Čudo"; number 22, "Durnye dni"),
Mary Magdalene (poems number 23 and 24, "Magdalina I" and
"Magdalina II"), and Gethsemane (poem number 25, "Gefsimanskij sad," but also, at least obliquely, number 1, "Gamlet") and the
chapter (XVIII "Protiv doma s figurami," section 17) in which Sima
Tunceva speaks to Lara (and Jurij) about the meaning of Holy
Week and the Passion of Christ, elaborating in particular on Christ
and Mary Magdalene.[13] The last poem, "Gefsimanskij sad," cen-
tered on the theme of the despair of Gethsemane transformed into
the triumph of the Resurrection (to paraphrase P. A. Bodin), is
of course a summation of Pasternak's entire message, the ultimate
victory of life over death, and as such the redeeming response to
the lines about the feelings of loneliness and fear in the first, stage-
setting Hamlet poem. The poem (number 15) "Zimnjaja noč' "
is also easily located in the text of the novel. In a section of the
chapter about the Sventickij Christmas party (III "Elka u Sven-
tickix," 10) we find a short literal quote from the poem, in fact,
its catchphrase, the whole poem as yet only beginning to take
shape in Jurij's mind ("Sveča gorela na stole. Sveča gorela . . . ")[14]
Another poem (number 7), "Leto v gorode," obviously belongs

in chapter V ("Proščan'e so starym"), probably in one of sections 6, 7, or 8.

The search for the proper loci where to place the various Živago poems shall not be pursued further here. The instances indicated, where such a direct link between prose text and poem could easily be established, have merely served the purpose of demonstrating the potential, which, to my knowledge, has not yet been fully explored. Perhaps it would not be entirely unfair to claim that Pasternak who, after all, was first and foremost a lyrical poet — and that, so to speak, *malgré lui* also in *DŽ* — in the poems of Jurij Živago has further developed and symbolically interpreted several motifs treated in the prose chapters of the novel. This holds especially true for the central Christian theme of life, death, and resurrection; cf. the relevant poems just indicated, but also, e.g., poem number 14, "Avgust," with its reference to the motif of the Transfiguration; or number 18, "Roždestvenskaja zvezda," on the theme of the Nativity. It also applies to the artist's perception of the city or small town (cf. St. Petersburg in poem 4, "Belaja noč' "; Meljuzeevo in poem number 7, "Leto v gorode"; Moscow, or at least a glimpse of it, in poems number 19, "Rassvet," and number 21, "Zemlja"), as well as his experience of nature and the rural landscape (cf. in particular poems number 9, "Xmel' "; number 10, "Bab'e leto"; and number 14, "Avgust"). In this sense, therefore, the poems may indeed be viewed also aesthetically as the most significant and successful section of the book as a whole rather than as merely "preliminary steps toward the novel," which is how the poet himself obviously viewed them.

3. Although I therefore assess their role and functional place in the book as possibly far more crucial and central than did Pasternak himself, it is, of course, not because of the appended poems as such that I find the question of the specific literary genre attributable to *DŽ* worthy of further consideration. In other words, novels with interpolated or appended poems (cf. n.3., above) are in and of themselves nothing unusual, particularly in certain phases of the evolution of the genre. There can also be no doubt whatsoever that Pasternak himself indeed viewed his book as a genuine novel since on more than one occasion he referred to *DŽ* in those

terms. Moreover, I am aware, needless to say, that any definition of the novel, including in particular the modernist novel (up to and including the *nouveau roman,* or anti-novel, of a Robbe-Grillet), presents a number of major difficulties. In a way, therefore, *DŽ* in its, at first glance, fairly traditional, not to say old-fashioned structure and composition would seem easily to fit the broad and vague definition of the novel. Yet I have argued elsewhere, in a study juxtaposing and comparing certain deep-seated similarities and superficial differences found in *DŽ,* on the one hand, and Anna Axmatova's *Poèma bez geroja,* on the other, that just as the latter does not qualify as an epic poem, or even a sequence of poems (with, incidentally, some interspersed prose) but rather can be conceived as a poetically guised narrative piece, so does, conversely, *DŽ* not really meet the intrinsic criteria of a genuine novel in any, even the most modernist sense. Instead, I have proposed that *DŽ,* once aptly characterized as a "poem in disguise" by the director of the film version of the book, David Lean, be viewed as what I have very tentatively called a *Gedichtroman,* the term not to be equated, of course, with either a novel in verse (of which Puškin's *Evgenij Onegin* is, no doubt, the Russian prototype) or, for that matter, simply a poetic novel.[15]

The issue, however, is not really so much whether the term 'novel' is indeed applicable to a book like *DŽ.* It is far more important to realize, I submit, that both its largely lyrical character and its combination of a historiosophic message with a symbolic one, were forged by altogether new, previously untested compositional principles which have therefore also determined and shaped the literary form of the book.[16] Belyj's pointed dictum, "Proza — trudnejšaja forma poèzii," applies eminently and without reservation to Pasternak's major, mature prose work. Let me thus paraphrase here what I said in the conclusion of my comparative study on *DŽ* and Axmatova's *Poèma:* In the last analysis, the terms 'poem-novel' (or in German, *Romangedicht,* for the *Poèma*) and 'novel-poem' (in German, *Gedichtroman,* for *DŽ*) proposed here, are but awkward makeshifts and inadequate definitions, coined faute de mieux. Though they may more closely approximate the essence of the matter, they still fail to grasp it fully. For upon closer scrutiny, and thus not merely in terms of their outward appearance, Axmatova's poetic piece is not really a poem or a novel (let alone an epic), just as Pasternak's poetically embellished story is neither a novel nor a poem. Conceived in the same epoch and produced by kindred poetic talents, similar and dissimilar, related and, by the same token, different, both are unique literary creations which cannot be easily fitted into any existing, conventional formal categories or genre designations. I shall subsequently return to some further aspects of this comparison (see Section 6).

4. As early as 1921, in an article "On Realism in Art," commenting on the "progressive" or "revolutionary" current in 19th-century Russian realist prose (a current sometimes also referred to as the Gogolian school), Jakobson had pointed to "the condensation of the narrative by means of images drawing on contiguity, i.e., the path from the proper term toward metonymy," as one of the salient traits peculiar to that group of writers.[17] Even though in this context he had not yet suggested that metonymy was the predominant trope of prose in general, but had merely identified it as a device favored by some of the realist writers, this statement, along with some others on metonymy as applied to painting and film,[18] already contained the germ of Jakobson's subsequent thinking on metaphor and metonymy and their specific polarized, though — nota bene — not altogether mutually exclusive, relationship. A more elaborate discussion of the metaphor/metonymy distinction was to follow in Jakobson's classic essay on the early prose of Pasternak, his examples taken mostly from *Detstvo Ljuvers* and *Oxrannaja gramota*. Here he suggested that "there is an undeniably closer relationship on the one hand between verse and metaphor, on the other between prose and metonymy." In this essay, Pasternak's prose, (and also his verse, primarily that of *Sestra moja žizn'*) is contrasted with the prose and poetry of Xlebnikov and, particularly, Majakovskij. Referring to the fact that verse relies on association by recurrent similarity, i.e., in rhyme, rhythm, and other parallel patterning in sound, supported by a similarity (or its opposite, contrast) in imagery, Jakobson pointed out that "an intentionally striking division into similar sections is foreign to prose." Rather, he suggested, "the basic impulse of

narrative moves from one object to an adjacent one on the paths of space and time or of causality; to move from the whole to the part and vice versa is only a particular instance of this process . . . For metaphor the line of least resistance is verse, and for metonymy it is prose whose subject matter is either subdued or eliminated."[19] Subsequently, Jakobson returned to the topic of metaphor and metonymy more than once, particularly in chapter 5 (titled "The Metaphoric and Metonymic Poles") of his study "Two Aspects of Language and Two Types of Aphasic Disturbances," included in his (and M. Halle's) *Fundamentals of Language* (The Hague, 1956, 76-82). Here, the possibility of a variety of transitional and combined usages of the two tropes of similarity and contiguity, positional and semantic, is explicitly envisaged. This, therefore, is said to allow for "an impressive range of possible configurations" in verbal art (77). Though the general trend is toward metaphor in poetry proper (especially in romantic and symbolist poetry) and toward metonymy in prose (especially in realist prose), these dichotomic concepts, taken in their pure form, can be fully isolated only in an artificial manner; this at least is true of their usage in a literary piece of some length. Consequently, Jakobson resorted to the notion of bipolarity, with pole understood roughly as point of gravitation, rather than insisting on any clear-cut either/or choice. He touched on the metaphor/metonymy distinction several times elsewhere, e.g., in his famous "Closing Statement: Linguistics and Poetics" (in the volume *Style in Language,* T. A. Sebeok, ed., Cambridge, Mass., New York and London, 1960, especially 368-70) and in his brilliant sketch "Quest for the Essence of Language" (*Diogenes* 51, 1965, especially 33). It is here that we find this succinct semiotic definition: "The metaphor (or metonymy) is an assignment of a signans to a secondary signatum associated by similarity (or contiguity) with the primary signatum."

Jakobson's relevant thinking and formulations have, needless to say, prompted further inquiry into the metaphor/metonymy contrast and relationship. Among significant contributions I would like to mention in particular two. D. Lodge, in his book *The Modes of Modern Writing: Metaphor, Metonymy, and the Typology of*

Modern Literature, Ithaca, N.Y., 1977, devotes a whole section to this topic ("Metaphor and Metonymy," 73-124), taking Jakobson's theory as his point of departure, and leading up to "The Metonymic Text as Metaphor." M. Shapiro, in the "Theoretical Prolegomena" of his essay "Journey to the Metonymic Pole: The Structure of Pushkin's 'Little Tragedies' " (*From Los Angeles to Kiev,* V. Markov and D. S. Worth, eds., Columbus, Ohio, 1983, 169-206, especially 169-172), elaborates on Jakobson's position and develops it further. He concludes (172) that "Metonymy cannot, of course, be artificially sealed off from the other major trope, metaphor. Indeed, a metonymy, even at the point of its original creation in literary texts, is already on the way to becoming a metaphor. Metaphor is defined as that trope in which the (simultaneously) established hierarchy of signata is either reversed or neutralized. Thus the very definiens of metonymy itself can become the precondition of metaphor, since the figural meaning must predominate over the literal in order for the figural situation to obtain. Moreover, both tropes can coexist in the same linguistic vehicle, thereby facilitating a quicker slide of an original metonymy into the category of metaphor." And he adds that "the metaphoric component markedly dominates the metonymic. This rank order, notably, is consistent with the principle that metonymy tends strongly to be superseded by metaphor. This means that metonymy is the more basic, less complex of the two tropes." One might add, incidentally, that metonymy is the looser, less tightly worded of these two devices. As I have noted elsewhere,[20] this conception does not contradict the claim—ranging from Hegel to Lotman—that artistic prose is secondary, derived from and marked in relation to verse, typologically and historically, within the overall scope of poetic language and its evolution. Truly poetic prose, naturally, abounds in both, metaphor and metonymy. *DŽ* provides ample illustration of precisely this meshing and shifting between these two major tropes.

    E. J. Brown's qualification of Jakobson's view on metonymy and its natural linguistic medium is also pertinent to the present discussion. Thus he poses the astute question: "Rather than prose itself, is it not *narrative* for which metonymy has a marked affinity?"

And he goes on to support his point by suggesting that the dominant trope in *Evgenij Onegin* is clearly metonymy, rather than
metaphor, the versified form of Puškin's work notwithstanding.[21]

I have dwelt here at some length on the metaphor/metonymy
dichotomy as conceived by Jakobson, and first in some detail,
though as yet unsystematically, applied by him to the early prose
(and poetry) of Pasternak, and on the elaboration and modifica-
tion of his theory by some of his followers. I have done so mainly
for two reasons: firstly, I believe that the tendency of movement
between metonymy and metaphor can be demonstrated very well
by reference to both the prose and the poetry of the early Pasternak; and secondly, because I have the impression that much
of what Jakobson said about the younger Pasternak also can be
applied to his work of a later period, and notably to *DŽ*. I hold
this view despite the assertion, which I will discuss briefly below,
that the writing of the mature Pasternak (i.e., since the "break"
which occurred about 1940) is marked by an unequivocal turn away
from his previous hermetic, introspective style, in other words his
cryptic egocentricity, in favor of a reorientation toward the reader-
hearer, a shift from monologue to dialogue, as it were, and a sustained effort to achieve greater transparency and immediacy, presumably consistent with the poet's social and aesthetic creed of his
later years.[22]

I am aware, of course, that rather than applying a modified
but essentially structuralist analysis of the Jakobsonian kind to a
text such as *DŽ*, some newer, post-structuralist approaches (for
example, that of A. J. Greimas' semiotically oriented narratology
or J. Derrida's essentially philosophically based deconstructionist
interpretation) could be tested on Pasternak's novel. However, I
am far from certain that trying such radically different approaches
would in fact yield any genuinely novel insights into the poetics
of *DŽ*. Rather, and considering the reader-orientation which it is
claimed to have, I would think that when assessing the artistic
impact of *DŽ* on the reader we should keep in mind an important
fact, long recognized to be sure, but in recent years repeatedly
emphasized. This is the recognition, eloquently articulated by
B. Hrushovski, that the literary text is not to be viewed as a closed

system, once and for all set and completed by its author, and as such handed over to the reader as if to the consumer of a ready product or artifact. Instead, the artistic text must always be viewed as an open system to be worked on and co-creatively "realized" by the reader. It is he who must link up elements whose connection is not immediately apparent; and he must know how to "read" clues and fill in gaps, construct hypotheses, and feel subliminal tensions, perhaps barely suggested in the text itself. As a result, each reader will ultimately combine, hermeneutically and intuitively, a somewhat different *understanding* of the meanings explicitly stated and combined in the text with an aesthetic *experience* conveyed or prompted by its non-semantic, figurative language replete with poetic devices and effects.[23]

As I had occasion to state previously, I can hardly think of a piece in what we might call 'poetic prose', epic yet highly lyrical, which would fit the two facets of prose — viz., ordinary or discursive and, contrasting with it, artistic — better than *DŽ*. Here metonymy (carrying on the narrative) and metaphor (evoking feelings and moods) alternate with, and transform into, each other. and though the rhythmic and otherwise phonic similarity and recurrent patterns are most immediately perceivable in the poems of Jurij Živago (where they include the device of in part highly sophisticated rhyme), the sheer power of language as sound is also present in Pasternak's prose, in the first sixteen chapters of *DŽ*. It is enhanced here, as in the poems, by a powerful, sweeping imagery. Thus metonymic images of semantic contiguity, expressed in the poetic syntagmatics *in praesentia*, in space and time (if only as traces and memories or by sensing the future) or by causality (grasping the inner meaning and inherent connection linking certain events), alternate with metaphoric images of semantic similarity — or its opposite, contrast — peculiar to the associative (or disjunctive) paradigmatics *in absentia*, enriching and expanding the aesthetic experience of the reader.[24] At least as regards *DŽ* I would therefore be inclined to take issue with Jakobson's contention (which, it must be remembered, is based only on the poet's early writings, to be sure) that even though, at least in his earlier years, he saw himself as a descendant of the metaphor-prone, neo-romantic symbolists, in both his prose and poetry Pasternak's dominant trope is metonymy.[25]

In my previous study on the "defamiliarization" of land- and cityscape in *DŽ* I adduced a number of concrete examples of metaphors and metonymies, and their alternation and blending in Pasternak's poetic technique of describing nature and the scenery of the small town (Meljuzeevo and Jurjatin) and the metropolitan city (Moscow), as well as their effect on the thoughts, feelings, and behavior of the characters of the novel, primarily Jurij and Lara.[26] While referring my audience to these instances discussed earlier, I would now like to add only two more examples, both taken from the Živago poems, to further illustrate Pasternak's use of metaphors and metonymies and their way of combining. First, two stanzas of the poem (number 15) "Zimnjaja noč' ":

. . . .

Kak letom roem moškara
Letit na plamja,
Sletalis' xlop'ja so dvora
K okonnoj rame.

. . . .

Na ozarennyj potolok
Ložilis' teni,
SkrešČen'ja ruk, skrešČen'ja nog,
Sud'by skrešČen'ja.

In the first of these two stanzas we obviously have a metaphor (under which broadly conceived concept I also subsume, with some qualification, the simile[27]) in the comparison of the midges flying into the flame with the snowflakes coming down on the window pane, in both instances implying the sudden end of their short-lived existence. The other stanza, in contrast, contains a metonymy — the image of the shadows falling on the lighted ceiling, shadows of crossed arms and legs — suggesting the physical involvement of the two lovers, given, moreover, a deeper meaning by the following phrase about "crossing of destiny," poetically enhanced by its chiasmus form in relation to the two preceding ones which it echoes. The love-making scene is further metonymically elaborated in the next stanza:

> I padali dva bašmačka
> So stukom na pol.
> I vosk slezami s nočnika
> Na plat'e kapal.

Here, incidentally, the expression *slezami* represents yet another metaphor, of course, this one embedded within the metonymy.

The other example is from the last of the Živago poems, "Gefsimanskij sad." In the final stanza, Christ, addressing Peter, but in fact through him all mankind, envisages the Last Judgement in this double metaphor:

> . . . .
> I, kak splavljajut po reke ploty,
> Ko mne na sud, kak barži karavana,
> Stolet'ja poplyvut iz temnoty.

Considering the claim that Pasternak's style in both prose and verse is less opaque, and his attitude as a poet much less self-centered and inward-looking in his later writings as compared to his earlier work, it seems a worthwhile task to reread Jakobson's essay on the prose of the early Pasternak in order to ascertain whether his observations of 1935 do not also, at least to a large extent, fit the author or *DŽ*. Speaking at the outset of his remarks about the prose of great poets, such as Puškin or Mácha, Lermontov or Heine, Pasternak or Mallarmé, Jakobson, while acknowledging that "we cannot help being amazed of the command these writers have of the other language," i.e., a genuine prose style, nonetheless notes that "we are bound to pick out a foreign note, as it were, in the accent and inner form of their speech. Their achievements in this second language are brilliant sallies from the mountains of poetry into the plains of prose."[28] Suggesting that the prose of the then modern poets Brjusov, Belyj, Xlebnikov, Majakovskij, and Pasternak opened up hidden paths to a revival of Russian prose, Jakobson stated that "Pasternak's prose is the characteristic prose of a poet in a great age of poetry."[29] In this context reference ought to be made, perhaps, also to an observation by Ju. Lotman (I think, in part echoing Jakobson) to the effect that "poetry . . . was the background against which the growth of artistic prose in the 1920s was perceived." And he adds that "in succeeding periods the broad movement toward the prosification of artistic culture, on the one hand, confirmed the authority of 'non-art' (reality, everyday life, the document), and on the other hand made a norm of *the reproduction of life by means of art.*"[30] As I have argued earlier, this statement of Lotman's leads straight to Pasternak's *DŽ*. Obviously meant as a reaction to both symbolist and post-symbolist poetry (and prose), the novel marks a more complete, less convoluted celebration of life as a rich and fulfilling experience than that attempted in the slim volume of verse, *Sestra moja žizn'*. It also is a refutation of the writer's own prose experiments during the 1920s. Yet, by the same token, in *DŽ* Pasternak also strove to integrate and synthesize into a higher form of verbal art his own previous creativity as a poet and prose writer. Though he may well have attempted to continue the line of the great realists of Russian 19th-century literature with his novel (in his case notably Tolstoj and, on a different plane, Čexov[31]), he did not really succeed; for *DŽ* does not, to my mind, bear comparison in these terms with the very best of recent Russian realist prose as represented, for example, by the early Solženicyn. With due qualification, I rather believe that Jakobson's early judgment of Pasternak's prose as being that of a truly great poet is applicable also to this novel.

Using the poetic worlds of Majakovskij and Pasternak as paradigms of the two "languages" whose common source was the poetic system of Symbolism, Jakobson identified as the main topic of his essay "that unusual element in Pasternak's work which sets him apart from his predecessors, which is in part alien and in part strikingly akin to his contemporaries, and which is most clearly to be seen in the tell-tale awkwardness of his prose."[32] Even if we admit that in some ways Pasternak's prose style grew less "awkward" in *DŽ* than it had been in his early attempts in the same medium, does not much of the statement just quoted also hold true for this book of his mature years?

After characterizing the essence of the lyric narrative in contrast to the epic, Jakobson goes on to state the "Pasternak's work is emphatically lyrical; his prose, specially, is the characteristic prose of a lyric poet." He then cites Pasternak as having said: "Poetry in my view merges in history and in collaboration with real life."[33] And, while speaking of *Detstvo Ljuvers,* Jakobson notes:

> An epic attitude to his environment is naturally out of the question for a poet who is convinced . . . that only the passion of the elect can transform [the] "depressingly conscientious truth" into poetry. Only feeling proves to be obviously and absolutely authentic.

And, claiming that the early Pasternak continues the romantic line of Symbolism, Jakobson suggests that

> his initially romantic language *of* the emotions evolves gradually into a language *about* the emotions, and it is in his prose that this descriptive characteristic finds its most extreme expression [emphasis added, *H. B.*].[34]

So far, it would seem, what Jakobson said about the work of the early Pasternak does indeed apply, with only some minor modifications, also to *DŽ*, or at any rate to lengthy sections of the lyrical narrative of the book as well as to the Živago poems. However, things begin to look different when it comes to Jakobson's claim about Pasternak's clear preference for metonymy over metaphor:

> However rich and refined Pasternak's metaphors may be, they are not what determines and guides his lyric theme. It is the metonymical passages that lend his work an "expression far from common." Pasternak's lyricism, both in poetry and in prose, is imbued with metonymy; in other words, it is association by proximity that predominates.[35]

This claim may seem paradoxical with regards to the poetry and prose of a poet who viewed himself as a direct descendant of Symbolism.[36] It would be even more questionable to apply it to *DŽ*, despite the fact that Pasternak was determined to use narrative prose, which by then he considered the only adequate means to represent (and interpret) the complexities of modern reality. For I would submit that, even though the metonymies are, no doubt, also densely placed in the lyrical passages of *DŽ*, they do not truly predominate over the many metaphoric images whose poetic function is certainly no less significant. True, the purely discursive segments of the book are characterized by neither of the two basic tropes of figurative language—and their relative weight is much greater by comparison to the poet's early prose where such genuinely plain passages are strikingly few, if they occur at all. In addition to the numerous local metaphors of *DŽ*, which I have elsewhere characterized as "nova-like flashing,"[37] there are, of course, some major, overarching metaphors in the book. Foremost among them is the persona of Jurij Živago himself, symbolizing life (including death as part of it), to be precise, the very special and meaningful life of an artist.[38] The Hamlet and Christ motifs, associated with Živago and condensed in some of the poems—the first and the last, in particular—obviously also qualify as profound metaphors or symbolic images (i.e., *Sinnbilder,* in the etymological sense of the compound German term).

5. This brief review of Jakobson's essay on the early prose of Pasternak, and the tentative application of his findings to *DŽ* suggest, among other things, that, even though the Russian poet's style indeed underwent some significant changes, there is nonetheless also an element of constancy and invariance in his prose and poetry which thus runs through his entire oeuvre. In other words, there is a consistent characteristic Pasternakian ring to both his prose and verse, which is easily identified in any text from any period of his creative career. On the one hand, there is, therefore, some truth to the assertion that Pasternak's overall development as a poet and prose writer moves from the obscure and opaque to the lucid and evident, in other words, turning from what essentially can be conceived as a monologue of the poet with himself to an open dialogue between the writer and the reader. On the other hand, there remains in the style and language as well as the plot and exposition of *DŽ* an element of enigma and impenetrability that cannot be accounted for by, or blamed on, stylistic inadequacy or flaws in the composition of the novel. Rather, I would argue, this element,

suggestive of incoherence and irrationality, is intended to reflect the disturbingly chaotic condition and the lack of order and purpose, but also chance and largely unpredictable coincidences, characteristic of so much of real life, particularly in the turbulent and destructive period coinciding with Živago's life span. In this context I cannot help recalling Pasternak's own comment, made in our conversation of 1959. When alluding to the figure of Lara and the composite reality behind her traits, he said that the surface of life conceals such a complexity of experience, so much suffering, and so many moments of bliss and joy, that only few, and, as a rule, different people in each case, are privy to it. In fact, I would even think that, contrary to Pasternak's early prose, which was marked by a certain uniformity of style, somewhat "unnatural" and peculiar perhaps, and dominated by the poetic device of metonymy, his later prose and poetry, particularly in *DŽ*, are much less homogeneous and consistent with regard to their overall poetic diction. Thus I would argue that in *DŽ* passages virtually as "far from common" and "alien," to use Jakobson's characterization of the poet's early prose, as those encountered in *Detstvo Ljuvers* (in some respect reminiscent, it would seem, of Proust's prose style), alternate with a prose plain and natural, or argumentative and speculative, but clearly echoing and continuing the realist tradition of Russian literature. This comment on the style of *Detstvo Ljuvers* applies equally to some of Pasternak's other earlier pieces, e.g., to *Apellesova čerta* or to *Povest'*, but also to the "novel in verse" *Spektorskij*. Of course, given that the author "metonymically digresses from the plot to the atmosphere and from the character to the setting in space and time," and frequently indulges in synecdochic details (cf. R. Jakobson, *Fundamentals of Language*, 78), *DŽ* can also be considered, although certainly not exclusively, a metonymic novel.

What Jakobson said in 1935, about the gradual evolution of Pasternak's original romantic language *of* the emotions into a language *about* the emotions, finds its full confirmation and realization in the novel of his later years. Here, the description and analysis of the emotional states and experiences (notably of the book's chief protagonists, Jurij and Lara, but, for example, in the

Epilogue also of Živago's friends, Gordon and Dudorov) take up considerable space. Put briefly, in Pasternak's later prose, it would perhaps be more fitting to speak of a greater stylistic variation, a wider range of poetic devices, including the reliance on metaphoric as well as metonymic imagery, often combined and mutually enhancing. This is true, clearly, if we compare it with the narrative technique found in his earlier prose which is much more one-sided, albeit highly sophisticated, and which is indeed dominated by metonymy, yet almost paradoxically still very much poetic. A group of Soviet cultural semioticians have claimed that Pasternak's style (and analogically his ideology) turned from an exclusive esoteric preoccupation with himself toward an open-minded concern with others, and attempts to engage his reader actively in an imaginary dialogue; cf. the opposite route of development in Mandel'štam and Axmatova. Presumably, this is meant to apply, notably, also to *DŽ*, though the authors of the essay in question could not say so explicitly.[39] I therefore suggest that the novel retains, or only slightly modifies, all or most of the stylistic characteristics of Pasternak's early prose (and poetry) while adding a new dimension to them. He thus supplemented his previous focus and its poetic expression (apparent, for example, in the first and last of the Živago poems) with a whole range of different, less self-centered concerns and corresponding devices. In enriching his thematic scope and the repertoire of his poetic technique, Pasternak genuinely strove to place his lyrical hero (i.e., his alter ego) in the broad context and fully unfolded panorama of Russia's recent turbulent history.

6. To be sure, *DŽ* is not only a biographical novel with autobiographical overtones, or, more accurately, a lyrical biography; it is also a historical novel. More precisely, it is a novel set in the context of contemporary history, or what in German, with reference to the notion of *Zeitgeschichte* (which can be rendered as 'current history'), is sometimes called *Zeitroman*. As such, it invites comparison with another significant *Zeitroman*, written at about the same time, and by an author who, in at least some respects, was in a situation comparable to that of Pasternak (I am referring here to internal versus external exile). I have in mind, of course,

304   *Henrik Birnbaum*

Thomas Mann's major achievement of his mature years, *Doktor Faustus*. While comparing the two works in his book *The Novel Now*, A. Burgess noted that these "two 'big' European novels record [the] failure . . . to counter the self-destructive urge which appeared at a moment of historical crisis." Burgess acknowledged that both "approach traditional greatness," and also stated that "they are as much cries of despair as exuberant shouts of acceptance." He added that "perhaps the times are no longer propitious to the production of masterpieces which both embrace and enhance life."⁴⁰ In an essay published some years ago (and originally conceived, I should add, without knowledge of Burgess' juxtaposition), I pursued the line of comparison between these two novels a bit further by examining in some detail certain shared or parallel features. These features are, in particular, the creative interpretation of contemporary history, similarities and differences in the respective protagonists, and, in some of the secondary characters of the two books, the conception of religion and history, patriotism, politics (including the assessment of Nazism and its prefigurations as well as Soviet-type Communism), and the "national question" (including the attitude to Jews, in Germany and in Russia), as these topics are treated by the German novelist and the Russian poet in comparable, yet at the same time obviously significantly different ways.⁴¹ Needless to say, my short monograph was never intended to provide anything even remotely close to an exhaustive analysis of all the aspects of the two novels which it seemed feasible and fruitful to compare. Rather, it was meant as a preliminary study aimed at stimulating a more thorough investigation by a more competent and knowledgeable scholar in the two fields of modern German and contemporary Russian literature. Still, I was able to show, I hope, how both writers interpreted the fateful events shaking and threatening Russia and Germany (and the world) by following and describing the tragic destiny of one symbolic individual (and the people closest to him), an individual who himself was a highly gifted creative artist, a composer and a poet, and who typified the German and the Russian genius, respectively. For it is quite clear that both Pasternak and Mann were deeply committed to their respective native lands, the natural as

well as the man-made beauty[42] and the historical legacy which the
two countries possessed and represented. That is, however, a fundamental difference between Mann's and Pasternak's conceptions
of the artist and his role and predicament in the modern world. As
is well known, Mann took a rather dim view of the artist, regard-
ing him as just barely more than a person balancing on the fringe
of magic sleight of hand, and using his creative genius far from
always in the true service of humanity. Pasternak, in contrast, saw
in the poet, and thus in his own potential and impact, essentially a
positive or even healing power for the ills of mankind. Possibly,
though, this does not apply to Pasternak's conception of the composer, a calling which he himself tried but soon abandoned, dis-
couraged by the standards and example of Skrjabin. While *DŽ*
ends in a Christian-inspired serene, reconciled tone, the closing line
of Mann's mature novel, like Pasternak's synthesizing much of
its author's own life experience, is, however, a much more somber,
indeed desperate one, with at most a flickering glimmer of hope
on the distant horizon. Leverkühn's path into despair and insanity,
without the comfort of religion, is symbolic of the demonization
of Germany as seen by Mann. While Adrian with his "Dr. Fausti
Weheklag" annuls, as it were, the optimism and faith once expressed in Schiller's "An die Freude," as set to music in Beethoven's
Ninth Symphony, Jurij's poems turn into a precious lasting metonymic remembrance of his life and its achievement. *Doktor Faustus*
ends with the desperate question about Germany's future, as articulated by Mann's naive-ironic alter ego, Zeitblom: "Wann wird es
des Schlundes Grund erreichen? Wann wird aus letzter Hoffnungs-
losigkeit, ein Wunder, das über den Glauben geht, das Licht der
Hoffnung tagen?"[43] In contrast, in *DŽ*, Lara's despair—"Kakaja
strašnaja vešč' žizn', ne pravda li"—finds a consoling response
in the calm, comforting words of Jurij's half brother, Evgraf,
to whom the role of a deus ex machina is assigned: "I pomnite:
nikogda, ni v kakix slučajax ne nado otčaivat'. Nadejat'sja i dejs-
tvovat'—naša objazannost' v nesčastii."[44] It should further be
noted that the line which runs the full course from Shakespearean
despair[45] to Christian faith and trust finds its counterpart in the
evolutionary span of the Živago poems: the initial pessimistic-

desperate chord of "Gamlet" is suspended and reversed, it would seem, by the closing words of Christ in "Gefsimanskij sad," notwithstanding the associative threads which hold the two poems together.

Thomas Mann's book no doubt matches the notion of the traditional novel much more closely than does *DŽ* by virtue of its more rigorous structure, but also in view of its virtual lack of any lyrical passages. However, it is also true that the range of social classes described or hinted at is much broader in *DŽ* than in *Doktor Faustus*. In light of what was just said, another, different comparison, which I have also attempted, may at first seem far-fetched or even entirely out of place. What I have in mind is a juxtaposition and contrasting of *DŽ* with another Russian literary piece written at about the same time and covering roughly the same period in Russian history, Anna Axmatova's *Poèma bez geroja*. Though the difference in form, focus, and message is immediately obvious, a comparative approach to these two works by two of the most prominent representatives of Russian post-Symbolism, turns out to yield some revealing, partially unexpected insights. Again, I will not here repeat but will merely attempt to summarize some of the main points made by me elsewhere.[46]

I have previously suggested that Axmatova's *Poèma* may be conceived of essentially as a novel, or rather a fragment of a novel, masked in poetic form, just as so many of her earlier shorter poems were poetically disguised short stories or novellas.[47] The *Poèma* is not only Axmatova's longest but on the whole probably also her least transparent work, requiring a key to decipher it. As has been mentioned in the preceding, Pasternak did in fact, at least in part, succeed in attaining his new goal of transparency and overtness. Yet it would be worth comparing, by truly close reading, Axmatova's development beginning with *Anno Domini MCMXXI* (published in 1922) and up to the *Poèma* with Pasternak's evolutionary course extending from *Sestra moja žizn'* (written in 1917, but published also only in 1922) to *DŽ*. The recondite nature of the *Poèma* calls, as mentioned, for an elaborate commentary (as provided by V. M. Žirmunskij, A. Pavlovskij, A. Haight, J. van der Eng-Liedmeier, K. Verheul, and others) in order to achieve more than a

mere fragmentary understanding of its subtext (literary and otherwise) and of the particular context, or ambience, that forms its
backdrop in reality.[48] As for specifically Christian motifs, they are
less pronounced in the *Poèma* than in some of Axmatova's other
mature poetry. (I have in mind, specifically, some of the poems in
Rekviem and *Beg vremeni*.) In any event, Axmatova's religious
orientation, while generally Christian, was never quite as markedly
denominational as was Pasternak's Orthodox brand of Christianity, not the least in *DŽ*. And whereas Pasternak has rightly been
referred to as a writer whose oeuvre has the celebration of life as
its central theme,[49] Axmatova belongs to the great modern poets,
from Edith Södergran and Gabriela Mistral to Paul Celan, Nelly
Sachs, and Sylvia Plath, who try to face and cope with death
through their art.[50] The histrionic figure of the torn Hamlet and
the image of Christ at Gethsemane are the lodestars of *DŽ*. This is
very much in contrast to Don Juan, irreversibly drifting toward
his destruction, suggested as a guiding, or rather straying symbol,
following the poet-heroine and her double, Putanica-Psixeja, on
the road from Eros toward Thanatos. Parenthetically, it may be
remarked in this connection that while *DŽ* has of course a specific
protagonist, in fact, so does *Poèma bez geroja*, notwithstanding its
title. In other words, the title of Axmatova's piece is most probably
not meant to allude to the nameless masses of her city, or even
to some segment of Petersburg society in which the poet had once
moved about in her youth. Rather, and typically, it refers to
Axmatova alone, and in a very personal sense, perhaps echoing
Mandel'štam, who in what may be called *his* Petersburg tale, *Egi-
petskaja marka*, had proclaimed: "Stranno podumat', čto naša
žizn'—èto povest' bez fabuly i geroja, iz pustoty i stekla." On a
deeper level there are some important shared or at least parallel
features justifying a comparison of the two major works of the
later years of these poets. Both texts are testimonies of two sur-
vivors, particularly of the horrors of the Stalin years, with their
memories going back to pre-Revolutionary times. The fate of Russia in this critical period from before the First World War through
the Second is clearly one of the central themes of *DŽ* as well as
of the *Poèma*, and it forms the general background to the events

described in both. (In *DŽ*, though, the times of the last war and the early post-war years are pictured only briefly in the last chapter, which constitutes the Epilogue.) Not only are both therefore a poetic formulation and interpretation of roughly the same epoch in Russia's contemporary history, but their poets' time perspectives are similarly broken up into several levels. The first part of the *Poèma*, the Hoffmannesque masquerade of the "Petersburg Tale" and some of the episodes in *DŽ* in pre-Revolutionary Moscow — the Sventickij Christmas party, for example — bear a certain resemblance, and some more speculative-philosophical passages and musings about literature in *DŽ* are not entirely unlike those of part two of the *Poèma*, the poet's personal digression headed *Reška*—"Intermezzo," which discusses her professional literary concerns. Finally, the Epilogue chapter of *DŽ* shows some similarity with Part Three of the *Poèma*, likewise titled "Epilogue." Its vision of postwar Leningrad lends itself to being contrasted with the view of "holy" Moscow in Pasternak's novel.

It is true, however, that a comparison between the two works must not be carried too far. Still, juxtaposing them can, in my opinion, serve a specific and useful purpose, for it provides yet another way to bring out and make explicit some of the devices characteristic of the poetic technique employed by Pasternak in what he considered his crowning artistic achievement.

NOTES

1. Cf. L. Flejšman, *Boris Pasternak v dvadcatye gody,* Munich, 1981, 7.
2. See G. de Mallac, *Boris Pasternak: His Life and Art,* Norman, 1981; R. Hingley, *Pasternak: A Biography,* New York, 1983, 157-272, esp. 200-30 and 261-5.
3. Cf. the concluding section of A. Ljunggren's essay on the poetic genesis of *DŽ*, assessing Pasternak's novel in terms of its deviations from the "ideal novel," as defined by M. Baxtin: " 'Doktor Živago' otklonjaetsja ot togo opisanija, kotoroe Baxtin dal 'ideal'nomu' romanu. V rassmotrennyx slučajax anomalii prozy ob"jasnimi s pozicii normy poèzii. Poskol'ku v romane kontaminirovany obe ustanovki, pered čitatelem stoit vybor, na kakuju iz nix operet'sja, čtoby tekst pročityvalsja kak edinoe celoe. Sle-

duet li sčitat', čto proza vključaet v sebja poèziju ili čto poèzija stremitsja rasširit'sja do prozy? Esli prinjat' vtoruju al'ternativu, sleduet čitat' roman kak by s konca, čerez 'Stixotvorenija Jurija Živago', kak gigantskij poètičeskij tekst, stremjaščijsja spravit'sja s zadačej istoričeskogo romana i č'i svjazujuščie niti obryvajutsja pod tjažest'ju materiala." See A. Junggren (Ljunggren), "O poètičeskom genezise 'Doktora Živago'," *Studies in 20th Century Russian Prose,* N. A. Nilsson, ed., Stockholm, 1982, 228-49, esp. 247. Cf. further also H. Birnbaum, "On the Poetry of Prose: Land- and Cityscape 'Defamiliarized' in *Doctor Zhivago,*" *Fiction and Drama in Eastern and Southeastern Europe: Evolution and Experiment in the Postwar Period,* H. Birnbaum & T. Eekman, eds., Columbus, Ohio, 1980, 27-60, esp. 28 and 52 (n. 10, with the suggestion that "Possibly . . . one may venture a metonymic interpretation . . . of the function of the 'Poems of Yuri Zhivago' and their relationship to the bulk of the novel, constituting, as they do, 'traces,' in time, in space, and as cause, of the events and moods reported and described in the prose portion of the book"). A similar technique as that used by Pasternak was followed, among others, by Hesse in his novel *Das Glasperlenspiel* where "Die Gedichte des Schülers und Studenten," forming part of "Josef Knechts hinterlassene Schriften," are gathered at the end of the book. For some background on verse interpolations in fiction, notably in the writings of the period of Romanticism, but also earlier, see P. Neuburger, *Die Verseinlage in der Prosadichtung der Romantik, mit einer Einleitung: Zur Geschichte der Verseinlage,* Leipzig, 1924. (I am indebted to my UCLA colleague, Professor Ehrhard Bahr, for this reference.) The implication that both Pasternak (at least in *DŽ*) and Hesse had a Romantic streak is surely not too far off the mark.

4. B. Pasternak, *Proza 1915-1958. Povesti, rasskazy, avtobiografičeskie proizvedenija,* G. P. Struve and B.A. Filippov, eds, Ann Arbor, 1961, 352. It should be noted, however, that Pasternak's mention of "sobrannye v ètoj knige stixotvorenija" does not, as would appear when quoted out of context, refer to the poems in *DŽ* only, but applies to the selection from the poet's entire oeuvre given that his *Avtobiografičeskij očerk* (originally titled *Vmesto predislovija* and dated May-June 1956) was intended to serve as an introduction to a volume of his selected poems planned for 1957; cf. ibid. 350-1.

5. B. Pasternak, *Doktor Živago.* S poslednimi popravkami avtorom, Ann Arbor, 1958 (4th printing, 1976), 65-6.

6. Cf. de Mallac, *Boris Pasternak,* 348 (and for reference 402, n. 32). See further H. Gifford, *Pasternak: A Critical Study,* Cambridge, 1977, 179. Also in his conversation with me, which took place at Peredelkino on August 30, 1959, Pasternak repeatedly emphasized that he now considered prose, rather than verse, the adequate literary form to mirror and interpret the experience of modern man.

7. On the parallelism found to exist between the arrangement of the various chapters of the book and the structured, symmetrical order of the poems (as distributed in the final version of *DŽ*), see P. A. Bodin, *Nine Poems from Doktor* Živago: A Study of Christian Motifs in Boris Pasternak's Poetry, Stockholm, 1976, 16-18.

8. For the prose (and poetry) of the early Pasternak the use particularly of metonymies was demonstrated in the classic essay by R. Jakobson, "Randbemerkungen zur Prosa des Dichters Pasternak," *Slavische Rundschau* 7 (1935), 357-74.

9. See Birnbaum, "On the Poetry of Prose," 49-50 (and 60, n. 43, with the reference to Lodge's discussion of "the metonymic text as metaphor"). For some exemplification of the alternation, juxtaposition, and shading into each other of metonymies and metaphors pertaining to nature ("landscape") and urban scenery ("cityscape") in *DŽ*, see ibid., 34-48.

10. For brief discussion of the possible symbolism implicit in the name Živago, see Birnbaum, "On the Poetry of Prose," 52-3 (n. 11) with further references. On life as Pasternak's central theme, cf. also below.

11. On the fusion of the Hamlet and Christ motif in "Gamlet," see esp. Bodin, *Nine Poems,* 20-32.

12. Pasternak, *DŽ*, 501.

13. Pasternak, *DŽ*, 421-5. For an interpretation of these poems, see in particular Bodin, *Nine Poems,* 33-46. Cf. also J.-L. Moreau, "The Passion According to Zhivago," *Books Abroad* 44: 2 (Spring 1970), 237-42, and D. Obolensky, "The Poems of Doctor Zhivago," *SEER* 40: 94 (1961), 123-35, esp. 131-5. Of other particularly insightful interpretations of individual poems contained in the Živago cycle, cf. e.g. N. A. Nilsson, "Life as Ecstasy and Sacrifice," *ScSl* 5 (1959), 180-98, esp. 191-8 (on "Gamlet"), and more recently, the detailed analysis by A. K. Žolkovskij, "Poèzija i grammatika pasternakovskogo 'Vetra'," *RL* (1983), 241-86. The poems "Veter" (number 8 in the collection) begins with the words "Ja končilsja, a ty živa," which presage Jurij's death and Lara's permanent abandonment. Yet the poem cannot easily be related to any particular episode in the novel except perhaps to her parting from the dead Živago (*DŽ*, 513-15). A purely metrical comment on the poem (number 21) "Zemlja" was given by R. Jakobson in the "Retrospect" of volume V of his *Selected Writings,* The Hague, 1979, 589-92.

14. Pasternak, *DŽ*, 82. The same line is quoted once more toward the end of the book, when Lara remembers that crucial, long passed moment after Jurij's death (*DŽ*, 511).

15. Cf. H. Birnbaum, "Gedichtroman und Romangedicht im russischen Postsymbolismus (Zu einigen tiefgründigen Übereinstimmungen und oberflächlichen Unterschieden zwischen *Doktor Schiwago* und dem *Poem ohne Helden*)," *Text, Symbol, Weltmodell. Johannes Holthusen zum 60. Geburtstag,* J. R. Döring et al., eds., Munich, 1984, 9-36. For an earlier

discussion of the question whether *DŽ* fully qualifies as a specimen of the genre novel, see H. Birnbaum, *Doktor Faustus und Doktor Schiwago. Versuch über zwei Zeitromane aus Exilsicht,* Lisse, 1976, 11-14.

16. Cf. the statement to the same effect in K. Pomorska, *Themes and Variations in Pasternak's Poetics,* Lisse, 1975, 74.

17. Cf. *Michigan Slavic Materials* 2 (1962), 34. The English rendition of the Russian wording is mine. The original Russian version of Jakobson's essay ("O xudožestvennom realizme") was not published until 1962. Initially it appeared in a Czech translation ("O realismu v umění," *Červen* 4, 1921. 300-4) and in 1927 also in an Ukrainian variant.

18. In an article, "Futurizm," published on 2 August 1919 in *Iskusstvo*; and in the article "Úpadek filmu?" in *Listy pro umění a kritiku* 1(1933), 45-9.

19. Quoted from the English translation of "Randbemerkungen zur Prosa des Dichters Pasternak" (*Slavische Rundschau* 7, 1935, 357-74; reprinted in *Selected Writings* V. The Hague, 1979, 416-32): "Marginal Notes on the Prose of the Poet Pasternak," in: *Pasternak: Modern Judgements,* D. Davie and A. Livingstone, eds., Glasgow, 1969, 135-51 (2nd corr. ed., London, 1971). On the metonymic structure of the early Pasternak's prose and narrative poetry, see further M. Aucouturier, "The Metonymic Hero or The Beginnings of Pasternak the Novelist," *Books Abroad* 44: 2 (Spring 1970), 222-7.

20. Birnbaum, "On the Poetry and Prose," 57.

21. Cf. E. J. Brown, "The Poetics of Prose," *American Contributions to the Eighth International Congress of Slavists, Zagreb and Ljubljana, September 3-9, 1978,* I: *Linguistics and Poetics,* H. Birnbaum, ed., Columbus, Ohio, 1978, 205-21, esp. 213. For further discussion of Brown's argument, see also Birnbaum, "On the Poetry of Prose," 33. For an assessment of Jakobson's Pasternak essay, see H. McLean, "A Linguist among the Poets," *IJSLP* 27: Supplement (1983), 7-19, esp. 13-14.

22. Cf. Ju. M. Lotman, B. A. Uspenskij, V. V. Ivanov, V. N. Toporov, A. M. Pjatigorskij, *Theses on the Semiotic Study of Culture (As Applied to Slavic Texts),* Lisse, 1975, 11-12 (originally published, with Uspenskij as first author, in: *Structure of Texts and Semiotics of Culture,* J. v. d. Eng and M. Grygar, eds., The Hague and Paris, 1973; the page reference to the relevant discussion there is 9-10). Understandably, *DŽ* was not mentioned in this context by the Soviet scholars even though the novel, and Pasternak's own statement about it, eminently qualify it as evidence illustrating such a development "from an orientation toward the speaker to an orientation toward the hearer."

23. For a specific reference to the approach to textual analysis advocated, among others, by B. Hrushovski and summarily paraphrased here, see my "On the Poetry of Prose," 57, n. 28. A similar notion of reader participation has been advanced, e.g., by R. Barthes and W. Iser, to men-

tion just two particularly well-known post-structuralist theoreticians and critics. Of post-structuralist interpretations of the art of the novel, which possibly could accommodate even a work such as *DŽ* (although it is nowhere explicitly referred to), cf. some of J. Kristeva's writings, notably her essays (here cited by their English titles) "The Bounded Text," "Word, Dialogue, and Novel," and "The Novel as Polylogue," exhibiting an unequivocal (and acknowledged) influence of M. Baxtin's Russian "post-formalism"; cf. J. Kristeva, *Desire in Language: A Semiotic Approach to Literature and Art,* L. S. Roudiez, ed., New York, 1980, 36-91 and 159-209.

24. "On the Poetry of Prose," 33-4.

25. Cf. McLean, op. cit., 13.

26. "On the Poetry of Prose," esp. 34-48.

27. For a brief discussion of the relationship between metaphor proper and the concept of simile, see my remarks in "On the Poetry of Prose," 57. As I have pointed out there, the poetically charged simile can well be subsumed under the notion of metaphor, although a definitional distinction (interpreting, say, the metaphor as a model of mythical, the simile as one of realistic literature, as argued by N. Frye) is also conceivable. For a recent survey of various approaches to the concept of the metaphor, see, for example, A Haverkamp, ed., *Theorie der Metapher,* Darmstadt, 1983 (*Wege der Forschung* 389). For a "deconstructive" approach to metaphor, see esp. P. de Man, "The Epistemology of Metaphor," *Critical Inquiry* 5 (1978), 13-30, and id., *Allegories of Reading: Figural Language in Rousseau, Nietzsche, Rilke, and Proust,* New Haven, 1979.

28. "Marginal Notes," 135 (in the original "Randbemerkungen," 357).

29. Ibid., 136 (358).

30. Cf. Ju. Lotman, *The Structure of the Artistic Text,* R. Vroon, transl., Ann Arbor, 1977, 96-7 (original: *Struktura xudožestvennogo teksta,* Moscow, 1970, 123-5).

31. Pasternak's personal impression of Tolstoj is well documented in *Oxrannaja gramota.* He expressed his unqualified admiration for Čexov during our conversation in 1959, ranking him second only to Puškin among the great names of Russian literature. Probably, though, this was an assessment of Pasternak's later, or even last, years.

32. "Marginal Notes," 138 ("Randbemerkungen," 360)

33. Ibid., 138-9 (360-1).

34. Ibid., 139-40 (361-2) [emphasis added, H. B.]

35. Ibid., 141 (363).

36. The paradoxical nature of this claim of Jakobson's was noticed by McLean. He suggested that Jakobson resolved this paradox by showing "that Pasternak's apparent 'third person' objectivity is actually a metonymic shell game, the contiguous object substituting for the lyric persona." Cf. *IJSLP* 27: Supplement (1983), 13-14.

37. "On the Poetry of Prose," 50; see further D. Lodge, op. cit., 112.
Cf., moreover, the notion of the metaphor as synonym "in the singularity
of the moment" (the phrase in quotation marks has been freely adapted
from Hegel); see M. D. Birnbaum in *Fiction and Drama*, 61 and 82 (n. 3).
Telling descriptive terms for metaphor and metonymy in German are
Sprung-Tropen and *Grenzverschiebungstropen*, respectively; cf. H. Laus-
berg, *Elemente der literarischen Rhetorik*, 3rd ed., Munich, 1967, 66-78.
On metaphor and metonymy and their relationship, see now also *Poetics
Today* 5: 1 (1984), the issue being devoted in its entirety to "Metaphor
and Metonymy Revisited."

38. Much has been written, of course, about Pasternak's artistic conception of life, and I cannot here even begin to list relevant titles or to cite
pertinent references. However, I would like to point to two particular
treatments of the subject which I have found unusually insightful: K. Bo-
rovsky, *Kunst und Leben. Die Ästhetik Boris Pasternaks,* Hildesheim and
New York, 1975; and R. Šilbajoris, "The Conception of Life in the Art of
Pasternak," *Books Abroad* 44: 2 (Spring 1970), 209-14. On life's peculiar
coincidences in *DŽ*, much noticed and objected to, see further G. Struve,
"The Hippodrome of Life: The Problem of Coincidences in *Doctor Zhivago*," ibid., 231-6.

39. Ju. M. Lotman et al., *Theses, 11-12.* Here Pasternak's evolution is
merely used to illustrate the shift from one to the other of two conceivable models of the "diachronic development of culture," where either the
audience models itself according to the patterns of the creator of the texts
(the reader seeks to approach the poet's ideal), or "the sender constructs
himself according to the pattern of the audience (the poet seeks to approach
the reader's ideal)."

40. A. Burgess, *The Novel Now: A Student's Guide to Contemporary
Fiction*, New ed., London, 1971, 19. Cf. also G. de Mallac, *Boris Pasternak*, 349.

41. See Birnbaum, *Doktor Faustus und Doktor Schiwago* (for full bibliographical data, see n. 15).

42. Cf. Pasternak's famous lines from the poem "Nobelevskaja pre-
mija," written in self-defense in early 1959 after the vilification and official
attacks leveled against him:

> Čto že sdelal ja za pakost'
> Ja ubijca i zlodej?
> Ja ves' mir zastavil plakat'
> Nad krasoj zemli moej.

See *Stixi 1936-59. Stixi dlja detej. Stixi 1912-1957, ne sobrannye v knigi
avtora. Stat'i i vystuplenija*, Ann Arbor, 1961, 107-8 and 254.

43. Th. Mann, *Doktor Faustus. Das Leben des deutschen Tonkünstlers
Adrian Leverkühn erzählt von einem Freunde,* Berlin and Frankfurt am

Main, 1947, 806. For a discussion of the "Faustian world" in Pasternak's oeuvre, from his early poetry through *DŽ*, with "Faustian" understood here primarily in its Goethean sense, see L. Kopelev, "Faustovskij mir Borisa Pasternaka," *Boris Pasternak 1890-1960. Colloque de Cerisy-la-Salle (11-14 Septembre 1975)*, M. Aucouturier, ed., Paris, 1979, 491-515.

44. *DŽ*, 510.

45. Frequently given poetic expression in Shakespeare, needless to say, but particularly characteristic of *Hamlet*; cf. however, for example, also the hint in the Epilogue to *The Tempest*: "And my ending is despair."

46. In my contribution "Gedichtroman und Romangedicht," see n. 15, above.

47. Cf. A. Pavlovskij, *Poèty-sovremenniki,* Moscow-Leningrad, 1966, 106-7 (with n. 1), including references to B. Ejxenbaum (1921), V. M. Žirmunskij (1028), and in particular also O. Mandel'štam (in his *Pis'mo o russkoj poèzii* of 1922).

48. Cf. a recent attempt in this direction in my paper "Text, Context, Subtext: Notes of Anna Achmatova's 'A Poem Without a Hero,' " contributed to the festschrift for Nils Ake Nilsson (in press).

49. For some marked differences in the conception of life between, particularly, *Sestra moja žizn'* and *DŽ*, see recently, e.g., A. Filonov Grove in *SEEJ* 27 (1982), 197-8. Generally, on the early collection of poems and its background, see also K. T. O'Connor, "Boris Pasternak's *My Sister—Life: The Book Behind the Verse*," *SR* 37 (1978), 399-411.

50. Cf. H. Birnbaum, "Face to Face with Death: On a Recurrent Theme in the poetry of Anna Achmatova," *ScSl* 28 (1928), 5-17, with additional references.

Временной контрапункт как формообразующий принцип романа Пастернака «Доктор Живаго»

Борис Гаспаров (*University of California, Berkeley*)

«Доктор Живаго» вызвал обширную критическую литературу, в особенности в первое десятилетие после опубликования. Несмотря на многообразие исследовательских позиций и дававшихся роману интерпретаций и оценок, один момент в отношении к данному произведению разделяется большинством писавших о нем: при всех своих достоинствах (бо́льших или меньших, по мнению разных критиков), «Доктор Живаго» не признается целостным эпическим произведением — романом в полном смысле этого слова. Одни авторы склонны считать роман Пастернака в целом неудачей, несмотря на наличие в нем отдельных неоспоримо прекрасных фрагментов, главным образом статически-описательного характера;[1] другие, признавая высокие достоинства романа как художественного целого, относят эти достоинства к жанру лирической прозы, а не исторического эпоса, и рассматривают «Доктор Живаго» как своего рода расширенную и объективированную версию «Охранной грамоты» и «Детства Люверс».[2]

Действительно, отвлекаясь от тех свойств романа, которые могут рассматриваться как типичные образцы «прозы поэта», и обращаясь собственно к компонентам его эпической формы — построению сюжета, развитию характеров, организации диалога, — невозможно не заметить многочисленные явления, которые, по всей видимости, свидетельствуют о неспособности автора построить полноценное эпическое повествование: «картонные» диалоги, составленные из клишеобразных реплик, иногда весьма дурного вкуса; неуклюжие переходы от диалога к монологу, от действия к комментарию; наконец, изобилие банально-мелодраматических положений. Правда, нарочитая шаблонность реплик действующих лиц отнюдь не чужда стилю Гоголя и Андрея Белого, а мелодраматические повороты действия можно встретить в любом романе Достоевского; но «Доктор Живаго» далеко превзошел эти прецеденты и по количеству, и по степени отступлений от конвенций «хорошего тона» эпической прозы. Главная же, наиболее резко бросающаяся в глаза его черта состоит в нагромождении всевозможных совпадений, случайных встреч и стечений обстоятельств, которые сами герои романа то и дело вынуждены объявлять «немыслимыми» и «невероятными» и которые, однако, составляют едва ли не главную пружину сюжета: без вмешательства всех этих бесконечных deorum ex machina действие просто не могло бы развиваться. Такая «поэтика совпадений», уместная скорее в плутовском романе[3] или в лирической прозе — от Гофмана и В. Одоевского до ранних прозаических произведений самого Пастернака, — способна поставить под сомнение принадлежность «Доктора Живаго» к реалистической и постреалистической романной традиции. Попытка объяснить некоторые из отмеченных черт путем истолкования характеров и сюжета романа в качестве той или иной аллегории (например, в качестве литературной трансфигурации Апокалипсиса или греческой трагедии[4]) приводят к слишком однолинейному и потому обедненному пониманию его смысла; но главное — аллегорическое истолкование «Доктора Живаго» означает, в сущности, лишь еще одну разновидность непризнания за ним статуса полноправного эпического произведения.

Все эти обстоятельства находятся в явном противоречии с тем весом, который сам Пастернак склонен был придавать своему роману. Многочисленные свидетельства как самого

поэта, так и тех, кто близко знал его в период работы над
романом, указывают с полной неоспоримостью на то, что
Пастернак считал «Доктор Живаго» своим безусловно самым
важным и итоговым произведением — вплоть до отрицания
какой-либо ценности всего прежде им написанного. Более
того, автор всячески подчеркивал свое намерение создать
именно *эпическое* полотно — своего рода коррелят «Войны
и мира» для настоящего столетия. Конечно, авторская само-
оценка может рассматриваться как феномен аберрации художественного зрения — феномен легко объяснимый в любом
случае, а в особенности типичный для творческой психологии
автора «Доктора Живаго»; хорошо известна тенденция Пастернака к «разрывам» своего творческого пути, неоднократно приводившая его к преуменьшению и зачеркиванию всего
созданного им ранее в противовес текущей или только что
законченной работе.

И тем не менее, вопрос о том, чтó мог иметь в виду Пастернак, говоря о значении своего романа как эпопеи, и как эта
его позиция соотносится с отмеченными выше свойствами
данного произведения, заслуживает внимания исследователя.
В настоящей работе делается попытка взглянуть на данную
проблему глазами современного читателя — читателя, для
которого не только реалистический роман XIX века, но и
постреалистический роман первой половины этого столетия
все более явственным образом становится фактом исторического прошлого.

* * *

Нет необходимости распространяться о том, какую роль
в творческой биографии Пастернака играла музыка. Помимо
объективных фактов, подробно освещавшихся биографами
поэта,[5] субъективное переживание им своего первого творческого выбора ярко отразилось в обеих его автобиографиях.
Между тем, при всей экспрессивности отсылок к музыке,
встречаемых в стихах Пастернака,[6] отсылки эти сравнительно немногочисленны и имеют локальный характер, относясь

к немногим и, в сущности, стереотипным ситуациям: звуки
рояля, Брамс, Шопен. *Столько* и *так* написать о музыке мог
бы и поэт, не связанный с музыкальной стихией столь тесно,
как был с нею связан, как мы знаем, Пастернак.

Однако музыкальный аспект творчества Пастернака отнюдь не исчерпывается этими внешними, тематическими упоминаниями. Ведь музыка была для него не частью внешних
впечатлений, служащих материалом творчества, а первой
попыткой творческого самовыражения. Поэтому ключ к пониманию данной проблемы лежит не в том, чтó Пастернак
непосредственно пишет о музыке, а в том, каким образом
глубинные принципы музыкального мышления могли повли-
ять на весь строй его творчества. Поиски музыкальной темы
у Пастернака должны быть обращены не на материал, а на
внутреннее строение его произведений. С этой точки зрения,
исключительный интерес представляет «Доктор Живаго».

В самом начале романа Николай Николаевич Веденяпин,
духовный отец главного героя, развивает свою концепцию
человеческой истории, понимаемой им, как явствует из его
слов, в первую очередь как история духа:

> А что такое история? Это установление вековых работ по по-
> следовательной разгадке смерти и ее будущему преодолению.
> Для этого открывают математическую бесконечность и элек-
> тромагнитные волны, для этого пишут симфонии. (I, 5)[7]

К вопросу о значении современной науки для Пастернака
мы еще вернемся; сейчас же зададимся другим вопросом —
каким образом писание «симфоний» может рассматриваться
как способ достижения человеческим духом идеальной конечной задачи, сформулированной в этих словах Веденяпина?

Для музыки вообще, а для музыки этого века, с ее повышен-
ным интересом к возрождению и развитию всевозможных
полифонических форм, в особенности, в высшей степени характерен принцип *контрапункта*, то есть совмещения нескольких относительно автономных и параллельно текущих
во времени линий, по которым развивается текст, — будь
то мелодические линии, полиритмические и политембровые

построения, либо все эти факторы в совокупности. Неодновременное и неравномерное вступление разных линий и различная скорость их протекания создают бесконечное разнообразие их переплетений, при которых любые отдельные линии развития то далеко расходятся, то на какое-то время сливаются в один поток, каждый раз совмещаясь друг с другом различными своими фазами. Психологически и символически весь этот процесс может быть интерпретирован как *преодоление линейного течения времени*: благодаря симультанному восприятию разнотекущих, то есть как бы находящихся на разных временных фазах своего развития линий, слушатель оказывается способен выйти из однонаправленного, однородного и необратимого временного потока и тем самым совершить символический акт преодоления времени, а значит, и «преодоления смерти».

Эффект нелинейности, или «полифонии», в той или иной степени свойственен всем видам искусств, и его изучение занимает важное место в современной эстетической теории. В частности, уже неоднократно указывалось на значение данного принципа для прозы Пастернака.[8] Однако следует подчеркнуть, что именно в музыке данный феномен получает наиболее полное, тотальное воплощение и становится универсальным формообразующим приемом, на котором держится вся композиция. Вот почему Веденяпин упоминает в своем монологе именно «симфонии», хотя, конечно, в разрешение поставленной им духовной задачи вносят свой вклад и все другие виды искусства. Не случайно также крупнейшие писатели-эпики этого столетия, обратившиеся к напряженным «поискам утраченного времени», испытали сильнейшее воздействие музыки на свой художественный мир — воздействие, проявившееся не только и не столько в прямых отсылках к музыкальным впечатлениям, сколько в ориентации на музыкальную форму (симфонию, фугу, ораторию) и на принципы музыкальной композиции в целом при разработке новых основ для построения эпической формы: феномен, который О. Хаксли назвал «the musicalization of the fiction: not in the symbolist way, by subordinating sense to sound, ⟨...⟩

but on a large scale, in the construction».[9]

Помимо Хаксли, в этом ряду должны быть в первую очередь названы Андрей Белый, Пруст, Булгаков, Томас Манн.[10] К этому же ряду, несомненно, принадлежит и роман Пастернака.

* * *

Принцип неравномерного движения времени, «относительности» различных феноменов, текущих с разной скоростью, пронизывает всю фактуру «Доктора Живаго». Примеры реализации данного принципа в тексте романа поистине бесконечны, так же как и разнообразие конкретных явлений, выражающих эту общую идею. Можно заметить, что временной контрапункт принимает у Пастернака две главные формы. Первая, более простая, состоит в неравномерности течения одного временного потока, в придании одному ряду событий нарочито неровного, изменчивого ритма. Излюбленным образом, выражающим эту идею, служит движение поезда. Поезда в романе всегда движутся неравномерно (что, конечно, на уровне реалистического повествования мотивируется условиями изображаемой эпохи), то набирая большую скорость, то останавливаясь на непредсказуемо длительный срок, и эта неравномерность движения корреспондирует с внезапными сменами освещения, перспективы, слышимости, а также самоощущения героя.

Другая, более развитая и наиболее типичная для романа форма временного контрапункта состоит в совмещении нескольких событийных рядов, движущихся с различной скоростью, в различных ритмах и направлениях. Эмблематическим выражением данного принципа может служить не один движущийся поезд, а скорее «поездов расписанье»: полифония узловой станции и железнодорожного депо. Помимо той очевидной роли, которую железнодорожные разъезды, станции, депо играют в сюжете романа и в поэзии Пастернака, нельзя не указать, в качестве ближайшего соответствия в его прозе, на исключительно важную роль, отведенную в ряде его произведений *станции Астапово* — пункту, в котором судьба поэта переплетается с судьбами Рильке и Льва Толстого (см. «Охранную грамоту» и «Автобиографический очерк», а также «Письма из Тулы»).

Однако образ движения в его прямом повседневном смысле — движение поезда, трамвая, пешеходов, путь Живаго по шпалам через Сибирь и т.д. — служит лишь отправным моментом контрапунктных построений. Последние оказываются способны вобрать в себя самые разнообразные метафорические преобразования данной начальной идеи: движение времен года и суток, смену исторических эпох и хронологии, движение в естественнонаучном и философски-телеологическом смысле, движение человеческих судеб («жизненных путей»), ритм различных стихотворных размеров и разных форм повествования.

Замечательным примером совмещения этих различных образных рядов в едином контрапункте может служить одна из заключительных сцен произведения: Живаго едет в трамвае, который движется с перебоями, то и дело останавливаясь; параллельно по тротуару идет пожилая дама, мадемуазель Флери (к ее роли в данной сцене мы еще вернемся впоследствии), то оставая от трамвая, то вновь обгоняя его. Эта борьба разных способов передвижения отражается в природе, в виде борьбы зноя и надвигающейся тучи («лиловый» цвет которой соответствует «сиреневому» платью дамы), а также в самочувствии героя — в его неравномерно, с перебоями работающем сердце и «путающихся» мыслях. Перебои сердца вызывают у него мысль о смерти, и в сочетании с фигурой «старой седой дамы» и с классической ситуацией математической школьной задачи на движение двух путников, эта мысль приводит Живаго к формулированию «принципа относительности на житейском ристалище» (последняя идиома позволяет еще теснее сказать идеи судьбы и состязания в скорости):

> Он подумал о нескольких, развивающихся рядом существованиях, движущихся с разной скоростью одно возле другого, и о том, когда чья-нибудь судьба обгоняет судьбы другого, и кто кого переживает. (XV, 12)

В конце концов параллельное течение столь многих смысловых рядов приводит к очередному «удивительному» совпадению, столь типичному для поэтики романа (в сущности, не более и не менее удивительному, чем совпадение разных линий полифонической композиции в правильный аккорд): герой выскакивает из вновь остановившегося трамвая и умирает (остановка трамвая совпадает с остановкой его сердца и его «жизненного пути», так же как в начале романа остановка курьерского поезда означала смерть его отца); «старая-престарая» мадемуазель Флери вновь обогнала трамвай «и, ничуть того не ведая, обогнала Живаго и пережила его»; началась гроза («лиловая туча» победила в природе); к этому можно добавить, что гроза является повсеместно распространенным в мифологии архетипическим символом поединка сакрального героя (Персея, Перуна, Георгия) со змеем-драконом-тучей, то есть соответствует образу, появляющемуся и в стихах Живаго, и в целом ряде моментов, описывающих взаимоотношение героя и Лары.[11]

Другой чрезвычайно выразительный пример также возникает на базе первичного образа движения — в этом случае движения поезда. Поезд, следующий из Москвы в Юрятин, остановливается ночью на неизвестном полустанке, который привлекает внимание Живаго царящей на нем необычной тишиной; эта тишина как будто переносит его в другую эпоху — предвоенные годы, когда люди на платформе были способны проявлять такую заботливость о спящих в поезде:

> Доктор ошибался. На платформе галдели и громыхали сапогами как везде. Но в окрестности был водопад. Он раздвигал границы белой ночи веяньем свежести и воли. Он внушил доктору чувство счастья во сне. Постоянный, никогда не прекращающийся шум его водяного обвала царил над всеми звуками на разъезде и придавал им обманчивую видимость тишины. (VII, 21)

В этом эпизоде «относительность» звуковых феноменов (более сильный звук побеждает все остальные звуки, превращая их в тишину), совмещаясь с ключевым образом неравномерного движения по рельсам, вызывает целую парадигму контрапунктных наложений: совмещение двух эпох, различных пространственных ритмов (эффект «раздвинутого» пространства), переход от сна к бодрствованию и внезапное переключение настроения героя, в котором угадывается первое предчувствие наступающей весны (тема, развиваемая в последующих главах этой части).

Подобно тому как шум водопада превращает все остальные звуки в тишину, огромная скорость революционных событий создает иллюзию того, что течение повседневной жизни полностью прекратилось — «ничего на свете больше не происходит»; лишь впоследствии, когда минует это наложение более интенсивного исторического ритма, герои обнаружат, «что за эти пять или десять лет пережили больше, чем иные за целое столетие». (VI, 4) В подтексте этого рассуждения вновь присутствует теория относительности, и в частности, ее популярная литературная рецепция: образ обитателей космического корабля, объективное время которых оказывается во много раз более емким по сравнению с теми, кто остался на земле. «Принцип относительности» оказывается приложен здесь уже не к индивидуальным судьбам, а к движению исторических эпох. Неравномерность течения времени в разные эпохи подчеркивается и такими частными, но характерными деталями, как упоминание двойного календаря («шестое августа по старому») и двойного счета часов («в час седьмый по церковному, а по общему часоисчислению в час ночи).[12]

С такой же естественностью, как индивидуальные судьбы, исторические события, жизнь природы и космический порядок, в контрапунктные построения включается *художественное время*: течение различных стихотворных размеров и различных типов повествования. Короткие и длинные строки в юношеских стихах Пушкина соответствуют большей или меньшей конденсированности смысла и большей или меньшей самостоятельности автора-подростка, то есть как бы различной степени его продвинутости на своем творческом «пути». Течение трехдольных «некрасовских» размеров, в сопоставлении с пушкинскими ямбами, оказывается ритмической «меркой» другой исторической эпохи. Эпохи движутся в разном ритме, и этому соответствует различие в течении стихотворных размеров и связанных с ними модусами поэтической речи: декламационного ямба и «распевов разговорной речи» дактиля. Наконец, эти разнотекущие модусы речи могут полифонически совмещаться друг с другом; такое совмещение возникает, в частности, в двойном монологе Живаго после расставания его с Ларой:

> Он вошел в дом. Двойной, двух родов монолог начался и совершался в нем: сухой, мнимо деловой по отношению к себе самому и растекающийся, безбрежный, в обращении к Ларе. (XIV, 13)

Но, конечно, самым общим отражением данного принципа является построение романа в целом. Фактура «Доктора Живаго» принципиально строится в виде совмещения и наложения различных типов художественной речи, текущих в различном временном и смысловом ритме:[13] стихотворного и прозаического текста, а в рамках каждого из них — различных жанров и стилей, новаторских и традиционных, высоких и низких: философской лирики и баллады, объективного повествования и субъективной романтической прозы, исторической эпопеи и лубочной «жестокой» романической истории (напоминающей о «Хозяйке» Достовеского), сказки и урбанистических зарисовок. При первом взгляде, эту пестроту легко принять за неровность стиля и погрешности формы.

Диаметральной противоположностью контрапункта является полное единообразие и слияние всех голосов — своего рода «унисон». Феномены этого рода неизменно упоминаются в «Докторе Живаго» с резко отрицательной оценкой. В одном месте Лара буквально передает идею массового психологического конформизма в терминах унисонного хорового пения: «Вообразили, ⟨...⟩ что теперь надо петь с общего голоса и жить чужими, всем навязанными представлениями». (XIII, 14). В другой раз она же описывает сходный феномен в прямом противопоставлении с «переплетениями», свойственными настоящей жизни и настоящему искусству:

Это ведь только в плохих книжках живущие разделены на два лагеря и не соприкасаются. А в действительности все так переплетается! Каким непоправимым ничтожеством надо быть, чтобы играть в жизни только одну роль, занимать одно лишь место в обществе, значить всегда только одно и то же! (IX, 14)

Одной из жертв этой «унисонной» психологии является Антипов. Вступая в Юрятин в качестве командира карательного отряда, он отказывается от возможности увидеть семью, поскольку совмещение этих двух различных ролей и различных фаз его жизни кажется ему невозможным — они должны существовать только в линейной последовательности:

А вдруг жена и дочь до сих пор там? Вот бы к ним! Сейчас, сию минуту! Да, но разве это мыслимо? Это ведь из совсем другой жизни. Надо сначала кончить эту, новую, прежде, чем вернуться к той, прерванной. Это будет когда-нибудь, когда-нибудь. Да, но когда, когда? (VII, 31)

Само собой разумеется, что главный герой романа является в этом отношении полной противоположностью Антипова, и именно в этом заключается корень как его постоянной «бездеятельности» и «безволия» (в которых его упрекают люди с ограниченно-рациональным зрением — такие, как Антипов, Тоня, Гордон и Дудоров), так и явных отступлений от моральных конвенций. «Две любви» Живаго, к которым впоследствии добавляется еще третья женитьба, существуют в симультанном наложении, не отменяя и не сменяя одна другую, — подобно двум его внутренним монологам, занятием его медициной и поэзией, стихам и прозе, которые он пишет:

Изменил ли он Тоне, кого-нибудь предпочтя ей? Нет, он никого не выбирал, не сравнивал. (IX, 16)

Парадоксально (но вполне логично с точки зрения описываемого феномена), именно «выбор» в этой ситуации, принятие конвенционального «решения» представляется ему «пошлостью». Невозможность для героя вступить на один какой-либо путь придает многим ситуациям в его жизни видимость безвыходности. Но разрешение жизненных «контрапунктов» заключается в их собственной природе; неравномерность различных жизненных нитей рано или поздно приводит к тому, что они расходятся таким же «непредвиденным» образом, как до этого сошлись в узел, казавшийся неразрешимым:

> Что будет дальше? — иногда спрашивал он себя, и не находя ответа, надеялся на что-то несбыточное, на вмешательство каких-то непредвиденных, приносящих разрешение, обстоятельств. (IX, 16)

Афористическим выражением этой жизненной философии оказывается пословица: «Жизнь прожить — не поле перейти», — завершающая первое из стихотворений доктора Живаго — «Гамлет». На первый взгляд, и содержание пословицы, и ее несколько «лубочный» стиль вносят неприятный диссонанс в этот образец глубоко серьезной философской лирики. Однако само это стилистическое наложение характерно для философии и поэтики романа и точно описывается *буквальным* смыслом пословицы: «не поле перейти» — то есть не пройти по прямой, в ленейном «унисонном» движении. Антитезой этой отвергаемой идеи служит в том же стихотворении образ тысяч звезд и/или глаз зрителей, сошедшихся на герое, — воплощение контрапунктного неслитного единства:

> На меня наставлен сумрак ночи
> Тысячью биноклей на оси.   (XVII, 1)

Точным соответствием этой антитезе в основном повествовании служит сцена подъезда семьи Живаго к Юрятину. В этой сцене излюбленный Пастернаком образ железнодорожного разъезда сопоставляется с образом «открытого поля», которое поезду никак не удается пересечь из-за бесконечных «контрапунктных» маневрирований; то, что эта задержка была «предсказана» Тоней, еще более сближает всю ситуацию со стихотворением «Гамлет», придавая ей характер «предвиденного распорядка действий»:

> Предсказания Антонины Александровны сбылись. Перецепляя свои вагоны и добавляя новые, поезд без конца разъезжал взад и вперед по забитым путям, вдоль которых двигались

и другие составы, долго заграждавшие ему выход в открытое поле. (VIII, 4)

Нам осталось рассмотреть еще один, наиболее общий план содержания романа, в котором проявляет себя принцип контрапунктного построения. Таким планом является общефилософская телеологическая концепция истории, развиваемая главным героем романа и его «предтечей» — Веденяпиным. Согласно этой концепции, наиболее важные, действительно великие события — и в истории, и в искусстве — вступают в середину жизненного потока, не дожидаясь, чтобы им «сперва очистили соответствующее место»: вступают, могли бы мы сказать, как вступает новый голос в полифонической музыкальной композиции. Именно так рисуется доктору Живаго начало революции (в символический образ которой вплетается характерная картина «курсирующих по городу трамваев»):

> Главное, что гениально? Если бы кому-нибудь задали задачу создать новый мир, начать новое летоисчисление, он бы обязательно нуждался в том, чтобы ему сперва очистили соответствующее место. Он бы ждал, чтобы сначала кончились старые века, прежде чем он приступит к постройке новых, ему нужно было бы круглое число, красная строка, неисписанная страница.
> А тут, нате пожалуйста. Это небывалое, это чудо истории, это откровение ахнуто в самую гущу продолжающейся обыденщины, без внимания к ее ходу. Оно начато не с начала, а с середины, без наперед подобранных сроков, в первые подвернувшиеся будни, в самый разгар курсирующих по городу трамваев. Это всего гениальнее. Так неуместно и несвоевременно только самое великое. (VI, 8)

В глазах Живаго, трагизм последующих событий заключался в потере революцией этой полифонической спонтанности, в повсеместно возобладавшем мышлении Антипова, стремящегося прежде всего именно «очистить место» и выстроить и свою жизнь, и ход истории в линейную последовательность, которая кажется ему единственно возможной и «мыслимой». Абсолютным и вечным образцом «самого великого» для Живаго и его учителя остается христианство, чья полифоническая «партия» составляет один из центральных моментов философии Веденяпина, развиваемой им в начале романа:

> И вот в завал этой мраморной и золотой безвкусицы пришел этот легкий и одетый в сияние, подчеркнуто человеческий, намеренно провинциальный, галилейский, и с этой минуты народы и боги прекратились и начался человек, человек-плотник, человек-пахарь, человек-пастух в стаде овец на заходе солнца, человек, ни капельки не звучащий гордо, человек, благодарно разнесенный по всем колыбельным песням матерей и по всем картинным галереям мира. (II, 10)

Поэтический образ этой подчеркнуто сниженной и опрощенной, почти лубочной провинциальности нарисован в стихотворении Живаго «Рождественская звезда»; при этом «галилейская» провинциальность преобразована здесь в русскую фольклорно-лубочную стихию.

Подведем итоги художественной философии Пастернака, выраженной устами его главных героев. Согласно этому взгляду, полифоническая, нелинейная природа всего «самого великого» делает момент его появления «неуместным и несвоевременным»; истинно великое не является ни повторением пройденного, ни громко заявленным переворотом, требующим нигилистической «очистки места»: оно ничему не подчиняется, но и ничему не противоречит. Именно поэтому реакцией на его появление может оказаться не полное одобрение или враждебность, с какими встречается все явно «старое» или явно «новое», а скорее *замешательство*, ощущение неловкости и «неуместности», разделяемое как сторонниками, так и противниками новизны. Для зрения, сформированного существующим порядком вещей либо усилиями этот порядок разрушить, такое явление при своем возникновении неизбежно предстает «не в фокусе», производит впечатление чего-то неровного, недосказанного и «провинциального». Сознание, готовое понять внутреннюю логику даже самой радикальной оппозиции, оказывается неспособно смириться с этой принципиальной провинциальностью по отношению к любой мыслимой системе или анти-системе, с этим периферийным наложением, заменяющим собой целеустремленное движение в каком бы то ни было направлении. Новизна такой степени и такой значимости «нисколько не звучит гордо», потому что она не требует для себя «красной строки», твердо обусловленного и специально для нее отведенного места. Ведь сама идея такого места в линейной исторической последовательности является антиподом контрапунктного мышления.

* * *

В предыдущем разделе мы рассмотрели основной принцип строения фактуры «Доктора Живаго», демонстрируя этот принцип наиболее важными и характерными, но все же лишь единичными и изолированными друг от друга примерами. Следующим шагом в анализе должен стать показ того, как контрапунктные линии взаимодействуют друг с другом в ходе своего развертывания, и как из бесконечных сплетений и реаранжировки этих линий складывается единая ткань произведения.[14]

Следует сразу же заметить, что в тексте такой степени сложности — музыкальном или литературном — исследователь сталкивается с таким разнообразием и множественностью связей, проходящих через различные точки произведения, по разным направлениям и на основе различных признаков, что в конечном счете каждый выделяемый элемент предстает соотнесенным, тем или иным образом, с каждым другим элементом этого поистине органического художественного целого. Дать полный анализ такой сетки связей было бы невозможно, да едва ли и необходимо. Поэтому в настоящем анализе мы ограничимся показом лишь нескольких «силуэтов» тех тематических конфигураций, которые пронизывают собою весь роман, — силуэтов, очертания и функции которых могут быть с легкостью дополнены и развиты путем обращения как к другим контекстам романа, так и, в особенности, к другим произведениям и фактам творческой биографии его автора.

Итак, контрапунктная фактура романа строится в виде переплетения различных тематических и образных линий, то сходящихся, в самых различных комбинациях, в одной точке повествования, то удаляющихся друг от друга. Иногда такие совмещения линий оказываются явными для персонажей романа, представая их взгляду в виде очередного «невероятного» совпадения. Иногда герои остаются в неведении относительно какого-либо схождения нитей, произошедшего в художественном космосе романа, но об этом прямо сообщается читателю, которому в свою очередь остается лишь недоумевать по поводу непомерного числа совпадений:

> Скончавшийся изуродованный был рядовой запаса Гимазетдин, кричавший в лесу офицер — его сын, подпоручик Галиуллин, сестра была Лара, Гордон и Живаго — свидетели, все они были вместе, все были рядом, и одни не узнали друг друга, другие не знали никогда, и одно осталось навсегда неустановленным, другое стало ждать обнаружения до следующего случая, до новой встречи. (IV, 10)

Но очень часто и читателю не сообщается открыто о произошедшем «скрещении судеб», и только соотнесение различных факторов, нередко тянущихся через весь роман, позволяет обнаружить контрапунктный узел в том, что на поверхности выглядит вполне обыденной и самодостаточной, ничуть не «невероятной» ситуацией.

Таков, например, внешне кажущийся совершенно случайным и даже, с чисто повествовательной точки зрения, наивным эпизод установки в квартире Громеко гардероба и падения Анны Ивановны, послужившего толчком к развитию ее болезни (III, 1). Один выход данного эпизода в будущее — болезнь и смерть Анны Ивановны — является тривиально очевидным. Другой обнаруживается очень скоро и также лежит близко к поверхности: умирая, Анна Ивановна завещает Живаго жениться на Тоне, и таким образом, в эпизоде с гардеробом «вступает» одна из событийных линий, ведущих к женитьбе героя. Еще одна, гораздо более далекая связь, обнаруживается, если мы обратим внимание на то, какие действующие лица участвуют в рассматриваемой сцене:

> Собирать гардероб пришел дворник Маркел. Он привел с собой шестилетнюю дочь Маринку. Маринке дали палочку ячменного сахара. Маринка засопела носом и, облизывая леденец и заслюнявленные пальчики, насупленно смотрела на отцову работу.

Марина — последняя жена Живаго, и в эпизоде с гардеробом происходит первое «скрещение» ее судьбы и судьбы героя романа. Более того, Маркел, собирая гардероб, говорит о неравных браках, о том, что он в свое время упустил возможность жениться на «богатой невесте», причем невеста из высших классов сопоставляется с дорогой мебелью, которая «проходила через его руки». Мы видим, таким образом, что линия «гардероб — смерть приемной матери — женитьба» ведет не только к первой, но и к последней женитьбе Живаго.

Зловещая роль «гардероба черного дерева» выглядит очевидной и даже выраженной с излишней прямолинейностью: и само слово «гардероб» явно напоминает «гроб», и Анна Ивановна дает ему прозвище «Аскольдовой могилы». Однако оказывается, что в действительности Анна Ивановна имела в виду другое:

> Под этим названием Анна Ивановна разумела Олегова коня, вещь, приносящую смерть своему хозяину. Как женщина беспорядочно начитанная, Анна Ивановна путала смежные понятия.

Это истинное название остается лишь в подсознании Анны Ивановны, замещаясь на поверхности более тривиально-очевидным, но в сущности ложным прозвищем-толкованием. Согласно логике скрытого истинного прозвища, гардероб, падение с которого приносит смерть Анне Ивановне, оказывается «конем»; данный образ ассоциативно замыкается на две маргинальные точки повествования: смерть отца Живаго, выбросившегося из курьерского поезда, и смерть самого Живаго, выскочившего из трамвая.

Чем пристальнее всматривается читатель в движение этой образной ткани, тем больше он оказывается способен обнаружить «удивительных» стечений в самых конвенциональных ситуациях и поворотах сюжета, а с другой стороны, тем больше проясняется для него внутренняя логика того, что на первый взгляд представлялось наивным совпадением, неуклюже положенным швом в покрое эпического повествования. Рассмотрим теперь еще одну, более сложную цепочку эпизодов, тянущуюся через весь роман, которая является наглядным выражением данного феномена:

Эпизод первый (I, 2). В ночь после похорон матери героя (описанием которых начинается роман) разражается снежная буря:

> Ночью Юру разбудил стук в окно. Темная келья была сверхъестественно озарена белым порхающим светом. Юра в одной рубашке подбежал к окну и прижался лицом к холодному стеклу.

Стук напоминает ему об умершей матери и вызывает импульсивное «желанье одеться и бежать на улицу, чтобы что-то предпринять».

Эпитет «сверхъестественный», употребленный, казалось бы, в чисто экспрессивном значении, оттеняет мистический характер ситуации. На это же намекает и тот факт, что действие происходит в монастыре, куда Юру привез дядя-священник — «отец Николай» Веденяпин, и точно обозначенное время действия — «канун Покрова», то есть праздника Покрова Богородицы. Происхождение этого праздника связано с видением Святого *Андрея юродивого* (X в.), которому предстала в храме Богородица, простершая свой покров над молящимся народом. В данной сцене романа, видение снега как «белой ткани», покрывающей землю, предстает в келье монастыря *Юрию Андреевичу* Живаго.

По-видимому, возможность мистической интерпретации не ускользнула от внимания «отца Николая»; его реакция описана следующим образом: «Проснулся дядя, говорил ему о Христе и утешал его, а потом зевал, подходил к окну и задумывался». Читателю предоставляется лишь строить предположения о том, на какие размышления могло навести Веденяпина сопоставление всех деталей этой сцены; об этом в романе не только ничего не сказано прямо, но присутствие скрытого подтекста даже нарочито замаскировано тривиальной бытовой деталью («зевал»), выставленной на передний план.

Эпизод второй (I, 6) происходит через несколько месяцев. Юра молится об умершей матери.

> Вдруг он вспомнил, что не помолился о своем без вести пропадающем отце. ⟨...⟩ И он подумал, что ничего страшного не будет, если он помолится об отце как-нибудь в другой раз. — Подождет. Потерпит, — как бы подумал он. Юра его совсем не помнил.

Дважды упомянуто, что Юра «забыл» о своем отце. А между тем, именно в это время (сопоставляя некоторые более мелкие детали, можно было бы показать, что это происходит *в точности* тогда, когда Юра «вдруг» вспомнил, что он не помолился об отце), его отец кончает жизнь самоубийством, выбросившись из поезда.

Эпизод третий (V, 8-9). Накануне отъезда Антиповой с фронта происходит последний разговор ее с Живаго, полный для обоих скрытого подтекста. Фоном разговора служит бытовая деталь: Лара гладит белье, от утюга поднимается пар, и в самом драматическом месте разговора доносится запах паленого — она забыла об утюге и «прожгла кофточку» (очередная деталь, способная неприятно поразить читателя своей видимой банальностью); с досадой Лара «со стуком» опускает утюг на конфорку, отмечая этим жестом свою решимость прервать разговор и расстаться — как оба полагают, навсегда.

После отъезда Лары Живаго остается в опустевшем доме вдвоем с мадемуазель Флери. Ночью их обоих будит настойчивый стук в дверь дома; оба думают, что это вернулась Лара, и оба испытывают разочарование, когда за дверью никого не оказывается. «Бытовое» объяснение этого случая представляется очевидным, и доктор немедленно высказывает его вслух: «А тут ставня оторвалась и бьется о наличник. Видите? Вот и все объяснение!» И вновь нам ничего не сообщается о том, какая ассоциативная связь могла возникнуть в сознании доктора, оставшись скрытой за тривиальной репликой. Однако сопоставление с описанной выше начальной сценой романа вносит в подтекст этого эпизода значение стука (на фоне бури) как мистического сигнала и связь его с темой смерти. Следует также заметить, что общераспространенным смыслом данного образа (стук невидимого путника) и в мифологии, и в художественной литературе является посещение дома *ангелом смерти*. Окончательный ответ на вопрос о том, к кому из двух обитателей дома относился этот визит, будет дан — и герою, и читателю — в конце романа, когда Живаго и Флери вновь сойдутся на «жизненном ристалище».

Эпизод четвертый (VIII, 4). Семья Живаго подъезжает к Юрятину. На разъезде перед городом, когда поезд «без конца разъезжал взад и вперед по забитым путям», к ним присоединяется Самдевятов, который рассказывает доктору о местных жителях и достопримечательностях. Их разговор проходит под стук вагонных колес, настолько громкий, что нить беседы то и дело рвется — говорить приходится, «надрываясь от крика». Среди разворачивающихся деталей городской панорамы внимание обоих привлекает рекламная надпись «Моро и Ветчинкин. Сеялки. Молотилки». Рекламируемые машины подчеркивают присутствие в ситуации лейтмотива стука, а французская фамилия заключает в себе возможность ассоциативной связи с мадемуазель Флери — так же как и с «memento mori». Но на поверхности происходящего диалога эти потенциальные ассоциации никак не заявляют о себе — так же как и тот, известный Живаго, факт, что в Юрятине, по всей вероятности, продолжает жить Антипова. Впрочем, Живаго сообщает своему собеседнику, что они собираются жить «не в городе», на что тот возражает, что доктор непременно будет ездить в город «по делам», и упоминает, в числе примечательных мест, городскую библиотеку. Заканчивается встреча рассказом Самдевятова о сестрах Тунцевых (одна из которых работает в библиотеке). Когда на очередном разъезде Самдевятов сходит с поезда, практичная Тоня произносит сакраментальную фразу, относящуюся, конечно, к потенциальной практической полезности Самдевятова для семьи доктора: «По-моему, человек этот послан нам судьбой», — на что Живаго отвечает и вовсе ничего не значащей репликой: «Очень может быть, Тонечка». (VIII, 6) Настоящий смысл этих реплик выявляется лишь впоследствии, при очередных схождениях тех же лейтмотивов.

Эпизод пятый (IX, 5). Доктор болен: у него кашель и прерывистое дыхание, и эти незначительные симптомы приводят его, непостижимым как будто бы образом, к очередному «пророческому» диагнозу: Живаго обнаруживает у себя первые признаки наследственной болезни сердца, от которой умерла его мать, и понимает, что он умрет от той же болезни. Этот диагноз выглядит тем более неожиданным и нелогичным, что самим этим симптомам тут же находится объяснение, даже еще более тривиальное, чем простуда: в комнате гладят, стоит «легкий угар» от углей утюга и запах глаженого, а также слышится стук — «лязганье» крышки утюга. Эта картина «что-то напоминает» герою: «Не могу вспомнить, что. Забывчив по нездоровью». Тут же, однако, доктор вспоминает о Самдевятове, доставленное которым мыло и послужило причиной всей этой хозяйственной деятельности. Это воспоминание вызывает у него внезапное решение — поехать в город, в библиотеку. Ночью после этого дня доктору снится «сумбурный сон», от которого в памяти у него остается только разбудивший его звук женского голоса (зов во сне — еще один классический образ «ангела смерти»); но кому принадлежал этот голос, он не мог вспомнить.

Весь этот эпизод принимает на поверхности вид простейших бытовых ассоциаций: «кашель и прерывистое дыхание — запах угара и лязганье утюга — стирка и глаженье — мыло, привезенное Самдевятовым — решение съездить в библиотеку, о которой рассказывал Самдевятов». На фоне этих банальностей предчувствие смерти и сон, предвещающий встречу с Ларой, кажутся неожиданными, немотивированными логикой повествования: еще одним случаем «удивительных» совпадений как движущей пружины сюжета. Лишь проследив, откуда исходят и куда ведут нити, сошедшиеся в данном эпизоде, оказывается возможным понять истинный, скрытый смысл, объединяющий в одно слитное целое как все это нагромождение банальностей, будто взятых напрокат из третьеразрядной бытописательной литературы, так и мелодраматически внезапные «встречи» и «прозрения». «Мотив утюга» и «мотив стука» позволяют связать между собой эпизоды смерти матери и расставания с Ларой, а сопоставление этих эпизодов в свою очередь вызывает в ассоциативной памяти явление «ангела смерти». К этому ассоциативному фону в сознании доктора добавляется мысль о возможности встречи с Ларой (весьма вероятным местом которой является городская библиотека) — мысль, которую доктор тщательно вытесняет не только из своих реплик, но и с поверхности своего сознания; наконец, в этом контексте особый смысл обретает замечание о том, что Самдевятов был «послан судьбой» — замечание, первоначальный банальный смысл которого, по всей видимости, находит полное подтверждение в той практической помощи, которую он оказывает семье Живаго.

Все эти ассоциации возникают в подсознании доктора: отсюда его сон и попытки вспомнить упущенную мысль. Они оказываются скрытой силой, направляющей его ощущения, поступки и предчувствия, которые без понимания этой внутренней пружины выглядят то мелодраматически иррациональными, то тривиальными и шаблонными. В заключении рассмотренного эпизода Живаго сам формулирует этот принцип в словах, которые одновременно можно интерпретировать как описание одного из центральных принципов поэтики романа:

> Я не раз замечал, что именно вещи, едва замеченные днем, мысли, не доведенные до ясности, слова, сказанные без души и оставленные без внимания, возвращаются ночью, облеченные в плоть и кровь, и становятся темами сновидений, как бы в возмещение за дневное к ним пренебрежение.

Эпизод шестой — встреча Живаго и Антиповой в библиотеке *(IX, 10-12)*. Здесь лейтмотивный материал двух предыдущих эпизодов, аккумулированный в ассоциативной памяти

героя (и читателя), выходит на поверхность, приводя Живаго
к ряду последовательных «узнаваний» и «прозрений», из которых каждое последующее вводит объяснение ситуации,
более глубокое и тайное по сравнению с предшествующим
пониманием, а с другой стороны, связывающее воедино большее число деталей, которые были разрознены в предшеству-
ющем изложении. Сидя в библиотеке, Живаго, по непонят-
ному ему самому сцеплению идей, силится связать свои впечатления с вспомнившимися ему объяснениями Самдевятова
при первой их встрече и с панорамой города, которую он на-
блюдал из поезда. Сначала доктор находит наиболее простое
объяснение этой внезапно возникшей у него ассоциации: в
служащей библиотеки он узнает одну из сестер Тунцевых,
о которых ему говорил в поезде Самдевятов. Характерная
черта, по которой Живаго узнает ее — постоянное «чихание»
— корреспондирует с «кашлем» самого доктора в предыдущем эпизоде, скрытой пружиной которого были его мысли об
Антиповой. Только после этого Живаго замечает, что Антипова находится в зале библиотеки; вслед за этим он понимает,
что голос, услышанный им во сне, принадлежал именно ей.
И наконец, уже после встречи с Ларой, придя к ней в дом,
доктор обнаруживает, что из окна ее комнаты виден реклам-
ный щит «Моро и Ветчинкин. Сеялки. Молотилки». Последнее обстоятельство как будто является уже чисто внешним
совпадением; но и его значение можно интерпретировать
через глубинные процессы, происходящие в ассоциативном
мышлении героя: по-видимому, Живаго в этот момент окончательно понимает, что мысль о возможной встрече с Ларой
(место нахождения которой он интуитивно стремился «отыс-
кать», рассматривая здания и надписи в разворачивавшейся
перед ним панораме при въезде в город) и «напоминание о
смерти» связались для него с самого первого момента въезда
в Юрятин.

Эпизод седьмой, и последний в данной цепочке — смерть
героя *(XV, 12)*. Основные компоненты лейтмотивного узла,
на котором строится эта сцена, уже были нами рассмотрены
в предыдущем разделе работы. Теперь, однако, оказывается

возможным полнее понять смысл как каждого из этих компонентов в отдельности, так и их переплетения.

Наблюдая из трамвая за много раз появляющейся и пропадающей из виду старой дамой, Живаго не узнает в ней мадемуазель Флери; он неспособен расшифровать символическую деталь ее туалета — шляпку «с полотняными ромашками и васильками», являющуюся эмблемой ее имени. Но подобно предыдущим, уже рассматривавшимся случаям, деталь, отказывающаяся всплыть на поверхность сознания героя и быть им узнанной, дает толчок цепочке скрытых ассоциаций; результатом оказываются мысли и поступки героя, логику которых можно понять лишь с учетом всего ассоциативного материала, заключенного в предыдущем изложении.

Встреча с мадемуазель Флери — это прежде всего напоминание о посещении «ангела смерти». Это напоминание обостряется и присутствием мотива стука (лязг колес и треск короткого замыкания в трамвае, который то и дело выходит из строя и останавливается), и надвигающейся грозой, и наконец, плохим самочувствием доктора и неровным стуком его собственного сердца. Этот скрытый ассоциативный фон вызывает на поверхности мысли о смерти и образ «ристалища», на котором люди состязаются в том, «кто кого переживет»: ведь именно сейчас, по-видимому, должен разрешиться вопрос о том, к кому из них относилось предупреждение о смерти, и старость мадемуазель Флери (деталь, несколько раз подчеркнутая в этой сцене) кладется на весы против больного сердца доктора.

Мысль о смерти прочно связывается в сознании героя с матерью: еще задолго до этого момента он, как ему кажется, с полной точностью определил, что умрет от той же болезни сердца, от которой умерла его мать. Более того, его отчаянная попытка, после того как начался сердечный приступ, сначала открыть окно, а затем вырваться из трамвая, связывается с его поведением в ночь после смерти матери (ср. *Эпизод первый*), когда он напряженно вглядывался в окно («прижался лицом к холодному стеклу») и испытывал непреодолимое желание выбежать на улицу, «чтобы что-то предпринять».

Однако одновременно с этим проясняется, что Живаго, в сущности, повторяет мотив смерти своего *отца*: импульсивно выскакивает из трамвая и умирает, совершив такой же символический акт покидания «жизненного пути», какой совершил его отец, выбросившись из курьерского поезда. Таким образом, за внешне очевидной и для Живаго, и для читателя связью его смерти от сердечного приступа со смертью матери проступает другая, более скрытая, но не менее важная пружина данного эпизода: связь со смертью отца героя.

В момент смерти своего отца Живаго *забыл* о нем и думал только об умершей матери, и это обстоятельство могло быть интерпретировано как символическая, или мистическая, причина, позволившая совершиться самоубийству. Позднее, в размышлениях о собственной смерти, доктор вновь связал ее только с памятью о матери, и опять «не вспомнил» об отце. Поведение Живаго в трамвае может быть истолковано таким образом, что в последний момент он *понял*, что вновь, второй раз в жизни, он совершил ошибку, забыв об отце, и эта ошибка привела его к неправильному толкованию вести, полученной от «ангела смерти». Истинный смысл этой вести состоял в том, что его собственная смерть будет повторением *смерти отца*; мотив стука — знак, о мистическом смысле которого герой, по-видимому, давно уже догадывается, — означал не биение «аорты» (наследственную сердечную болезнь), а *стук колес* поезда/трамвая. Именно на это скрытое значение мотива указывало с наибольшей очевидностью очередное «напоминание о смерти», полученное при въезде в Юрятин: грохочущий стук колес поезда, сопровождавший появление рекламной надписи «Моро и Ветчинкин».

Насколько открыто, даже как будто с наивной бытописательной подробностью, в романе сообщается о тривиально очевидных причинно-следственных связях повседневной жизни и будничных реплик героев; насколько открыто и также как будто с наивной прямолинейностью автор то и дело признается в капитуляции логики перед всевозможными случайностями, совпадениями и иррациональными ощущениями и поступками своих героев, — настолько же неявной и скрытой оказывается истинная движущая сила повествования: переплетение контрапунктных линий развития событий и развития духовного опыта героев. Объяснения этого рода никогда не предлагаются читателю в прямой и открытой форме — во всяком случае, не предлагаются в тех местах развития действия, где читатель мог бы их потребовать и их ожидать. Читатель должен сам понять смысл того «молчаливого» сообщения, которое несет в себе роман, сам найти соединения нитей и разгадать рисунок, образуемый этими соединениями. В силу этого, его истолкование никогда не сможет вылиться в окончательную и фиксированную форму: оно всегда будет по необходимости сохранять гипотетический и множественный характер.

Например, описанные выше цепочки поступков и мыслей главного героя можно объяснить чисто психологически, как результат действия подсознательных механизмов и подсознательной памяти. Однако не меньшей объяснительной силой могло бы обладать поэтико-мифологическое истолкование, интерпретирующее те же феномены в качестве творчески-биографического «мифа» поэта,[15] то есть как результат работы ассоциативного художественного мышления, которое интуитивно складывает все получаемые впечатления в индивидуальную художественную картину мира, обладающую своей собственной внутренней поэтической логикой. Ведь Живаго — поэт, и естественно было бы ожидать, что эта черта его личности должна проявиться в романе не только в немногих эпизодах, в которых он изображен рассуждающим о поэзии и пишущим стихи, но и во всем строе его жизни.

Еще одно объяснение, не менее логичное само по себе и не менее существенное с точки зрения идей, развиваемых в романе, могло бы осветить роман с точки зрения мистической телеологии, то есть интерпретировать описываемые в нем события как мистерию и как акт мистического откровения. Наконец, логика романа может быть истолкована как логика пантеистического и панэстетического мирового порядка, согласно которой каждая частица бытия резонирует в бесконечных сферах космической гармонии: интерпретация, в которой пифагорейская и платоновская мистика смыкалась бы с достижениями математики, физики и астрономии XX века.

И конечно же, наряду со всеми этими «престижными» интерпретациями имеется еще одна, «ни капельки не звучащая гордо». В повествовании «Доктора Живаго» не останется ничего иррационального и нелогичного, если посмотреть на него как на типичный образец «демократического» лубочного романа, с любовью, ревностью, смертью, встречами, разлуками, самоубийствами, роковыми злодеями, пророчествами, предчувствиями, таинственными знаками, посылаемыми из потустороннего мира, — все это на благодарном фоне драматических исторических событий и под аккомпанемент — используя ироническое замечание Набокова — «неестественных метелей». Сила романа заключается именно в этой неопределенности и открытости его смысла, в равноправности и равновозможности всех указанных истолкований.

Когда Гордон и Дудоров обвиняют Живаго в том, что он опустился, «отвык от человеческих слов», потерял связи с людьми и жизнью и замкнулся в «неоправданном высокомерии», — герой романа сохраняет молчание, либо отделывается ничего не значащими и жалкими в своей банальности репликами, которые, казалось бы, наглядно подтверждают правоту его обвинителей: «Мне кажется, все уладится. ⟨...⟩ Вот увидите. Нет, ей-богу, все идет к лучшему. ⟨...⟩ Во всяком случае, извините, отпустите меня». (XV, 7) Лишь внимательное вглядывание в мотивную ткань позволяет обнаружить под этой обескураживающей оболочкой следы напряженной и глубокой духовной работы, о которой Гордон и Дудоров не догадываются, принимая очевидные внешние признаки за сущность. Только изредка результаты этой работы с полной силой прорываются на поверхность в прозрениях героя, его творчестве и совершаемых им импульсивных поступках — проявлениях его личности, которые производят на окружающих глубокое впечатление, но которые воспринимаются ими как неожиданные и необъяснимые вспышки. В этом отношении характер главного героя вполне соответствует характеру самого романа: подобно своему герою, роман оставляет без ответа все претензии и недоумения, могущие возникнуть у читателя, предоставляя последнему самому разгадать тот внутренний смысл переплетающихся контрапунктных линий, который скрывается за внешне ничем не примечательными и нередко банальными деталями, репликами и сюжетными положениями.

* * *

До сих пор, говоря о контрапунктной структуре «Доктора Живаго», мы имели в виду музыкальную форму как идеальную модель «поисков утраченного времени», легшую в основу построения романа. Однако в организации романной формы «Доктора Живаго» принципы музыкальной композиции играют, быть может, наиболее важную, но не исключительную роль. Наряду с «симфониями», Веденяпин, а впоследствии Живаго называют еще несколько сфер культурной деятельности, устремленных к разрешению той же кардинальной задачи: преодолеть течение времени, и тем самым одержать победу над смертью. Важнейшими из этих сфер, отразившимися в романе, являются метафизические и религиознофилософские системы, сыгравшие важную роль в духовной революции начала века, новейшие достижения естественных наук, эксперименты авангардного искусства, наконец, фольклор и русская народно-религиозная традиция.

Доминирующей движущей силой, которая объединяла все эти разнообразные феномены, являлось стремление создать плюралистическую и нелинейную («контрапунктную») картину мира — картину, диаметрально противоположную позитивистской идее эмпирического познания и линейного исторического развития, которая господствовала в науке и искусстве второй половины XIX века. Вот почему каждое из названных явлений, подобно музыке, не только служит предметом философских рассуждений, которые Пастернак вкладывает в уста своих главных идеологических героев, но и вносит свой вклад в самый принцип построения романа.

Каждый культурный феномен, попадающий в фокус телеологической философии «Доктора Живаго», раскрывается в романе с точки зрения заключенных в нем структурных потенций, направленных на создание нелинейной (полифонической) формы; эти потенции, в свою очередь, получают воплощение в тех или иных свойствах формы «Доктора Живаго». Как и в случае с музыкой, здесь действует общий принцип, который в конечном счете можно считать основным ключом к пониманию особенностей формы «Доктора Живаго»: то, *о чем* говорится в романе, обусловливает то, *как* роман написан; духовные ценности претворяются в структурные модели, организующие форму и стиль романа.

Таким образом, построение романа в целом ориентируется не на одну идеальную художественную модель (например, модель музыкального контрапункта), а на целую *парадигму* различных явлений, воплощающих различные аспекты общей «вековой работы» по преодолению времени. В этом смысле, форма «Доктора Живаго» символизирует собою не свойства музыки, или литургии, или антипозитивистской науки и философии, или поэтики фольклора и т.д., — а скорее историческую «работу» человечества во всей ее совокупности, какой она представлена в том, что можно считать идеологическим credo романа: философских монологах Живаго и Веденяпина, произведениях Живаго (стихах), а также в рассуждениях другой ученицы Веденяпина — Симушки Тунцевой. Можно даже полагать, что само слово «симфония», названное Веденяпиным в качестве одного из главных видов этой духовной работы, относится не только к музыке, но и к категории православной теологии, имевшей большое значение для религиозно-философского движения начала века, а также, быть может, к «Симфониям» Андрея Белого — этому яркому примеру авангардного искусства.

Данный принцип представляет собой еще один, самый общий уровень формы, на котором воплощается идея контрапункта: роман строится в виде контрапункта различных форм, каждая из которых в свою очередь являет собой модель контрапунктного мышления. На поверхности это обстоятельство, разумеется, еще более усугубляет впечатление пестроты, неровности и хаотичности как в течении романа, так и в его стилистике.

Одной из альтернативных культурных моделей, отразившихся в построении романа, является *философия*, и в частности, некоторые философские системы, которые в начале века выступили в качестве мощной антитезы позитивистскому мышлению и в этом своем качестве сказали сильное влияние на весь духовный климат данной эпохи.

Идея «преодоления смерти» естественным образом вызывает ассоциации с философской системой *Н. Ф. Федорова* — мыслителя, оказавшего сильнейшее влияние как на русский символизм и постсимволизм в целом, так и на отдельных крупнейших писателей первой трети этого века (в первую очередь А. Белого и А. Платонова[16]). Идея объединения всех культурных «работ» для достижения конечной цели — преодоления смерти, несомненно восходит к Федорову. Ему же принадлежит идея синтеза религиозных поисков, художественного творчества, достижений современной науки, преобразования природы и социальных реформ, в качестве взаимосвязанных сторон единой общечеловеческой задачи. Ключевые слова Веденяпина о смысле мировой истории, от которых, как от исходного пункта, отправлялся наш анализ, весьма близко воспроизводят высказывание Федорова, открывающее III часть первого тома «Философии общего дела»:

1. *Что такое история?* А. Что такое история для неученых? а) История как факт. б) История как проект — *проект воскрешения*, как требование человеческой природы и жизни.[17]

Можно было бы привести немало других деталей, восходящих как к идеям Федорова, так и к его космическим метафорам. В целом же конструктивная роль философии Федорова в романе Пастернака определяется прежде всего концепцией «общего дела», согласно которой только объединение всех усилий, только синтез многих духовных «работ», преодолевающий их разобщенность во времени, пространстве и социальной жизни общества, способен привести к достижению конечной мистической цели.

Для понимания структуры романа немалое значение имеет и другой философский прототип, к которому восходят развиваемые в романе телеологические идеи, — учение *Анри Бергсона*. Исследователи биографии и творчества Пастернака неоднократно указывали на то влияние, которое взгляды Бергсона оказали на интеллектуальное развитие Пастернака, и в частности, на художественную философию «Доктора Живаго»;[18] мы не будем поэтому подробно останавливаться на данной проблеме. Следует лишь отметить, что принципы контрапунктной формы романа, о которых говорилось выше, явственно перекликаются с такими ключевыми компонентами философии Бергсона, как идея симультанности различных линий развития (принцип l'évolution créatrice), неравномерного течения времени, а также принцип органической непрерывности развития (durée).[19]

Последний принцип играет особенно важную роль в том, как организуется течение действия в романе. Спонтанность развития, незаметность переходов от одного состояния к другому служит одним из доминирующих художественных принципов, который пронизывает собою весь роман и проявляется в бесчисленных и разнообразных конкретных ситуациях: в описании смены времен года и времен суток, настроений героя и духа времени, пейзажей и исторических эпох, а главное, в том, как творчество — афористически сформулированные мысли и стихи — вырастает из «смуты» неясных, путающихся и противоречивых ощущений. Наглядным проявлением этого принципа служат также медицинские диагнозы доктора Живаго (диагноз беременности жены и Лары, диагноз собственной смерти), основанные на его способности уловить в мельчайших, неприметных и, казалось бы, случайных деталях зерно будущего развития. В сущности, как показывает проведенный выше анализ, такой же дар постижения тайной связи вещей ожидается от читателя романа, который в идеале представляется конгениальным герою романа и его автору.

Наконец, еще одной философской системой, играющей менее очевидную, но не менее важную роль в развитии повествования в «Докторе Живаго», является метафизика Платона. Особенно значимым в этом плане для Пастернака оказывается знаменитый образ из «Республики» Платона, рисующий постижение трансцендентной истины человеком в его земном бытии. Платон рисует усилия познающего духа в образе узников в пещере, прикованных лицом к стене, на которой они видят лишь отблески света и движущиеся тени, отбрасываемые чем-то, что находится у них за спиной и что они не могут увидеть непосредственно. Отчетливая реминисценция этой картины проступает в сцене, изображающей путь Живаго через Сибирь:

> Человеку снились доисторические сны пещерного века. Одиночные тени, кравшиеся иногда по сторонам, боязливо перебегавшие тропинку далеко впереди и которые Юрий Андреевич, когда мог, старательно обходил, часто казались ему знакомыми, где-то виденными. ⟨...⟩ Эти картины и зрелища производили впечатление чего-то нездешнего, трансцендентного. Они представлялись частицами каких-то неведомых, инопланетных существований, по ошибке занесенных на землю. (XIII, 2)

Однако значение данного образа далеко не исчерпывается этой реминисценцией. Пятно яркого света, окруженное тьмой и отбрасывающее неясные тени на границе света и тьмы, становится одним из центральных лейтмотивов, который проходит через весь роман и реализуется во множестве различных вариантов. Упомянем лишь немногие примеры: «освещенный лампою круг», в котором Живаго подростком впервые видит Лару и становится свидетелем «магической» власти над нею Комаровского; свет свечи в окне в сцене объяснения Лары и Антипова («свеча горела на столе»); круг света на столе от лампы под абажуром, который Живаго видит в тифозном бреду, когда ему представляется, что он сочиняет стихи о воскресении, и материализация этой ситуации в конце романа, когда он сочиняет стихи ночью в Варыкино, сидя за освещенным письменным столом посреди обступающей тьмы; внезапно ярко вспыхнувший сарай — последнее, что видит Живаго перед ранением, которое приводит его в госпиталь, где он встречает Антипову; освещенные «подмостки» посреди мрака ночи (или зрительного зала), на которых сошлись тысячи звезд (биноклей), устремленных на героя, — и многое другое.

Важно, однако, не столько многочисленность подобных примеров, сколько то инвариантное значение, которое неизменно сопровождает появление данного лейтмотива в романе. Появление освещенного круга света, выхваченного из тьмы, происходит в моменты драматического схождения контрапунктных линий действия — «скрещения судеб», когда герою (и читателю) внезапно приоткрывается скрытый смысл происходящих событий. Этот смысл мотива ярко раскрывается в описании взаимоотношений Живаго и Лары — взаимоотношений, в которых чувство, знакомое «всем» людям, становится средством постижения «небывалого», запредельного и вечного. Мотив света выступает здесь в преображенном виде: как *вспышки* страсти, ведущие к «мгновениям» приобщения к трансцендентной истине. Именно в этой сцене Пастернак сравнивает общение Живаго и Лары с *диалогами Платона*, как бы давая и читателю возможность проникнуть в смысл, «запредельный» следующим далее довольно банальным разговорам двух героев:

> Их разговоры вполголоса, даже самые пустые, были полны значения, как Платоновы диалоги. ⟨...⟩ Их любовь была велика. Но любят все, не замечая небывалости чувства. Для них же — и в этом была их исключительность — мгновения, когда подобно веянию вечности, в их обреченное человеческое существование залетало веяние страсти, были минутами откровения и узнавания все нового и нового о себе и жизни. (XIII, 10)

Сама диалогическая форма, в которой находит свое выражение метафизика Платона, соответствует контрапунктному принципу строения романа. Так философия Платона, через посредство лейтмотива света, становится одним из факторов, организующих контрапунктную форму «Доктора Живаго».

Еще одной моделью контрапунктного мышления, к которой

нас отсылает роман, является современная наука, и прежде всего такие ее проявления, эмблематичные для научной революции начала века, как теория относительности и другие новейшие концепции теоретической физики (теория волн) и математики (понятие бесконечности).[20] Однако следует признать, что отсылки к этим явлениям в романе Пастернака носят более спорадический характер и не показывают такого глубокого проникновения в сущность используемой идеи, которое Пастернак обнаруживает в отношении музыки и философии.

Упомянем также, не останавливаясь на этом аспекте подробнее, отсылки к авангардному урбанистическому искусству (живописи и поэзии) и к полифоническим ритмам современного индустриального города, которые также играют известную роль в построении контрапунктной фактуры «Доктора Живаго»:

> Беспорядочное перечисление вещей и понятий с виду несовместимых и поставленных рядом, как бы произвольно, у символистов, Блока, Верхарна и Уитмана, совсем не стилистическая прихоть. Это новый строй впечатлений, подмеченный в жизни и списанный с натуры.
>
> Так же, как прогоняют они ряды образов по своим строчкам, плывет сама и гонит мимо нас свои толпы, кареты и экипажи деловая городская улица конца девятнадцатого века, а потом, в начале последующего столетия, вагоны своих городских, электрических и подземных железных дорог.
>
> ⟨...⟩ Живой, живо сложившийся и естественно отвечающий духу нынешнего дня язык — язык урбанизма. (XV, 11)

Здесь идея контрапункта (воплощение всего «живого» для Пастернака) и ее излюбленный образ — расходящиеся с разными скоростями, по разным уровням и направлениям поезда — получает обобщение в качестве ритмов современного города и обретает еще одну художественную мета-модель: новое художественное мышление и формальные эксперименты авангардного искусства начала века.

Однако, наряду с описанными выше «высокими» моделями художественного мышления, не менее важную роль в поэтике «Доктора Живаго» играет ориентация на *народное искус-*

ство. Роман наполнен скрытыми и явными отсылками — от прямых упоминаний до стилистических реминисценций — к самым разнообразным фольклорным жанрам. Обращение Пастернака к фольклору далеко от того идеализирующего и избирательного подхода, который был характерен для литературы XIX века в ее отношении к фольклорной традиции. Мы встречаем в «Докторе Живаго» отсылки к таким древним и хорошо освоенным культурной традицией фольклорным жанрам, как духовный стих и заклинание, историческая и лирическая песня; но наряду с этим, роман не чуждается и таких «низких» явлений, интерес к изучению которых пробудился лишь в начале XX столетия, как скабрезная частушка, сентиментальный городской романс или «жестокая» лубочная мелодрама.

Пастернак не только не затушевывает такие свойства фольклорного текста, как стилистическая пестрота, алогичность смысловых переходов, обилие беспорядочных словесных нагромождений и смысловых контаминаций, но подчеркивает высокий позитивный смысл всех этих, на первый взгляд чисто деструктивных, явлений. «Как завороженный», вслушивается Живаго в «бредовую вязь» этого неочищенного, невыправленного литературной обработкой словесного потока, с равным вниманием вбирая в свой духовный опыт старинные заговоры, обрывки духовных стихов и преданий, «непечатные» частушки или «цветистую болтовню» возницы Вакха, сама личность которого являет живой пример контаминационного хаоса. О том, какое значение имеет этот опыт для духовного мира героя романа, читатель узнает из его рассуждений о природе народной песни:

> Русская песня, как вода в запруде. Кажется, она остановилась и не движется. А на глубине она безостановочно вытекает из вешняков и спокойствие ее поверхности обманчиво.
>
> Всеми способами, повторениями, параллелизмами, она задерживает ход постепенно развивающегося содержания. У какого-то предела оно вдруг сразу открывается и разом поражает нас. Сдерживающая себя, властвующая над собой тоскующая сила выражает себя так. Это безумная попытка словами остановить время. (XII, 6)

Таким образом, в интерпретации Живаго бесконечные и беспорядочные повторы и наложения, контаминации, совмещения различных источников, характерные для поэтики фольклора, предстают в качестве одной из наиболее действенных моделей духовного преодоления времени. Иными словами, то, что на поверхности, при «плоскостном» рассмотрении, легко может быть принято за хаос и деградацию, обретает высший смысл, как только становится понятна «контрапунктная» природа рассматриваемого явления.

Описанные черты фольклорного сознания и поэтики приобретают особенно важное значение для Пастернака в качестве идеальной культурной модели в связи с тем, что данные черты обнаруживают тесную связь с русской народной и книжной *христианской традицией*, а в конечном счете, со всей историей христианства, какой она предстает в романе. Пастернак подчеркивает такие черты христианской традиции, как многосоставность текста Священного Писания, параллельное сосуществование различных канонических и апокрифических версий, — то есть явления, характерные для контрапунктной духовной системы.

Так, Живаго замечает, что в Евангелии образы Нового Завета пронизываются мотивами, восходящими к Ветхому Завету:

> В этом частом, почти постоянном совмещении, старина старого, новизна нового и их разница выступают особенно отчетливо. (XIII, 17)

Но и сам текст Евангелия подвергается дальнейшим искажениям и контаминациям в рукописной, и в особенности народной религиозной традиции. В итоге история христианства (в частности, русского) предстает в романе в виде культурного *палимпсеста*, в котором различные версии священных текстов наслаиваются друг на друга, но при этом не уничтожают друг друга, а выступают в симультанном полифоническом звучании.

Наиболее драматическим примером этой художественной идеи может служить сцена, в которой Живаго осматривает тела белого офицера и красногвардейца, убитых в одном из сражений гражданской войны. У обоих на груди он обнаруживает медальон с текстом молитвы-заклинания, восходящей к одному и тому же источнику — Девяностому псалму; но у первого текст представлен в правильной церковнославянской версии, тогда как у второго он дан в фольклорной версии, искаженной контаминациями и народными этимологиями. В этом эпизоде «скрещение судеб» участников гражданской войны резонирует со скрещением различных контрапунктных линий русской христианской традиции:

Бумажка содержала извлечения из девяностого псалма с теми изменениями и отклонениями, которые вносит народ в молитвы, постепенно удаляющиеся от подлинника от повторения к повторению. Отрывки церковно-славянского текста были переписаны в грамоте по-русски.

В псалме говорится: Живый в помощи Вышнего. В грамотке это стало заглавием заговора: «Живые помощи». Стих псалма: «Не убоишься... от стрелы летящия во дни (днем)» превратился в слова ободрения: «Не бойся стрелы летящей войны». «Яко позна имя мое», — говорит псалом. А грамотка: «Поздно имя мое». «С ним есмь, в скорби, изму его...» стало в грамотке «Скоро в зиму его». (XI, 4)

Творческое ви́дение Пастернака и его героя совершает в отношении христианской традиции такой же акт чудотворного «преображения», как и в отношении народного искусства: какофония палимпсеста неожиданно являет заключенные в ней черты высшей, более сложной гармонии. Канонический текст искажается, «перевирается» в рукописной и устной передаче, превращается в апокриф, чтобы вернуться в сакральную сферу в виде заговора-заклинания, сама «темнота» которого служит источником его мистической силы. То, что казалось лишь порчей и уничтожением под воздействием необратимого хода времени, предстает в виде вневременного вселенского контрапункта; ход истории преобразуется из линейной последовательности в переплетение полифонических линий:

> Юрий Андреевич был достаточно образован, чтобы в последних словах ворожеи заподозрить начальные места какой-то летописи, Новгородской или Ипатьевской, наслаивающимися искажениями превращенные в апокриф. Их целыми веками коверкали знахари и сказочники, устно передавая из поколения в поколение. Их еще раньше путали и перевирали переписчики.
>
> Отчего же тирания предания так захватила его? Отчего к невразумительному вздору, к бессмыслице небылицы отнесся он так, точно это были положения реальные? (XII, 7)

Сама фамилия главного героя служит наглядным выражением данного феномена. История имени «Живаго» может с равным основанием пониматься и как результат искажения и забвения первоначального источника, и как полифоническое «скрещение», за которым встает высший мистический смысл. Имя Живаго восходит к выражению из церковнославянского текста Евангелия: «Сын Бога Живаго» (Матф. 16:16; Иоанн 6:69).[21] Таким образом, в этом имени родительный падеж прилагательного превратился в именительный падеж существительного; слово, служившее атрибутом Христа, стало именем интеллигента начала века с типично «московским» звучанием. Однако переживаемая героем «драма» оказывается, при всем внешнем несходстве, не чем иным как новым воплощением сакрального сюжета, и этот ее глубинный смысл раскрывается в стихотворениях доктора Живаго; точно так же, фамилия Живаго является не только искажением, но и новым воплощением своего сакрального источника: все искажения ведут к возвращению первоначального смысла, в глубинном его понимании.

Если принцип музыкального контрапункта имеет, как мы видели, особенно большое значение для понимания композиционной структуры «Доктора Живаго», то отношение Пастернака к фольклорной и христианской традиции должно быть в первую очередь принято во внимание при оценке особенностей стилистической фактуры романа. Невозможно было бы отрицать неровность стиля романа Пастернака, наличие ничем внешне не оправданных стилистических «срывов», наконец, наличие в отдельных его эпизодах явственных черт лубочной мелодрамы. Однако описанная выше художественная позиция Пастернака заставляет предположить, что это эстетическое «огрубление» имело сознательный и преднамеренный характер.

Герой романа отнюдь не стремится к тому, чтобы поддержать и сохранить за собой роль интеллигента, «творца» — мыслителя и поэта. Живаго сознательно принимает уготованный ему «распорядок действий», ведущий к снижению его внешнего облика и, в конечном счете, к гибели. Но эта картина гибели и забвения, достигающая своего апогея в предпоследней, шестнадцатой части романа, раскрывает свой истинный смысл в качестве вневременного мистического акта искупительной жертвы в последней главе — стихах доктора Живаго.

Подобно своему герою, и сам Пастернак в своем итоговом произведении идет на снижение и «огрубление» своего творческого облика, и эта эстетическая жертва позволяет роману стать актом «общего дела», вобрать в себя все виды духовных «работ», направленных на преодоление смерти, независимо от их эстетического и социального престижа: от литургии до народных заговоров, от полифонической музыки до бытового и художественного языка улицы, от религиозной философии до ритмов современного города. Произведение Пастернака движется поверх барьеров, отказываясь занять какое-либо определенное место, санкционированное эстетическим кодом своей эпохи.

Развивая свою философию преодоления смерти, Веденяпин говорит о «новой идее искусства», которая должна стать ответом на это философское и религиозное откровение:

⟨...⟩ он развивал свою давнишнюю мысль об истории, как о второй вселенной, воздвигаемой человечеством в ответ на явление смерти с помощью явлений времени и памяти. Душою этих книг было по-новому понятое христианство, их прямым следствием — новая идея искусства. (III, 2)

«Доктор Живаго» являет собой не что иное, как попытку воплотить данную идею и создать художественный эквивалент мистически-философского «общего дела». Именно потому, что творческие усилия Пастернака направляются не на поиски «новых форм» (которыми была так богата художественная история первой половины XX века), а на открытие принципиально новой *идеи искусства*, его произведение лежит вне привычных представлений о художественной «новизне» и художественном «эксперименте» и способно произвести странное впечатление даже на искушенного в художественных инновациях читателя.

Вместе с тем, «Доктор Живаго», при всей уникальности своей формы, оказывается наиболее полным воплощением той эпохи, которая в нем изображена и которая оказала решающее влияние на формирование художественного мира самого Пастернака. Роман Пастернака резонирует одновременно со многими культурными явлениями, которые в совокупности составили уникальную духовную атмосферу данной эпохи; он вбирает в себя все эти явления и в качестве материала, из которого строится его повествовательная ткань, и в качестве структурного принципа организации его эпической формы. С этой точки зрения, произведение Пастернака является *исторической эпопеей* в самом полном смысле этого слова: эпопеей, не только в содержании, но и в самой художественной фактуре которой отпечаталась вся сложность и весь полифонический динамизм изображенного в ней времени. «Доктор Живаго» — это роман эпохи научной, философской и эстетической революции, эпохи религиозных поисков и плюрализации научного и художественного мышления; эпохи разрушения норм, казавшихся до этого незыблемыми и универсальными, и драматического расширения культурных горизонтов; наконец, это роман эпохи социальных катастроф, в которых стихия популизма мощно заявила о своей роли в движении истории и культуры. Его место в развитии современной культуры, в качестве русского эпоса XX столетия, по праву может быть сопоставлено и соизмерено с таким монументом предыдущей эпохи, как «Война и мир» Л. Н. Толстого.[22]

* * *

Еще в начале 1930-х гг., в поэме «Волны», Пастернак сказал об окончании творческого пути «больших поэтов» словами, предсказывавшими с удивительной точностью те ожидания и опасения, с которыми он сам почти четверть века спустя подходил к завершению своего романа:

> Есть в опыте больших поэтов
> Черты естественности той,
> Что невозможно, их изведав,
> Не кончить полной немотой.
>
> В родстве со всем, что есть, уверясь
> И знаясь с будущим в быту,
> Нельзя не впасть к концу, как в ересь,
> В неслыханную простоту.
>
> Но мы пощажены не будем,
> Когда ее не утаим.
> Она всего нужнее людям,
> Но сложное понятней им.[23]

Здесь и сознание исключительной важности последнего откровения, и предчувствие неотвратимого «распорядка действий», следующего за достижением этой трансцендентной «простоты», и даже идея о том, что последняя трансцендентная истина должна выступить во внешнем обличьи «ереси», апокрифа, примитива, в которые «впадает» поэт. Ретроспективно, после всего случившегося с романом и его автором, это поэтическое пророчество, так же как и те конкретные опасения и предчувствия, которые владели Пастернаком при окончании им своего романа, выглядят вполне понятными с точки зрения тех драматических событий, наступление которых поэт мог предвидеть. Однако анализ как особенностей самого романа, так и его последующей литературной судьбы позволяет предположить, что та жертва, на которую Пастернак шел, «не утаив» свое произведение, имела для него не только конкретный житейский, но и более общий и более важный смысл. Подведя итог эпохе, в которую сформировалась и прошла вся творческая жизнь его автора, «Доктор Живаго» перерос эту эпоху, вышел из ее рамок — и в этом смысле, оказался «несвоевременным явлением» не только в официальной советской литературе, но и в системе кодов постреалистической прозы. Оценка того места, которое роману Пастернака предстоит занять в истории русской литературы, в значительной степени принадлежит будущему.

ПРИМЕЧАНИЯ

1. А. Гладков, автор прекрасных воспоминаний о Пастернаке, очень точно выразил реакцию на роман читателя, погруженного в мир пастернаковской лирики:

> В «Докторе Живаго» есть удивительные страницы, но насколько их было бы больше, если бы автор не тужился написать именно *роман*. ⟨...⟩ Все, что в этой книге от романа, слабо: люди не говорят и не действуют без авторской подсказки. Все разговоры героев-интеллигентов — или наивная персонификация авторских размышлений, неуклюже замаскированная под диалог, или неискусная подделка. Все народные сцены по языку почти фальшивы.

(Александр Гладков, *Встречи с Пастернаком*, Paris, 1973, стр. 137.)

2. В. Эрлих с большой четкостью сформулировал данный подход, получивший широкое распространение в критической литературе о романа:

> It is, perhaps, the crowning paradox of Pasternak's paradox-ridden career that this one "epic" of his should have been in a sense more personal and autobiographical than are many of his lyrics.

(Viktor Erlich, Introduction, in: *Pasternak: A Collection of Critical Essays*, ed. by V. Erlich, Englewood Cliffs, 1978, стр. 8.)

Сторонники данной точки зрения нередко специально подчеркивают неправомерность аналогии с эпической романной традицией, и, в частности, с исторической эпопеей Л. Н. Толстого. См., например: Henry Gifford, *Pasternak*, Cambridge, 1977, стр. 182.

3. Czesław Miłosz, "On Pasternak Soberly," *Books Abroad*, vol. 44 (1970), No. 2, стр. 200-208.

4. Примером наиболее полного и бескомпромиссного истолкования «Доктора Живаго» как аллегории Апокалипсиса является книга, всецело посвященная данной проблеме: Mary F. Rowland, Paul Rowland, *Pasternak's Doctor Zhivago*, Carbondale, Illinois, 1967.

5. См., в частности, работу К. Барнса, содержащую публикацию

одного из музыкальных сочинений Пастернака: Christopher J. Barnes, "Boris Pasternak: The Musician-Poet and Composer," *Slavica Hierosolymitana*, vol. 1 (1976), стр. 317-335.

6. Для понимания того места, которое музыка занимает в лирике Пастернака, особенно важно исследование К. Поморской: Krystyna Pomosrka, *Themes and Variations in Pasternak's Poetics*, Lisse, 1975, Ch. 2 ("Music as Theme and Structure").

7. Во всех отсылках к тексту «Доктора Живаго» цифры в скобках обозначают, соответственно, часть и главу романа.

8. См. в особенности: K. Pomorska, op cit., стр. 74-75.

9. Aldous Huxley, *Point Counter Point*, Ch. XXII.

10. Ср. развернутое сопоставление «Доктора Живаго» и «Доктора Фаустуса», рассматривающее, в частности, роль музыкальной темы в обоих романах: Henrik Birnbaum, *Doktor Faustus und Doktor Schiwago. Versuch über zwei Zeitromane aus Exilsicht*, Lisse, 1976.

11. См. детальный анализ данного образа в древнейшем слое славянской мифологии: В. В. Иванов, В. Н. Топоров, *Исследования в области славянских древностей*, М., 1974, стр. 86-125; см. также А. Н. Афанасьев, *Поэтические воззрения славян на природу*, т. 1, М., 1865, стр. 252-256.

12. Интересные наблюдения над значением литургического времени в развитии действия романа имеются в работе: Д. Д. Оболенский, «Стихи доктора Живаго», в кн.: *Сборник статей, посвященных творчеству Бориса Леонидовича Пастернака*, Мюнхен, 1962, стр. 103-114.

13. Ср. исследование «дуализма» в языке «Доктора Живаго» в работе: Л. Ржевский, «Язык и стиль романа Б. Л. Пастернака „Доктор Живаго"», в кн.: *Сборник статей, посвященных творчеству Бориса Леонидовича Пастернака*, Мюнхен, 1962, стр. 184-186.

14. На позитивную роль совпадений в качестве структурных соответствий, на которых строится композиция романа, впервые указал Г. П. Струве в работе: Gleb Struve, "The Hippodrome of Life: The Problem of Coincidences in *Doctor Zhivago*," *Books Abroad*, vol. 44 (1970), No. 2, стр. 231-236.

15. Данное понятие было введено Р. О. Якобсона в его классической статье о пушкинском статуарном мифе («Socha v symbolice Puškinově», *Slovo a slovesnost*, 3, 1937), стр. 2-24. См. дальнейшее обсуждение этой проблемы, и в частности, связи ее с жизнью и творчеством Пастернака: Р. Якобсон, К. Поморска, *Беседы*, Jerusalem, 1982, Гл. XIV.

16. Ср.: Михаил Геллер, *Андрей Платонов в поисках счастья*, Paris, 1982, стр. 30-54; С. С. Гречишкин, А. В. Лавров, «Андрей Белый и Н. Ф. Федоров», в кн.: *Творчество А. А. Блока и русская культура XX века (Блоковский Сборник III)*, Тарту, 1979, стр. 147-164.

17. Цитируется по изданию: Н. Ф. Федоров, *Сочинения*, М., 1982, стр. 194.

18. См., в особенности, глубокий анализ данной проблемы и ее более дальних литературных источников в работе: Viktor Terras, "Boris Pasternak and Romantic Aesthetics," *Papers on Language and Literature*, vol. 3 (1963), No. 1, стр. 42-56.

19. Интересно исследование роли «биологической» метафорики в пастернаковской концепции истории, данное в работе: Elliott Mossman, "Metaphors of History in *War and Peace* and *Doctor Zhivago*," in: *Literature and History*, Stanford, 1986.

20. Ср. E. Mossman, op. cit.

21. Ср. аналогичное сопоставление в работе: Angela Livingstone, "Allegory and Christianity in *Doctor Zhivago*," *Melbourne Slavonic Studies*, vol. 1 (1967), стр. 24-33.

22. В связи с сопоставлением историко-литературной роли «Войны и мира» и «Доктора Живаго» представляется весьма любопытной запись в дневнике Л. Толстого, сделанная писателем в ответ на реакцию современной критики на его роман:

> 1870. 2 февраля. Я слышу критиков: «Катанье на святках, атака Багратиона, охота, обед, пляска — это хорошо; но его историческая теория, философия — плохо, ни вкуса, ни радости».
>
> Один повар готовил обед. Нечистоты, кости, кровь он бросал и выливал на двор. Собаки стояли у двери кухни и бросались на то, что бросал повар. Когда он убил курицу, теленка и выбросил кровь и кишки, когда он бросил кости, собаки были довольны и говорили: он хорошо готовил обед. Он хороший повар. Но когда повар стал чистить яйца, каштаны, артишоки и выбрасывать скорлупу на двор, собаки бросились, понюхали и отвернули носы и сказали: прежде он хорошо готовил обед, а теперь испортился, он дурной повар. Но повар продолжал готовить обед, и обед съели те, для которых он был приготовлен.

(Цитируется по изд.: Л. Н. Толстой, *Собрание сочинений в двадцати томах*, т. 19, М., 1965, стр. 272.)

23. Цитируется по изд.: Борис Пастернак, *Стихотворения и поэмы* (Библиотека поэта. Большая серия), М.-Л., 1965, стр. 351.

Некоторые аспекты поздней прозы Пастернака

А. Синявский (Sorbonne, Paris)

Если подходить к «Доктору Живаго» с мерками традиционного реалистического романа, мы необходимо упремся в его неполноценность, в его литературную слабость. Перед нами роман с рядом ослабленных традиционных функций романического повествования, что и порождает подчас в читательском восприятии ощущение художественной слабости этой вещи, при всем, одновременно, признании гениальности ее замысла и исполнения. Это как бы *«слабый гениальный роман»*, хотя такие определения, как «слабый» и «гениальный», по-видимому, противоречат друг другу. Внутренняя противоречивость предлагаемой нам прозаической структуры возрастает еще более благодаря тому, что автор, желая выйти за границы искусства, тем не менее с искусством не порывает, так же как не рвет радикально с традицией реалистического романа, с нормативными понятиями «сюжета», «характера», «жизненного правдоподобия» и т.д. Автор заведомо *непоследователен* в проведении им же самим намеченной программы, и это накладывает на текст временами печать беглости, неумения или сознательного нежелания сводить концы с концами, что отвечало, очевидно и замыслу романа, и авторской позиции, выраженной, в частности, репликой центрального персонажа: «Я скажу а, а бе не скажу, хоть разорвитесь и лопните...» (396).

Читая роман «Доктор Живаго», в первый момент не понимаешь, чтó это — «роман» или «трактат», «история» или «богословие»? И более того: «хорошо» это или «плохо» написано, «искусство» ли это или что-то — еще не бывшее и не имеющее названия в истории словесности? Конечно, свет иных сцен и, в особенности, стихотворений, приложенных в конце книги, говорит нам, что это — великое искусство. Но местами прозаический текст позволяет сомневаться...

Безусловно, сам Пастернак колебался в определении смысла, качества и жанра своего произведения. Он писал О. Фрейденберг, двоюродной сестре: «Я пишу... слишком разбросанно, не по-писательски, точно и не пишу». «...Я совсем его ⟨роман — А.С.⟩ не пишу как произведение искусства, хотя это в большем смысле беллетристика, чем то, что я делал раньше... Есть люди, которые очень любят меня... Для них я пишу этот роман, пишу как длинное большое письмо им, в двух кингах».[1]

Под словом «письмо» имелись в виду вольный, непринужденный, а также исповедальный характер повествования и его обращенность к отдельному, частному лицу, что и составляет содержание новой истории, в понимании Пастернака. А под словом «беллетристика» разумелось, по всей вероятности, легкое и быстрое, занимательное чтение, то есть, по сравнению с прежними вещами Пастернака, которые не назовешь беллетристикой, — опускание на более простой и доступный читательскому восприятию уровень.

Одновременно, как известно, Пастернак полагал, что роман «Доктор Живаго» это первое его настоящее произведение. Этим романом он подводил итог своей жизни, зачеркивая притом предшествующую работу и поднимая роман высоко над собой как единственное свое достижение и достояние — в ущерб всему и в отрицание всего, что он раньше сделал. С такой трактовкой можно спорить. Я, например, не склонен противопоставлять «Доктора Живаго» всему, что написал Пастернак до той поры. Не склонен также завышать собственно литературные качества позднего Пастернака-прозаика по сравнению с поэтом. Воля автора и его самооценки нам не указ. А умственная сосредоточенность Пастернака на какой-то одной книге и противопоставление ее всему остальному — ему свойственны. Так, в свое время «Охранную грамоту» Пастернак считал своей «единственной» книгой. «...Это было самым важным из всего, что я сделал», — утверждал он по поводу «Охранной грамоте» в 1932 году.[2] Кстати сказать, подобно роману «Доктор Живаго», «Охранная грамота» привлекала его и вызывала предпочтение как «книга мыслей», выходившая за пределы искусства, как произведение, не имеющее строгих жанровых очертаний. Роман «Доктор Живаго» это тоже, можно сказать, «книга мыслей», но в более простой, пространной и беллетризованной форме...

Бесспорно, «Доктором Живаго» досказано до конца много из того, что давно волновало автора и определяло его духовную и поэтическую оригинальность. Прежде всего это относится к пониманию истории и роли в ней человеческой личности, которая остается верной «голосу жизни» и тем самым способствует обновлению мирового бытия — не в виде политического «делателя», стоящего «над историей» и готового распоряжаться ею, перекраивая мир в угоду какой-либо доктрине, а в образе живого, неподдельного лица, составляющего фермент исторического развития. Судьба этой личности трагична и гибельна. Но только путем ее творческого горения, работы, жертвы и преемственности осуществляется внешне незаметный и глубоко скрытый, «подземный», естественный процесс возрождения подлинных человеческих ценностей. Процесс этот необратим как бы ни препятствовали тому обстоятельства теряющей по временам собственное лицо истории. Такая «потеря лица» — у отдельных людей и целых поколений, у страны или у эпохи — прослеживается в романе. Эта «потеря» страшным образом дает себя знать в патриотическом угаре бессмысленной мировой войны, в кошмарах войны гражданской, а главное, в повсеместном господстве мертвой, казенной буквы, подменившей революцию и ставшей общеобязательной нормой речи, мысли и поведения. История здесь как бы уходит в предысторию, изменяет самой себе и своему призванию, начало которому в новом качестве — свободной и ответственной личности — объявлено Христом и которое нельзя отменить, которое рано или поздно возьмет свое.

> Я в гроб сойду и в третий день восстану,
> И, как сплавляют по реке плоты,
> Ко Мне на суд, как баржи каравана,
> Столетья поплывут из темноты.

Роман «Доктор Живаго» служил Пастернаку не поводом вспомнить прошлое, охватив огромную историческую эпоху первой половины нашего столетия, а своего рода мостом в будущее. Отсюда окрыленность этого романа при всех мучительных утратах и ударах, которые переживает страна, которые на себе испытывают центральные персонажи, — Юрий Живаго и Лара, — воплотившие самые дорогие и близкие автору черты русской интеллигенции и обреченные ходом вещей на гибель. Чувство окрыленности, которым дышит роман Пастернака, вызвано в первую очередь тем непреложным фактом, что человеческая личность такого склада, даже погибая, остается и осознается в истории. Историю она непроизвольно творит, и сотворенная ею история радостно устремляется в даль будущего, за рамки непосредственно изображаемых событий. Роман Пастернака, можно сказать, открыт будущему. Оно здесь присутствует в виде катящегося бытия или движущегося и взятого в целом существования, которое само по себе воспринимается как чудо и величайшее счастье и определяет строй и пафос повествования, являясь его основным содержанием. В этом движении, так же как в жизни природы и в красоте вселенной, проскальзывают очертания какого-то гениального или божественного замысла. И потому, помимо прочего, осуществляется контакт между человеческой душой и всемирным развитием, между человеком и Богом. Частная жизнь человека приобретает символический смысл и становится, по выражению Пастернана, «Божьей повестью», наполняющей пространство вселенной. Скажем, любовь Юрия Живаго и Лары на краю разлуки и как бы на краю света, посреди войны и всеобщего одичания, представляется последним островком человечности или «голой, до нитки обобранной душевности». Этот «островок» соотнесен с первой, тоже бездомной парой на земле, с Адамом и Евой, а также со всем «неисчислимо великим», что сотворила любовь за этот промежуток, за многие тысячелетия мировой истории.

Соответственно, индивидуальный характер в повествовании Пастернака, в отличие от классического романа прошлого столетия, теряет психологические, социальные и бытовые, строго обусловленные контуры. Точнее говоря, характер перестает быть «типом». Все «типичное», вообще, чуждо и враждебно Пастернаку как выражение человеческой узости, стадности, застойности, конформизма, и если присутствует в его романе, то ради определения антипатичных автору героев и коллизий, приобретая порой карикатурно-гротескные формы. Подлинный «характер» дематериализуется или сознательно не дорисовывается автором. В характере мелькают черты непоследовательности, случайности, к которой постоянно прибегает Пастернак и в развитии фабулы романа, стремясь передать свободу и невероятное многообразие бытия. *Случай*, в сущности, здесь это несколько обытовленное и ослабленное «чудо» — на самом обыденном, житейском уровне. Подобного рода «случайность» призвана воспроизвести непрерывно катящуюся и сталкивающую персонажей жизнь, а также нечто сказочное, провиденциальное в их странных и разодранных социальными катастрофами судьбах. С другой же стороны, «сила нечаянности», согласно Пастернаку, это признак дарования, которым проникнут воздух истории и природы и которым наиболее ярко отмечены характеры Юрия Живаго и Лары, чьи открытия и поступки всегда далеки от «общих мест» и несут сигнал непредвиденного, непредсказуемого. В результате характеры главных персонажей не столько обусловлены, сколько *разомкнуты* в направлении звучащего за ними и в них «голоса жизни», которому, единственно, они остаются верны. Так, образ Лары «разомкнут» в сторону революции (ее начальной, многообещающей поры), а также в сторону России, символом которой она иногда вы ступает, или одушевленной природы, светового озарения, которое Лара несет своему возлюбленному, перенимая от него, в свою очередь, потоки творческого ясновидения.

Это «перетекание» характеров, обозначающих нечто большее, чем сами по себе они содержат, особенно наглядно проявляется в мыслях и речах персонажей, когда Лара, например, своим женским голосом замещает философский голос доктора Живаго, ничем, по сути, от него не отличаясь — ни по мыслям, ни по слогу. Порою же речи доктора, выражающие авторское мнение, Пастернак, без особых забот, не меняя интонации, перекладывает в уста других, второстепенных персонажей, которые, так сказать, подпевают доктору или, напротив, исполняют при нем роль статистов, существующих скорее лишь номинально, в виде условного значка, не реализованные в собственный образ или нарочито недописанные. Пастернак, на мой взгляд, местами сознательно или бессознательно имитирует своего рода литературную «беспомощность», пробавляясь «проходными фразами», или просто ненужными, наивными упоминаниями о чем-то само собой разумеющемся, или даже банальностями, режущими ухо. Например, доктор говорит Ларе в разгар их любви: «Спасибо за чуткость...» (494). И это не просто какие-то «огрехи» или «просчеты», а намеренно взятый автором курс на «безыскусную» речь, на повествование, которое ведется как бы «спустя рукава», во имя наибольшей раскованности. В итоге попадаются фразы, на которых мы спотыкаемся или которые пропускаем, скользя глазами, с недоумением, для чего Пастернак изъясняется так бездарно, либо так неуклюже, так несуразно, по типу ремарки вокруг Микулицына и его жены: «Ей навстречу шел с ружьем домой ее муж, поднявшийся из оврага и предполагавший тотчас же заняться прочисткой задымленных стволов, в виду замеченных при разрядке недочетов» (317). Возможно, впрочем, в данном случае нелепая и пустая фраза призвана передать нелепость семейства Микулицыных и общую бестолковость той минуты. Но в целом, благодаря таким оборотам на текст романа ложится легкая тень «неумения», «необязательности», «небрежности», литературной провинциальности.

Конечно, все это связано с тем, что поздний Пастернак много думал и заботился о простоте изложения, преодолевая, а точнее говоря, пряча собственную сложность, или, как сказано в романе: «Всю жизнь мечтал он об оригинальности сглаженной и приглушенной, внешне неузнаваемой и скрытой под покровом общеупотребительной и привычной формы», «о незаметном стиле, не привлекающем ничьего внимания» (511). А вместе с тем это явление далеко выходит за границы собственно «стиля» и носит куда более принципиальный характер. Пастернак, как религиозный мыслитель и художник, в этот период, вообще, не держится за форму. Он отказывается от строго определенной формы в изложении вероучения, от формы, которая бы связывала человека по рукам и ногам и внушала бы читателям нечто вроде обязательной религиозно-моральной программы, на манер, допустим, позднего Толстого. Ведь само Евангелие и сам Христос, в истолковании Пастернака, лишены навязчивости, доктринерства и, переворачивая мироздание, пользуются «предложением наивным и несмелым» (144), в котором нет ни громкого пафоса, ни жестких предписаний, но действует — «неотразимость безоружной истины» (53).

Однако, мне кажется, нельзя принимать на веру, что в своей поздней прозе Пастернак действительно достиг декларированной им простоты и непритязательности языка. «Общеупотребительная и привычная форма» плохо ему давалась уже по одному тому, что Пастернак неординарен, и, желая скрыться из глаз, как говорила о нем М. Цветаева по другому поводу, он, «как последний ученик на экзамене, списывает у соседа все сплошь, вплоть то описок».[3] С другой же стороны, Пастернак преувеличивает, будто всегда стремился к сглаженности и нивелированности своего письма. Напротив, он порою очень беспокоился, что вдруг начинает писать слишком просто и понятно. Так, он жаловался С. Боброву, что не любит своей книги стихов *Темы и варьяции* (кстати говоря, сложной для понимания), поскольку, по его словам, эту книгу «доехало стремленье к понятности».[4] А по поводу «Детства Люверс», в письме Вяч. Полонскому, Пастернак укорял себя в решении «дематерьялизовать прозу», в результате чего эта повесть, по его мнению, «перепрощена донельзя и перегружена сентенциями и длиннотами».[5] Не будем сейчас вдаваться, насколько Пастернак справедлив в подобной самокритике, достаточно, как мы знаем, изменчивой. Но эти же самообвинения, в удесятеренном размере (лишь с изменившимся радикально теперь, положительным авторским знаком), допустимо перенести на роман «Доктор Живаго». В стремлении к простоте автор его местами «перепростил», говоря его же слогом (так же как «перепростил» тогда некоторые стихотворные тексты более ранних периодов, готовя их к переизданию). А в стремлении к житейской полноте и достоверности, напротив, усложнил и перегрузил текст именами персонажей, без попытки их реализовать в живые лица, заставив существовать чуть ли не с одним именем или снабдив от себя голословной рекомендацией. Создается иллюзия, что автор в прошлом персонально знал этих людей или хорошо их обдумал, но не считает нужным сейчас доводить их до кондиции, чтобы не заслонить ими общий образ вихрем проносящейся жизни. Впрочем, это не такая уж иллюзия, поскольку некоторые имена и мотивы из «Доктора Живаго» предварительно долго прокручивались в его поэзии и прозе: Юрятин, Громеко, Дудоров, женская обида как источник революции, Федька Остромысленский, Тоня и Шура, по ходу повествования героем пишется параллельное произведение и т.д. Все это затем закрепилось, осело или нашло отзвук в романе. Так что длительная подготовка романа, разнообразные подходы к нему — несомненны, что и позволило, возможно, Пастернаку — чисто психологически — считать роман «Доктор Живаго» своей лучшей всепокрывающей книгой.

А вместе с тем, несмотря на легкую и стремительную беллетристическую манеру и простоту изложения, доходящую до назойливости, роман «Доктор Живаго» нелегко читать. В нем очень скоро запутываешься, теряешь персонажей и связующие их звенья: — кто такая Надя? причем тут Оля Демина? и зачем Анна Ивановна упала со шкафа?.. При всей естественности развития действия, на вас обрушивается колоссальная и как будто не идущая к делу информация, состоящая из скопления имен, адресов, расположения улиц, домов, с подробным и необязательным описанием окружения этих домов, лестниц, интерьеров, пейзажей. Но за всем этим имеется тайная задача, предложенная автором: найти и выудить из этого хлама и хаоса, из этого списка и вихря что-то чрезвычайно важное, драгоценное и спасительное. В итоге для — самого элементарного — прочтения роман требует серьезных исследований. Ничего себе «привычная и общеупотребительная форма»!..

Очень многие сцены в «Докторе Живаго» следует рассматривать, на мой взгляд, не просто как зарисовки действительности, а как притчи, содержащие определенного рода морально-философские или философско-эстетические поучения с более или менее скрытыми символами и аллегориями. Своеобразной притчей на тему романа Пастернака как такового, на тему его особой структуры и художественных принципов, которых он придерживается, можно считать сцену с неудавшейся кражей в доме Лары и Антипова перед их отъездом из Москвы (стр. 119). Эта сцена, на первый взгляд, как и многие другие в романе, случайна и необязательна, но смысл ее заключается в том, что грабитель, шаря по комнате, не заметил лежащего на столе, в куче объедков и крошек, драгоценного ожерелья, подаренного Ларе в тот прощальный вечер. Это ожерелье, мне кажется, и должно служить путеводительной аллегорией по роману Пастернака. То есть, фигурально выражаясь, сам этот роман, взятый в общем виде, и представляет собой подобного рода драгоценное ожерелье, покоящееся, однако, посреди разнообразного жизненного «ссора», разбросанного по тексту там и сям, в естественном беспорядке. Ненаблюдательный или же недогадливый читатель, рыщущий по роману в поисках богатства, уподобляется в данном случае бесперспективному грабителю, который не подозревал, что мусор и драгоценные камни здесь перемешаны.

Разумеется, иногда «камни» пастернаковского «ожерелья» лежат близко и не прячась, упакованные мотивировками самого примитивного сорта, и вынуть их на свет из подстроен-

ной обстановки не составляет затруднения. Тяжело заболе-
вает, допустим, Анна Ивановна, и, пользуясь этим случаем,
Юрий Живаго, вместо священника, читает ей лекцию на тему
по-новому понятого бесмертия. Или — ни к селу ни к городу — является толстовец и городит сущий вздор, давая повод
Веденяпину на блестящую импровизацию по философии все-
мирной истории. Такого рода философические куски испол-
нены чистой художественности в силу самозарождающейся,
непредвзятой, бьющей в глаза оригинальности и своевольного
развития мысли, которая, сама по себе, ведь тоже бывает
художественной — в виде игры идеи и образного ее претво-
рения. Но в текст они введены у Пастернака в данном случае
с помощью грубых натяжек, рискнуть на которые не решился
бы автор традиционного романа. В других же случаях «притчи» предстают в замаскированной форме. Скажем, «вакха-
налия», разыгравшаяся вокруг «дома с фигурами» (статуи «ан-
тичных муз с бубнами, лирами и масками в руках») и несущая
символический смысл (любовь, война, творчество) прикрыта
вихрем уличной пыли и мусора, как театральным занавесом.

   В целом «Доктор Живаго» тяготеет к мифологизации жи-
тейского материала, из которого он составлен. А вместе с
тем Пастернак по временам, как бы спохватываясь, наделяет
персонажей «необязательными» чертами, движениями и деталями, имеющими часто значение авторской поспешной по-
метки, что перед нами якобы добротно-заурядный реалистический роман.

   «Доктор Живаго» дышит «предвестием свободы», которое,
по словам Пастернака, составило «единственное историческое
содержание» всей послевоенной эпохи, и это сказывается на
самой его «свободной» форме. В романе, фигурально выражаясь, множество «окон», распахнутых в разные стороны, и
через эти «окна» текст «проветривается» и набирает дополнительный смысл, находящийся как бы уже за текстом. Роль
таких «окон» играют, в особенности, пейзажи, необыкновенно
активные и привносящие в повествование свет (солнца, снега,
растений и т.д.), исходящий «свыше» и сообщающий всему,
что здесь происходит, таинственную силу более общего, все-

мирно-исторического или вечного значения. Порою пронизанный подобным светом пейзаж становится, по выражению Пастернака, «внутренним лицом» человека: это свет бытия вообще, озаряющий одновременно человеческую душу и окружающую природу. Дело, конечно, не в том, что Пастернак «мастер пейзажа» и что пейзажные куски ему особенно удались. Здесь всегдашней активности и одухотворенности пейзажа у Пастернака сообщается новая мотивировка. В то время как история в своем событийном развитии теряет истинное лицо и возвращается в доисторию, в варварское состязание, где действуют «вожди и народы», довольствуясь римским «свинством, захлестнувшимся вокруг себя тройным узлом, как заворот кишок», (54) — носителем исторической истины становится пейзаж и связанный с ним персонально отдельный человек. Об этом сказано: «И только природа оставалась верна истории...» (440). Но эта верность истории, в понимании Пастернака, означает также верность Христу. В результате пейзаж становится посредником между землею и небом.

Напряженная игра светотени, преподнесенная в романе пейзажами и интерьерами, последовательно сопровождает весь ход повествования, расширяя его горизонты и сближая повседневность с явно или неявно присутствующим «запредельным» планом. Такого же рода «окнами» в высокую духовность и религиозную символику являются стихи, приложенные к роману в конце, как очевидный выход пастернаковской прозы в поэзию и в религию. Они-то более всего и придают изображаемой здесь частной жизни оттенок скорбной и чудесной «Божьей повести», смыкая человеческий путь с евангельским сюжетом. На русскую и мировую историю и на судьбу отдельного человека ложится отсвет Христа с его жертвенным подвигом.

В Евангелии, как известно, Пастернак особое значение придавал тому, что «Христос говорит притчами из быта, поясняя истину светом повседневности» (53). Аналогичным образом он строит свои стихи в приложении к роману. Однако между стихами и притчами в прозаическом корпусе романа осуществляется не прямая, а косвенная или даже обратная

связь. Обратная в том отношении, что евангельские притчи
и, соответственно, стихи Пастернака предстают в поясня-
ющем «свете повседневности», тогда как в прозе, напротив,
сама повседневность поясняется светом стихов, светом еван-
гельской истины или иной религиозно-философской симво-
лики. В результате евангельский смысл проливается на част-
ную человеческую жизнь, на природу и на историю и вместе
с тем остается достаточно от них отделенным полем, сохра-
няя свою таинственность и божественную недоступность.
Факты земной действительности получают, таким образом,
религиозное истолкование, религиозную направленность или
окрашенность, но не становятся в собственном смысле событиями Священной истории. «Доктор Живаго» — это не
«Подражание Христу» и не попытка переписать Евангелие
на новый, пастернаковский лад. И поэтому стихи, приложенные к роману, не надо путать с самим романом в его прозаическом виде. Стихи зарождаются в недрах прозы, но, уда-
ляясь от нее высоко, вынесенные за скобки романического
повествования, набираются уже иной религиозной и образной
силы. Через них и помимо них роман озарен не ярким, но раз-
мытым или мерцающим светом Евангелия, который подчас
совпадает с естественным освещением, сообщая одновременно тому духовную принадлежность, которая на земном языке
всегда неокончательна. Этим достигается, в частности, не-
навязчивость Пастернака в его религиозной трактовке повсе-
дневных вещей и фактов, в трактовке, весьма примечательной
и в то же время свободной от назойливого доктринерства и
морализаторства.

Пастернак объявляет в романе, что художественные произведения, помимо героев, тем, сюжетов и положений, «больше всего говорят... присутствием содержащегося в них искусства... И когда крупица этой силы входит в состав какой-
нибудь более сложной смеси, примесь искусства перевеши-
вает значение всего остального и оказывается сутью, душой
и основой изображенного» (330). Перефразируя эту мысль,
допустимо заметить, что стихи Пастернака, приложенные к
роману, несут в себе, помимо прочего, в чистом виде искус-

ство, в присутствии которого течет его проза. И как бы далеко стихи ни отходили от прозы, она существует под их присмотром, в их высоком присутствии. Подобно тому как в присутствии Бога существует земная действительность, изображаемая в романе, и только потому живет, движется и пишется.

NOTES

1. Борис Пастернак. *Переписка с Ольгой Фрейденберг.* New York and London, 1981, стр. 240, 267.

2. Письмо Джорджу Риви, 20.XI.1932. — *Литературное наследство*, т. 93, М., 1983, стр. 733.

3. «Эпос и лирика современной России (Владимир Маяковский и Борис Пастернак)». — Марина Цветаева. *Избранная проза в двух томах*, т. 2, New York, 1979, стр. 12.

4. Письмо 9.I.1923. — *Литературное наследство*, т. 93, стр. 688.

5. Лето 1921 г. — *Там же.*

Capitalist Bread and Socialist Spectacle:
The Janus Face of "Rome" in Pasternak's *Doctor Zhivago*

I. Masing-Delic (The University of the Witwatersrand)

🐝

Boris Pasternak's *Doctor Zhivago* offers a network of allegories, where the personal and supra-personal intertwine, reflecting each other.[1] In a previous paper I demonstrated the "biological allegory" in the novel. In this sphere Komarovsky represents instinct, Antipov intellect, Zhivago intuition and Lara a mankind in the process of "creative evolution," rising from lower to higher forms of consciousness in accordance with a Bergsonian pattern.[2] In the present paper I explore the "historical allegory," where — again — individual characters have allegorical significance, beyond their individual existence.[3] On this level their significance is an extension of their biological-allegorical function. Thus instinct is translated into the historical model of capitalism. The instinctive "animal" Komarovsky becomes the representative of the "animalistic impudence of money" (*zhivotnaya bezzastenchivost' deneg*, 472), i.e. "capitalism." Intellect is in the historical sphere translated into the "system of ideas" called socialism (473) and represented by Antipov. Zhivago's intuitive consciousness is translated into the kind of history which is like "a parable and therefore may burst into flame whilst moving" (566), i.e. a future Christ-inspired history. Lara's function on the level of historical allegory is to experience a capitalist and socialist history, ripening into a Mary Magdalene

372

who rejects *both* these historical models and instead turns to the history which realizes the Kingdom of God. A historian by profession, she represents an erring mankind in general and Russia's historical consciousness in particular. Neither capitalism nor socialism is represented as a simple chronological concept in the novel; they offer the two basic historical models which *Roman* history has to offer. In this archetypal sense Roman history includes both the socialist and capitalist models in all their chronological varieties throughout the ages. Thus it includes the Socialist Rome of virtuous Brutuses, Caesaro-Papists, Grand Inquisitors and Soviet commissars. It also includes the "Capitalist Rome" of "pock-marked Caligulas" (10) as well as nineteenth-century European Capitalists and Industrialists and their counterparts in the "Third Rome" of czarist Russia. Lenin's socialism is far from "new" as Antipov claims (473). Like capitalism, it is as old as the age-old Roman principles which engendered both, namely the principle of "bread and spectacle" (*panem et circenses*), or its variant formulations, for example, "miracle, mystery and authority" and "stones turned into bread." These two models together constitute the Janus-face of Roman history then. Opposed to each other as the two models seem to be, they nevertheless rest on a common "neck." This "neck" or common base may be found in the contempt for the individual, shared by both models, as well as the inability to grasp reality characteristic of both.[4]

Christian history, the third model, opposes both Roman models, already because, unlike them, it is novel. It builds a *new* heaven and a *new* earth. It wants to do away with all "former things" as the Revelation puts it. *This* Christian history which is as yet barely emerging and must not be confused with any now existing forms of Christianity which are basically all "Roman"—this history will be crowned by the "deciphering of death" (10). Death is one of the oldest phenomena there are, and will thus have no place in a *new* world (cf. *Doctor Zhivago* pp. 68-69). The ultimate difference between Roman and Christian history is therefore one of life and death. Roman history celebrates death in grand and bloody historical spectacle; Christian history struggles with death on the battlefields of art, science and labor.

If only mankind refused to stage Roman spectacles and began to understand that man does not live by bread alone, it would unite in the Common Task of "deciphering death," making history what it ought to be: the triumph of immortality. These thoughts clearly derive from the Russian nineteenth-century philosopher N. Fedorov and his *Philosophy of the Common Task,* the influence of which on Pasternak has been repeatedly stated and demonstrated.[5]

The present paper concentrates on the Roman Janus-face of history. Mankind still clings to its Roman heritage: i.e. a shallow sensualist philosophy and history as spectacle. One more general point must be raised before examining the novel text. "Roman capitalism" should not be identified with bread and the "good life" only, nor Roman Socialism only with spectacle. Both Romes rely on bread *and* spectacle to maintain power and subjugate the masses. In Socialist Rome spectacle is enacted in the name of bread, and in Capitalist Rome the distribution of bread is spectacle. The differences of the models are to be found in style and emphasis. Lara, struggling to free herself from her many Roman admirers, such as the sybaritic Komarovsky, the doublefaced Samdevyatov, and the virtuous executioner Antipov, experiences the duality of Rome in all these encounters.

Lara's first "Roman" experience is her seduction by the sybaritic Roman in his twentieth-century guise—that of the successful lawyer cum businessman Komarovsky. The latter uses his knowledge of Roman law to carry through his shady business deals. A born victor (*Viktor* is his first name) he unscrupulously exploits those weaker than he. He accumulates wealth at the expense of the toiling masses, whereupon he uses this very wealth to bribe them at the appropriate moment. He overwhelms Lara—a representative of the humiliated and exploited masses—with the splendor of his opulence. She is bribed by the display of his wealth and bought by the luxury he offers. As she remarks after her seduction, she could not but yield, as the table "was so opulently set" (53). Corpulent Komarovsky—a reincarnated "fat Roman" who, on a small scale, re-enacts the orgiastic life of "pockmarked Caligulas"—transforms Lara from innocent country girl to depraved city prostitute.

A piquant detail in the Lara-Komarovsky affair is that the latter likes to make love to Lara in the *theater* — "in the eyes of all" (*na glazakh u tselogo teatra,* 47), although in a sheltered box. Apart from the decadent touch, appropriate to a fat, jaded, Roman Caligula *en miniature,* there is the interesting confusion on Komarovsky's part of a theater with a brothel. Perhaps the red velvet which decorates both types of establishment confuses him but perhaps it is not just the red velvet. Making love to Lara in the theater, Komarovsky demonstrates how he transforms all aspects of existence into prostitution. He is one of the creators and rulers of this capitalist Rome which essentially is but one single brothel. Third Rome Moscow, just like its ancient counterpart is a market-place of goods and gods, slaves and whores, and all other types of commodities — in short, a brothel. Komarovsky, the Russian Roman, together with his like transforms an innocent rural Russia into a brothel where the "laborer and woman" are exploited in like measure as slave and whore.

Komarovsky, however, not only transforms the theater into a place of prostitution, he also makes prostitution into something theatrical. After making love to Lara, in some temple of "posh lust" (Nabokov), he enjoys a good melodrama with himself as the main actor. He kneels down before her, weeps copious tears, de-plores her loss of innocence and insists on marriage. Lara soon realizes that these histrionics are mere words and stops listening to his "tragic and hollow phrases"(48). On the allegorical level, the following happens. Capitalism corrupts Russia and then calms its bad conscience with the liberal spectacle of remorse. Komarovsky appears to be one of those liberal lawyers of the turn of the century who in eloquent speeches deplored an unsatisfactory state of affairs whilst profiting from it. It was the fact that he was "applauded" "at meetings"(47) which initially impressed Lara. But the lure of the spectacle wore off as did that of opulence and luxury.

Lara's seduction by Komarovsky, to repeat it once more, is not just an individual's "fall," but also and above all the fall of Russia, which by capitalism was transformed into a "brothel." It is this brothel Russia which Antipov sets out to destroy. Speaking to Zhivago and retracing his path to socialism and revolution, Antipov evokes the "evening streets" of Moscow where young snobs rushed forward at breakneck speed, prostitutes at their side in the coaches. Like Petrukha in Blok's *The Twelve* — a text constantly evoked in Pasternak's novel — he vows to avenge his seduced sweetheart and seduced Russia; he will do this by eliminating all those "depraved upperclass lads, good for nothing students, petty merchants and other types of parasites, imperturbable in their olympic self-satisfaction" (471) who constitute the leaders of this Muscovite capitalist Rome, reigning under the sign of the Babylonic whore. Kat'ka's fate in Blok's *The Twelve* partially preempts Lara's. Both of them represent a Russia easily seduced in its poverty and naivete by the cheap gifts of capitalism and the pretentious spectacle of upper-class mores.[6]

Seduction is not rape. It implies some sort of consent. Lara did consent to her seduction and did not hasten to flee sybaritic bondage. Consequently Antipov's solution — to exterminate all Lara's seducers and admirers — apart from all other aspects is absolutely meaningless; Lara-Russia must herself repent if she is to become free of sensuality and materialism. And Lara does repent. Shooting at Komarovsky at the Christmas ball, she breaks the alabaster box of vanity and renounces a basically ahistorical *momento-vivere* history. She is at that moment the Mary Magdalene of Fedorov's *Common Task* philosophy. In the latter, Mary Magdalene, this "chaste adulteress," as Fedorov likes to call her, plays an important role as the woman who turns away from worldly goods and refuses to be the seductress of men, thus evening the way for the Common Task.[7]

Fedorov saw capitalism as a serious obstacle to Christian history. According to him, it follows a primitive struggle for survival philosophy which automatically precludes the sense of fraternity imperative to the Task of victory over Death. Furthermore, it glorifies the mortal flesh and Woman as adulteress. The cult of sexuality inherent in capitalism transforms woman into a painted doll dressed in pretty rags and her function becomes "to attract two-legged shaven and featherless males of the same species" (Fedorov, Vol. II:331). The various lethal activities of capitalism and imperialism — i.e. wars, the merciless exploitation of nature, the rivalry for markets and resources—are traceable to this cult of sexuality, which is the force which brought death into the world. The fall of mankind is made permanent in the historical model of sybaritic Rome, and, therefore, so is death. Man remains forever the slave of a lethal nature, and not its ruler. When Mary Magdalene breaks the alabaster box of luxury which is also a Pandora box, she directs mankind towards the true path of history. Anointing Christ's deathbound body with precious myrrh, instead of her own pleasure-craving flesh, she showed mankind the path of simplicity and asceticism essential to the Task. Lara in the poem *Magdalena I* follows in the footsteps of the Bible's and Fedorov's Magdalene. She renounces luxuries, produced at the expense of poverty, and sexual corruption, i.e. her whole past as the "slave to sexual whim." She calls her previous self an "obsessed fool" (*dura besnovataya,* 562), recognizing that she fell victim to the Seducer, becoming his dupe, like Eve before her.[8]

Lara's treatment of Samdevyatov confirms her renunciation of "bread" as the goal and sole purpose of life. She does not have a romance with him, neither a Spanish one, nor any other type. "Spanish romances" is what Glafira Tuntseva calls the dramas of passion and revenge which are enacted during the Civil War in Yuryatin. Whether she is including Samdevyatov into these Spanish romances or not, he does in any case belong to a Roman-Spanish-Italian realm in the novel. He sports a Spanish beard (*espan'olka*) (265), and flowing locks and looks like a provincial actor (265), a first lover, in some cheap "Spanish" drama about passions.[9] Not even his name is Russian, in spite of appearances. It is a corruption of Demidov and *San Donato,* the latter being an honorary name given to the Demidov family by the *Vatican* in recognition of ample gifts.[10] At least family *legend* states as much (266). In general Samdevyatov belongs to a realm of "legends." He is a legendary man in the region, a sorcerer who finds bread and other commodities where no one else is able to do so. But he is not a "capitalist businessman" in the prerevolutionary sense. Like the Grand Inquisitor of Dostoevsky's *Spanish legend,* he wants to produce bread for the masses in order to bribe these into becoming an obedient herd in a new Rome. Samdevyatov is a convinced Bolshevik. As such he believes in "bread" and the inevitability of destruction (270).

Destruction has high theatrical value. Samdevyatov knows that the masses must be bought (given "bread") but likewise suppressed and preferably also impressed. Therefore he values destruction, even at his own expense. Proudly he points out to Zhivago how his own movie theater, the "illyuzion Gigant" (266, 267) is burning down, set fire to by the Bolsheviks. Perhaps this loss of inherited property means little to Samdevyatov, because he is already planning new, both gigantic and illusory enterprises with even greater spectacular value. Calmly watching his "Colosseum" burn down, this "Neronic" businessman and Bolshevik also enthuses about the Forest Brotherhood, very much in the manner of a theater director, anxious about the popularity of his troupe. He is disappointed that Zhivago has not heard about *Liberius* Mikulitsyn, and fears that therefore the effect of his story about him and his "forest brothers" may be lost. Samdevyatov squeezes history for its spectacular value and revolutionary spectacle allows him to make a career as a mercantile go-between and lawyer. Like Komarovsky, whom he physically resembles, he is a lawyer. He is his "offspring," the transitional figure between prerevolutionary capital and post-revolutionary state socialism. He is a future NEP-man, equally dedicated to both Roman camps, thus demonstrating that the Janus face of Rome rests on very much the same neck. But NEP proves merely an episode in the history of Moscow Rome. Lara does not have any "romances" with Samdevyatov, as was already stated. Although she takes the gifts which Samdevyatov offers her, she does not yield to him. In response to Zhivago's jealous inquiries, she answers that she would not make love to Samdevyatov, even if he "gilded" her (*ozolotil,* 408).[11] Postrevolutionary Russia is cured of its fetishistic cult of goods and sybaritic enjoyment. This Roman aspect appears to be receding into the background, at least for the time being.

Lara resists the cheaply theatrical Bolshevik merchant Samde-vyatov, but she is spiritually cowed by the Grand Inquisitor of Soviet Rome—Pavel Antipov. The latter is, in spite of his personal modesty, the Grand Master of grand spectacle. So impressive is his performance that Lara for a long time mistakes his mask for the true face of history. Her mistake is understandable in view of the fact that the banners under which Antipov fights carry the noble message of virtue and justice. But Antipov, this deceptively beautiful anti-Christ figure, links virtue to coercion and the circus. He views life as a race-track (*ristalishche,* 257), on which people compete with each other in displaying virile virtue, according to a set of rules. When he discovers that not all men stick to the rules, he decides to force them to do so. To force people to be "good" he needs power. He must win the ultimate authority on the racetrack of history and become Caesar. To some extent he succeeds in his aims. Kubarikha, the wise witch, calls him "one of the new czars"(376).[12]

Seeking total authority, Antipov surrounds himself with "mystery and Miracle." His armored train seems omnipresent, rushing forward with unnatural speed, disappearing without a trace, only to reappear suddenly, unexpectedly, (like *sneg na golovu,* 256). His surprise appearances invariably signal a court martial, which he, the Soviet Grand Inquisitor, performs "quickly, severely, fearlessly" (256). His disappearances are marked by the execution of "heretics" and splendid auto-da-fés, i.e. mass executions of recalcitrant peasants and the burning of their villages. The ultimate model for mystery and miracle which Antipov follows is the Apocalypse, as undoubtedly was the case for Dostoevsky's Grand Inquisitor also. Antipov tells Zhivago that he sees the Revolution in terms of Apocalypse, as a time of the "Last Judgement" and "apocalyptic creatures with swords" and "winged animals" (258). Characteristically he does not give Zhivago, his Christ-like opponent, any opportunity to speak. Perhaps he regards him as a mere audience to his oratorical skill, perhaps he fears what his meek opponent might say.

Seeing himself as the Judge of a secular Apocalypse, Antipov executes "fearlessly," i.e. with a good conscience. Like his predecessor in Dostoevsky's *Legend,* He is deeply convinced that men cannot bear the burden of freedom. He knows that they otherwise will invariably make the "wrong choice," i.e. deviate from the ideal of virtue and justice which Antipov posits as the Ultimate Ideal.

But even if they should make the "right choice" and opt for virtue (obedience to rules) and material justice (the equal distribution of bread) they will be too weak to uphold this ideal, unless they are supported by awesome authority. Men are weak and yearn to lean on the strong, living by their ideals, fearing their punishments, gratefully accepting their rewards. Antipov therefore shoulders the burden of authority for the sake of weak mankind; he frees them from freedom, i.e. the possibility of making the "wrong choice."

Those who insist on making the wrong choice must be taught their lesson, as Antipov clearly states. "The Whites are of course Russians just like us, but they are stupid and what's worse, they don't want to renounce their stupidity out of free will, so we have to beat it out of them" (254). Fighting in the name of *fraternité,* Antipov in practice destroys any possibility of brotherhood.

Under the influence of the virtuous cynic Antipov, Lara, i.e. Russia's historical consciousness, undergoes fateful transformations. She begins to fear freedom. When Lara confesses to Zhivago that she would "crawl on her bare knees"(413) to Antipov, begging him to restore the past, if only he were to give up some of his excesses, she does not follow the "call of faithfulness" as she herself thinks; rather she casts herself in the role of a Henry of Canossa, who stood barefoot for three days in the snow, pleading with the Pope to pardon him. Brainwashed by her "papal" husband, Lara has come to regard her desire for independence as a sin. Lara is— for a moment—prepared to sacrifice her love for Zhivago. Russia is prepared to give up spiritual freedom for "noble bondage" to lethal virtue.

Lara is furthermore influenced by her inquisitorial husband to pronounce judgements on others. This attitude emerges in the poem *Magdalena II,* where Lara-Russia struggles to free herself from her second Roman bondage—that to virtuous Antipov. Looking into the future with the "visionary clarity of sybillas" (563), this second Mary Magdalene perceives all future injustices yet to be perpetrated in the course of history, and here in the poem symbolized by Christ's unjust suffering.[13] Seeing the accumulated injustice of the ages she pleads with Christ to exclude at least some part of humanity from the Common Task of History:

> Slishkom mnogim ruki dlya ob'yatya
> Ty raskinesh po kontsam kresta.

Lara-Russia in *Magdalena II* doubts that mankind is *worthy* of the sacrifice made by Christ, and in this respect she reveals at least an inclination to take the Grand Inquisitorial view of mankind. Like Antipov she sees here men as herd creatures not to be trusted with the total freedom which Christ's wide-open arms offer:

> Dlya kogo na svete stol'ko shiri,
> Stol'ko muki i takaya moshch'.

But Lara-Russia struggles to overcome her inquisitorial heritage. Declaring that she will yet grow to understand the meaning of Christ's sacrifice (*Ya do Voskresen'ya dorastu,* 564), she is beginning to realize that judgement precludes brotherhood and therefore automatically the successful realization of the Fedorovian "Task."

But it is not only the expulsion of heretics and the whole division of mankind into leaders, herd and heretics which hinders the realization of history as a Common Task. It is also the alienation from reality ("life") which spectacle breeds, the fascination with histrionics which may seize even the victims of histrionics. If the ultimate secret of capitalist Rome is that it sacrifices everything to the senses and the moment, the ultimate secret of Socialist Rome may well be that it prefers spectacle to reality, the unreal to the real, death to life. When, for example, the leader of the Forest Brotherhood, *Liberius,* stages a drama of provocation and fake conspiracies, the victims of his *plot* find great satisfaction in the roles they have been given in the plot — the role of heroic martyrs. As the anarchist Vdovichenko ("Widow-maker") faces the execution squad, he turns to his comrade *Bonifatius* and delivers the following speech, his long grey locks fluttering in the wind:

> Do not degrade yourself, Bonifatius! Your protest will be of no avail! These new *oprichniki* and gaolers of the torture chambers of today will not understand . . . But our descendents will nail the *bourbons* of commissarocracy and their black deeds to the pillar of shame. We — the martyrs of the great idea — die at the dawn of the great world revolution. Long live the revolution of the Spirit. Let universal anarchy reign. (365)

One cannot help but feel that Vdovichenko enjoys his execution as a dramatic ending to a long career in the theater of the Revolution. There is something of the *Ave Caesar, morturi te salutant* mood over this execution, where "Caesar" is decipherable as the future anarchist Revolution. In any case, Vdovichenko is squeezing martyrdom for its theatrical value. One factor escapes him however—that, contrary to what he thinks, he is acting in a *farce* and not a tragedy. The director staging the execution play, Liberius, is in fact a "clown" (346) and as such incapable of producing himself in any other genre. One more irony escapes Vdovichenko. It is always "unbecoming" to be famous, even a famous martyr.[14]

Steeped in "spectacle" as Socialist Rome is, it cannot deal with reality. This failure to deal with the tasks of real life manifests itself in the inability to produce bread. Setting out to turn stones into bread, Socialist Rome turns bread into "stones." Oversized stone statues is what the hungry masses are offered instead of their "daily bread," for example, when they queue up at the "House with the Statues" to read the latest government decrees. Antipov's old Roman solution to the bread problem—to plunder the provinces—serves only as a temporary measure. Collectivization, another form of grain requisition, likewise fails to solve the "bread problem." Incapable of sustaining even temporal existence (life) Socialist Rome clearly cannot deal with the "task" of immortality. To "decipher" the riddle to death, mankind needs a realistic appraisal of the phenomenon, much as scientists and artists of Zhivago's type can offer. Mystery and miracle will never lead to the realization of that time when mankind "will find the dead" and "resurrect" them.[15] But in Soviet Rome science is not valued. In innumerable "palaces of thought" the rites of glorifying the self-evident (*samodokazatel'nost'*, 487), are transformed into meaningless spectacle. Genuine knowledge is shunned as contact with reality is feared. Therefore Zhivago's ideas on "transformism" and evolution "personality and the biological basis of the organism" and the relationship between "history and religion" (486) jar in the halls of scientific spectacle and pseudo-humanistic learning. Soviet Rome rejects the religious, ultimate goal of history—the conquest of death.

For how long will pseudo-history retain its power over mankind?

This question is not answered in the novel. As in Blok's *The Twelve* the past, present, and future coexist, offering mankind three alternatives: return to barbarism, the continuation of spectacle and the radical alternative of a novel future. There are signs of hope when the novel ends. Roman fascism (barbarism) has just been overcome and *Khristina's* sacrifice, symbolizing Russia's sacrifice, has been accomplished. Russia-Mary Magdalene-Lara has understood the insubstantiality of double faced Rome. Yet, realization is not action and not even Christ in Zhivago's poem "The Garden of Gethsemane" knows *when* history will burst into flame.

NOTES

1. The edition consulted for the present paper is Boris Pasternak, *Doktor Zhivago,* Ann Arbor: The University of Michigan Press, 1958, 1967. Page references are given, in parentheses, in the text. The translations of quotes are mine.

2. See my "Bergson's schöpferische Entwicklung und Pasternak's Doktor Shiwago," *Literatur- und Sprachentwicklung in Osteuropa im 20. Jahrhundert,* Herausgegeben von Eberhard Reissner. Berlin Verlag, 1982, pp. 112-130.

3. To charge the novel's characters with so much allegorical significance may seem extravagant. Yet to do so is in keeping with Zhivago's (and presumably Pasternak's) creative method. When Zhivago writes "a multitude of thoughts about personal life and the life of society" descend upon him. They do so "simultaneously and keeping each other company" (*Odnovremenno i poputno,* 465). To maintain this coexistence of the personal and the public, the allegory (or parable) offers the ideal medium. In my view, the allegory is the medium Pasternak chose to convey *his* simultaneously personal and supra-personal attitudes towards existence, elaborating allegory into an intricate pattern of diverse strands, which together convey the quintessence of his weltanschauung.

4. It has previously been pointed out that the Russia depicted in Pasternak's novel is "Roman." "In war and revolution . . . Russia is undergoing a death and rebirth into Rome," Mary and Paul Rowland state. See their *Pasternak's "Doctor Zhivago,"* Feffer & Simons, London and Amsterdam, 1967 (p. 87). F. T. Griffiths and S. J. Rabinowitz in their article, "*Doctor Zhivago* and the Tradition of National Epic," *Comparative Literature,* Vol. 32, no 1, 1980, find that Pasternak "fixes his gaze steadily on Rome,

both in religious and poetical contexts" (p. 66). My paper, as opposed to that of the Rowlands, sees no "rebirth" of Russia into Rome, but merely a transition from its "Third Rome" phase to its "Fourth Rome" phase. The second paper explores parallels between Aeneas and Zhivago as epic heroes, i.e. deals with different aspects of the Roman theme.

5. See my paper "Zhivago as Fedorovian Soldier," *The Russian Review*, Vol.40, no 3, 1981.

6. For the Blok-Pasternak connection, see my paper, "Zhivago's 'Christmas Star' as Homage to Blok," *Proceedings* of the Aleksandr Blok Research Conference, *Slavica Press*, 1984.

7. See N. F. Fedorov, *Filosofiia obshchago dela*, Offset reprint, Franz Wolff Heppenheim, 1970, vol. I, p. 123.

8. The self-characterization *dura* links Lara to Kat'ka in Blok's poem. The latter too is a *dura*, or at least Petrukha thinks so.

9. Samdevyatov is the archetypal hero of the "cruel romance," so popular in postrevolutionary times, particularly during the NEP period.

10. This information was taken from M. and P. Rowland, op. cit., p. 206.

11. But why is Zhivago so intensely jealous of Samdevyatov? His jealousy is Christ's fear for Mary Magdalene, his bride. He fears that she upon whom he wishes to bestow immortality will choose the flesh, i.e., death, once more. Only this fear justifies Zhivago's strange description of his jealousy as a sense of rivalry with the "dark unconscious . . . about which even guesses are impossible" (411), and as jealousy of the "sweat on Lara's skin" and "infectious diseases hovering in the air"(411). It is also in this context that Lara's intense yearning for purity must be seen. Lara is not just a woman bemoaning her seduction by a trite man—she is mankind bemoaning her fall into death.

12. As one of the new czars, Antipov far surpasses the old one in theatricality. Zhivago describes Nicholas II as simple and natural—unlike, for example, *Kaiser* Wilhelm, one of *Caesar's* inheritors. (Cf. p. 123)

13. Where *Magdalena I* is devoted to the past, *Magdalena II* is devoted to the future, from Magdalena's point of view. In other words the poem is devoted to *our* present. A similar device is used in the poem "Christmas Star."

14. It is interesting to note that there is another martyr by the same name in the novel, namely *V*onifaty Orletsov. It appears that he, in contrast to *B*onifaty, is a genuine martyr. He is a priest, humiliated and imprisoned by the Soviets, and, at first at least, rejected even by his own child Khristina, later to become a Christian martyr herself.

15. Cf. Pasternak's poem from the 30's:

> No tut nas ne ostavyat.
> Let cherez pyatdesyat,
> Kak vetka pustit pavetv',
> Naydut i voskresyat,

(We will not be left here, in fifty years or so, just like a branch puts out offshoots; they will find us and resurrect us.) Cf. also the poem "V bolnitse" where the poet states that God "hides" him, the dying man, like a "ring in a box." Here the poet expresses the Fedorovian thought that burial is really a preservation process (*khoronit'-khranit'*).

Toward a Poetics of the Novel Doctor Zhivago:
The Fourth Typhus

Elliott Mossman (University of Pennsylvania)

> Now as never before it was clear to him that art always, unceasingly does two things. It relentlessly contemplates death and thereby relentlessly creates life. Great, true art, what is called the Revelation of St John and the literature that sees that work to its conclusion.[1]

Doctor Zhivago's confrontations with death are, at first glance paradoxically, the impulse to creativity. As a beginning medical student, for example, Zhivago regularly descended the winding staircase leading to the University's anatomy theatre. The claimed corpses of young suicides and drowned women shone like phosphorus in the semi-darkness. "Injections of alum solution made them younger, giving them a deceptive roundness." Despite the anatomical exercises, "the beauty of the human body remained true to itself no matter how small the part . . . . There was the smell of formaldehyde and carbolic acid in the cellar, accompanied by the pervasive presence of mystery, from the unknown fate of these prone bodies to the very mystery of life and death that reigned in the cellar as though it were at home and in charge." (III, 2, 65) Pasternak's description of the anatomical theatre—the winding staircase down into a cellar, the grisly amputations, deceptive transformations of the human body, and the mystery—is a reminder of

Dante's infernal afterworld. The literary reference is confirmed in the typescript of *Doctor Zhivago,* which adds the following: "the voice of that mystery, silencing everything else, haunted Iura and hindered his anatomical work like the chorus of shades surrounding Dante and Vergil in the nether world."[2]

The Book of Revelation exemplifies to Yuriy Zhivago the confrontation of death and the affirmation of life that results thereby. In the first, "pencil" manuscript (chernovaya rukopis') of *Doctor Zhivago* the following passage from Revelation stood as epigraph to the novel:

> Death shall be no more.
> And God wiped each tear
> from their eyes and death
> shall be no more, nor shall
> there be weeping, cries, nor disease,
> for the former is past.[3]

While the epigraph did not appear in the succeeding manuscripts of the novel, there are a number of references to Revelation embedded in the final text. Among them, one refers to Death, the Fourth Horseman of the Apocalypse (Revelation, VI:8). Upon his return to Yuryatin from captivity with the partisans Zhivago is seized by the pestilence spread by the Fourth Horseman. "It is in fact some sort of typhus, but one that has not been described in the textbooks, one we never encountered in medical school." (XIII, 9, 404) In the early sketches for the novel this metaphorical disease is called "The fourth typhus": "It is some sort of typhus, not spotted fever (sypnoy tif), not enteric fever (briushnoy tif), not a relapse of typhus (vozvratny tif), but *some fourth typhus.*"[4]

There was, of course, nothing metaphorical about the typhus epidemic during the Russian Civil War. In Siberia it travelled the Trans-Siberian Railway, the *via dolorosa* as it was known,[5] in rat-infested, lice-ridden cars filled with the homeless.[6] The cities of European Russia were the point of departure for the epidemic. Driven to flee the urban famine of winter, 1918-1919, families like the Zhivagos doused themselves with kerosene to ward off lice (VII, 7, 219) and fled to the railway stations to await passage in a

cattle car to the countryside. The stations were havens for victims
of the war, dressed in grey greatcoats, coughing and spitting out
phlegm. "Most of them were sick, carriers of typhus. Given the
overcrowded condition of the hospitals, they were discharged the
day after the crisis had passed. As a doctor Yuriy Andreevich had
experienced this necessity himself, but he hadn't known that there
were so many unfortunates or that the stations served as their
haven."(VII, 2, 214)

Zhivago's first encounter with typhus occurs in Moscow. In his
practice he treats typhus among rich and poor alike. One night he
is called to an apartment house to treat the typhus of a speculator's
wife who has taken the errant chiming of an ornate clock, thought
to be broken, as the knell of her final hour. When he reaches home
and learns that his father-in-law's broken alarm clock has suddenly
rung, Zhivago jokes that "his typhus hour has struck." (VI, 13,
210) However, the "death knell" is a false alarm in the novel, for
it is somewhat later, we are promptly informed, that Zhivago
contracts typhus for the first time. The false alarm is the first suggestion in the novel that Zhivago's typhus is not subject to the
medical laws of contagion and does not follow a temporal order.

Contiguity in space suffers the same dislocation in the face of
typhus. After leaving the speculator's apartment house, Zhivago
and a companion part at the juncture of two Moscow boulevards,
the Sadovaya-Triumfal'naya and the Sadovaya-Karetnaya, segments of the Moscow "Park Ring." "In the black distance and
black snow they were no longer streets in the usual sense of the
word but, as it were, two forest paths in the dense *Taiga* of stone
buildings stretching on either side, as in the dense forests of the
Urals or Siberia." (VI, 13, 209) When typhus does strike Zhivago,
it does so first in Moscow and then in the Urals. The dislocation
of both temporal and spatial contiguity in connection with typhus
strengthens the association with the apocalyptic literary tradition.

In the delirium of Zhivago's Moscow typhus the two Sadovye
Boulevards have been positioned on his desk and he is writing,
successfully, what he has always wanted to write, aided by the
mysterious figure of a Siberian lad, "the spirit of his death." "But
how can he be death when he is helping to write a poem, can death

be useful, can it be of help?" (VI, 15, 211) Thus the delirium of typhus links up thematically with an apocalyptic aesthetic that "relentlessly contemplates death and thereby relentlessly creates life."

Zhivago imagines that he is writing a narrative poem, "Smyatenie," about the "turmoil of nature in the days between the Crucifixion and the Resurrection" and the "confusion" in men's minds that mark those three days of anticipation. As such, there is no narrative poem "Smyatenie" in *Doctor Zhivago*: only two lines from Zhivago's delirium are reported, "two rhymed lines," marked by brachycephalic or beginning rhyme:

> Rady kosnut'sya
> i
> Nado prosnut'sya
>
> (A joy to touch
> and
> Must awake)

The text explains that it is "a joy to touch Hell, dissolution, corruption and death, while it is also a joy to touch spring, Mary Magdalene and life. And must awake. Must awake and arise. Must be resurrected." (ibid.)

The lines are consistent with the earlier description of art as contemplation of death and creation of life. The delirium of typhus becomes a metaphor, drawn from Revelation, for the artist's activity. The poet in his delirium is brought in touch with death and simultaneously with the first stirrings of life. The result is a command to awaken from the metaphorical state, that is, resurrection is incorporated in an extended metaphor of awakening, here Christ's awakening from the three days of "smyatenie."

It is the brachycephalic rhyme that couples the two lines in Zhivago's delirium, a rhyme drawn from the names of the two boulevards aligned on his desk—the two *Sadovye*. Contiguity based upon alliteration was characteristic of Pasternak's earlier poetry and is a plausible bridge of association in a state of delirium. However, and more importantly, the bridge is semantic. The scene of the "Smyatenie" is the *sad* or garden described in the Gospel of John, XIX:41, Christ's burial place. Much earlier Pasternak had built a network of garden imagery around the secular theme of man's confusion in the poem from *My Sister, Life,* "Plachushchiy sad" (The Weeping Garden). In the novel the theme is exposed in a lyrical service to Zhivago, at his death:

> [The flowers] not only gave of their blossoms and scent but, like a chorus . . . , as it were, hastened some event taking place.

> It is quite easy to imagine the realm of plants as the closest neighbor to the realm of death. Here, in the green of the earth, between the trees in a cemetery, amid the shoots of flowers rising out of garden beds are, perhaps, concentrated the mysteries of transformation and the enigmas of life that we struggle to understand. Mary did not at first recognize Jesus rising from the grave and took Him for a gardener passing through the graveyard ("Supposing Him to be a gardener . . . " [John, XX:15]). (XV, 13, 505)

Whereas Zhivago's first bout with typhus is an instance of the disease raised to the level of metaphor, his second encounter is with the metaphorical disease itself, the fourth typhus. In the winter of 1920 Zhivago returns from his partisan captivity to Yuryatin along the Trans-Siberian Railway, its snow-bound, abandoned cars a haven for the dislocated and for lice, bearing typhus. He overtakes on foot the frozen railway traffic, whole white units buried in the snow, victims of Kolchak's defeat and the exhaustion of fuel supplies. The cars stretched on for dozens of versts, serving as fortresses for camps of armed bandits and refuges for the hapless tramps of the day—fleeing political prisoners. "Most of all, they served as fraternal graves and collective tombs for those who died from the cold and from the typhus that raged along the line and mowed down whole villages in its environs."

> It was a time that proved the old saying, "Man is a wolf to man." At the sight of another traveller one turned aside, one man killed the next in order to avoid being killed. There were isolated instances of cannibalism. The human laws of civilization had ended. The law of the jungle was in force. Men dreamed prehistoric dreams of the age of cavemen. (XIII, 2, 388)

Zhivago, in the first stages of illness when he reaches Lara's apartment in Yuryatin, initially dismisses the possibility of typhus. "I have a fever. I am falling ill. This is not typhus. It is a deep and dangerous exhaustion of some sort that has taken on the form of illness, a disease with a crisis, as with serious infections, and the whole question is, which will win out, life or death." (XIII, 8, 456) Acknowledging that it is the hitherto unknown "fourth typhus," the sketches for the novel expand upon its symptoms:

> Night is dark for unbelievers, O Christ: for believers there is light in the sweetness of Thy words. This suddenly exploded in a region of his brain. Then, somewhere nearby, other words, unknown words, words never heard before, lit up. Thus, darkened alley by darkened alley, certain unaccustomed thoughts, gentle like whispers, phosphorescent, tender, shone and were snuffed out. And all these words wept.[7]

The light imagery in the passage appears to be drawn from the Gospel of St. John: "In Him was life, and the life was the light of men. The light shines in the darkness, and the darkness has not overcome it"(I:4-5). However, the final text of the novel points to a different passage in the Gospels, Christ's moment of doubt (*smyatenie*) on the cross, as reported in Matthew. At the sixth hour darkness falls over the land and Christ cries out, "My God, my God, why hast thou forsaken me?" (XXVII:45) In delirium Zhivago comes close to despair himself: "[I]n a soundless whisper he railed against the Heavens, why had they turned away from him and abandoned him? 'Why hast Thou cast me off, O light everlasting, and cast me down into the darkness of Hell!' " (XIII, 9, 405)

In his isolation and despair Zhivago loses track of time. Although it was spring when he collapsed, there seems to be frost on the windows, making it dark in the room:

> Again he slept and awoke, and he discovered that the windows were covered in a snowflake pattern of frost with the roseate fever of the sun shining red on the panes like red wine poured into crystal goblets. But he couldn't tell whether it was morning sunrise of evening sunset. (XIII, 9, 405)

Images of red wine and crystal goblets are used several times in the novel in association with a certain nostalgia for Christianity, for example by the merchant wife Galuzina during Holy Week in the town of Krestvozdvizhensk (X, 4, 321). The frost imagery, associated with a bottomless sorrow, appears finally in Zhivago's poem "Razluka" (Separation):

> Kogda skvoz' iney na okne
> Ne vidno sveta bozh'ya,
> Bezvykhodnost' toski vdvoyne
> S pustyney morya skhozha.

These scattered metaphors of isolation, confusion and sorrow are the traces of Zhivago's narrative poem "Smyatenie." The non-existent poem is presented as a work of "the fourth typhus."

The poem "Razluka" (Separation), addressed to a Lara Zhivago will not see again, ultimately expresses the suspended state of isolation, confusion and sorrow which is the state of the fourth typhus. Yet that state is also, Zhivago has asserted, one of creativity. Where in the poetics of *Doctor Zhivago* lies the resolution of the seeming conflict between metaphors of death and creativity?

The manuscript sketch for the fourth typhus episode suggests an answer. There the state of suspension is portrayed as a common, though not a trivial experience: "Nightly death after a delirious dream[.] In transient death as in *Macbeth* on dreams: the death of each day."[8] Pasternak was translating *Macbeth* at the time of composition of the fourth typhus episode (indeed, the versos of the sketches for the episode are, in many cases, the rectos of the "Macbeth" manuscript), and the reference is to Act III, scene 1:

> Methought I heard a voice cry, *Sleep no more!*
> *Macbeth does murder sleep,* — the innocent sleep:
> Sleep that knits up the ravell'd sleeve of care,
> The death of each day's life, sore labour's bath,
> Balm of hurt minds, great nature's second course,
> Chief nourisher in life's feast.

The Elizabethan conceit of sleep and death contributes to the condition of the fourth typhus. In *Macbeth* Pasternak isolates what I will term a catachresis—sleep is the death of recurring life—which Zhivago has observed in Revelation and in his earlier, Moscow typhus. The passage from *Macbeth* amply demonstrates how catachresis wrests one metaphor from the grasp of another: Macbeth kills death, which mends, bathes, soothes and feeds life. Ultimately, the catachresis in *Macbeth* turns on a struggle between male and female forces.

The first of Zhivago's fourth typhus dreams—of himself in Moscow, peering through a locked glass door at his son Shurochka, who is crying in fright over the noise made by a broken water pipe—is readily linked to the imagery of frost on glass. In the dream the gusher of water in the room, an emblem of everyday life in war-ravaged Moscow, "may in fact be a wild mountain ravine that ends at the door, its madly rushing waters pressing to the door the cold and darkness that for centuries has accumulated in the gorge." (XIII, 8, 403) The funnel of water first mentioned in connection with Zhivago's thoughts on Revelation and great art ("In response to the vacancy left by death in this slowly striding society, he wanted to muse, to struggle with forms, to produce beauty with the same insuperable force that water exhibits, coursing and funneling into the depth" [III, 17, 91]) is here transformed into an image of the isolation which a despairing Zhivago finds himself.

Zhivago's second delirious dream in the course of the fourth typhus points to another source for the catachrestic imperative "Must awake!" in the narrative web of the novel. The dream is set in a second-story Moscow apartment. People dressed for travel are sleeping in various poses around the apartment, amid the scraps of the repast. The hostess, Lara, sweeps through the apartment, followed by Zhivago, to whom she pays no attention. Her remoteness is a a blow to Zhivago, who has sacrificed everything for her. (XIII, 8, 404) Both of Zhivago's delirious dreams in the fourth typhus episode depict his isolation and despair, the sorrow of "Razluka." The second dream, however, refers back to a pre-War scene in the novel, before Zhivago knew Lara. Here the departure from temporal contiguity tries the reader's patience, because we are left to guess how Zhivago might have learned of the scene.

The apartment in the dream is the artist's studio Lara has rented in Moscow to escape her family and Komarovsky and the specific episode is the departure celebration for the newly wed Lara and Pasha Antipov. During the early morning hours a riderless horse wanders into the courtyard below the apartment windows and a robber enters to rummage valuables among the newlyweds' possessions, only to be scared off by the company, awakened by Lara's screams. (IV, 4, 100-102)

The dream is an example of one of Pasternak's compositional principles. In a marginal note in the sketches for the novel Pasternak reminds himself: "Compose in substantial chunks of plot with retrospective particularization of the omitted connecting links, not according to a direct, linear, gradual advance [of the plot], which would be boring."[9] In fact the connecting link is never established in the narrative, unless the connection is to be made in the tracery of metaphors for life and death.

By the time of the fourth typhus episode Pasternak has established a metaphor based on nightingale song which is the extension of his typhus metaphor, "Must awake." The counterpart metaphor, —better catachresis—pits the benign motif of the nightingale, harbinger of love and renewal, against its threatening folk Russian embodiment, *Solovey-Razboynik* (Nightingale the Robber).

Zhivago initially discovers the nightingale catachresis—the image of the life-threatening in an image that cherishes life—in Pushkin. During his first winter in the Varykino refuge he keeps a notebook of his thoughts on various subjects. At one point (IX, 8, 295) he ponders the couplet from *Eugene Onegin,*

> I solovey, vesny lyubovnik,
> Poet vsyu noch'. Tsvetet shipovnik.
>
> (Ch. 7, VI)

Zhivago questions the conventional epithet, "spring's lover": "Why lover [*lyubovnik*]? In general it is a natural, convenient epithet. He is, in fact, a lover. Moreover, there is the rhyme —*shipovnik* (sweetbriar). But, at the level of sound imagery, doesn't one hear the voice of the *bylina*'s Nightingale the Robber too?" (IX, 8, 295)

Zhivago's sound association — *lyubovnik-razboynik* — violates the canons of verse rhyme in Pushkin's, although not in Pasternak's day. The violation indicates to Zhivago that there is something awry with Pushkin's conventional metaphor, that it contains elements of conflict.

The couplet in question is part of Pushkin's lament for the lost poet, Lenskiy, killed in a duel by the scoundrel-hero Onegin. Spring and the nightingale fail Pushkin ("Ah, Spring, the time of love, / How sad your coming!" [Ch. 7, II]) and he is led to doubt bucolic promises. Tentatively, he places his faith in "another, ancient Spring" (Ch. 7, III), inspired by the poet's dreams; but society disappoints him too, taking its inspiration from Spring in the form of nightly trysts (Ch. 7, IV). Pushkin then leads the reader to Lenskiy's grave, guarded by the nightingale and the sweetbriar, and honored by an ironic variant of a famous line from *Exegi monumentum,* eulogizing the people's poet: "The usual path to his grave was choked with weeds. The boughs bore no wreathes." (Ch. 7, VII) Given the broader context of the couplet in which convention is rejected, there may be good reason to share Zhivago's conclusion that the sinister Nightingale the Robber lies behind Pushkin's conventional epithet.

The nightingale makes its next appearance in *Doctor Zhivago* shortly after the Doctor's speculations on Pushkin. It appears in onomatopoetic transcription of its song, *ochnis'*: " 'Awake! Awake!' — it called out and urged him, and it sounded like a prayer on the eve of Easter: 'My soul! Arise, why do you sleep!'" (IX, 16, 313-314) The typescript of the novel adds that the sound is "a signal, a call for help," a hidden aspect of Lara's character that warns: "Awake! Respond! Bear witness!"[10] Pasternak's nightingale is not the conventional comfort of the night. Rather, it sounds the warning cry of Nightingale the Robber, the brigand of the Russian *bylina* or folk epos who fells intruders in the forest with his nightingale cry. The warning enters Zhivago's second typhus dream as Nightingale the Robber, accompanied by another conventional folk epithet, the riderless horse, often found in variants of the Nightingale the Robber *bylina,* although it originates in the "Tale of Il'ya Muromets." Implicit in the isolation of the fourth typhus is

Zhivago's impending separation from Lara, lamented in the poem "Razluka" (Separation).

The foregoing sampling of metaphors associated with an apocalyptic aesthetic in the novel *Doctor Zhivago*—metaphors of a struggle between death and life, constituting the impulse to creativity—suggests to me that the metaphor *simple* is not the basis of Pasternak's poetics in the novel. Rather, I am persuaded that— inspired in part by the Tolstoy of *The Death of Ivan Ilich,* where the passage from Revelation which served as preliminary epigraph to *Doctor Zhivago* generates Tolstoy's narrative—the trope which is central to the poetics of *Doctor Zhivago* is the catachresis, not the "mixed" metaphor of common usage but the metaphorical complex that results from wresting one metaphor from another.

My conclusion is in direct conflict with that of Roman Jakobson, advanced first in his masterful 1935 study of Pasternak's early prose. On the basis of an analysis principally of *The Childhood of Lyuvers* Jakobson demonstrates the proposition that there is "an undeniably closer relationship between verse and metaphor on the one hand and on the other between prose and metonymy."[11] The aesthetic articulated by Yuriy Zhivago is in explicit conflict with Formalism: Zhivago's assertion that art is not an aspect of form but "a mysterious and hidden part of content" (IX, 4, 291), while vague, ambiguous in its own context, and seemingly contradicted by a later assertion (see XIV, 14, 466), clearly announces a dispute with Formalism in the novel. The dispute pervades the novel, at many levels. It is related, I believe, to the apocalyptic aesthetic offered by Zhivago and demonstrated by Pasternak in the metaphor of the fourth typhus. A satisfactory statement of the poetics of the novel *Doctor Zhivago* will require the direct confrontation of Jakobson's proposition in the context, first, of the novel's dispute with Formalism and, second, at the level of trope. Moreover, no statement of the poetics of *Doctor Zhivago* will be complete which does not encompass the poetry of the novel as well as the prose. Finally, the implications for our understanding of the novel in general must be considered. It is in the light of this considerable agenda that my contribution here toward the poetics of the novel should be measured.

NOTES

1. Boris Pasternak *Doktor Zhivago,* Ann Arbor, Michigan, University of Michigan Press: 1967, p. 91. Further citations to this edition will be incorporated into the text, with citation to the Part and Chapter of the novel. For example, the present citation would read (III, 17, 91).

2. Pasternak Archive (private), Moscow, "Doktor Zhivago," (Typescript), 1. 96. See also Pasternak, Boris, "Doktor Zhivago," Typescript of, Houghton Rare Book Library, Harvard University, Cambridge, Mass., p. 96.

3. Pasternak Archive (private), Moscow, Chernovaya rukopis', epigraph page (unnumbered). The text of the epigraph, here translated from the Russian, is that of the Synodal Russian Bible, "Otkrovenie," XXI:4.

4. Pasternak Archive (private), Moscow, "Doktor Zhivago," tetrad' X (Nabroski), 1. 89ob.

5. Peter Fleming, *The Fate of Admiral Kolchak,* New York: Alfred Knopf, 1963, p. 170.

6. See Hans Zinsser, *Rats, Lice and History,* Boston: Little, Brown, 1935, *passim.*

7. Pasternak Archive (private), Moscow, "Doktor Zhivago," tetrad' X (Nabroski), 1. 89 ob.

8. Ibid., tetrad' X (Nabroski), 1. 92 ob.

9. Ibid., tetrad' VIII (Nabroski), 1. 43.

10. Ibid., Mashinka, 1. 70.

11. Roman Jakobson, "Randbemerkungen zur Proza des Dichters Pasternak," *Selected Writings,* vol. 5, p. 433. See also "O khudozhestvennom realizme" (On Artistic Realism), *Michigan Slavic Materials,* No. 2, 1962, pp. 19-28, and "Linguistics and Poetics: Concluding Statement," *Selected Writings,* vol. 3, pp. 18-55.

Notes on Pasternak

Christopher Barnes (University of St. Andrews)

❧

I. Elena Vinograd in Pasternak's Verses

Elena Aleksandrovna Vinograd, or Dorodnova after her marriage, is not named in either of Pasternak's autobiographies, *Okhrannaya gramota* or *Avtobiograficheskiy ocherk*. In the notes and commentary of the University of Michigan Press edition of Pasternak's works (*Sochineniya*), and of the 1965 Biblioteka poèta edition of his verse (*Stikhotvoreniya i poèmy*) she emerges as the keeper of several manuscripts of his verse, and as the dedicatee of various poems. Poems dedicated to her were: "Serdtsa i sputniki" in *Bliznets v tuchakh,* where she appears as "E.A.V." (*Sochineniya,* vol. I, p. 370); "Pro èti stikhi" from *Sestra moya zhizn'* (in its first printing in *Khudozhestvennoe slovo,* No. 1, 1920, p. 6); "Spasskoe" from *Temy i variatsii* in its first printing in *Peresvet,* No. 2, 1922 (see *Stikhotvoreniya i poèmy,* p. 644); "Belye stikhi" in *Poverkh bar'erov* (1929 and 1931) (see *Stikhotvoreniya i poèmy,* p. 650). Manuscript versions mentioned as being in her possession in *Stikhotvoreniya i poèmy* are: "Mozhet stat'sya tak, mozhet inache . . ." and "Golos dushi," both from *Temy i variatsii* and originally forming part of a single poem (see *Stikhotvoreniya i poèmy,* pp. 643 and 699).

These footnotes and dedications, however, give a misleadingly modest impression of Elena Vinograd's importance in Pasternak's life and work. Along with Ida Vysotskaya, Olga Freidenberg and Nadezhda Sinyakova, she was one of the most significant amorous

attachments of his early adulthood. In terms of the number of
verses she inspired, in fact, she emerges as the most important of
the four and her *active* friendship with Pasternak lasted longer than
Vysotskaya's or Sinyakova's. Pasternak first met her probably in
1908 or 1909 at Spasskoe (now Zelenogradskaya station, near
Moscow, on the Yaroslavl' railway line) where the Shtikh family
had their summer dacha. Doctor Lev Solomonovich Shtikh (an
ear, nose and throat specialist) and his family were friends of the
Pasternaks, and their elder son Aleksandr (or Shura) was a childhood playmate and later a lifelong friend of Boris. Elena Vinograd
was a second cousin of Aleksandr Shtikh. The circumstances of
Pasternak's first meeting with her are recalled in the poem "Spasskoe," which in its first published version (see above) was entitled
"Eë detstvo" and carried a dedication "E. A. Dorodnovoy." Written in 1918 (the year of a typhoid epidemic in Moscow), the poem
evoked an anguished and hallucinatory memory of their September
encounter in Spasskoe:

⟨…⟩ Меж стволов, в почерневших обводах
Парк зияет в столбцах, как сплошной некролог.

Березняк перестал ли линять и пятнаться,
Водянистую сень потуплять и редеть?
Этот — ропщет еще, и опять вам — пятнадцать
И опять, — о дитя, о, куда нам их деть?

⟨…⟩ В ночь кончины от тифа сгорающий комик
Слышит гул: гомерический хохот райка.
Нынче в Спасском с дороги бревенчатый домик
Видит, галлюцинируя, та же тоска.

Another poem of *Temy i variatsii* also refers back to the time of
Pasternak's first meetings with Elena Vinograd, who was then still
a girl at boarding school. There is no specific textual reference or
dedication to her, but the link is easily established, especially in
view of the poem's placing directly in front of the cycle "Razryv"
which deals with the break-up of Pasternak's relationship with her.
The poem concerned exists in an early manuscript version which
has so far remained unpublished and differs significantly from
the version in *Vserossiyskiy soyuz poetov. Vtoroy sbornik stikhov*

(Moscow 1922) and in *Temy i variatsii* (1923). This version is a hand-written autograph copy in old orthography, and is in the archive of IMLI Moscow. The manuscript is undated, but originates presumably from the period indicated in the dated published versions: 1918-1919. Alternative readings are to be found in lines: 2, 3, 4, 7, 8, 11, 12, 15, 16, 19, 21, 23, and 24, and there are only six quatrains; the final stanza of the published versions was evidently a later addition. In view of the large number of variant readings, the whole poem in its early manuscript version is reproduced below:

Мне в сумерки ты всё — пансионеркою,
Всё школьницей. Зима. Заря — лесничим
В лесу часов. Брожу и жду, чтоб смерклося,
Любимый лёд, в тугом шелку ресниц!

А ночь, а ночь! Да это ж ад, дом ужасов!
Проведай ты, тебя б сюда пригнало!
Она — твой брак, она твое замужество
И шум машин в подвалах трибуналов.

Ты помнишь жизнь? Ты помнишь, стаей горлинок
Летели хлопья грудью против гула.
И кремль крутил, кутя, валясь прожорливо
Со стен под снег, сармат в пиру Лукулла.

Перебегала ты! Ведь он подсовывал
Ковром под нас салазки и кристаллы!
Ведь жизнь, как кровь, до облака свинцового
Пунцовой вьюгой раскроясь хлестала!

Движенье помнишь? Помнишь время? Лавочниц?
Палатки? Давку? За разменом денег
Холодных, медных, с воли — помнишь давешних
Колоколов предпраздничных гуденье?

Ах да, тоска! Да это надо высказать!
Чем заменить тебя? Жирами? Бромом?
Как конский глаз, с подушек, потный, искоса,
Дышу, страшусь бессонницы огромной.

Precise details of Elena Vinograd's relationship with Boris Pasternak in the years following are not easy to establish. Aleksandr Pasternak, three years Boris' junior, stated (in a conversation with me in September 1980) that she never at any time visited the Pasternaks' home on Myasnitskaya or the Volkhonka—although this does not exclude the possibility that the Pasternak parents Leonid Osipovich and Rozaliya Isidorovna met her through the Shtikhs; their opinions or impressions are, however, not on record. With his family Pasternak was evidently secretive about the nature of his female friendships. Elena Vinograd was, however, a sufficiently close friend by 1913 to merit dedication of one of the *Bliznets v tuchakh* poems, "Serdtsa i sputniki" (Other dedicatees were Sergey Bobrov, Nikolay Aseev, Aleksandr Shtikh, Yuly Anisimov, Vera Stanevich, Konstantin Loks, and Ida Vysotskaya), but the poem is not addressed to her and its text in no way illuminates the nature of their relationship. It seems probable that it was a tender but platonic friendship, in which Pasternak used Elena Vinograd (as he did Ida Vysotskaya after the amatory débâcle of summer 1912) as a confidante.

By 1914, Elena Vinograd was betrothed to Sergey Listopad, the natural son of Lev Shestov, the philosopher. It was he whom Pasternak met shortly after the outbreak of the First World War during an attempt to enlist for army service and who besought him to give up such an idea. Without a mention of his engagement to Elena Vinograd, *Okhrannaya gramota* reports: "With sobre forthrightness he told me about the front line and warned me I would find there the precise contrary of what I expected. Soon after he fell in the first engagement that took place following his return from leave."

During the war Pasternak was involved with Mayakovsky's circle and had a brief affair with pianist and music student Nadezhda Sinyakova in 1915; the winters of 1915-16 and 1916-17 he spent in the Urals at Vsevolodo-Vil'va and at Tikhie gory on the Kama river. Elena Vinograd had meanwhile become a student and was enrolled on the Women's Higher Courses in Moscow. Pasternak took up with her and their circle of mutual friends upon his return to Moscow in March of 1917. All of them, and Elena in particular, were caught up in the common wave of euphoria that swept the country after the bloodless revolution of February 1917. As an active and enthusiastic follower of events, she took Boris along to various meetings, demonstrations and the like; evidence of these experiences appears in some poems of *Sestra moya zhizn'*, such as "Vesenniy dozhd'" and "Svistki militsionerov" (the former celebrates their attendance at a demonstration to greet Kerensky's visit to Moscow in late May). In the early summer of 1917, however, Elena and her brother Valer'yan (a student of Moscow University) were persuaded to join many other student volunteers and enthusiasts and went to southern Russia to assist with various social welfare and other activities promoted by the *zemstva*. Reference to this occurs in the poem "Leto":

> Вводили земство в волостях;
> С другими — вы, не так ли?

Valer'yan Vinograd was also involved in the enrollment of electors in rural areas as part of the preparations for elections to the forthcoming Constituent Assembly. Pasternak corresponded with both him and his sister during the summer of 1917 (his letters to her were later unfortunately lost during the bombing of World War II). In June he also journeyed from Moscow to visit her at Romanovka, a village in the Saratov Province where she was working, and spent four days with her (impressions of this appear in the section of *Sestra moya zhizn'* entitled "Romanovka," in the latter part of "Belye stikhi," and also in the Melyuzeevo episode in chapter 5 of *Doktor Zhivago*). An interval back in Moscow was followed by a further visit to Elena for a few days in August, this time at Balashov in the Saratov Province.

During the summer of 1917 Pasternak's earlier affection for Elena Vinograd exploded in an intense infatuation. Nevertheless, this was no passionate love affair in the conventional sense—no more than it had been with his earlier unrequited passions for Olga Freidenberg or Ida Vysotskaya. The relationship remained platonic, unphysical and unconsummated emotionally, and it was thus an intensely tormenting one for Pasternak, and it no doubt confirmed in him a sense of doomed misfortune, if not inadequacy, in his early dealings with women. Subsequently Elena Vinograd realised and regretted the lack of seriousness on her part and the suffering she had unwittingly caused him. She had at the time seen herself merely as a "model," as it were, for his verse, and she took his confessions and almost daily letters as mere eccentric symptoms of the "artistic personality." The seriousness of Pasternak's love for her could, however, be measured by the intensity of the poetry that stemmed from their liaison. Artistically this was indeed the most fecund of his various relations with women. The high-water mark of his love for Elena also coincided with the sense of general revolutionary "uplift" that Pasternak shared with many in the summer of 1917. He alluded to it in his "Afterword" to *Okhrannaya Gramota* (*Sochineniya*, vol. 2), in the fictionalised account of *Doktor Zhivago,* in various verses of *Sestra moya zhizn'*, and elsewhere, and it left its own imprint on the poems arising from the experience of that romantic summer. In 1917 Elena had asked Pasternak to present her with a copy of his second verse collection, *Poverkh bar'erov* (1917), and his response to this request was to embark on the lyric verses that eventually went to make up his third book *Sestra moya zhizn'*. The book celebrated the story of his love for her, and she was the addressee or the beloved referred to in most of the love poems of the cycle. In various sections of the "Kniga stepi" contained within it there figured the steppe landscape and placenames of the Saratov Province visited by Pasternak in summer of 1917; his exhausted return alone by train to Moscow was evoked in the subsection "Vozvrashchenie," and the nostalgic recollection of the summer days spent together with Elena Vinograd formed the background of the subsection titled "Elene."

The rush of lyric verse released in the summer of 1917 was so great that Pasternak evidently had to trim and reduce the contents of *Sestra moya zhizn'* in order to "keep it light" — so he later reported to Andrey Sinyavsky. Nevertheless, not all the verses in the book were concerned with Pasternak's relationship with Elena Vinograd. The opening poem of "Kniga stepi" by its title "Do vsego etogo byla zima" suggests some form of prehistory to the events of summer 1917, and the following poem "Iz suever'ya" is reported by members of Pasternak's family to have been concerned not with Elena Vinograd, but her predecessor, Nadezhda Sinyakova. The poem "Zamestitel'nitsa" also contains a cluster of images whose origins go back to a time in Pasternak's youth which, if not actually

predating his first encounter with Elena Vinograd, nevertheless
clearly refer to the circumstances of Pasternak's association with
Ida Vysotskaya and her circle and his attendance at young people's
parties and dances. The heat of the waltz, and the aroma of man-
darin and presence of the beloved are recorded in stanzas 3 and 4
of "Zamestitel'nitsa":

⟨…⟩ Чтоб прическу ослабив, и чайный и шалый,
Зачаженный бутон заколов за кушак,
Провальсировать к славе, шутя, полушалок
Закусивши, как муку, и еле дыша.

Чтобы, комкая корку рукой, мандарина
Холодящие дольки глотать торопясь
В опоясанный люстрой, позади, за гардиной,
Зал, испариной вальса запахший опять.

The same closely juxtaposed images occur in one of Pasternak's
unpublished, early, student-period prose fragments. The fictional
narrator ponders some events of six years previously:

Однажды жил один человек, у которого было покинутое прошлое. Оно находилось на расстоянии шести лет от него ⟨…⟩
Встреча нового года была с нею и с товарищами.
Медленный и печальный вальс прислуживал ей за ее скра-
дывающимся танцем. Товарищи прятали свои слова в тенис-
тый мглистый дым, заглушивший углы зала….
Он дышал батистовым платком в эти минуты; над платком
порхал аромат мандарина. Его страшно раздвинуло над этой
крошечной вещицей. Ему стало головокружительно холодно
от этих пространств. Простуженным звоном пробило поло-
вину двенадцатого. Перешли в столовую ⟨…⟩

Almost fifty years later, in a letter of December 10th, 1959, to
Renate Schweitzer Pasternak reported that: "Das Geruch der Man-
darinenschale verbunden mit dem Geiste der ersten Schulverlieb-
theiten, der Winterfestlichkeiten, der blendenden Tannenbaum-
beleuchtung und der Mädchentanzerhitztheit, — einem dieser Le-
bensleitmotive habe ich bei mir zweimal Ausdruck gesucht und
gegeben, in einem der Frühgedichte (i.e. "Zamestitel'nitsa" — C.J.B.)
und in dem Roman." (Renate Schweitzer: *Freundschaft mit Boris*

Pasternak, Verlag Kurt Desch, Vienna-Munich-Basel, 1963, p. 106.)
The corresponding passage referred to by Pasternak in *Doktor Zhivago* occurs in section 14 of the third chapter "Elka u Sventit-skikh."

Notwithstanding these echoes of other relationships, it is Elena Vinograd whom the vast majority of lyrics in *Sestra moya zhizn'* concern, or directly address. The seasonal cycle of winter, spring, and emotional climax in a sultry summer of 1917, is followed by poems of an autumnal character—both in chronology and mood —in the section "Posleslov'e." Passions seem to have burnt out, leaving a mood of sadness and regret. Passing time has wrought its revenge on the poet ("Lyubimaya—zhut'! Kogda lyubit poet . . .") and he attempts to poetically exonerate himself from the crime of having grieved his beloved ("Posleslov'e"). The final note is indeed one of bitterness:

> Но с оскоминой, но с оцепененьем, с комьями
> В горле, но с тоской стольких слов
> Устаешь дружить!

The evidence of the poetic text might suggest that by the close of summer 1917 the relationship was at an end. But in reality there was plenty more emotional and artistic mileage in it for Pasternak, and it is evident that its conclusion was as protracted and painful as it was artistically fruitful.

Pasternak was not in fact the only young man of her circle to show interest in Elena Vinograd. Her cousin Shura Shtikh was also not indifferent, and in late 1917 he and Pasternak for a short time fell out because of her. "You evidently love Lena," Pasternak wrote Shtikh on December 21st, "and the very fact of your having been warned not to talk to me about her contains enough ambiguity for us to give up meeting for a good long time. It is unpleasant and awkward, but there is nothing for it." But both Shtikh and Pasternak were doomed to disappointment. That same winter Pasternak was visited by Elena in his lodgings in Mowcow's Sivtsev Vrazhek. There she announced to him that she had resolved to marry and end her unsatisfactory state of spinsterhood. It was evidently an action dictated by the head rather than the heart, and it was designed to allay her mother's anxieties and her own about her irregular, unattached situation. She and her fiancé were duly wedded in the spring of 1918. There is an obvious allusion to this event in *Sestra moya zhizn'*, in "Lyubimaya — zhut' . . .":

Он видит, как свадьбы справляют вокруг....

And the poem goes on to imply that it is society that has avenged itself on the poet for his unwarranted "lifting your sister from the earth like a Bacchante from an amphora and using her," and there is an undisguised "Futurist" jibe against bourgeois mores and "smirking comfort." Dorodnov, Elena Vinograd's bridegroom, was the well-to-do inheritor of an estate with textile factories at Yakovlevskoe near Kostroma. However, within three months of his marriage he was left impoverished when his entire properties were confiscated by the Bolshevik government.

After their enforced emotional estrangement Pasternak nevertheless continued to see Elena Vinograd on a friendly basis (indeed their relations had never been anything other than this), although the tormenting memory of unrequited passion and separation was a long time in abating and it formed the basis for several poems in his next book, *Temy i variatsii* (1923). The poem quoted earlier, "Mne v sumerki ty vsë — pansionerkoyu . . ." is replete with the poet's agony at parting with Elena, and the cycle of nine poems following it, written in 1918 and grouped under the title "Razryv," is also on the same theme. In the book's final section two further poetic messages, "Dva pis'ma," are intended as addressed to Elena, and the second of the pair contains mention of the "dom pod Kostromoy" where now she lived. In the same section, entitled "Neskuchnyy sad," the fourth of five poems headed "Osen' " and written in 1917 makes further and explicit mention of the disabusement brought by autumn and by hints of marriage after the passions of spring and the heat of July:

Весна была просто тобой,
И лето — с грехом пополам.
Но осень, но этот позор голубой
Обоев, и войлок, и хлам!..

⟨...⟩ Не распахивать наспех
Окна, где в беспамятных заревах
Июль, разгораясь, как яспис,
Расплавливал стёкла и спаривал
Тех самых пунцовых стрекоз,
Которые нынче на брачных
Брусах — мертвей и прозрачней
Осыпавшихся папирос....[1]

II. A Note on a Lost Prose Work by Pasternak

Pasternak's *Autobiographical Essay* lists several works of his
which were lost "at various times and for various reasons." They
include: (a) the text of his paper on "Symbolism and Immortality"
delivered in 1913; (b) articles of his Futurist period; (c) a children's
fairy tale in prose; (d) two *poemy*; (e) an intermediate volume of
verse between *Over the Barriers* and *My Sister Life*; (f) the draft
of a novel whose completed opening was printed as the story *The
Childhood of Zhenya Luvers,* and (g) the translation of a tragedy
from Swinburne's dramatic trilogy on Mary Queen of Scots.[2] This
was not a complete inventory of Pasternak's lost works, and apart
from item (f) (and possibly [e]) he seems to have confined himself
here to items which were actually ready for the printer, rather
than merely planned or extant only in draft. Also, Pasternak excludes items like the *Story of a Suboctave,* which was not lost but
deliberately discarded and then fortunately rescued by Evgeniy
Borisovich, his eldest son.[3] A further items omitted from Pasternak's inventory of lost works is the story, or *skazka,* entitled *The
Duchess' Carriage* (*Kareta gertsogini*), written during the First
World War period.[4] He does not list, either, minor items like his
annotations on various writers whose works he translated,[5] or some
poems that remained in private hands until they were published in
the "Biblioteka poèta" edition of verse in 1965, or in other subsequent archival publications. Also omitted from his list are items
he himself had completed and retained, but which for one reason
or another were not published, for example, the prose fragments

Before Parting (*Pered razlukoy*) and *The House with the Galleries* (*Dom s gallereyami*) which were part of his prose drafts of 1936 for a novel.[6]

The item that interests us here is the children's fairy tale in prose mentioned above and entitled *The Tale of the Carp and Naphtalain* (*Skazka o Karpe i Naftalene*), about which we have some information (together with a fragment of text) mainly thanks to the excellent memory of the author's younger sister, Lydia Pasternak-Slater. It was written during the First World War, probably shortly after *The Mark of Apelles,* in 1915. (The latter work, Pasternak told Aleksandr Shtikh in a letter of 6 February 1915, he had recently taken to Evgeniy Lundberg, the editor, who expressed his enthusiasm and keenness to publish it.) Like *The Mark of Apelles* and the later *Story of a Suboctave,* the *Tale of the Carp and Naphtalain* showed the obvious influence of the German Romantics. In the case of *The Mark of Apelles,* Kleist's *Die Marquise von O.* and Heinrich Heine's *Florentinische Nächte* seem to have suggested stylistic and thematic elements.[7] The *Story of a Suboctave* has forbears in Kleist's *Die heilige Cäcilie oder Die Gewalt der Musit* and in E. T. A. Hoffmann's tales, especially with its allusions to the Romantic connection of music with death, the guilt of the artist before society, etc. The *Tale of the Carp and Naphtalain* appears to be descended directly from Hoffmann and the German fairy-tale tradition of the Brothers Grimm.

Lydia Pasternak-Slater who read the story shortly after its completion, recalls something of the story's plot:

> It had a juxtaposition of rounded, heated vulgarity and savageness, embodied in the Carp, alias the sun, alias the summer, on the one hand, and the pale blue, cool silkiness, moonlit princeliness of Naphtalain on the other. I think the Carp finally stole the Prince's regalia and killed him.[8]

Pasternak was characteristically critical of this, as of his other works, but he was nevertheless willing to offer it along with *Mark of Apelles* to Sergei Bobrov for printing in the then projected *Third Centrifuge Miscellany* (*Tretiy sbornik Tsentrifugi*). In a letter of 30 December 1916 to Bobrov, Pasternak wrote the following:

About "Apelles" I find it difficult to talk. The "Carp" is colorful, concentrated and technical (*krasochen, sgushchen i tekhnichen*). "Apelles" is technically not quite up-to-date. You will find a lot of rubbish in it. But the thing was written with enthusiasm and uplift. Perhaps these qualities are proportionally connected . . . perhaps through my incompetence an excess of technique excludes the element of lightness (*pod"ëm*) from the exposition, diverting too much energy towards vertical saturation and leaving none for horizontal impetus. This much I can tell you: since the spring when I wrote "Apelles" I have made more than one attempt to work on prose, with a slant towards the technical side. Is it because of this that these attempts have been unsuccessful?[9]

The *Third Centrifuge Miscellany* never finally appeared, and although some of the items Pasternak submitted for it have subsequently been published (reviews of Aseev's *Oksana* and Mayakovsky's *Prostoe kak mychanie,* and Pasternak's "Sketches for a Fantasy 'Poem on a Kinsman' " [Nabroski k fantazii "Poèma o blizhnem"]), the *Tale of the Carp and Naphtalain* has not been retrieved. To what extent it erred on the side of technicality (in Pasternak's estimation) we cannot therefore assess. One intriguing feature suggesting that the tale did have thick concentrations of coloration, however, was the fact that the prose narrative contained "stanzas of nostalgic poetry sprinkled into the shadow of a plot written in prose." Lydia Pasternak-Slater goes on to comment that "as so often with Pasternak, the plot did not really matter; what mattered was the beauty of the poetic lines, notably those on Naphtalain's funeral." The beauty of these verses can still be savoured thanks to Lydia Pasternak-Slater's recollection of them:

Каплет с крутых перекладин
Грустный трезвон похорон.
Княжеский сан твой украден,
Герб твой похищен в затон.

Принца безвинного жалко.
Будь же вовек незабвен
Шелк на шелках катафалка,
Пласт меж пластов, Нафтален.

Parenthetically, it is interesting to note that an excess of 'technique' or dense imagic coloration was in the winter of 1916-17 proving a hazard in Pasternak's attempts to explore the longer poetic genre of the *poèma* while employing the close-packed virtuosic impressionist imagery of his short lyric style. Of these *poèmy,* only one ("Gorod") was completed, and none of them can claim to be entirely successful — an atomistic impressionism tends to lose its effect when the density and compactness of the short lyric are forsaken, and when there is no impetus of plot or direction from a lyric hero. (See "Iz poèmy. Dva otryvka," "Nabroski k fantazii 'Poèma o blizhnem' ").[10] Pasternak's return to the short impressionist lyric in *My Sister Life* has to be understood in the light of this realisation.

The name *Naftalen* is a less common spelling of the Russian *naftalin* (naphthalene — used as a moth-repellent), and Lydia Pasternak-Slater suggests an interpretation based on this: "I suppose this tale arose out of associations with spring-cleaning, putting the winter things away into a chest with naphthalene in a kind of present-day symbolic burial rite."[11] This seems highly plausible. The name is also striking, however, for its non-Russian character. Contemporary eye-witnesses testify to Pasternak's frequent fascination with the musical quality of words, among them Konstantin Loks in his *Povest' ob odnom desyatiletii,*[12] and one can imagine that a word such as *naftalen* had its intrinsic acoustic appeal for him. But the 'foreign,' or unusual, name is often used as a special device in his early student-period prose fragments, deliberately conveying to the narration a slightly phantasmagoric quality (for example characters called Mozart, Sasha Makedonsky [i.e. 'Alex' the Great!] and Reliquimini occur in otherwise perfectly Muscovite surroundings; central characters in *The Mark of Apelles* are also Heinrich Heine and Relinquimini — neither of them altogether orthodox even in an Italian setting). This too is a device traceable to the influence of the German Romantic prose tradition.

The *Tale of the Carp and Naphtalain* was also clearly of interest as another example of how close the genres of verse and prose were for Pasternak. Attempts at both verse and prose realisations of the same motifs are to be found among his earliest student-period poetry and prose fragments (1911-1913); a further instance is *My Sister Life,* described by Lev Ozerov as a "peculiar form of novel,"[13] with its own 'chapters' and some snatches of connecting prose text; the free passage of material between verse and prose was also illustrated by the *Three Chapters from a Tale* (*Tri glavy iz povesti*) (1922), *Spektorsky* and the *Story* (*Povest'*) and in the narrative and verse sections of *Doctor Zhivago.*

NOTES

1. It is possible that the bitterness of parting with Elena Vinograd was exacerbated for Pasternak by the fact that another former love of his, Ida Vysotskaya, was also engaged to be married in February of 1917 to the banker Emmanuel Feldzer, and this wedding took place towards the end of that year. It is perhaps significant that in "Lyubimaya—zhut'. . ." Pasternak writes of *svad'by* in the plural. On the one hand, of course, a cooling-off period of several years had occurred since the main showdown with Vysotskaya in Marburg in summer of 1912, and Pasternak had pursued other amatory interests in the interval. But in the winter of 1916-17 he did begin again to take renewed *poetic* interest in Vysotskaya and the Marburg affair, and there are again textual correspondences and clusters of significant imagery in common between the poem "Marburg" that appeared in *Poverkh ber'erov* (1917) and the *poèmy* written in Tikhie gory: "Iz poèmy. Dva otryvka," and the "Nabroski k fantazii 'Poèma o blizhnem',*"* and also the cycle "Tema s variatsiyami" in *Temy i variatsii.*

In the years between 1917 and the complete book's appearance in 1922, a few items of *Sestra moya zhizn'* were printed separately in literary journals and almanacs. But Pasternak was not keen to desseminate the main body of the verse and to weaken its effect by fragmentary publication. It is possible that the reasons for this were not purely literary and artistic, and that he may also have been considering his own and Elena Vinograd's feelings in the first and painful years after their parting. The text of *Sestra moya zhizn'* which Pasternak prepared for publication with Mayakovsky's IMO (Iskusstvo molodykh) in 1919, for instance, omitted seven items concerning the lovers' autumn meetings and the disenchantment of later 1917; a further manuscript of 1920 also omitted the "sensitive" poems "Leto" and "Posleslov'e"; furthermore, the longer and embittered poems of the section "Osen' " were evidently originally intended for inclusion in *Sestra moya zhizn'* but were eventually relegated to *Temy i variatsii.* Another work by Pasternak on which he was concentrating shortly after the tragedy of his love for Elena Vinograd may also bear the traces of their tormented relationship. The story *Pis'ma iz Tuly* is dated April 1918, and its agonised account of the poet's farewell and letters to his beloved seem to reflect closely what Elena Vinograd-Dorodnova recalled of Pasternak's parting on one occasion when he saw her off on the train to Kostroma. This prose work, however, is not so explicitly and obviously bound up with the author's love for Elena. His greatest and more lasting monument to their relationship remains *Sestra moya zhizn'*.

2. (a) Originally planned for inclusion in a book of articles and announced for publication by Lirika in *Trudy i dni*, Nos. 1-2, 1913, the text was subsequently lost. A synopsis of its contents was later published in L. Fleishman, *Stat'i o Pasternake*, Bremen; K-Presse, 1977.

(b) These articles would include those intended for printing along with "Simvolizm i bessmertie"; it is uncertain to what extent the contents of this overlapped with another "ideological" book that Pasternak was planning and working on in 1917. In 1919, in answer to a questionnaire from the Poets' Section of the Moscow Professional Union of Writers, he announced the following items as ready to go into a book called *Quinta Essentia*: 1) "O Kleiste"; 2) "O Tyutcheve"; 3) "O Shekspire"; 4) "Quintessentia"; 5) "K est[estvennoy] ist[orii] darovan'ya"; 6) "O tragedii Suinberna." An abbreviated version of item 4) appeared as "Neskol'ko polozheniy" (see L. Fleishman, "Neizvestnyy avtograf B. Pasternaka," *Materialy XXVI nauchnoy studencheskoy konferentsii*, Tartu, 1971, pp. 34-6); it is possible that item 5) overlapped partly in concept with parts of Pasternak's review of Mayakovsky's *Prostoe kak mychanie*, published posthumously in *Literaturnaya Rossiya*, 9 March 1965, and of the dramatic "Dialog" published in *Znamya truda*, 7 May 1918.

(c) Discussed in the present note.

(d) Possibly the items mentioned below as "Iz poèmy. Dva otryvka"; see below, note 10.

(e) Pasternak presumably refers to what was lost during the vandalisation of Moritz Philipp's residence where he was living in May 1915 ("Avtobiograficheskiy ocherk," *Sochineniya*, Ann Arbor; University of Michigan Press, 1961, vol. 2, p. 34); much of the verse that went into *Poverkh bar'erov* (1917) had by this time been written, although the book also contained some post-vandalisation items and may well have been a partial reconstruction of the lost book.

(f) We have no firm information on how the remainder of the novel read; Pasternak destroyed it in 1932 but in the mid-1930s returned to a Urals setting and the character of the now grown-up Zhenya Luvers in his fragments of a novel on the 1905 revolution and the First World War (see *Fragmenty romana*, London; Colling and Harville, 1973, and Boris Pasternak, *Vozdushnye puti*, Moscow, 1982, pp. 285-348).

(g) This translation of *Chastelard* on which Pasternak worked in winter 1916-17 was lost in a publishing house a short time after its completion.

3. E. B. Pasternak, introductory article to Boris Pasternak, "Istoriya odnoy kontroktavy," *Slavica Hierosolymitana,* vol. 1, 1977, p. 252.

4. Most information about this comes in Rita Rait-Kovalyova, "Vse luchshie vospominaniya. . .," *Uchënye zapiski Tartuskogo gosudarstvennogo universiteta,* vol. 184, 1966, pp. 283-4. An intriguing textual correspondence between this work and "Tri glavy iz povesti" is noted in N. J. Anning, "One and the Same Life," *Teoria e Critica,* No. 1, 1972, p. 78.

5. His essay on "Nikolay Baratashvili" was pubished posthumously in E. B. Pasternak, "Vzhivayas' v mir gruzinskogo poèta," *Druzhba narodov,* 1980, No. 2, pp. 267-8; an essay on "Genrikh Kleist" appeared in Boris Pasternak, *Vozdushnye puti,* Moscow, 1982, pp. 349-356; Pasternak's notes on Hans Sachs and Ben Jonson were published in the collection *Poetry, Prose, and Public Opinion: Aspects of Russia, 1850-1970. Essays Presented in Memory of Dr. N. E. Andreyev,* ed. by William Harrison and Avril Pyman, Letchworth: Averbury Publishing Company, 1984.

6. See *Fragmenty romana,* pp. 8-12 and 25-33.

7. See Robert Payne, *The Three World of Boris Pasternak,* London; Robert Hale, 1961, p. 72; and Elliot Mossman, "Pasternak's Short Fiction," *Russian Literature Triquarterly,* No. 2, 1972, p. 288.

8. Lydia Pasternak-Slater, "Introduction" in Boris Pasternak, *Fifty Poems,* translated by Lydia Pasternak-Slater, London; Unwin Books, 1963, p. 15.

9. Cited in M. A. Rashkovskaya, "Poèt v mire, mir v poète (Pis'ma B. L. Pasternaka k S. P. Bobrovu)," *Vstrechi s proshlym,* Moscow, 1982, pp. 153-4.

10. See Boris Pasternak, *Stikhotvoreniya i poèmy,* Moscow-Leningrad, 1965, pp. 214-217, 104-106, 523-528.

11. Lydia Pasternak-Slater, loc cit.

12. Quoted in L. Fleishman, *Stat'i o Pasternake,* p. 56.

13. *Stikhotvoreniya i poèmy,* p. 630.

Затерянная заметка Бориса Пастернака

Н. А. Струве (Paris)

Заметка, которую мы печатаем ниже, до настоящего времени
оставалась вне поля зрения пастернаковедов: она не фигурирует ни в библиографии Н. А. Троицкого, ни в исследованиях
последних лет. Публикуем мы ее по машинописной копии, случайно поступившей в наше распоряжение, но никаких сомнений
в идентичности ее не возникает — и содержание заметки, и
стилистика неопровержимо обличают авторство Пастернака.
Написана она для газеты *Вечерняя Москва*, и, по всей очевид-
ности, относится к октябрю 1928 года, когда газетой была
объявлена писательская анкета «Моя первая вещь». К сожа-
лению, проверить эту догадку нам не удалось, так как во всех
бывших нам доступными западных библиотеках подборки *Ве-
черней Москвы* представлены неудовлетворительно. (Соответственно, нет у нас уверенности и в том, что заметка действительно в газете появилась). Однако в пользу этой дати-
ровки говорит не только раскрытый в самом начале повод
написания заметки, но и другие детали — беглое упоминание
100-летнего юбилея Льва Толстого, рассказ о переделках ста-
рых стихов для нового сборника *Поверх барьеров* и замечание
об утрате временем своей «незаметности» 15 лет назад (речь
идет явно о 1913 годе, когда, по словам Ахматовой, «начинался
не календарный, — настоящий двадцатый век»). Кстати, это
последнее замечание Пастернака протягивает нить к «Черному
бокалу» (напечатанному в *Центрифуге* в 1916 г.), где, в частности, говорилось: «Среди предметов, доступных невоору-
женному глазу, глазу вооруженных предстал ныне призрак

истории, страшный одним уж тем, что видимость его — не-
обычайна и противоречит собственной его природе» (цит. по
изданию Г. П. Струве и Б. А. Филиппова, том III, стр. 150).

Публикуемая заметка пересекается и с другими высказыва-
ниями поэта. Так, оброненное в ней замечание об отсутствии
«реальной структуры» у теперешнего общества отсылает к
анкете «Наши современники» (1928), опубликованной в книге
Л. Флейшмана *Борис Пастернак в двадцатые годы* (München,
1981, стр. 82), где необходимость «сопротивляемости» среды
обосновывалась тем, что государство и общество сейчас иден-
тичны. В этом именно контексте следует рассматривать рассуждение о невозможности «жизни книги в наши дни». Замечательно, что все эти положения совсем не отвечали поводу,
вызвавшему появление статьи, — и сам автор счел необходи-
мым обратить внимание читателей на это несоответствие.
Тем более впечатляющей выглядит та настойчивость, с которой Пастернак возвращается к сопоставлению текущего
момента с предреволюционным периодом, как точкой отсчета, как (ныне нарушаемой) исторической нормой.

В этом свете настораживает и автохарактеристика проде-
ланной поэтом в 1927-28 году работы над дореволюционными
лирическими стихами. Увязав ее со всем кругом скептико-пес-
симистических размышлений о современности и «современном
искусстве», заметка придает этой работе оттенок трагической
вынужденности, исторической неизбежности. Поэтому общепринятое представление о том, что Пастернак затеял эту работу с целью «улучшения» юношеских незрелых опытов, теряет
под собой почву, — и, наоборот, получает дополнительный
вес высказанная Флейшманом мысль, что «запечатление» пред-
революционных текстов было вызвано у Пастернака отталкиванием от тех эстетических норм, которые навязывал на-
ступавший период.

* * *

Вас интересует, как кто начинал, и что об этом говорила критика. Начал я поздно и посредственно, принят был не по заслугам сочувственно, но дело не в этом. Дело в том, что то, с чего я начал, я подверг в самое последнее время коренной переработке.

Вещи, которыми я дебютировал, писались до войны. Независимо от того, каким оно было в действительности, время казалось положенным от природы. Живая очевидность молча говорила за себя. Она действовала сильнее всяких разъяснений. Символика личного роста художника, внутренняя символика его творческого напряжения была тем языком, красноречье которого не оставляло ничего в неясности. Искусство и тогда не задавало загадок, но оно могло себе позволить лаконическую недосказанность, иногда от него неотъемлемую. Лишь большей или меньшей глубиной наделялось его произведенье; разъясняла же книгу ее собственная судьба.

Другое дело теперь. Общество изменилось в иной и несравненно сложнейшей степени, нежели принято думать. У него нет реальной структуры. Если бы оно устоялось в своей новизне, времени была бы возвращена та *незаметность*, которую оно утратило 15 лет тому назад. Но мы знаем, что это не так, и как ни честно трудимся все мы порознь, мы не можем сказать, что действительность эпохи вся без остатка распадается на эти реальные, непреложные доли нашего взаимоприкасающегося труда. Нет, скорее ее характеризует получающийся остаток. Добровольно или против воли все мы еще толпимся перед зрелищем времени, которое никак не может привыкнуть к мысли, что вслед за войной оно вошло в историю. Подобно войне, оно хочет быть больше и громче людей, и отрывая нас от нашей жизни, в которой только и может быть его правда, все еще не может уходиться, размениваясь в каждодневных самовозвеличеньях.

Я не верю в жизнь книги в наши дни. Я не верю в творческое участие среды в дальнейшей судьбе произведенья, потому что требуется бесконечное множество разных сред, для того чтоб невымышленной реальностью была их совокупность. Когда-то книга, начиная свое общественное восхожденье, шла от ближайшего автору узкого круга ко все более обширным. Только этот путь и осмысливал произведенье, почти всегда иррациональное, т.е. неосмысленное в своем первоисточнике. Там, где кончался человек, некогда начинались люди, сейчас же непосредственно за ним открываются миллионы, а что это означает, знают из нас лишь Толстые, да и то только в столетнюю свою годовщину. Недавно искусству ставили в вину его былой индивидуализм. Но сейчас оно более, чем индивидуально, оно физически одиноко, оно — нечеловечно. Отвлеченная всецелость государства жива по-единому лишь в день государственного событья. Для того, чтобы с полной правдивостью продолжать жить ею и дальше, ее надо переживать во все возрастающих частностях, то есть по-родному, тепло, ошибочно, противоречиво и случайно.

Но я отвлекся в сторону. Несложная работа, которую я провел над ничтожными поделками моей юности, таких разъяснений не стоит. Однако, не нуждается в оговорках и сказанное, как бы ни был мал повод, по которому все это приведено.

А теперь о переделке. Исходя из общих наблюдений над современным искусством, его судьбой и ролью в обществе, я сделал следующее. Лучшие из ранних своих вещей я остановил в их поэтическом теченьи, в их соревнующемся сотрудничестве с воображеньем, к которому они обращались, в их полете и расчете на подхват с ближайшей родной трапеции, жившей однажды тем же полетом и расчетом. Все, что в них было движущегося и волнообразного, я превратил в складки закостенелого и изолированного документа. Веянье личного стало прямой биографической справкой. Растворенная в образе мысль уступила место мысли, доведенной до ясности высказанного убеждения.

Борис Пастернак

Unknown Autographs of Pasternak in the I. T. Holtzman Collection

L. Fleishman (Stanford University)

🜂

Editions of Pasternak published during the poet's lifetime occupy an important place in the private collection of Irwin T. Holtzman (Michigan). Including more than thirty volumes, it is smaller than the well-known private collections in the poet's homeland,[1] but is nevertheless one of the best Pasternak collections in the West. The nucleus of the collection is comprised of books acquired by I. T. Holtzman from George Reavey (1907-1976), the author of the first translations of Pasternak into English.[2]

These translations, published in the avant-garde literary press at the beginning of the 1930's, played a major role in the familiarization of Western intellectuals with the poetry of Pasternak. The circumstances of their appearance are elucidated by G. Reavey himself in an introductory article to the collection of his translations of Pasternak published in 1959.[3] By his account, he discovered Pasternak's poetry in 1927-28, reading *My Sister Life* and *Themes and Variations,* published in Berlin in 1922-23 (both volumes are in the Holtzman collection). In response to receiving Reavey's first poetic translations and his article on Pasternak, the poet, in a letter of March 28, 1931, reported his work on *Safe Conduct* and added: "This is the first thing that I could see in translation without embarrassment."[4] In his next letter, sent on November 20, 1932, along with *Safe Conduct* (Izdatel'stvo pisateley v Leningrade,

1931), Pasternak again urgently requests that it be translated: "I'm not afraid to confess: as indifferent as I have been up to now to whether or not I am translated, as unconcerned as I have been with my fate in the West, and I know nothing about it, *that is how important it is to me that this book be translated.* I wrote this book not to be one of many, but to stand alone."[5] The copy sent to Reavey had this inscription by the author:

Дорогому Mr. George Reavey от всей души.
Б. Пастернак. 20.XI.32. Москва.[6]

In a letter of January 2, 1933, the poet communicated to Reavey his apprehension that left-wing artistic circles in the West, fascinated by other recent events in Soviet literature, would show no interest in his new book: "If you have received and read it, don't hesitate to write to me frankly if you are disappointed. Probably, an effort on a course which is too well known to Western Europe, and which here is called idealism,[7] will arouse no interest in the West, since they await from Russian literature works rich in facts, built on a completely new and different social foundation."[8]

In March, 1933, the suppression by the censorship of a new Soviet edition of *Safe Conduct* prompted the author to turn in protest to Maksim Gorky (at that time in Italy)[9] and again to write to Reavey, in order to inform the foreign translator of the censorship's decision, and to remind him again of the special meaning of this book for the poet.[10] Reavey managed to include several fragments from the last chapters of *Safe Conduct,* devoted to the death of Vladimir Mayakovsky, in the first edition of *Soviet Literature: An Anthology,* edited and translated by George Reavey and Marc Slonim (London: Wishart & Co.), published in September, 1933. In a short notice which accompanied the publication, the translator stated: "A new edition of *Safe Conduct* has recently been suppressed by the Soviet Censorship."[11] It is remarkable that Pasternak, while repeatedly returning in his correspondence with Reavey to the fate of *Safe Conduct,* not only refrained from sending him *The Second Birth* (Moscow-Leningrad, 1932), but did not even mention the publication of his new book of poetry.[12]

Other books from the Holtzman collection relate to Reavey's meetings with the poet in Peredelkino during the World War II. On the reverse of the title page of *On Early Trains* (Moscow, 1943) —the first book of Pasternak's lyrics published after 1936—the following inscription is written in pencil:

> Георгию Даниловичу Риви с пожеланием долгой и интересной жизни. Когда-нибудь (и очень скоро) я буду писать настоящие книги, и мне не будет так стыдно дарить их, как этот вздор.
>
> Б. Пастернак
>
> 8.IV.44

Obviously associated with this feeling of embarrassment for his new verses is the inscription in another volume which Pasternak presented to Reavey, and which included those very texts by which his English translator came to know his poetry. The inscription on the title page of *Two Books: Verses. Second Edition* (Moscow-Leningrad, 1930) reads:

> Дорогому Георгию Даниловичу Reavey на память о его стихах, книгах, нашей переписке, наших встречах в Париже и Москве и о солнечном октябрьском утре 11 X в Переделкине у Дженни Афиногеновой.
>
> Б. Пастернак
>
> 11.X.44[13]

Among the topics touched on during the conversations at Peredelkino was that of the translation of *A Tale* (a prosaic "Spektorsky," 1929). The copy given to Reavey (1934) was taken by the author from the library of his brother, Aleksandr Leonidovich Pasternak (1893-1982), as is attested by the inscription of the owner on the title page and on page 5—"*Iz knig A. Pasternaka.*"[14] The last book given by the poet to his English translator—*Spacious Earth* (Moscow, 1945),—has the following pencil inscription on the title page:

> Дорогому Джорджу Риви от преданного и признательного ему автора.
>
> Б. Пастернак

Both *On Early Trains* and *Spacious Earth* are cited by George
Reavey in his book *Soviet Literature Today* (London, 1946; New
Haven, 1947). The section devoted to Soviet literature of World
War II begins with an analysis of them, and one can discern here
echoes of Reavey's recent conversations with the poet. Reavey
quotes the first line of "The Artist," which speaks of "the artist's
stubbornness." He also quotes the last line of "The Thrushes,"[15]
and speaks of the symbolic, hidden meaning of "The Old Park,"
and of the patriotic pathos of the poem "On Early Trains."[16]
A special place in the Holtzman collection is occupied by the
almanac *Lirika* (Moscow, 1913) in which Boris Pasternak made
his literary debut. The copy of this most rare edition contains this
inscription (in the handwriting of S. N. Durylin, who contributed
to the collection under the pseudonym "Sergey Raevsky") with
the signatures of all the contributors to the almanac:

Основателю нашей славной метрополии «Мусагета» — Эмилию
Карловичу Метнеру — от обитателей[17] младшей колонии —
«Лирики».

Алексей Сидоров, Сергей Бобров, Юлиан Анисимов,
Сергей Раевский, Борис Пастернак, Вера Станевич,
Николай Асеев.

This volume was formerly a part of the library of Nikolai Mi-
khailovich Zernov (1893-1980), the well-known Orthodox religious
figure and lecturer at Oxford University.

NOTES

1. An. Tarasenkov. *Russkie poety XX veka, 1900-1955. Bibliografiya.*
Moscow, 1966, pp. 294-296. (cf. B. Shiperovich. "O chem govoryat avto-
grafy . . . ," *Al'manakh bibliofila,* 3, Moscow, 1976, pp. 121-130; cf. also
the article by Alexis Rannit in the present volume and "Neizvestnyy Boris
Pasternak v sobranii Tomasa Uitni. Publikatsia Aleksisa Rannita," *No-
vyy Zhurnal,* 156, 1984; O. G. Lasunsky, "Sobranie knig i avtografov
M. S. Lesmana," *Pamyatniki kul'tury. Novye otkrytiya. Ezhegodnik. 1979.*
Leningrad, 1980, p. 430. cf. pp. 425, 431, 438. The library of I. N. Rozanov

includes only 19 books by Pasternak. Cf. *Biblioteka russkoy poèzii I. N. Rozanova. Bibliograficheskoe opisanie.* Moscow, 1975.

2. Pasternak's letters to Reavey were acquired by the Houghton Library of Harvard University and were first published in 1967. See Elena Levin. "Nine Letters of Boris Pasternak," *Harvard Library Bulletin,* Vol. XV, No. 4 (October, 1967). The first four letters, in the original, were included in the publication: "Boris Pasternak. Iz perepiski s pisatelyami. Predislovie i publikatsiya E. B. i E. V. Pasternakov," *Literaturnoe nasledstvo.* T. 93 *Iz istorii sovetskoy literatury 1920-1930-x godov. Novye materialy i issledovaniya.* Moscow, 1983, pp. 728-735.

3. George Reavey. "Boris Pasternak: The Man, the Poet and the Theorist of Beauty," *The Poetry of Boris Pasternak. 1917-1959.* Selected, edited and translated by George Reavey. New York: G. P. Putnam's Sons, 1959, pp. 42-52.

4. *Literaturnoe nasledstvo,* p. 732.

5. Ibid., p. 733.

6. George Reavey, "Boris Pasternak: The Man, the Poet and the Theorist of Beauty," p. 50.

7. Cf. N. Oruzheynikov. "Blizhe k linii ognya! 10 let zhurnalu *Krasnaya Nov',*" *Literaturnaya Gazeta,* December 14, 1931; An. Tarasenkov. "Okhrannaya gramota idealizma," ibid., December 18, 1931; R. Miller-Budnitskaya. "O 'filosofii iskusstva' B. Pasternaka i R. M. Ril'ke," *Zvezda,* 1932, No. 5, pp. 160-168.

8. *Literaturnoe nasledstvo,* p. 734. In the summer of 1931 M. Gorky and Pasternak discussed the possibility of an English edition of *Safe Conduct*; its translator was to be M. I. Zakrevskaya (Budberg). Apparently, by the autumn of 1932 Pasternak realized that the project would not come through.

9. "Boris Pasternak. Pis'ma k G. E. Sorokinu." Publikatsiya A. V. Lavrova, E. V. Pasternak i E. B. Pasternaka. *Ezhegodnik Rukopisnogo otdela Pushkinskogo doma na 1979 god.* Leningrad, 1981, p. 215, cf. p. 214.

10. Pasternak's letter of March 6, 1933 — *Literaturnoe nasledstvo,* p. 734.

11. *Soviet Literature: An Anthology,* p. 191. In the archive of B. L. Pasternak was preserved a copy of this edition with the following inscription:

Борису Леонидовичу Пастернаку с сердечным приветом.

George Reavey

Paris, Oct. 1933

George Reavey was unable to publish a translation of *Safe Conduct* in its entirety.

12. From it *Soviet Literature* included only the poem "O znal by ya, chto tak byvaet" ("The Poet" — "Had I but known of things in store"), the final work in the section of poetry (p. 388). Reavey's first translation of this

poem was published in the journal *The Adelphi* (London), Vol. 6, No. 3 (June, 1933), p. 191. Reavey included a new translation in his collection *The Poetry of Boris Pasternak*, p. 171. Cf. on the poem "O znal by ya, chto tak byvaet" the article by Marc Slonim on Pasternak in his book *Portrety sovetskikh pisateley* (Paris, 1933), pp. 38-47; see also the remarks on Pasternak's *The Second Birth* in his article "Shta se danas deshava u sovjetskoj literaturi," *Ruski Arhiv* (Belgrad), XXII-XXIII, 1933, p. 94.

13. George Reavey recounts his meetings with Pasternak in Paris and at the home of the widow of A. Afinogenov in his article "Boris Pasternak: The Man, the Poet and the Theorist of Beauty," p. 52-56, 66-69.

14. Reavey later mistakenly attributed this inscription to Boris Pasternak. See: G. R., "Introduction," in Boris Pasternak, *The Last Summer,* translated from the Russian by George Reavey (London: Peter Owen Ltd., 1959), p. 8.

15. See the analysis of this poem in the letter of Yu. M. Lotman to Miroslav Drozda, *Wiener slawisticher Almanach,* Band 14 (1984), pp. 13-16.

16. G. Reavey. *Soviet Literature Today,* pp. 124-126. Cf. the discussion of Pasternak in George Reavey, "The Last Decade: A Study in Soviet Literature," *Russian Review,* 4 (1948), London and New York, pp. 26, 31.

17. An allusion to the title of the first poetic collection of Julian Anisimov — *Obitel'* — which also was published in 1913. (Anisimov and Stanevich were the dominant figures in the "Lirika" group.)

MODERN RUSSIAN LITERATURE AND CULTURE
STUDIES AND TEXTS

∞ Printed on 60# Warren Olde Style Wove, which meets the guidelines for permanence and durability of the Committee on Production Guidelines for Book Longevity of the Council on Library Resources.